Arabic Computer Dictionary

Arabic Computer Dictionary

ENGLISH - ARABIC
ARABIC - ENGLISH

Compiled by Multi-Lingual International Publishers Ltd
under the general editorship of
Ernest Kay

Routledge & Kegan Paul
London and New York

Words which the authors, editors and publishers have reason to believe constitute registered trade marks have been labelled as such, using the abbreviation TM. However, neither the presence nor the absence of such designation should be regarded as affecting in any way the legal status of the trademark.

First published in 1986 by
Routledge & Kegan Paul plc
11 New Fetter Lane, London EC4P 4EE

Published in the USA by
Routledge & Kegan Paul Inc.
in association with Methuen Inc.
29 West 35th Street, New York, NY 10001

Printed in Great Britain
by T.J. Press (Padstow) Ltd
Padstow, Cornwall

ISBN 0-7102-0457-4

CONTENTS

INTRODUCTION

THIS translation dictionary has been compiled for use by computer personnel and by anyone who is directly or indirectly involved in computer technology. It is essentially a practical dictionary, containing words and terms in everyday use and avoids definitions — it is assumed that those using a particular word will know the meaning of that word.

Technical coverage of the dictionary extends throughout the sphere of computer science, microprocessing and data processing and includes computers and mini-computers, computer languages, computer techniques, microprocessors, telecommunications, general information technology and training.

Not only have translation requirements featured prominently during the compilation of this dictionary, but careful consideration has been given to the problems associated with the pronunciation of Arabic script so frequently encountered by English-speaking people. Because of these difficulties, each word in Arabic script is accompanied by its own pronunciation aid — a transliteration which has been proved successful over the years. A short guide to the use of this transliteration follows this introduction.

As the first Computer Dictionary of its kind, it will be an essential tool for anyone associated with any aspect of computers and computer applications, including word processing, electronic communications technology and data treatment. Because of extensive subject coverage, those associated with computer manufacture, installation and use will find the dictionary useful, as will anyone concerned with the teaching of computer/electronic technology. In fact, anyone involved in business, operations management, software development and hardware supply will find the dictionary invaluable. Teachers and students of computer technology in high school, technical colleges, university and business teaching institutes will benefit from the dictionary as will office staff in the rapidly developing 'electronic office'. It is a must for translators, interpreters and anyone charged with the task of providing an equivalent Arabic word or term.

In order to keep the dictionary to a manageable size words have been selected carefully — and in many cases words have been presented as part of a term or phrase which is in frequent use — but some omissions will have occurred. Certain omissions have been deliberate because the words are in such common use that they occur in most general dictionaries. Others are not intended and constructive comments are welcome to help improve subsequent editions.

NOTES ON TRANSLITERATION

Arabic is written from right to left using an alphabet of 29 letters. There are no capitals, but some letters (when joined together) change their shape slightly, as shown in brackets. The alphabet is set out below with the corresponding transliteration for each letter.

أ		*a*	ط		*ṭ*
ب	(بـ)	*b*	ظ		*ẓ*
ت	(تـ)	*t*	ع	(عـ)	ʿ
ث	(ثـ)	*th*	غ	(غـ)	*gh*
ج	(جـ)	*j*	ف	(فـ)	*f*
ح	(حـ)	*ḥ*	ق	(قـ)	*q*
خ	(خـ)	*kh*	ك	(كـ)	*k*
د		*d*	ل		*l*
ذ		*dh*	م	(مـ)	*m*
ر		*r*	ن	(نـ)	*n*
ز		*z*	هـ	(هـ)	*h*
س	(سـ)	*s*	و		*w*
ش	(شـ)	*sh*	ي	(يـ)	*y*
ص	(صـ)	*ṣ*	ء		ʾ
ض	(ضـ)	*ḍ*			

The following letters are pronounced like their English equivalents:

بـ = *b*,	تـ = *t*,	ثـ = *th* (as in *thin*),	جـ = *j*	
د = *d*,	ر = *r*,	ز = *z*,	سـ = *s*,	ذ = *dh* (as in *the*)
شـ = *sh*,	فـ = *f*,	ک = *k*,	لـ = *l*,	مـ = *m*
نـ = *n*,	هـ = *h*,	و = *w*,	يـ = *y*.	

The following sounds need special attention:

- حـ transliterated *(ḥ)*, is a throaty sound like *h* in a loud whisper;
- خـ transliterated *(kh)* is another throaty sound as in the Scottish word *loch*;
- ء transliterated *(ʾ)*. This is a glottal stop. It can be heard in Cockney English, e.g. *"bread and bu-ʾer";*
- عـ transliterated *(ʿ)*. This is a throaty sound. To produce it, make a long sound *aaa* while pressing on the throat;
- غـ transliterated *(gh)* is a gargling sound like a long *r*;
- قـ transliterated *(q)*. It sounds like a *k* pronounced in the back of the throat.

ص (ṣ), ض (ḍ), ط (ṭ), and ظ (ẓ) are emphatic counterparts of
س (s), د (d), ت (t), and ذ (dh).

Pronounce each strongly as if it was followed by the Arabic vowel *u*, thus *ṣu* for ص. (The *u* part of the sound is not included in the transliteration).

There are three short vowels in Arabic: *a* as in *fat, i* as in *fit,* and *u* as in *pull.* These are not written in the Arabic but they are transliterated. Corresponding to the short vowels are three long vowels indicated by a dash placed above them: *ā* like the American *'a'* in *path, ī* as in *feet, ū* as in *pool.*

There are two diphthongs in Arabic: *ay* as in *may* and *aw* as in *how.*

Short vowels must be pronounced short, and long ones pronounced long; double consonants must be emphasised as double. If this is not done the meaning may change, e.g.:
malik = king, *mālik* = owner,
darasa = to learn, *darrasa* = to teach.

ENGLISH - ARABIC

انكليزي - عربي

A

abbreviated address calling	*istidʿāʾ mukhtazal lil-ʿunwān*	استدعاء مختزل للعنوان
abbreviated dialling	*istidʿāʾ mukhtazal*	استدعاء مختزل
abbreviated dialling service	*khidmat al-istidʿāʾ al-mukhtazal*	خدمة الاستدعاء المختزل
abbreviated dialling system directory	*dalīl niẓām al-istidʿāʾ al-mukhtazal*	دليل نظام الاستدعاء المختزل
abbreviated number	*raqm mukhtazal*	رقم مختزل
abbreviated prefix dialling	*istidʿāʾ bādiʾ mukhtazal*	استدعاء بادىء مختزل
aberration	*inḥirāf · zaygh*	انحراف ـ زيغ
abnormal termination	*inhāʾ ghayr ʿādī*	إنهاء غير عادي
abort	*yastawqif · yunhī*	يستوقف . ينهي
above platen device	*nabīṭat minḍadat makina ʿulwīya*	نبيطة منضدة مكنة علوية
abrupt junction	*multaqa fujāʾī · multaqa shadīd al-inḥidār*	ملتقى فجائي . ملتقى شديد الانحدار
absolute address	*ʿunwāṇ muṭlaq*	عنوان مطلق
absolute addressing	*al-irsāl ilā ʿunwān muṭlaq*	الارسال إلى عنوان مطلق
absolute ampere	*ampīr muṭlaq*	أمبير مطلق
absolute coding	*tarmīz muṭlaq*	ترميز مطلق
absolute electrometer	*iliktrūmitar muṭlaq*	الكترومتر مطلق
absolute error	*khaṭaʾ muṭlaq*	خطأ مطلق
absolute loader	*taḥmīl muṭlaq*	تحميل مطلق
absolute ohm	*awm muṭlaq*	أوم مطلق
absolute unit	*wiḥda muṭlaqa*	وحدة مطلقة
absolute value computer	*kumbyūtar al-qīma al-muṭlaqa*	كمبيوتر القيمة المطلقة
absolute volt	*vulṭ muṭlaq*	ڤلط مطلق
absolute zero	*darajat aṣ-ṣifr al-muṭlaq*	درجة الصفر المطلق
absorption	*imtiṣāṣ · maṣṣ*	إمتصاص . مص
absorption loss	*faqd imtiṣāṣī*	فقد امتصاصي
absurdity check	*al-murājaʿa al-lā-manṭiqīya*	المراجعة اللامنطقية
A-bus	*madār iliktrūnī ibtidāʾī*	مدار ألكتروني إبتدائي
abvolt	*vulṭ muṭlaq*	ڤلط مطلق
accelerated life test	*ikhtibār al-ʿumr al-bāqī al-muʿajjal*	اختبار العمر الباقي المعجل
accelerating electrode	*iliktrūd muʿajjil*	ألكترود معجل
acceleration time	*zaman at-taʿjīl*	زمن التعجيل
acceleration voltage	*vulṭ at-taʿjīl*	ڤلط التعجيل
accelerator	*muʿajjil*	مُعجل
accentuated contrast	*tanāquḍ bāriz al-ḥidda*	تناقض بارز الحدة
accept	*qabila*	قبل

acceptance angle زاوية القبول
zāwiyat al-qubūl
acceptance testing اختبار القبول
ikhtibār al-qubūl
accepting stage مرحلة القبول
marḥalat al-qubūl
acceptor مُتقبل
mutaqabbil
acceptor level مستوى المتقبل
mustawa al-mutaqabbil
access تداول المعلومات
tadāwul al-maʿlūmāt
access arm ذراع ضبط آلية الكتابة والقراءة
dhirāʿ ḍabṭ āliyat al-kitāba wal-qarāʾa
access-barred signal اشارة تداول محتجزة
ishārat tadāwul muḥtajaza
access code رمز تداول المعلومات
ramz tadāwul al-maʿlūmāt
access control التحكم في تداول المعلومات
at-taḥakkum fī tadāwul al-maʿlūmāt
access control register سجل التحكم في تداول المعلومات
sijill at-taḥakkum fī tadāwul al-maʿlūmāt
access level مستوى تداول المعلومات
mustawa tadāwul al-maʿlūmāt
access matrix مصفوفة تداول المعلومات
maṣfūfat tadāwul al-maʿlūmat
access method أسلوب تداول معلومات
uslūb tadāwul al-maʿlūmāt
access mode كيفية تداول المعلومات
kayfīyat tadāwul al-maʿlūmāt
access path مسار تداول المعلومات
masār tadāwul al-maʿlūmāt
access path control التحكم في مسار تداول المعلومات
at-taḥakkum fī masār tadāwul al-maʿlūmāt
access permission سماحية تداول المعلومات
samāḥīyat tadāwul al-maʿlūmāt
access point نقطة تداول المعلومات
nuqṭat tadāwul al-maʿlūmāt
access right حق تداول المعلومات
ḥaqq tadāwul al-maʿlūmāt
access time زمن تداول المعلومات
zaman tadāwul al-maʿlūmāt
access vector متجه تداول المعلومات
muttajah tadāwul al-maʿlūmāt
accommodation تكيّف
takayyuf
accordion قابل للطي
qābil liṭ-ṭayy
accountable file ملف قابل للحساب
milaff qābil lil-ḥisāb
accountable time زمن قابل للحساب
zaman qābil lil-ḥisāb
accounting control table جدول توجيه الحساب
jadwal tawjīh al-ḥisāb
accounting equipment جهاز حاسب
jihāz ḥāsib
accounting file الملف المحاسبي
al-milaff al-muḥāsibī
accounting journal يومية المحاسبة
yawmīyat al-muḥāsaba
accounting machine مكنة حاسبة
makina ḥāsiba
accounting rate معدل المحاسبة
muʿaddal al-muḥāsaba
accounting rate quota حصة معدل المحاسبة
ḥiṣṣat muʿaddal al-muḥāsaba
accounts الحسابات
al-ḥisābāt
accumulated total إجمالي متراكم
ijmālī mutarākim
accumulator المركم
al-murakkim
accumulator size register سجل بحجم تراكمي
sijill bi-ḥajm tarākumī
accuracy دقة
diqqa
AC dump تفريغ من التيار المتردد
tafrīgh min at-tayyār al-mutaraddid
acknowledgement قبول
qubūl
acknowledgement indicator مؤشر القبول
muʾashshir al-qubūl
acknowledgement signal unit وحدة اشارة القبول
wiḥdat ishārat al-qubūl
acoustically coupled modem موديم بالاتصال الصوتي
mūdīm bil-ittiṣāl aṣ-ṣawtī
acoustic coupler موصل صوتي
muwaṣṣil ṣawtī

acoustic delay line خط تأخير صوتي
khaṭṭ ta'khīr ṣawtī

acoustic feedback تغذية عكسية صوتية
taghdhiya ʿaksīya ṣawtīya

acoustic memory ذاكرة صوتية
dhākira ṣawtīya

acoustic store مخزن صوتي
makhzan ṣawtī

acoustic wave موجة صوتية
mawja ṣawtīya

acoustic wave device جهاز موجات صوتية
jihāz mawjāt ṣawtīya

acquire إكتسب . حصل
iktasaba · ḥaṣala

acrylic feeding تغذية صناعية
taghdhiya ṣināʿīya

acrylic graph مخطط بياني صناعي
mukhaṭṭaṭ bayānī ṣināʿī

AC signal اشارة ترددية
ishāra taraddudīya

action current تيار فعلي
tayyār fiʿlī

action indicator مؤشر فعلي
mu'ashshir fiʿlī

action period مدة فعلية
mudda fiʿlīya

activated cathode كاثود منشط
kāthūd munashshaṭ

active نشط . فعال
nashiṭ · faʿʿāl

active area منطقة فعالة
minṭaqa faʿʿāla

active component مركّبة فعالة
murakkiba faʿʿāla

active current تيار فعال
tayyār faʿʿāl

active element عنصر فعال
ʿunṣur faʿʿāl

active filter مرشح نشط
murashshiḥ nashiṭ

active interval فترة نشطة
fatra nashiṭa

active lines خطوط نشطة
khuṭūṭ nashiṭa

active load حمل نشط
ḥiml nashiṭ

active network شبكة نشطة
shabaka nashiṭa

active satellite تابع نشط
tābiʿ nashiṭ

active star نجم نشط
najm nashiṭ

active transducer محول طاقة فعال
muḥawwil ṭāqa faʿʿāl

active voltage فُلطية فعالة
vulṭīya faʿʿāla

active volt–ampere فُلط ـ أمبير فعال
vult-ambīr faʿʿāl

activity فاعلية
fāʿilīya

activity ratio نسبة الفاعلية
nisbat al-fāʿilīya

actual address عنوان حقيقي
ʿunwān ḥaqīqī

actual code رمز حقيقي
ramz ḥaqīqī

actual decimal point علامة عشرية حقيقية
ʿalāma ʿushrīya ḥaqīqīya

actual final route المسار النهائي الفعلي
al-masār an-nihā'ī al-fiʿlī

actual instruction أمر فعلي
amr fiʿlī

actual stock المخزون الفعلي
al-makhzūn al-fiʿlī

actuating transfer function تشغيل دالة النقل
tashghīl dāllat an-naql

actuator مُشغل .
mushaghghil

ADA لغة أيدا
lughat ayda

adaptive channel allocation التخصيص المهائي للقنوات
at-takhṣīṣ al-muhā'ī lil-qanawāt

adaptive-control system نظام التحكم المهائي
niẓām at-taḥakkum al-muhā'ī

adaptive equalizer المعادل المهائي
al-muʿādil al-muhā'ī

adaptive process عملية تهيئة
ʿamalīyat tahyi'a

adaptor مهايىء .
muhāyi'

A/D converter محول موجات نسبية إلى رقمية
muḥawwil mawjāt nisbīya ila raqmīya

addend كمية مضافة
kammīya muḍāfa

adder الجامع .
al-jāmiʿ

adder-subtracter وحدة تنفيذ عملية الجمع والطرح
wiḥdat tanfīdh ʿamalīyat al-jamʿ waṭ-ṭarḥ
addition جمع . إضافة
jamʿ · iḍāfa
additional characters رموز إضافية
rumūz iḍāfīya
additional record معلومة اضافية
maʿlūma iḍāfīya
additional table جدول إضافي
jadwal iḍāfī
addition without carry عملية الجمع بدون باق
ʿamalīyat al-jamʿ bi-dūn bāqi
add operation عملية الجمع
ʿamalīyat al-jamʿ
address عنوان بالذاكرة
ʿunwān bidh-dhākira
addressable location موضع ذو عنوان بالذاكرة
mawḍiʿ dhū ʿunwān bidh-dhākira
address absolute عنوان مطلقة
ʿunwān muṭlaqa
address actual عنوان حقيقي
ʿunwān ḥaqīqī
address base بداية العنوان
bidāyat al-ʿunwān
address bus مدار نقل العناوين
madār naql al-ʿanāwīn
address calculation sorting فرز عمليات حساب العناوين
farz ʿamalīyāt ḥisāb al-ʿanāwīn
address-complete signal إشارة العنوان الكامل
ishārat al-ʿunwān al-kāmil
address computation عملية حساب عنوان
ʿamalīyat ḥisāb ʿunwān
address digits أرقام العنوان
arqām al-ʿunwān
address field حقل العنوان
ḥaql al-ʿunwān
address format شكل العنوان
shakl al-ʿunwān
address generation عملية توليد العنوان
ʿamalīyat tawlīd al-ʿunwān
address hardware عنوان بأجهزة الحاسب
ʿunwān bi-ajhizat al-ḥāsib
address-incomplete signal اشارة عنوان غير كامل
ishārat ʿunwān ghayr kāmil
address information معلومات العنوان
maʿlūmāt al-ʿunwān
addressing العنونة .
al-ʿanwana
addressing flexibility سهولة العنونة
suhūlat al-ʿanwana
addressing schemes نظم العنونة
nuẓum al-ʿanwana
addressless instruction format تشكيل أمر غير معنون
tashkīl amr ghayr muʿanwan
address mapping التقسيم الماص للعناوين
at-taqsīm al-māṣṣ lil-ʿanāwīn
address mark علامة خاصة بالعنوان
ʿalāma khāṣṣa bil-ʿunwān
address message رسالة عنوانية
risāla ʿunwānīya
address modification تعديل العنوان
taʿdīl al-ʿunwān
address part جزء عنواني
juzʾ ʿunwānī
address path مسار عنواني
masār ʿunwānī
address register سجل العنوان
sijill al-ʿunwān
address signal إشارة العنوان
ishārat al-ʿunwān
address space مكان العنوان
makān al-ʿunwān
address symbolic عنونة رمزية
ʿanwana ramzīya
address table sorting فرز جدول العناوين
farz jadwal al-ʿanāwīn
address track مسلك العنوان
maslak al-ʿunwān
address translation ترجمة العنوان
tarjamat al-ʿunwān
address translation slave store المخزن التابع لعملية ترجمة العنوان
al-makhzan at-tābiʿ li-ʿamalīyat tarjamat al-ʿunwān
address tree العنونة الشجرية
al-ʿanwana ash-shajarīya
add-subtract time زمن الجمع أو الطرح
zaman al-jamʿ aw aṭ-ṭarḥ
add time زمن الجمع
zaman al-jamʿ
adiabatic demagnetization زوال التمغنط الادياباتي
zawāl at-tamaghnuṭ al-adyābātī
adjacency list قائمة التجاور
qāʾimat at-tajāwur
adjacency matrix مصفوفة التجاور
maṣfūfat at-tajāwur

adjacency structure بنية متجاورة
bunya mutajāwira
adjacent vertex رأس متجاورة
ra'ˀs mutajāwira
adjustment تعديل . ضبط
taʿdīl · ḍabṭ
admittance سماح بالدخول
samāḥ bid-dukhūl
admittance gap ثغرة السماح
thughrat as-samāḥ
ADP المعاملة الآلية للمعلومات
al-muʿāmala al-ālīya lil-maʿlūmāt
advanced data communication protocol بروتوكول الاتصالات المتقدم
brūtūkūl al-ittiṣālāt al-mutaqaddim
advanced feature خاصية متقدمة
khāṣṣīya mutaqaddima
advanced preparation إعداد متقدم
iʿdād mutaqaddim
advance-feed tape شريط تغذية تقدم
sharīṭ taghdhiyat taqaddum
aerial هوائي
hawāʾī
aerial array هوائي صفي
hawāʾī ṣaffī
aerial current تيار هوائي
tayyār hawāʾī
aerial efficiency كفاية هوائية
kifāya hawāʾīya
aerial feed–point impedance الممانعة نقطية التغذية للهوائي
al-mumānaʿa nuqṭīyat at-taghdhiya lil-hawāʾī
aerial gain كسب هوائي
kasb hawāʾī
aerial manoeuvres مناورات الهوائي
munāwarāt al-hawāʾī
aerial radiation resistance المقاومة الاشعاعية ـ للهوائي
al-muqāwama al-ishʿāʿīya lil-hawāʾī
afterglow وميض متبق
wamīḍ mutabaqqi
after-look journalising تسجيل التغيرات لملف المعلومات
tasjīl at-taghayyurāt li-milaff al-maʿlūmāt
ageing تعتيق
taʿtīq
agenda جدول أعمال .
jadwal aʿmāl
agglomerate cell خلية تراكمية
khalīya tarākumīya
aggregate channel data rate إجمالي معدل انتقال البيانات في القنوات
ijmālī muʿaddal intiqāl al-bayānāt fil-qanawāt
AI الذكاء الاصطناعي
adh-dhakāʾ aṣ-ṣināʿīya
air blower نافخ هوائي
nāfikh hawāʾī
air capacitor مكثف هوائي
mukaththif hawāʾī
air gap فجوة هوائية .
fajwa hawāʾīya
alarm centraliser مركز إشارات الخطر
murakkiz ishārāt al-khaṭar
alarms extended to operator تنبيهات ممتدة إلى المشغل
tanbīhāt mumtada ilal-mushaghghil
alarm unit وحدة انذار
wiḥdat indhār
algebra ألجبر
al-jabr
algebraic language لغة جبرية
lugha jabrīya
algebraic specification مواصفات جبرية
muwāṣafāt jabrīya
algebraic structure هيكل جبري
haykal jabrī
Algol لغة ألجول
lughat ālgūl
algorithm حل قياسي
ḥall qiyāsī
algorithmic ذات حل قياسي
dhāt ḥall qiyāsī
algorithmic language لغة تستخدم في الحلول القياسية
lugha tustakhdam fil-ḥulūl al-qiyāsīya
algorithm translation ترجمة الحل القياسي
tarjamat al-ḥall al-qiyāsī
alias كنية
kunya
aliasing التعبير عن معلومة بكناية معينة
at-taʿbīr ʿan maʿlūma bi-kināya muʿayyana
aligned-grid valve صمام الشبكة المستقيمة
ṣimān ash-shabaka al-mustaqīma
alive حي .
ḥayy

all blank word كلمة خالية
kalima khālīya
Allen Key مفتاح آلن
miftāḥ ālan
all figure numbering ترقيم باستخدام الرموز الرقمية
tarqīm bi-istikhdām ar-rumūz ar-raqmīya
allocate خصص . عين
khaṣṣaṣa · ʿayyana
allocation تخصيص . حصة
takhṣīṣ · ḥiṣṣa
allocation routine روتين التخصيص .
rūtīn at-takhṣīṣ
allowed band النطاق المسموح به
an-niṭāq al-masmūḥ bihi
alloy device نبيطة مزج
nabīṭat mazj
alloyed device نبيطة ممزوجة
nabīṭa mamzūja
alloyed junction وصلة ممزوجة
waṣla mamzūja
alloy method طريقة المزج
ṭarīqat al-mazj
all-pass network شبكة لكل المرور
shabaka li-kull al-murūr
all-purpose computer كمبيوتر لكل الأغراض
kumbyūtar li-kull al-aghrāḍ
Alnico النيكو
alnīkū
alphabet الألفباء
al-alifbāʾ
alphabetic أبجدي
abjadī
alphabetical item عنصر ألف بائي
ʿunṣur alifbāʾī
alphabetic code رمز ألف بائي
ramz alif bāʾī
alphabetic string معلومة ألف بائية
maʿlūma alif bāʾīya
alphabetic telegraphy الابراق الألف بائي
al-ibrāq al-alif bāʾī
alpha current factor معامل تيار ألفا
muʿāmil tayyār alfā
alpha cut-off frequency التردد القاطع لأشعة ألفا
at-taraddud al-qāṭiʿ li-ashiʿʿat alfā
alphageometric coding ترميز ألفي هندسي
tarmīz alfī handasī
alphameric معلومة ألف بائية رقمية
maʿlūma alif bāʾīya raqmīya
alphanumeric ألف بائي رقمي
alif bāʾī raqmī
alphanumeric character شكل ألف بائي رقمي
shakl alif bāʾī raqmī
alphanumeric code رمز ألف بائي رقمي
ramz alif bāʾī raqmī
alpha particle جسيم ألفا
jusaym alfā
alpha rays أشعة ألفا
ashiʿʿat alfā
alteration تبديل . تغيير .
tabdīl · taghyīr
alteration switch مفتاح تحويل
miftāḥ taḥwīl
alternate digit inversion بديل الرقم المقلوب
badīl ar-raqm al-maqlūb
alternate key مفتاح بياني بديل
miftāḥ bayānī badīl
alternate mark inversion بديل الدليل المقلوب
badīl ad-dalīl al-maqlūb
alternate mark inversion violation الاخلال ببديل الدليل المقلوب
al-ikhlāl bi-badīl ad-dalīl al-maqlūb
alternate routing مسار بديل
masār badīl
alternating code الترميز المتردد
at-tarmīz al-mutaraddid
alternating current تيار متردد
tayyār mutaraddid
alternating current signalling system نظام اشارات بالتيار المتناوب
niẓām ishārāt bit-tayyār al-mutanāwib
alternation تناوب . تعاقب . تبادل
tanāwub · taʿāqub · tabādul
alternation gate بوابة التناوب
bawwābat at-tanāwub
alternative coding ترميز تخييري
tarmīz takhyīrī
alternative denial بديل النفي
badīl an-nafī
alternative routing مسار تخييري
masār takhyīrī
alternative routing indicator مبين المسار التخييري
mubayyin al-masār at-takhyīri
alternator منوب .
munawwib

ALU وحدة منطقية حسابية
wiḥda manṭiqīya ḥisābīya
alumina ألومينا
alūmīnā
aluminium الومنيوم
alūmīnyūm
aluminium antimonide أنتيمونيد الألومنيوم
antīmūnīd al-alūmīnyūm
aluminium gate circuit دائرة بوابة الألومنيوم
dā'irat bawwābat al-alūmīnyūm
aluminized screen شاشة مغطاة بالألومنيوم
shāsha mughaṭṭā bil-alūmīnyūm
ambiguity غموض . ابهام
ghumūḍ · ibhām
ambiguity error خطأ مبهم
khaṭa' mubham
ambiguous grammar قواعد لغوية غامضة
qawā'id lughawīya ghāmiḍa
amendment file ملف التعديلات
milaff at-ta'dīlāt
amendment record سجل تعديل
sijill ta'dīl
amendment tape شريط التعديلات
sharīṭ at-ta'dīlāt
American wire gauge محدد قياس أسلاك أمريكي
muḥaddid qiyās aslāk amrīkī
AM/FM receiver جهاز استقبال موجات معدلة السعة/التردد
jihāz istiqbāl mawjāt mu'addalat as-sa'a/at-taraddud
ammeter أميتر
amītar
amount of traffic carried كثافة حركة المرور المنقول
kathāfat ḥarakat al-murūr al-manqūl
amp أمبير
ampīr
ampere أمبير
ampīr
Ampere-Laplace law قانون أمبير - لابلاس
qānūn ampīr-laplās
ampere per metre أمبير لكل متر
ampīr li-kull mitar
Ampere's circuital theorem نظرية أمبير للدوائر
naẓarīyat ampīr lid-dawā'ir
Ampere's law قانون أمبير
qānūn ampīr
amplification تكبير . تضخيم
takbīr · taḍkhīm
amplifier مكبر . مضخم
mukabbir · muḍakhkhim
amplifier bandwidth عرض النطاق الترددي للمكبر
'arḍ an-niṭāq at-taraddudī lil-mukabbir
amplifier, DC مكبر التيار المستمر
mukabbir at-tayyār al-mustamirr
amplifier gain كسب المكبر
kasb al-mukabbir
amplifier stage مرحلة تكبير
marḥalat takbīr
amplifier sub-assembly مجمعة فرعية للمكبر
mujamma'a far'īya lil-mukabbir
amplify كبر . ضخم
kabbara · ḍakhkhama
amplitude متسع الذبذبة
mutassa' adh-dhabdhaba
amplitude distortion تشوه متسع الذبذبة
tashawwuh mutassa' adh-dhabdhaba
amplitude fading اضمحلال متسع الذبذبة
iḍmiḥlāl mutassa' adh-dhabdhaba
amplitude modulation تعديل سعة الذبذبة
ta'dīl sa'at adh-dhabdhaba
amplitude quantization تحديد الكم الخاص بسعة الذبذبة
taḥdīd al-kamm al-khāṣṣ bi-sa'at adh-dhabdhaba
AM receiver جهاز استقبال موجات معدلة بسعة الذبذبة
jihāz istiqbāl mawjāt mu'addala bi-sa'a adh-dhabdhaba
analog نسبي
nisbī
analog adder الجامع النسبي
al-jāmi' an-nisbī
analog channel قناة خاصة بالموجات النسبية
qanāh khāṣṣa bil-mawjāt an-nisbīya
analog circuit دائرة للموجات النسبية
dā'ira lil-mawjāt an-nisbīya
analog computer حاسبة نسبية
ḥāsiba nisbīya
analog data channel قناة لنقل بيانات الموجات النسبية
qanāh li-naql bayānāt al-mawjāt an-nisbīya

analog delay line خط تعويق موجات نسبية
khaṭṭ taʿwīq mawjāt nisbīya
analog/digital converter محول موجات نسبية إلى رقمية
muḥawwil mawjāt nisbīya ila raqmīya
analog electrical signal أشارة كهربية نسبية
ishāra kahrabīya nisbīya
analog gate دائرة صمامية للموجات النسبية
dāʾira ṣimāmīyat lil-mawjāt an-nisbīya
analog line terminating system نظام خط الانهاء للموجات النسبية
niẓām khaṭṭ al-inhāʾ lil-mawjāt an-nisbīya
analog network شبكة للموجات النسبية
shabaka lil-mawjāt an-nisbīya
analog repeater معيد نبضات نسبية
muʿīd nabaḍāt nisbīya
analog representation التمثيل بالموجات النسبية
at-tamthīl bil-mawjāt an-nisbīya
analog signal اشارة موجة نسبية
ishārat mawja nisbīya
analog techniques الاساليب التقنية للموجات النسبية
al-asālīb at-taqnīya lil-mawjāt an-nisbīya
analog-to-digital converter محول موجات نسبية إلى رقمية
muḥawwil mawjāt nisbīya ila raqmīya
analogue transmission إرسال الموجات النسبية
irsāl al-mawjāt an-nisbīya
analysis تحليل
taḥlīl
analysis of variance تحليل التباين
taḥlīl at-tabāyun
analytical function generator مولد الدوال التحليلية
muwallid ad-dawāl at-taḥlīlīya
analyzer مُحلل
muḥallil
anaphoresis ترحل الى القطب الموجب
taraḥḥul ilal-quṭb al-mūjab
ancestor منسوب
mansūb
anchorage إرساء . تثبيت
irsāʾ · tathbīt
ancillary device النبيطة التابعة
an-nabīṭa at-tābiʿa
AND circuit دائرة الكترونية للضرب المنطقي
dāʾira iliktrūnīya liḍ-ḍarb al-manṭiqī
AND element عنصر للضرب المنطقي
ʿunṣur liḍ-ḍarb al-manṭiqī
Anderson bridge قنطرة أندرسون
qanṭarat āndarsūn
AND gate دائرة صمامية للضرب المنطقي
dāʾira simāmīya liḍ-ḍarb al-manṭiqī
AND logical الضرب المنطقي
aḍ-ḍarb al-manṭiqī
AND operation عملية الضرب المنطقي
ʿamalīyat aḍ-ḍarb al-manṭiqī
angle modulation تضمين الزاوية
taḍmīn az-zāwiya
angle of flow زاوية التدفق
zāwiyat at-tadaffuq
angstrom أنجستروم
angstrūm
angular frequency تردد زاوي
taraddud zāwī
anion أنيون
anyūn
anisotropic متباين الخواص
mutabāyin al-khawāṣṣ
annotate يعلق الحواشي
yuʿalliq al-ḥawāshī
annotation حاشية تفسيرية
ḥāshiya tafsīriya
annual charge ratio نسبة التكلفة السنوية
nisbat at-taklifa as-sanawīya
annual schedule of circuit estimates جدول سنوي لتقديرات الدوائر
jadwal sanawī li-taqdīrāt ad-dawāʾir
anode أنود
anūd
anode current تيار الأنود
tayyār al-anūd
anode dark space المنطقة المظلمة الأنودية
al-minṭaqa al-muẓlima al-anūdīya
anode glow منطقة التوهج الأنودي
minṭaqat at-tawahhuj al-anūdī
anode modulation ضبط تيار الأنود
ḍabṭ tayyār al-anūd
anode rays أشعة أنودية
ashiʿʿa anūdīya

anode shield — حجاب أنودي
ḥijāb anūdī

anode stopper — مانع أنودي
mānic anūdī

anode-voltage-stabilized camera tube — صمام كاميرا ذو فلطية أنودية مستقرة
ṣimām kāmira dhū vulṭīya anūdīya mustaqirra

ANSI — معهد الامريكي القومي للقياسات
macḥad al-amrikī al-qawmī lil-qiyāsāt

ANSI-SPARC schemata — خطة آنس سبارك
khuṭṭa ansī-spārk

answer back simulator — محاكي الاجابة العكسية
muḥākī al-ijāba al-caksīya

answer back unit — وحدة الاجابة العكسية
wiḥdat al-ijāba al-caksīya

answering time — زمن الأجابة
zaman al-ijāba

answer signal — إشارة الاجابة
ishārat al-ijāba

answer signal: charge — إشارة إجابة بالقيمة
ishārat ijāba bil-qīma

answer signal: no charge — إشارة إجابة بدون القيمة
ishārat ijāba bi-dūn al-qīma

antenna — هوائي
hawā'ī

anticapacitance switch — مفتاح ضئيل السعة
miftāḥ ḍa'īl as-ṣaca

anticathode — نظير القطب السلبي
naẓīr al-quṭb as-salbī

anticipation — توقع
tawaqquc

anticoincidence circuit — دائرة غير متطابقة
dā'ira ghayr mutaṭābiqa

anticoincidence element — عنصر غير متطابق
cunṣur ghayr mutaṭābiq

anticoincidence operation — عملية غير متطابقة
camalīya ghayr mutaṭābiqa

antiferromagnetism — الممانعة للمغناطيسية الحديدية
al-mumānaca lil-mughnāṭīsīya al-ḥadīdīya

antihunting circuit — دائرة غير قناصة
dā'ira ghayr qannāṣa

anti-interference aerial system — نظام هوائي مانع للتداخل
niẓām hawā'ī mānic lit-tadākhul

antijamming — مانع للتشويش
manic lit-tashwīsh

antinode — بطن الموجة
baṭn al-mawja

antiphase — مضاد لأتجاه الطور
muḍādd li-ittijāh aṭ-ṭawr

antiresonant circuit — دائرة غير رنانة
dā'ira ghayr rannāna

antisymmetric relation — علاقة غير متماثلة
calāqa ghayr mutamāthila

anti-transmit/receive switch — مفتاح غير ارسالي ـ غير استقبالي
miftāḥ ghayr irsālī ghayr istiqbālī

aperiodic circuit — دائرة لادورية
dā'ira lā-dawrīya

aperiodic damping — تخميد لادوري
takhmīd lā-dawrī

aperture distortion — تشوه المسح
tashawwuh al-masḥ

aperture grille — شبكة ذات فتحة
shabaka dhāt fatḥa

aperture plate — لوح ذو فتحة
lawḥ dhū fatḥa

aperture time — زمن الفتح
zaman al-fatḥ

APL — لغة أبل
lughat ābl

apostrophe — الفاصلة العليا
al-fāṣila al-culyā

apparent power — القدرة الظاهرة
al-qudra aẓ-ẓāhira

append — ماجوا
mājū

Apple — كمبيوتر « أبل »
kumbyūtar ābl

application — تطبيق
taṭbīq

application code — رمز البرنامج
ramz al-barnāmaj

application layer — مستوى التطبيق
mustawa at-taṭbīq

application package — مجموعة تطبيقية
majmūca taṭbīqīya

application software — برامج التطبيق
barāmij at-taṭbīq

applications program — برنامج التطبيق
barnāmaj at-taṭbīq

application system — نظام التطبيق
niẓām at-taṭbīq

application terminal — وحدة طرفية خاصة بالتطبيق
wiḥda ṭarafīya khāṣṣa bit-taṭbīq

application virtual machine — كمبيوتر تطبيقات ذو سعة افتراضية
kumbyūtar taṭbīqāt dhū ṣaʿa iftirāḍīya

applicative language — لغة تطبيقية
lugha taṭbīqīya

applied robotics — تلقائيات مطبقة
tilqāʾīyāt muṭabbaqa

approximation steps — خطوات التقريب
khuṭwāt at-taqrīb

approximation theory — نظرية التقريب
naẓarīyat at-taqrīb

arbitrarily sectioned file — ملف مقسم اختيارياً
milaff muqassam ikhtiyārīyan

arbitrary function generator — مولد دوال اختيارية
muwallid dawāl ikhtiyārīya

arc — قوس
qaws

architectural design — تصميم معماري
taṣmīm miʿmārī

architectural protection — حماية معمارية
ḥimāya miʿmārīya

architecture — هندسة البناء
handasat al-bināʾ

archival storage — حفظ منفصل للملفات
ḥifẓ munfaṣil lil-milaffāt

archive — دائرة محفوظات
dāʾirat maḥfūẓāt

archived file — ملف محفوظ
milaff maḥfūẓ

archiving — حفظ
ḥifẓ

area — مساحة . منطقة
misāḥa · minṭaqa

area search — بحث منطقي
baḥth minṭaqī

argument — متغير
mutaghayyir

arithmetic address — عنوان حسابي
ʿunwān ḥisābī

arithmetical point — نقطة حسابية
nuqṭa ḥisābīya

arithmetic check — مراجعة حسابية
murājaʿa ḥisābīya

arithmetic instructions — تعليمات حسابية
taʿlīmāt ḥisābīya

arithmetic logic unit — وحدة الحساب والمنطق
wiḥdat al-ḥisāb wal-manṭiq

arithmetic operation — عملية حسابية
ʿamalīya ḥisābīya

arithmetic operator — علامة حسابية
ʿalāma ḥisābīya

arithmetic organ — جهاز الحساب
jihāz al-ḥisāb

arithmetic overflow — باقي حسابي
bāqī ḥisābī

arithmetic register — سجل حسابي
sijill ḥisābī

arithmetic shift — إزاحة حسابية
izāḥa ḥisābīya

arithmetic unit — وحدة حسابية
wiḥda ḥisābīya

arm — ذراع
dhirāʿ

arm joint and transition — وصلة ناقلة ذراعية
waṣla nāqila dhirāʿīya

armoured cable — كبل مدرع
kabl mudarraʿ

armoured tail — ذيل مدرع
dhayl mudarraʿ

array — مصفوفة . صف . مجموعة
maṣfūfa · ṣaff · majmūʿa

array processor — وحدة تشغيل صفية
wiḥdat tashghīl ṣaffīya

arrow diagram — رسم بياني سهمي
rasm bayānī sahmī

articulation point — نقطة اتصال مفصلي
nuqṭat ittiṣāl mifṣalī

articulation test — اختبار الاتصال المفصلي
ikhtibār al-ittiṣāl al-mifṣalī

artificial ear — اذن اصطناعية
udhun iṣṭināʾīya

artificial intelligence — الذكاء الاصطناعي
adh-dhakāʾ al-iṣṭināʾī

ASCII — اللجنة الأمريكية لقياسية تبادل المعلومات
al-lajna al-amrīkīya li-qiyāsīyat tabādul al-maʿlūmāt

askew — بانحراف
bi-inḥirāf

aspect ratio — نسبة الطول الى العرض
nisbat aṭ-ṭūl ilal-ʿarḍ

ASR — وحدة ارسال / استقبال غير متزامنة
wiḥdat irsāl/istiqbāl ghayr mutazāmina

assemble — جمع . ركب . اجتمع
jammaʿa · rakkaba · ijtamaʿa

assembler — برنامج التجميع
barnāmaj at-tajmīʿ

assembly — اجتماع . تجميع . مجموعة
ijtimāʿ · tajmīʿ · majmūʿa

assembly language لغة التجميع
lughat at-tajmīʿ
assembly list قائمة التجميع
qāʾimat at-tajmīʿ
assembly program برنامج التجميع
barnāmaj at-tajmīʿ
assembly routine روتين التجميع
rūtīn at-tajmīʿ
assembly system نظام التجميع
niẓām at-tajmīʿ
assembly time زمن التجميع
zaman at-tajmīʿ
assembly unit وحدة تجميع
wiḥdat tajmīʿ
assertion توكيد .
tawkīd
assertion checker مراقب توكيد
murāqib tawkīd
assign خصص . عين
khaṣṣaṣa · ʿayyana
assignment تخصيص .
takhṣīṣ
assignment-free language لغة لا تخصيصية
lugha lā-takhṣīṣīya
assignment multiple تخصيص متعدد
takhṣīṣ mutaʿaddid
assignment statement جملة تخصيصية
jumla takhṣīṣīya
association channel signalling ارسال اشارات القنوات المترافقة
irsāl ishārāt al-qanawāt al-mutarāfiqa
associative addressing عنونة ذاكرة ترافقية
ʿanwanat dhākira tarāfuqīya
associative computer كمبيوتر بذاكرة ترافقية
kumbyūtar bi-dhākira tarāfuqīya
associative law قانون جمع الحدود الجبرية
qānūn jamʿ al-ḥudūd al-jabrīya
associative memory ذاكرة ترافقية
dhākira tarāfuqīya
associative operation عملية ترافقية
ʿamalīya tarāfuqīya
associative storage تخزين في ذاكرة ترافقية
takhzīn fī dhākira tarāfuqīya
associative store مخزن ترافقية
makhzan tarāfuqīya
assumed decimal point علامة عشرية افتراضية
ʿalāma ʿushrīya iftirāḍīya

astable غير مستقر
ghayr mustaqirr
astable multivibrator متعدد التوافقيات اللامستقر
mutaʿaddid at-tawāfuqīyāt al-lā-mustaqirr
asterisk protection حماية من العلامة النجمية
ḥimāya min al-ʿalāma an-najmīya
asymmetrical duplex transmission الارسال المزدوج اللا تماثلي
al-irsāl al-muzdawij al-lā-tamāthulī
asymmetric relation علامة لا تماثلية
ʿalāqa lā-tamāthulīya
asynchronous لامتزامن
lā-mutazāmin
asynchronous circuit دائرة لا تزامنية
dāʾira lā-tazāmunīya
asynchronous computer كمبيوتر لا تزامني
kumbyūtar lā-tazāmunī
asynchronous operation عملية لا تزامنية
ʿamalīya lā-tazāmunīya
asynchronous system نظام لا تزامني
niẓām lā-tazāmunīya
asynchronous TDM ارسال لا تزامني متعدد متقابل بتقسيم الوقت
irsāl lā-tazāmunī mutaʿaddid mutaqābil bi-taqsīm al-waqt
asynchronous terminal نهاية طرفية لا تزامنية
nihāya ṭarafīya lā-tazāmunīya
asynchronous transfer تحويل لا تزامني
taḥwīl lā-tazāmunī
asynchronous transmission ارسال لا تزامني
irsāl lā-tazāmunī
asynchronous working عمل لا تزامني
ʿamal lā-tazāmunī
Atlas كمبيوتر اتلاس
kumbyūtar ātlās
atmospheric re-entry رجوع إلى جو الأرض
rujūʿ ila jaww al-arḍ
atom ذرة
dharra
atomic formula معادلة ذرية
muʿādala dharrīya
atomicity الذرية
adh-dharrīya
attach ربط . وصل . التصق
rabaṭa · waṣala · iltaṣaqa
attendance time وقت الحضور
waqt al-ḥuḍūr

attended time وقت حضور
waqt ḥuḍūr
attenuate خفف . وهّن
khaffafa · wahhana
attenuation توهين . تخفيف
tawhīn · takhfīf
attenuator موهن
muwahhin
attribute صفة مميزة .
ṣifa mumayyiza
attribute grammar قواعد لغوية مميزة
qawāʾid lughawīya mumayyiza
audio سمعي
samʿī
audio amplifier مضخم سمعي
muḍakhkhim samʿī
audio circuit دائرة سمعية
dāʾira samʿīya
audioconference مؤتمر سمعي
muʾtamar samʿī
audio frequency تردد سمعي
tarradud samʿī
audio frequency band نطاق تردد سمعي
niṭāq taraddud samʿī
audio frequency waveband حزمة موجية بتردد سمعي
ḥuzma mawjīya bi-taraddud samʿī
audio oscillator مولد ذبذبة سمعي
muwallid dhabdhaba samʿī
audio response unit وحدة استجابة سمعية
wiḥdat istijāba samʿīya
audio signal اشارة سمعية
ishāra samʿīya
audit فحص . دقق
faḥaṣa · daqqaqa
audit of computer systems مراجعة انظمة الحاسب
murājaʿat anẓimat al-ḥāsib
audit trail سلك فحص الحسابات
silk faḥṣ al-ḥisābāt
augment عزز
ʿazzaza
augmented addressing عنونة معززة
ʿanwana muʿazzaza
augmented transition network شبكة انتقالية معززة
shabaka intiqālīya muʿazzaza
augmenter المعزز
al-muʿazziz

aural sign اشارة سمعية
ishāra samʿīya
authentication توثيق
tawthīq
authentication code رمز توثيق
ramz tawthīq
authorization تفويض
tafwīḍ
authorization matrix مصفوفة التفويض
maṣfūfat at-tafwīḍ
auto-abstract تجريد تلقائي
tajrīd tilqāʾī
autocode رمز تلقائي
ramz tilqāʾī
autocorrection تصحيح تلقائي
taṣḥīḥ tilqāʾī
autodump استنساخ تلقائي
istinsākh tilqāʾī
autoload الحمل التلقائي
al-ḥiml at-tilqāʾī
autoload cartridge كارتريدج التحميل التلقائي
kārtrij at-taḥmīl at-tilqāʾī
autoload success rate معدل نجاح التحميل التلقائي
muʿaddal najāḥ at-taḥmīl at-tilqāʾī
automated tape library مكتبة شرائط التحميل التلقائي
maktabat sharāʾiṭ at-taḥmīl at-tilqāʾī
automatic abstract الخلاصة التلقائية
al-khulāṣa at-tilqāʾīya
automatically cleared failure ازالة عطل تلقائياً
izālat ʿuṭl tilqāʾīyan
automatically corrected error خطأ يصحح تلقائياً
khaṭaʾ yuṣaḥḥaḥ tilqāʾīyan
automatic alternative routing تبديل تلقائي للمسار
tabdīl tilqāʾī lil-masār
automatic announcements اعلانات ذاتية
iʿlānāt dhātīya
automatic answering اجابة تلقائية
ijāba tilqāʾīya
automatic call distribution توزيع اوتوماتيكي للمكالمات
tawzīʿ awtūmātīkī lil-mukālamāt
automatic calling unit وحدة تلفنة اوتوماتيكية
wiḥdat talfana awtūmātīkīya
automatic carriage نقل ذاتي
naql dhātī

automatic check فحص اوتوماتيكي
fahṣ awtūmātīkī
automatic coding ترميز ذاتي
tarmīz dhātī
automatic connection of internal calls توصيل اوتوماتيكي للمكالمات الداخلية
tawṣīl awtūmātīkī lil-mukālamāt ad-dākhilīya
automatic data conversion تحويل اوتوماتيكي للبيانات
taḥwīl awtūmātīkī lil-bayānāt
automatic data processing تحليل اوتوماتيكي للبيانات
taḥlīl awtūmātīkī li-bayānāt
automatic dialler وحدة تلفنة اوتوماتيكية
wiḥdat talfana awtūmātīkīya
automatic dictionary معجم آلي
muʿjam ālī
automatic equalizer مُعادل اوتوماتيكي
muʿādil awtūmātīkī
automatic error correction تصحيح تلقائي للخطأ
taṣḥīḥ tilqāʾī lil-khaṭaʾ
automatic exchange سنترال اوتوماتيكي
sintrāl awtūmātīkī
automatic feed punch جهاز تثقيب تلقائي التغذية
jihāz tathqīb tilqāʾī at-taghdhiya
automatic gain control تحكم اوتوماتيكي في الكسب
taḥakkum awtūmātīkī fil-kasb
automatic hardware dump تفريغ آلي لمحتوى الكمبيوتر
tafrīgh ālī li-muḥtawa al-kumbyūtar
automatic interrupt انقطاع أوتوماتيكي
inqitāʿ awtūmātīkī
automatic message switching centre مركز تحويل اوتوماتيكي للرسائل
markaz taḥwīl awtūmātīkī lir-rasāʾil
automatic paper tape punch جهاز تثقيب شرائط ورقية اوتوماتيكي
jihāz tathqīb sharāʾiṭ waraqīya awtūmātīkī
automatic programme loader محمل البرامج الأوتوماتيكي
muḥammil al-barāmij al-awtūmātīkī
automatic programming برمجة أوتوماتيكية
barmaja awtūmātīkīya
automatic punch جهاز تثقيب أوتوماتيكي
jihāz tathqīb awtūmātīkī
automatic recall استدعاء أوتوماتيكي
istidʿāʾ awtūmātīkī
automatic repeat attempt محاولة تكرار اوتوماتيكي
muḥāwalat takrār awtūmātīkī
automatic repeat request طلب تكرار اوتوماتيكي
ṭalab takrār awtūmātīkī
automatic restart اعادة البدء اوتوماتيكيا
iʿādat al-badʾ awtūmātīkīyan
automatics اوتوماتيكيات
awtūmātīkīyāt
automatic send and receive ارسال واستقبال اوتوماتيكي
irsāl wa istiqbāl awtūmātīkī
automatic send-receive set جهاز ارسال واستقبال اوتوماتيكي
jihāz irsāl wa istiqbāl awtūmātīkī
automatic sequential connection اتصال تتابعي اوتوماتيكي
ittiṣāl tatābuʿī awtūmātīkī
automatic service خدمة أوتوماتيكية
khidma awtūmātīkīya
automatic skip تخطي أوتوماتيكي
takhaṭṭī awtūmātīkī
automatic stop توقف اوتوماتيكي
tawaqquf awtūmātīkī
automatic switching centre مركز تحويل اوتوماتيكي
markaz taḥwīl awtūmātīkī
automatic switching equipment معدات تحويل اوتوماتيكية
muʿaddāt taḥwīl awtūmātīkīya
automatic tape library مكتبة شرائط اوتوماتيكية
maktabat sharāʾiṭ awtūmātīkīya
automatic tape punch جهاز تثقيب شرائط اوتوماتيكي
jihāz tathqīb sharāʾiṭ awtūmātīkī
automatic transfer تحويل اوتوماتيكي
taḥwīl awtūmātīkī
automatic verifier محقق اوتوماتيكي
muḥaqqiq awtūmātīkī
automation اوتوماتيكية
awtūmātīkīya
automaton اوتوماتون
awtūmātūn
automonitor برنامج الرقابة والاشراف الآلي
barnāmaj ar-raqāba wal-ishrāf al-ālī
automorphism ذاتية الأوجه
dhātīyat al-awjuh

autopolling اقتراع أوتوماتيكي
iqtirāʿ awtūmātīkī
autoregression تراجع آلي
tarājuʿ ālī
autothread لولبة آلية
lawlaba ālīya
autoverification تحقيق آلي
taḥqīq ālī
auxiliary equipment معدات معاونة
muʿaddāt muʿāwina
auxiliary equipment access سبيل لجهاز معاون
sabīl li-jihāz muʿāwin
auxiliary hopper حزام معاون
ḥizām muʿāwin
auxiliary memory ذاكرة معاونة
dhākira muʿāwina
auxiliary service device نبيطة خدمة معاونة
nabīṭat khidma muʿāwina
auxiliary store مخزن ثانوي
makhzan thānawī
availability إتاحية .
itāḥīya
availability of service إتاحية الخدمة
itāḥīyat al-khidma
availability ratio نسبة الاتاحية
nisbat al-itāḥīya
available list قائمة متاحة
qāʾima mutāḥa
available machine time زمن متاح بالكمبيوتر
zaman mutāḥ bil-kumbyūtar
available time الزمن المتاح
az-zaman al-mutāḥ
avalanche photodiode صمام ثنائي ضوئي إنهياري
ṣimān thunāʾī ḍawʾi inhiyārī
average call duration متوسط مدة المكالمة
mutawassiṭ muddat al-mukālama
average-case analysis تحليل لحالة متوسطة
taḥlīl li-ḥāla mutawassiṭa
average operating time متوسط فترة التشغيل
mutawassiṭ fatrat at-tashghīl
average traffic متوسط حركة المرور
mutawassiṭ ḥarakat al-murūr
Avo test meter أڤومتر .
āvūmitar
awaiting digits state حالة الرقم المتوقعة
ḥālat ar-raqm al-mutawaqqaʿa
awaiting repair time زمن التصليح المتوقع
zaman at-taṣlīḥ al-mutawaqqaʿ
axiomatic semantics دلالات لفظية بديهية
dalālāt lafẓīya badīhīya

B

B

Babbage — لغة بابيج
lughat bābīj

babble — معلومات مبهمة
maʿlūmāt mubhama

backbone network — شبكة رئيسية
shabakat raʾīsīya

backbone routing — مسار رئيسي
masār raʾīsī

back-end processor — وحدة التشغيل الخلفية
wiḥdat at-tashghīl al-khalfīya

background — خلفية
khalfīya

background processing — المعالجة الخلفية
al-muʿālaja al-khalfīya

backing store — مخزن مساعد
makhzan musāʿid

backlevel program — برنامج المستوى الخلفي
barnāmaj al-mustawa al-khalfī

back mounted — تعليق خلفي
taʿlīq khalfī

backplane — مستوى الخلفي
mustawa al-khalfī

back-off — تراجع . إفساح
tarājuʿ · ifsāḥ

backspace — مسافة للخلف
masāfa lil-khalf

backspace character — رمز : مسافة للخلف
ramz · masāfa lil-khalf

backtracking — تتبع عكسي
tatabbuʿ ʿaksī

backup — احتياطي .
iḥtiyāṭī

Backus normal form — صيغة باكوس الطبيعية
ṣīghat bākūs aṭ-ṭabīʿiya

backward channel — قناة خلفية
qanāh khalfīya

backward direction — اتجاه مضاد
ittijāh muḍādd

backward error analysis — تحليل عكسي للأخطاء
taḥlīl ʿaksī lil-akhṭāʾ

backward error correction — تصحيح عكسي لأخطاء
taṣḥīḥ ʿaksī lil-akhṭāʾ

backward recovery — إستعادة عكسية .
istiʿāda ʿaksīya

badge reader — قارىء شارات
qāriʾ shārāt

bag — حقيبة
ḥaqība

balance — وازن . اتزن
wāzana · ittazana

balanced — متزن .
muttazin

balanced error — خطأ متزن
khaṭaʾ muttazin

balanced line driver — مدور خطي متزن
mudawwir khaṭṭī muttazin

balanced merge sort — فرز و دمج متزن
farz wa damj muttazin

balanced sort — فرز متزن
farz muttazin

band — نطاق ذبذبات
niṭāq dhabdhabāt

band-limited channel — قناة محدودة النطاق
qanāh maḥdūdat an-niṭāq

band matrix — مصفوفة شريطية
maṣfūfa sharīṭīya

band-pass filter — مرشح إمرار نطاقي
murashshiḥ imrār niṭāqī

band printer — جهاز طباعة شريطي
jihāz ṭibāʿa-sharīṭī

band-reject filter — مرشح نبذ نطاقي
murashshiḥ nabdh niṭāqī

band-stop filter — مرشح وقفي شريطي
murashshiḥ waqfī sharīṭī

B

bandwidth عرض النطاق الترددي
ᶜarḍ an-niṭāq at-taraddudī
bank مجموعة . صف
majmūᶜa · ṣaff
bank switching تحويل صفي
taḥwīl ṣaffī
bar code رمز قضيبي
ramz qaḍībī
bar coded document رموز مغناطيسية خاصة بالسلع التجارية
rumūz mughnāṭīsīya khāṣṣa bis-silaᶜ at-tijārīya
Barker sequence متتابعة باركر
mutatābiᶜat bārkar
barrel اسطوانة
usṭuwāna
barrel printer جهاز طباعة أسطواني
jihāz ṭibāᶜa usṭuwānī
base قاعدة . أساس
qāᶜida · asās
base addressing عنونة أساسية
ᶜanwana asāsīya
baseband co-axial system نظام نطاق أساسي متحد المحور
niẓām niṭāq asāsī muttaḥid al-miḥwar
baseband modem موديم نطاق أساسي
mūdīm niṭāq asāsī
baseband networking عمل شبكة نطاق أساسي
ᶜamal shabakat niṭāq asāsī
base-bound register سجل حد الأساس
sijill ḥadd al-asās
base code رمز اساس
ramz asās
base field حقل أساسي
ḥaql asāsī
base-limit register سجل محدد الأساس
sijill muḥaddad al-asās
base notation تدليل أساسي
tadlīl asāsī
base number رقم الأساس
raqm al-asās
base prices أسعار الأساس
asᶜār al-asās
base register سجل أساس
sijill asās
base station محطة اساس
muḥaṭṭat asās
base version نسخة أساس
nuskhat asās
BASIC لغة بايسيك
lughat baysik

basic configuration تكوين عام أساسي
takwīn ᶜāmm asāsī
basic group مجموعة أولية
majmūᶜa awwalīya
basic instructions تعليمات أولية
taᶜlīmāt awwalīya
basic mode أسلوب أساس
uslūb asāsī
basic module وحدة أساسية
wiḥda asāsīya
basic routing مسار أساس
masār asāsī
batch مجموعة . دفعة
majmūᶜa · dufᶜa
batch control تحكم في مجموعات
taḥakkum fī majmūᶜāt
batch header مقدمة مجموعة
muqaddimat majmūᶜa
batch processing معالجة بالمجموعات
muᶜālaja bil-majmūᶜāt
batch system نظام معالجة بالمجموعات
niẓām muᶜālaja bil-majmūᶜāt
batch total إجمالي مجموعة
ijmālī majmūᶜa
battery بطارية
biṭṭārīya
baud بود
būd
Baudot بودو
būdū
baudot code شيفرة بودو
shīfrat būdū
baud rate معدل بود
muᶜaddal būd
bay فسحة . فتحة
fusḥa · fatḥa
BCD عشري ثنائي الترميز
ᶜushrī thunāʾī at-tarmīz
BCD adder جامع عشري ثنائي الترميز
jāmiᶜ ᶜushrī thunāʾī at-tarmīz
BCH code طريقة ترميز بوز / شاندوري / هوكينهام
ṭarīqat tarmīz būz/shāndūrī/hūkīnhām
beach joint وصلة الضفة
waṣlat aḍ-ḍaffa
bead خرزة
kharaza
beam store مخزن شعاعي
makhzan shuᶜāᶜī
beep بيب (إشارة صوتية)
bīb (ishāra ṣawtīya)

before-look journalising تسجيل المعلومات قبل تغيرها
tasjīl al-maʿlūmāt qabla taghyīriha
beginning-of-file label شارة بداية الملف
shārat bidāyat al-milaff
beginning-of-file section label شارة قسم بداية الملف
shārat qism bidāyat al-milaff
beginning-of-information marker مؤشر بداية المعلومات
muʾashshir bidāyat al-maʿlūmāt
beginning page number رقم صفحة البداية
raqm ṣafḥat al-bidāya
Bel بل
bil
belt printer جهاز طباعة شريطي
jihāz ṭibāʿa sharīṭī
benchmark برنامج قياس ومقارنة أداء أجهزة الكمبيوتر
barnamaj qiyās wa muqāranat adāʾ ajhizat al-kumbyūtar
benchmark problem مسألة خاصة بأداء أجهزة الكمبيوتر
masʾala khāṣṣa bi-adāʾ ajhizat al-kumbyūtar
best fit الأكثر مناسب
al-akthar munāsib
beta reduction خفض بيتا
khafḍ bītā
bias إنحياز .
inḥiyāz
biased exponent أس إنحيازي
uss inḥiyāzī
biconditional ثنائي الحالة
thunāʾī al-ḥāla
biconnected graph شكل بياني ثنائي الأتصال
shakl bayānī thunāʾī al-ittiṣāl
bid قدم عرضاً
qaddama ʿarḍan
bi-directional ثنائي الاتجاه
thunāʾī al-ittijāh
bi-directional communication اتصال ثنائي الاتجاه
ittiṣāl thunāʾī al-ittijāh
bifurcation تشعب . تفرع
tashaʿʿub · tafarruʿ
bilateral control تحكم ثنائي الاتجاه
taḥakkum thunāʾī al-ittijāh
billing ارسال وثائق الدفع
irsāl wathāʾiq ad-dafʿ
billing information معلومات ارسال وثائق الدفع
maʿlūmāt irsāl wathāʾiq ad-dafʿ
binary ثنائي
thunāʾī
binary adder مجمّع ثنائي
mujammiʿ thunāʾī
binary arithmetic operation عملية حسابية ثنائية
ʿamalīya ḥisābīya thunāʾīya
binary Boolean operation عملية بوليانية ثنائية
ʿamalīya būliyanīya thunāʾīya
binary cell خلية ثنائية
khalīya thunāʾīya
binary chain سلسلة ثنائي
silsila thunāʾī
binary chop قطع ثنائي
qaṭʿ thunāʾī
binary code رمز ثنائي
ramz thunāʾī
binary coded character حرف ثنائي الترميز
ḥarf thunāʾī at-tarmīz
binary-coded decimal عشري ثنائي الترميز
ʿushrī thunāʾī at-tarmīz
binary-coded decimal notation تعريف عشري ثنائي الترميز
taʿrīf ʿushrī thunāʾī at-tarmīz
binary-coded decimal representation تمثيل عشري ثنائي الترميز
tamthīl ʿushrī thunāʾī at-tarmīz
binary-coded digit رقم ثنائي الترميز
raqm thunāʾī at-tarmīz
binary-coded information معلومات ثنائية الترميز
maʿlūmāt thunāʾīyat at-tarmīz
binary-coded octal ثماني ثناي الترميز
thumānī thunāʾī at-tarmīz
binary core قلب ثنائي
qalb thunāʾī
binary counter عداد ثنائي
ʿaddād thunāʾī
binary digit رقم ثنائي
raqm thunāʾī
binary digital signal اشارة رقمية ثنائية
ishāra raqmīya thunāʾīya
binary dump تفريغ ثنائي
tafrīgh thunāʾī
binary encoding تشفير ثنائي
tashfīr thunāʾī

B

binary half adder — نصف جامع ثنائي
niṣf jāmiʿ thunāʾī
binary image — تصوير ثنائي
taṣwīr thunāʾī
binary notation — تدوين ثنائي
tadwīn thunāʾī
binary number — عدد ثنائي
ʿadad thunāʾī
binary numeral — عدد ثنائي
ʿadad thunāʾī
binary operation — عملية ثنائية
ʿamalīya thunāʾīya
binary pair — زوج ثنائي
zawj thunāʾī
binary picture data — بيانات في صورة ثنائية
bayānāt fī ṣūra thunāʾīya
binary point — نقطة ثنائية
nuqṭa thunāʾīya
binary relation — علاقة ثنائية
ʿalāqa thunāʾīya
binary representation — تمثيل ثنائي
tamthīl thunāʾī
binary search — التقصى الثنائي
at-taqaṣṣī ath-thunāʾī
binary search algorithm — حل قياسي للتقصي الثنائي
ḥall qiyāsī lit-taqaṣṣi ath-thunāʾī
binary search tree — شجرة التقصي الثنائي
shajara at-taqaṣṣī ath-thunāʾī
binary sequence — تتابع ثنائي
tatābuʿ thunāʾī
binary signal — اشارة ثنائية
ishāra thunāʾīya
binary string — مجموعة من الرموز الثنائية
majmūʿat min ar-rumūz ath-thunāʾīya
binary symmetric channel — دائرة نقل ثنائية التماثل
dāʾirat naql thunāʾīyat at-tamāthul
binary synchronous communications — اتصالات تزامنية ثنائية
ittiṣālāt tazāmunīya thunāʾīya
binary system — نظام ثنائي
niẓām thunāʾī
binary tariff system — نظام تعريفة ثنائية
niẓām taʿrīfa thunāʾīya
binary-to-decimal conversion — تحويل ثنائي إلى عشرى
taḥwīl thunāʾī ila ʿushrī

binary tree — شجرة ثنائي
shajara thunāʾī
binary-tree representation — تمثيل شجرى ثنائي
tamthīl shajarī thunāʾī
binary variable — متغير ثنائي
mutaghayyir thunāʾī
bind — ضم
ḍamma
binding — مضمد
muḍammid
binomial distribution — توزيع ذو حدين
tawzīʿ dhū ḥaddayn
bipartite graph — رسم بياني مشطور
rasm bayānī mashṭūr
bipolar — ثنائي القطب
thunāʾī al-quṭb
bipolar integrated circuit — دائرة متكاملة ثنائية القطب
dāʾira mutakāmila thunāʾīyat al-quṭb
bipolar signal — اشارة مزدوجة القطب
ishāra muzdawijat al-quṭb
bipolar transistor — ترانزستور مزدوج القطب
trānzistūr muzdawij al-quṭb
bipolar transmission — ارسال مزدوج القطب
irsāl muzdawij al-quṭb
biquinary — ثنائي خماسي
thunāʾī khumāsī
biquinary code — رمز ثنائي خماسي
ramz thunāʾī khumāsī
bisection algorithm — شطر حل قياسى
shaṭr ḥall qiyāsī
bistable — ثنائي الاستقرار
thunāʾī al-istiqrār
bistable circuit — دائرة ثنائية الاستقرار
dāʾira thunāʾīyat al-istiqrār
bistable multivibrator — متعدد التوافقيات الثنائي بالاستقرار
mutaʿaddid at-tawāfuqīyāt ath-thunāʾī bil-istiqrār
bit — بت . رقم ثنائي
bit · raqm thunāʾī
bit clocking — توقيت رقمي ثنائي
tawqīt raqmī thunāʾī
bit density — كثافة الارقام الثنائي
kathāfat al-arqām ath-thunāʾīya
bite — بايت
bāyt
bit error — خطأ رقم ثنائي
khaṭaʾ raqm thunāʾī

B

bit error rate — معدل خطأ ارقام ثنائية
muʿaddal khaṭaʾ arqām thunāʾīya
bit handling — معالجة أرقام ثنائية
muʿālajat arqām thunāʾīya
bit location — موضع رقم ثنائي
mawḍiʿ raqm thunāʾī
bit mapping — تخطيط رقمي ثنائي
takhṭīṭ raqmī thunāʾī
bit matrix — مصفوفة ثنائية
masfūfa thunāʾīya
bit parallel transmission — ارسال ارقام ثنائية متوازي
irsāl arqām thunāʾīya mutawāzī
bit pattern — نمط ثنائي
namaṭ thunāʾī
bit position — موضع رقم ثنائي في كلمة
mawḍiʿ raqm thunāʾī fī kalima
bit rate — معدل انتقال الارقام الثنائية
muʿaddal intiqāl al-arqām ath-thunāʾīya
bit serial transmission — ارسال ارقام ثنائية متسلسل
irsāl arqām thunāʾīya mutasalsil
bit slice — شريحة أرقام ثنائية
sharīḥat arqām thunāʾīya
bit-slice architecture — هندسة بناء شرائح ارقام ثنائية
handasat bināʾ sharāʾiḥ arqām thunāʾīya
bit-slice microprocessor — ميكرو بروسسور بشرائح ارقام ثنائية
mīkrūbrūsisar bi-sharāʾiḥ arqām thunāʾīya
bits per second — رقم ثنائي لكل ثانية
raqm thunāʾī li-kull thāniya
bit stream — تيار أرقام ثنائية
tayyār arqām thunāʾīya
bit string — سلسلة أرقام ثنائية
silsilat arqām thunāʾīya
bit stuffing — حشو بأرقام ثنائية
ḥashū bi-arqām thunāʾīya
bit synchronization — تزامن أرقام ثنائية
tazāmun arqām thunāʾīya
bit track — مسار تخزين وقراءة ارقام ثنائية
masār takhzīn wa qirāʾat arqām thunāʾīya
black box — صندوق أسود
ṣundūq aswad
black box approach — أسلوب الصندوق الأسود
uslūb aṣ-ṣundūq al-aswad
blank — فراغ . بياض
farāgh · bayāḍ
blank after printing — فراغ بعد الطبع
farāgh baʿd aṭ-ṭabʿ
blank character — رمز فراغ
ramz farāgh
blanking pulse — نبضة إخلاء
nabḍat ikhlāʾ
blank instruction — أمر فارغ
amr fārigh
blast — انفجار
infijār
blind — أعمى
aʿmā
blink — وميض . أومض
wamīḍ · awmaḍa
blip — نبضة على شاشة الرادار
nabḍa ʿala shāshat ar-rādār
block — كتلة .
kutla
block-acknowledged counter — مؤشر أكتمال الكتلة
muʾashshir iktimāl al-kutla
block check — ضبط الكتلة
ḍabṭ al-kutla
block code — رمز الكتلة
ramz al-kutla
block compaction — تراص الكتلة
tarāṣṣ al-kutla
block copy — نسخة كتلة
nushkat kutla
block diagram — رسم تخطيطي للمراحل
rasm takhṭīṭī lil-marāḥil
blocked call — مكالمة مجمدة
mukālama mujammada
blocked process — عملية محاصره
ʿamalīyat muḥāṣara
block error rate — معدل خطأ الكتلة
muʿaddal khaṭaʾ al-kutla
blockette — كتلة مصغرة
kutla muṣaghghara
block header — واجهة الكتلة
wājihat al-kutla
block ignore character — رمز اهمال الكتلة
ramz ihmāl al-kutla
blocking — سد . حصر
sadd · ḥaṣr
blocking factor — معامل الحصر
muʿāmil al-ḥaṣr
blocking signal — إشارة حصر
ishārat ḥaṣr

B

block length طول الكتلة
ṭūl al-kutla
block list قائمة الكتلة
qā'imat al-kutla
block mark علامة كتلة
ʿalāmat kutla
block multiplexor متعدد التقابل الكتلي
mutaʿaddid at-taqābul al-kutlī
block output كتلة الخرج
kutlat al-kharj
block retrieval استعادة كتلة
istiʿādat kutla
block separator فاصل كتلة
fāṣil kutla
block-structured languages لغات قالبية للبناء
lughāt qālibīya lil-binā'
block transfer انتقال كتلة
intiqāl kutla
blow نفخة
nafkha
blowback ارتداد مزيج الاحتراق
irtidād mazīj al-iḥtirāq
blue ribbon program برنامج الشريط الازرق
barnāmaj ash-sharīṭ al-azraq
BNC plug قابس كوابل الاتصالات
qābis kawābil al-ittiṣālāt
BNF صيغة باكوس الطبيعية
sīghat bākūs aṭ-ṭabīʿīya
board لوحة
lawḥa
bolster مسند
misnad
bonding ترابط
tarābuṭ
book كتاب . سجل . حجز مقدماً
kitāb · sijill · ḥajaza muqaddaman
Boolean algebra الجبر البولياني
al-jabr al-būliyānī
Boolean calculus حساب التفاضل والتكامل البولياني
ḥisāb at-tafāḍul wal-takāmul al-būliyānī
Boolean function دالة بوليانية
dālla būliyānīya
Boolean logic المنطق البولياني
al-manṭiq al-būliyānī
Boolean matrix مصفوفة بوليانية
maṣfūfa būliyānīya
Boolean operation عملية بوليانية
ʿamalīya būliyānīya
Boolean value قيمة بوليانية
qīma būliyānīya
booster separation فصل تعزيز
faṣl taʿzīz
boot احتذى
iḥtadha
bootstrap تحميل إبتدائي لبرنامج
taḥmīl ibtidā'ī li-barnāmaj
both كل من الاثنين
kull min al-ithnayn
both-way communication اتصال في الاتجاهين
ittiṣāl fil-ittijāhayn
both-way trunk digital خط رئيسي رقمي بالاتجاهين
khaṭṭ ra'īsī raqmī bil-ittijāhayn
BOT marker مؤشر بداية الشريط
mu'ashshir bidāyat ash-sharīṭ
bottom-up development تطوير من اسفل الى اعلى
taṭwir min asfal ila aʿlā
bottom-up parsing إعراب من إسفل الى اعلى
iʿrāb min asfal ila aʿlā
bounceless contact اتصال غير مرتد
ittiṣāl ghayr murtadd
bouncing ball terminal نهاية الكرة المرتدة
nihāyat al-kura al-murtadda
boundary حد
ḥadd
boundary protection حد الحماية
ḥadd al-ḥimāya
boundary-value problem مشكلة القيمة المحدودة
mushkilat al-qīma al-maḥdūda
bounded medium وسط محدد
wasaṭ muḥaddad
bounded transmission medium وسط إرسال محدد
wasaṭ irsāl muḥaddad
bounds registers سجلات الحدود
sijillāt al-ḥudūd
box صندوق
ṣundūq
branch فرع
farʿ
branching تفرع
tafarruʿ
branching network شبكة التفرع
shabakat at-tafarruʿ
branch instruction أمر تفرع
amr tafarruʿ

B

branchpoint نقطة تفرع
nuqṭat tafarruʿ
breadboard نموذج تجريبي لاختبار التصميمات الالكترونية
namūdhaj tajrībī li-ikhtibār at-taṣmīmāt al-iliktrūnīya
breadth-first search تحري أولي عرضي
taḥarri awwalī ʿarḍī
break انكسار
inkisār
breakpoint نقطة انكسار
nuqṭat inkisār
breakpoint halt وقفة نقطة انكسار
waqfat nuqṭat inkisār
breakpoint instruction أمر نقطة انكسار
amr nuqṭat inkisār
breakpoint symbol رمز نقطة انكسار
ramz nuqṭat inkisar
B-register سجل بي
sijill bī
bridge اداة انتقال
adāt intiqāl
bridgeware أدوات انتقال الملفات من كمبيوتر الى كمبيوتر
adawāt intiqāl al-milaffāt min kumbyūtar ila kumbyūtar
bridging انتقال الملفات
intiqāl al-milaffāt
British Telecom هيئة الاتصالات البريطانية
hayʾat al-ittiṣālāt al-barīṭānīya
broadband واسعة النطاق الترددي
wāsiʿat an-niṭāq at-tarradudī
broadband channel قناة اتصال واسعة النطاق الترددي
qanāt ittiṣāl wāsiʿat an-niṭāq at-tarradudī
broadband coaxial systems نظم متحدة المحور واسعة لنطاق الترددي
nuẓum muttaḥidat al-miḥwar wāsiʿat an-niṭāq at-tarradudī
broadband multiplexing channels قنوات اتصال متعددة التقابل واسعة النطاق الترددي
qanawāt ittiṣāl mutaʿaddidat at-taqābul wāsiʿat an-niṭāq at-tarradudī
broadband networking تنفيذ شبكات واسعة النطاق الترددي
tanfīdh ash-shabakāt wāsiʿat an-niṭāq at-tarradudīya
broadband transmission channel قناة ارسال واسعة النطاق الترددي
qanāt irsāl wāsiʿat an-niṭāq at-tarradudī
broad bandwidth عرض نطاق ترددي فسيح
ʿarḍ niṭāq taraddudī fasīḥ
broadcast اذاع
adhāʿa
broadcasting اذاعة
idhāʿa
broadcasting organization هيئة الاذاعة
hayʾat al-idhāʿa
brother أخ
akh
brush station مركز الفرشاة
markaz al-furshāh
B-store سجل بي
sijill bī
B-tree شجرة بي
shajara bī
bubble memory ذاكرة فقاعية
dhākira fuqqāʿīya
bubble sort فرز فقاعي
farz fuqqāʿī
bucket دلو بيانات
dalū bayānāt
bucket sort فرز دلو بيانات
farz dalū bayānāt
budgeting وضع ميزانية
waḍʿ mīzānīya
buffer مخزن وسيط للبيانات
makhzan wasīṭ lil-bayānāt
buffer computer كمبيوتر به مخازن وسيطة
kumbyūtar bi-hi makhāzin wasīṭa
buffered input/output دخل/خرج بمخزن وسيط
dakhl/kharj bi-makhzan wasīṭ
buffered terminal وحدة طرفية بمخزن وسيط
wiḥda ṭarafīya bi-makhzan wasīṭ
buffering إدارة المخازن الوسيطة
idārat al-makhāzin al-wasīṭa
buffer register سجل وسيط
sijill wasīṭ
buffer store مخزن وسيط
makhzan wasīṭ
bug خطأ في برنامج
khaṭaʾ fī barnāmaj
bug shooting تصويب الأخطاء
taṣwīb al-akhṭāʾ
built-in check ضبط مبيت
ḍabṭ mubayyat
bulk memory كم ذاكرة
kamm dhākira

B

bulk of information — كم من المعلومات
kamm min al-maʿlūmāt

bulk storage — كم تخزين
kamm takhzīn

bulk store — مخزن كمي
makhzan kammī

bureau service — مصدر مستقل يقوم بخدمات نظم الكمبيوتر
maṣdar mustaqill yaqūm bi-khadamāt nuẓum al-kumbyūtar

burn — حرق
ḥaraqa

burst — انفجار
infijār

burster — حشوة التفجير
ḥashwat at-tafjīr

burst error — خطأ انفجار
khaṭaʾ infijār

burst isochronous transmission — ارسال انفجاري متساوي الزمن
irsāl infijārī mutasāwī az-zaman

burst mode — شكل انفجار
shakl infijār

bursty traffic — حركة مرور انفجاري
ḥarakat murūr infijārī

burying — دفن
dafn

bus — مدار توزيع
madār tawzīʿ

busbar — قضيب التوصيل
qaḍīb at-tawṣīl

bus driver — مدور مدار توزيع
mudawwir madār tawzīʿ

bused interface — نبيطة بينية بمدار توزيع
nabīṭa baynīya bi-madār tawzīʿ

business terminal — وحدة طرفية خاصة بالأعمال التجارية
wiḥda ṭarafīya khaṣṣa bil-aʿmāl at-tijārīya

bus interface circuit — دائرة نبيطة بينية بمدار توزيع
dāʾirat nabīṭa baynīya bi-madār tawzīʿ

bus terminator — نهاية مدار توزيع
nihāyat madār tawzīʿ

bus topology — شكل مدار توزيع
shakl madār tawzīʿ

busy — مشغول
mashghūl

busy hour — ساعة الأنشغال
sāʿat al-inshighāl

busy hour average traffic — متوسط حركة المرور ساعة الانشغال
mutawassiṭ ḥarakat al-murūr sāʿat al-inshighāl

busy hour traffic — حركة مرور ساعة الانشغال
ḥarakat murūr sāʿat al-inshighāl

busy test — اختبار الانشغال
ikhtibār al-inshighāl

busy tone — رنين انشغال
ranīn inshighāl

byte — بايت
bāyt

byte machine — كمبيوتر مبني على اساس وحدة بايت
kumbyūtar mabnī ʿala asās wiḥdat bāyt

byte-order of transmission — نظام ارسال بياتات
niẓām irsāl bāytāt

byte-serial transmission — إرسال بايتات متسلسل
irsāl bāytāt mutasalsil

C

C

cabinet skin سطح مائل
saṭḥ māʾil
cable equaliser معدل الكبل
muʿaddil al-kabl
cable loop حلقة الكبل
ḥalaqat al-kabl
cable network شبكة كبلية
shabaka kablīya
cable pressurization تكييف ضغط الكبل
takyīf ḍaghṭ al-kabl
cable price variation schedule جدول تغير أسعار الكبلات
jadwal taghyīr asʿār al-kablāt
cable simulator محاكي الكبل
muḥākī al-kabl
cable terminating box صندوق إنهاء كابل
ṣundūq inhāʾ kābl
cable terminating equipment جهاز إنهاء كابل
jihāz inhāʾ kābl
cable test set مجموعة إختبار كابل
majmūʿat ikhtibār kābl
cache memory الذاكرة الحاجبة
adh-dhākira al-ḥājiba
CAD تصميم بمساعدة الكمبيوتر
taṣmīm bi-musāʿadat al-kumbyūtar
CAFS تخزين ملفات مصفوفة بمحتوياتها
takhzīn milaffāt maṣfūfa bi-muḥtawajātiha
CAI تدريب بمساعدة الكمبيوتر
tadrīb bi-musāʿadat al-kumbyūtar
CAL تعلم بمساعدة الكمبيوتر
taʿallum bi-musāʿadat al-kumbyūtar
calculator حاسبة
ḥāsiba

calendar time تقويم زمني
taqwīm zamanī
calendar version نسخة تقويم
nuskhat taqwīm
calibration معايرة
muʿāyara
call نداء
nidāʾ
call accepted packet حزمة نداء مقبول
ḥuzmat nidāʾ maqbūl
call accepted signal اشارة نداء مقبول
ishārat nidāʾ maqbūl
call accounting system نظام محاسبة نداء
niẓām muḥāsabat nidāʾ
call answered signal اشارة جواب النداء
ishārat jawāb an-nidāʾ
callback نداء عكسي
nidāʾ ʿaksī
call blocking سد النداءات
sadd an-nidāʾāt
call clearing تنقية نداء
tanqīyat nidāʾ
call connected packet حزمة نداءات متصلة
ḥuzmat nidāʾāt muttaṣila
call connected signal اشارة نداء موصول
ishārat nidāʾ mawṣūl
call control procedure أسلوب تحكم في النداء
uslūb taḥakkum fin-nidāʾ
call control signals إشارات تحكم في النداء
ishārāt taḥakkum fin-nidāʾ
call direction code رمز اتجاه النداء
ramz ittijāh an-nidāʾ
call disestablishment عدم تنفيذ نداء
ʿadam tanfīdh nidāʾ
call diversion تحويل النداء
taḥwīl an-nidāʾ
call duration مدة النداء
muddat an-nidāʾ

C

called location موقع المنادي
mawqiʿ al-munādi
called party جماعة المنادي
jamāʿat al-munādi
called subscriber المشترك المنادي
al-mushtarik al-munādi
called terminal نهاية طرفية مناداة
nihāya ṭarafīya munādāh
called terminal answered signal اشارة رد نهاية طرفية مناداة
ishārat radd nihāya ṭarafīya munādāh
called terminal engaged signal اشارة انشغال نهاية طرفية مناداة
ishārat inshighāl nihāya ṭarafīya munādāh
called terminal free signal اشارة تحرر نهاية طرفية مناداة
ishārat taḥarrur nihāya ṭarafīya munādāh
call establishment تنفيذ نداء
tanfīdh nidāʾ
call failure signal اشارة فشل نداء
ishārat fashl nidāʾ
call information logging بيانات تسجيل النداءات
bayānāt tasjīl an-nidāʾāt
calling النداء
an-nidāʾ
calling indicator signal اشارة مؤشر النداء
ishārat muʾashshir an-nidāʾ
calling line identification تمييز خط النداء
tamyīz khaṭṭ an-nidāʾ
calling location موقع النداء
mawqiʿ an-nidāʾ
calling party جماعة النداء
jamāʿat an-nidāʾ
calling party clear إخلاء جماعة النداء
ikhlāʾ jamāʿat an-nidāʾ
calling rate معدل النداء
muʿaddal an-nidāʾ
calling sequence تتابع النداء
tatābuʿ an-nidāʾ
calling signals اشارات النداء
ishārāt an-nidāʾ
calling subscriber مشترك النداء
mushtarik an-nidāʾ
calling terminal نهاية طرفية للنداء
nihāyat ṭarafīya lin-nidāʾ
call instruction أمر نداء
amr nidāʾ
call line identification تمييز خط نداء
tamyiz khaṭṭ nidāʾ

call-not-accepted signal اشارة عدم قبول نداء
ishārat ʿadam qubūl nidāʾ
call park حضيرة نداء
ḥaḍīrat nidāʾ
call processing system نظام معالجة النداء
niẓām muʿālajat an-nidāʾ
call progress signal اشارة تقدم النداء
ishārat taqaddum an-nidāʾ
call release time زمن إطلاق النداء
zaman iṭlāq an-nidāʾ
call repeat packet حزمة اعادة النداء
ḥuzmat iʿādat an-nidāʾ
call request طلب نداء
ṭalab nidā
call request signal اشارة طلب النداء
ishārat ṭalab an-nidāʾ
calls barred نداءات محتجزة
nidāʾāt muḥtajaza
call set-up ترتيب نداء
tartīb nidāʾ
call set-up time زمن ترتيب نداء
zaman tartīb nidāʾ
call waiting signal اشارة انتظار نداء
ishārat intiẓār nidāʾ
CAM تصنيع بمساعدة الكمبيوتر
taṣnīʿ bi-musāʿadat al-kumbyūtar
camp معسكر
muʿaskar
cancel ألغى
alghā
cancellation إلغاء
ilghāʾ
capability architecture بناء المقدرة
bināʾ al-maqdira
capability-based addressing عنونة بناء المقدرة
ʿanwanat bināʾ al-maqdira
capability list قائمة المقدرة
qāʾimat al-maqdira
capacitance سعة . مواسعة
saʿa · muwāsaʿa
capacitor مكثف
mukaththif
capacitor store مخزن مكثفات
makhzan mukaththifāt
capacity سعة
saʿa
capstan رحوية
raḥawiya
carbon backed paper ورق مظهر بالكربون
waraq muẓahhar bil-karbūn

C

card بطاقة
biṭāqa
card back ظهر البطاقة
ẓahr al-biṭāqa
card cage موضع البطاقات
mawḍiʿ al-biṭāqāt
card code رمز بطاقة
ramz biṭāqa
card collator مجمع بطاقات
mujammiʿ biṭāqāt
card column عمود بالبطاقة
ʿamūd bil-biṭāqa
card face وجه البطاقة
wajh al-biṭāqa
card feed مغذى البطاقات
mughadhdhi al-biṭāqāt
card field حقل بالبطاقة
ḥaql bil-biṭāqa
card fluff وبر بثقوب البطاقة
wabar bi-thuqūb al-biṭāqa
card format صياغة البطاقة
ṣiyāghat al-biṭāqa
card groover محزز البطاقة
muḥazziz al-biṭāqa
card hopper حامل البطاقات
ḥāmil al-biṭāqāt
card image تصوير البطاقة
taṣwīr al-biṭāqa
cardinality الأصولية
al-uṣūlīya
card leading edge الحافة الموجهة للبطاقة
al-ḥaffa al-muwajjiha lil-biṭāqa
card loader برنامج تحميل البطاقات
barnāmaj taḥmīl al-biṭāqāt
card punch جهاز تثقيب البطاقات
jihāz tathqīb al-biṭāqāt
card punch buffer مخزن وسيط لبيانات البطاقة المثقبة
makhzan wasīṭ li-bayānāt al-biṭāqa al-muthaqqaba
card punching تثقيب البطاقات
tathqīb al-biṭāqāt
card reader جهاز قراءة البطاقات
jihāz qirāʾat al-biṭāqāt
card reproducer جهاز اعادة تثقيب البطاقات
jihāz iʿādat tathqīb al-biṭāqāt
card row صف البطاقة
ṣaff al-bitāqa
card sensor lever رافعة استشعار البطاقة
rāfiʿat istishʿār al-biṭāqa
card stacker راص البطاقات
rāṣi al-biṭāqāt
card systems نظم البطاقات
nuẓum al-biṭāqāt
card-to-card من بطاقة الى بطاقة
min biṭāqa ila biṭāqa
card-to-magnetic-tape converter محول البطاقات الى شريط ممغنط
muḥawwil al-biṭāqāt ila sharīṭ mumaghnaṭ
card-to-tape من بطاقة الى شريط
min biṭāqa ila sharīṭ
card-to-tape converter محول البطاقات الى شريط
muḥawwil al-biṭāqāt ila sharīṭ
card track مسار البطاقة
masār al-biṭāqa
card trailing edge الحافة اللاحقة للبطاقة
al-ḥaffa al-lāḥiqa lil-biṭāqa
card verifier محقق البطاقات
muḥaqqiq al-biṭāqāt
card verifying تحقيق البطاقات
taḥqīq al-biṭāqāt
card work area منطقة الشغل بالبطاقة
minṭaqat ash-shaghl bil-biṭāqa
card wreck تلف البطاقة
talaf al-biṭāqa
carriage-control tape شريط التحكم في الناقل
sharīṭ at-taḥakkum fin-nāqil
carriage return رجوع الناقل
rujūʿ an-nāqil
carried forward file ملف مرحّل للأمام
milaff muraḥḥal lil-amām
carried traffic كمية حركة المرور المحمولة
kammīyat ḥarakat al-murūr al-maḥmūla
carrier موجة حاملة
mawja ḥāmila
carrier detector signal اشارة مكتشف الموجة الحاملة
ishārat mukashshif al-mawja al-ḥāmila
carrier frequency تردد الموجة الحاملة
tarradud al-mawja al-ḥāmila
carrier generation and distribution توليد الموجة الحاملة وتوزيعها
tawlīd al-mawja al-hāmila wa tawzīʿuhā
carrier sense signal اشارة الحس بالموجة الحاملة
ishārat al-ḥass bil-mawja al-ḥāmila

carrier signal اشارة حاملة
ishāra ḥāmila

carrier system نظام حامل
niẓām ḥāmil

carrier wave موجة حاملة
mawja ḥāmila

carry نقل . حمل . باق
naqala · ḥamala · bāqa

carry-complete signal اشارة نقل كامل
ishārat naql kāmil

carry lookahead نقل باعتبار الحد التالي
naql bi-iʿtibār al-ḥadd at-tālī

carry time وقت النقل
waqt an-naql

Cartesian structure هيكل ديكارتي
haykal dīkārtī

cartridge كارتريدج
kārtrij

cartridge drive جهاز تشغيل كارتريدج
jihāz tashghīl kārtrīj

cartridge tape شريط كارتريدج
sharīṭ kārtrij

cartridge tape deck جهاز تشغيل شرائط كارتريدج
jihāz tashghīl sharāʾiṭ kārtrij

cascadable counter عداد تعاقبي
ʿaddād taʿāqubi

cascade control تحكم تعاقبي
taḥakkum taʿāqubi

cascaded carry نقل تعاقبي
naql taʿāqubi

case حالة . علبة
ḥāla · ʿulba

cash register tape شريط آلية تسجيل النقد
sharīṭ ālat tasjīl an-naqd

cassette كاسيت
kāsīt

CAT تعليم بمساعدة الكمبيوتر
taʿlīm bi-musāʿadat al-kumbyūtar

catalogue كتالوج
katālūg

catastrophic code رموز نكبية
rumūz nakbīya

catastrophic error propagation انتقال الاعطال النكبية
intiqāl al-aʿṭāl an-nakbīya

category طبقة
ṭabaqa

category indicator مؤشر رتبة
muʾashshir rutba

category storage تخزين طبقي
takhzīn ṭabaqī

catena سلسلة
silsila

catenate يسلسل
yusalsil

cathode follower تابع كاثودي
tābiʿ kāthūdī

cathode-ray tube أنبوبة اشعة كاثود
unbūbat ashiʿʿat al-kāthūd

cathode ray tube storage تخزين انبوبة أشعة الكاثودية
takhzīn unbụbat ashiʿʿat al-kāthūdīya

cathode ray tube visual display unit وحدة العرض المرئي بانبوبة أشعة الكاثودية
wiḥdat al-ʿarḍ al-marʾī bi-unbūbat ashiʿʿat al-kāthūdīya

CCITT اللجنة الاستشارية الدولية للتليفون والتلغراف
al-lajna al-istishārīya ad-duwalīya lit-tilifūn wat-tilighrāf

cell خلية . بطارية
khalīya · baṭṭārīya

cellar سرداب
sirdāb

central control unit وحدة التحكم المركزية
wiḥdat at-taḥakkum al-markazīya

centralized control signalling توليد الاشارات بالتحكم المركزي
tawlīd al-ishārāt bit-taḥakkum al-markazī

centralized data processing معالجة البيانات مركزيا
muʿālajat al-bayānāt markazīyan

central processing unit وحدة التشغيل المركزية
wiḥdat at-tashghīl al-markazīya

central processor وحدة التشغيل المركزية
wiḥdat at-tashghīl al-markazīya

central switching unit وحدة المفاتيح المركزية
wiḥdat al-mafātīḥ al-markazīya

central terminal نهاية طرفية مركزية
nihāya ṭarafīya markazīya

centre مركز
markaz

centre-feed tape شريط بتغذية مركزية
sharīṭ bi-taghdhiya markazīya

centre slitting شق مركزي
shaqq markazī

chad بقايا التثقيب
baqāya at-tathqīb

chain سلسلة
silsila

chain code رمز سلسلي
ramz silsilī

chained file ملف متسلسل
milaff mutasalsil

chained list قائمة متسلسلة
qā'ima mutasalsila

chained record سجل سلسلي
sijill silsilī

chaining search بحث متسلسل
baḥth mutasalsil

chain printer آلة طابعة تسلسلية
ālat ṭābiʿa tasalsulīya

changeback تبديل عكسي
tabdīl ʿaksī

changed-number signal اشارة الرقم المتغير
ishārat ar-raqm al-mutaghayyar

change dump استنساخ التغيرات
istinsākh at-taghayyurāt

change file ملف التغيير
milaff at-taghyīr

change of control تبديل في التحكم
tabdīl fit-taḥakkum

changeover تحويل
taḥwīl

changeover control تحكم تحويلي
taḥakkum taḥwīlī

changeover switch مفتاح تحويل
miftāḥ taḥwīl

change record سجل تحويل
sijill taḥwīl

channel قناة
qanāh

4-channel amplifier مكبر ذو اربعة قنوات
mukabbir dhū arbaʿa qanawāt

channel associated signalling اتصال القنوات المترابطة
ittiṣāl al-qanawāt al-mutarābiṭa

channel capacity سعة القناة
ṣaʿat al-qanāh

channel coding ترميز قناة الاتصال
tarmīz qanāt al-ittiṣāl

channel coding theorem نظرية ترميز القنوات
naẓarīyat tarmīz al-qanawāt

channel combining خلط القنوات
khalṭ al-qanawāt

channel command word كلمة قيادة القناة
kalimat qiyādat al-qanāh

channel controller جهاز التحكم في القنوات
jihāz at-taḥakkum fil-qanawāt

channel error عطل بقناة الاتصال
ʿuṭl bi-qanāt al-ittiṣāl

channel identification هوية للقناة
hūwīyat lil-qanāh

channel number رقم القناة
raqm al-qanāh

channel status table جدول وضع حالة القناة
jadwal waḍʿ ḥālat al-qanāh

channel switching اتصال بين القنوات
ittiṣāl bayn al-qanawāt

channel time response وقت التجاوب بين القنوات
waqt at-tajāwub bayn al-qanawāt

channel-to-channel connection اتصال بين قناة وقناة
ittiṣāl bayna qanāh wa qanāh

channel translating equipment جهاز ترجمة القنوات
jihāz tarjamat al-qanawāt

chapter فصل
faṣl

character حرف . رمز
ḥarf · ramz

character-at-a-time printer جهاز طباعة حرفاً بحرف
jihāz ṭibāʿa ḥarfan bi-ḥarf

character check مراجعة حروف
murājaʿat ḥurūf

character code رمز الحرف
ramz al-ḥarf

character density كثافة الحروف
kthāfat al-ḥurūf

character emitter مرسل الحروف
mursil al-ḥurūf

character encoding ترميز الحروف
tarmīz al-ḥurūf

character error rate معدل الخطأ بالحروف
muʿaddal al-khaṭa' bil-ḥurf

character fill امتلاء بالحروف
imtilā' bil-ḥurūf

character format *shakl ḥarfī*	شكل حرفي
character framing *tashkīl ḥarfī*	تشكيل حرفي
character generator *muwallid al-ḥurūf*	مولد الحروف
characteristic *shakhṣīya · sima*	شخصية . سمة
characteristic function *dāllat tamyīz*	دالة تمييز
characteristic overflow *insiyāb ʿulwī mumayyiz*	انسياب علوي مميز
characteristic underflow *insiyāb suflī mumayyiz*	انسياب سفلي مميَز
characteristic vector *muttajah mumayyiz*	متجه مميز
character machine *ālat tastakhdim al-ḥurūf*	آلة تستخدم الحروف
character-mode terminal *nihāya ṭarafīya bi-ashkāl al-ḥurūf*	نهاية طرفية بأشكال الحروف
character modifier *muʿaddal al-ḥurūf*	معدل الحروف
character-order of transmission *tartīb irsāl al-ḥurūf*	ترتيب ارسال الحروف
character oriented *mukayyafa li-istikhdām al-ḥurūf*	مكيفة لاستخدام الحروف
character reader *jihāz qāriʾ lil-ḥurūf*	جهاز قارىء للحروف
character recognition *tamyīz al-ḥurūf*	تمييز الحروف
character repertoire *majmūʿat al-ḥurūf*	مجموعة الحروف
character representation *at-tamthīl bil-ḥurūf*	التمثيل بالحروف
character-serial transmission *irsāl mutatābiʿ lil-ḥurūf*	إرسال متتابع للحروف
character set *majmūʿa ḥarfīya*	مجموعة حرفية
character signal *ishārat ḥarf*	اشارة حرف
character string *silsila ḥarfīya*	سلسلة حرفية
character subset *majmūʿa juzʾīya ḥarfīya*	مجموعة جزئية حرفية
character synchronization *tazāmun ḥarf*	تزامن حرف
character variable *mutaghayyir ḥarfī*	متغير حرفي
chargeable duration *baqāʾ qābil lish-shaḥn*	بقاء قابل للشحن
charge answer signal *shaḥnat ishārat al-jawāb*	شحنة اشارة الجواب
charge-coupled device *nabīṭa muttaṣila bish-shaḥna*	نبيطة متصلة بالشحنة
charging analysis *taḥlīl at-taḥmīl*	تحليل التحميل
charging subsystem *niẓām juzʾī lit-taḥmīl*	نظام جزئي للتحميل
charting template *namūdaj lir-rasm al-bayānī*	نموذج للرسم البياني
chassis *haykal · shāsī*	هيكل . شاسيه
check *ḍabṭ · murājaʿa*	ضبط . مراجعة
check bit *ar-raqm ath-thunāʾī al-khāṣṣ bil-murājaʿa*	الرقم الثنائي الخاص بالمراجعة
check character *ḥarf al-murājaʿa*	حرف المراجعة
check digits *arqam al-murājaʿa*	أرقام المراجعة
check indicator *muʾashshir al-murājaʿa*	مؤشر المراجعة
checking program *barnāmaj al-murājaʿa*	برنامج المراجعة
check loop *ḥalaqat al-murājaʿa*	حلقة المراجعة
checkout *khurūj*	خروج
checkout routine *barnāmaj al-khurūj*	برنامج الخروج
checkpoint *nuqṭat al-murājaʿa*	نقطة المراجعة
checkpoint dump *istinsākh nuqṭat al-murājaʿa*	استنساخ نقطة المراجعة
check pointing *murājaʿa nuqṭīya*	مراجعة نقطية
check problem *mushkilat murājaʿa*	مشكلة مراجعة
check register *sijill al-murājaʿa*	سجل المراجعة
check row *ṣaff al-murājaʿa*	صف المراجعة
check sum *majmūʿ al-murājaʿa*	مجموع المراجعة
check symbol *ramz al-murājaʿa*	رمز المراجعة

C

check totalling تجميع المراجعة
tajmīʿ al-murājaʿa
check word كلمة مراجعة
kalimat murājaʿa
cheque protection تأمين شيك
taʾmīn shīk
chief programmer team فريق رئيس المبرمجين
farīq raʾīs al-mubarmijīn
child ولد
walad
Chinese remainder theorem نظرية الباقي الصيني
naẓarīyat al-bāqī aṣ-ṣīnī
chip شريحة رقيقة
sharīḥa raqīqa
chip card لوحة شرائح رقيقة
lawḥat sharāʾiḥ raqīqa
chip select اختيار شريحة رقيقة
ikhtiyār sharīḥa raqīqa
chip set مجموعة شرائح رقيقة
majmūʿat sharāʾiḥ raqīqa
chip tray حوض شرائح رقيقة
ḥawḍ sharāʾiḥ raqīqa
chopper قطاع موجات
quṭṭāʿ mawjāt
chopper-stabilized amplifier مكبر قطاع مستقر
mukabbir quṭṭāʿ mustaqirr
chopping تقطيع
taqṭīʿ
chrominance components مكونات التلوين
mukawwināt at-talwīn
cipher تشفير . ترميز
tashfīr · tarmīz
circuit دائرة
dāʾira
circuit access points نقط تناول الدائرة
nuqaṭ tanāwul ad-dāʾira
circuit board لوحة الدائرة
lawḥat ad-dāʾira
circuit card بطاقة الدائرة
biṭāqat ad-dāʾira
circuit design تصميم الدائرة
taṣmīn ad-dāʾira
circuit group مجموعة دوائر
majmūʿat dawāʾir
circuit group congestion signal اشارة ازدحام مجموعة دوائر
ishārat izdiḥām majmūʿat dawāʾir
circuit noise level مستوى ضوضاء دائرة
mustawa ḍawḍāʾ dāʾira
circuit switched connection موصل قطع ووصل دائرة
muwaṣṣil qaṭʿ wa waṣl dāʾira
circuit-switched data network شبكة بيانات بدائرة وصل وقطع
shabakat bayānāt bi-dāʾirat waṣl wa qaṭʿ
circuit switched exchange سنترال بدائرة وصل وقطع
sintrāl bi-dāʾirat waṣl wa qaṭʿ
circuit switched system نظام بدائرة وصل وقطع
niẓām bi-dāʾirat waṣl wa qaṭʿ
circuit switching وصل وقطع دائرة
waṣl wa qaṭʿ dāʾira
circular list قائمة دائرية
qāʾima dāʾirīya
circular polarisation استقطاب دائري
istiqṭāb dāʾirī
circular shift ازاحة دائرية
izāḥa dāʾirīya
circulating register سجل دائم الدوران
sijill dāʾim ad-dawarān
clamp ماسك
māsik
clamping device نبيطة ماسكة
nabīṭa māsika
class نوع
nawʿ
class of service نوع الخدمة
nawʿ al-khidma
clear نقي
naqī
clear back signal اشارة تنقية خلفية
ishārat tanqiya khalfīya
clear-backward signal اشارة تنقية عكسية
ishārat tanqiya ʿaksīya
clear band نطاق نقي
niṭāq naqī
clear confirmation تصديق نقي
taṣdīq naqī
clear-forward signal اشارة تنقية أمامية
ishārat tanqiya amāmīya
clear request طلب تنقية
ṭalab tanqiya
clear request packet حزمة طلب تنقية
ḥuzmat ṭalab tanqiya
clearing تنقية
tanqiya
clearing phase طور التنقية
ṭawr at-tanqiya

C

client layer طبقة العميل
ṭabaqat al-ʿamīl
clock ساعة
sāʿa
clock cycle دورة ساعية
dawra sāʿīya
clocked flip-flop مذبذب نطاط بالتوقيت
mudhabdhib naṭṭāṭ bit-tawqīt
clock hours ساعات وقتية
sāʿāt waqtīya
clocking ضبط الوقت
ḍabṭ al-waqt
clock module وحدة التوقيت
wiḥdat at-tawqīt
clock pulses نبضات توقيت
nabaḍāt tawqīt
clock rate معدل نبضات التوقيت
muʿaddal nabaḍāt at-tawqīt
clock skew انحراف التوقيت
inḥirāf at-tawqīt
clock track مسار التوقيت
masār at-tawqīt
closed مغلق
mughlaq
closed loop عروة مغلقة
ʿurwa mughlaqa
closed loop system gain كسب نظام العروة المغلقة
kasb niẓām al-ʿurwa al-mughlaqa
closed semiring نصف حلقة مغلقة
niṣf ḥalaqa mughlaqa
closed shop ورشة مغلقة
warsha mughlaqa
closed shop operation العمل بورشة مغلقة
al-ʿamal bi-warsha mughlaqa
closed subroutine برنامج مساعد مغلق
barnāmaj musāʿid mughlaq
closed user group مجموعة مغلقة للمستخدمين
majmūʿa mughlaqa lil-mustakhdimīn
closed user group indicator مؤشر المجموعة المغلقة للمستخدمين
muʾashshir al-majmūʿa al-mughlaqa lil-mustakhdimīn
closure اغلاق
ighlāq
cluster عنقود
ʿunqūd
cluster analysis تحليل عنقودي
taḥlīl ʿunqūdī
cluster controller مراقب البناء العنقودي
murāqib al-bināʾ al-ʿunqūdī
clutch disengaging قابض فصل التعشيق
qābiḍ faṣl at-taʿshīq
clutch point نقطة قابض
nuqṭat qābiḍ
co-ax متحد المحور
muttaḥid al-miḥwar
co-axial cable كبل متحد المحور
kabl muttaḥid al-miḥwar
co-axial cable loop عروة بكبل متحد المحور
ʿurwa bi-kabl muttaḥid al-miḥwar
co-axial cable interface specification مواصفات كبل متحد المحور لسطح بيني
muwāṣafāt kabl muttaḥid al-miḥwar li-saṭḥ baynī
co-axial tube انبوبة متحدة المحور
unbūba muttaḥidat al-miḥwar
COBOL لغة كوبول
lughat kūbūl
cocktail shaker sort الفرز باستخدام هزاز المزيج
al-farz bi-istikhdām hazzāz al-mazīj
CODASYL مؤتمر لغات نظم البيانات
muʾtamar lughāt nuẓum al-bayānāt
code رمز
ramz
code 11 رموز ١١
rumūz aḥada ʿashar
code 12 رموز ١٢
rumūz ithnata ʿashar
8421 code ترميز ٨٤٢١
tarmīz thamānyat alāf wa arbaʿ miʾa wa wāḥid wa ʿishrīn
codebook دفتر الترميز
daftar at-tarmīz
codec جهاز ترميز ـ حل ترميز
jihāz tarmīz - ḥall tarmīz
code compression كبس الترميز
kabs at-tarmīz
code converter محول ترميز
muḥawwil tarmīz
coded decimal عشرى مرمز
ʿushrī murammaz
code dependent system نظام يعتمد على الرموز
niẓām yaʿtamid ʿalar-rumūz

code-directing characters حروف توجيه الرموز
ḥurūf tawjīh ar-rumūz

code elements عناصر الترميز
ʿanāṣir at-tarmīz

code holes فجوات الترميز
fajawāt at-tarmīz

code independent system نظام لا يعتمد على الرموز
niẓām lā-yaʿtamid ʿalar-rumūz

code length طول الرمز
ṭūl ar-ramz

code line خط الرمز
khaṭṭ ar-ramz

code position موضع الرمز
mawḍiʿ ar-ramz

coder جهاز الترميز
jihāz at-tarmīz

coder-decoder جهاز الترميز ـ حل الترميز
jihāz at-tarmiz - ḥall at-tarmīz

code receiver device نبيطة استقبال رموز
nabīṭat istiqbāl rumūz

code reception استقبال رموز
istiqbāl rumūz

code segment جزء من الرمز
juzʾ min ar-ramz

code sender device نبيطة ارسال رموز
nabīṭat irsāl rumūz

code sending إرسال رموز
irsāl rumūz

code-sensitive system نظام حساس للرموز
niẓām ḥassās lir-rumūz

code string سلسلة الرموز
silsilat ar-rumūz

code wheel عجلة الترميز
ʿajalat at-tarmīz

codeword كلمة رمزية
kalima ramzīya

coding ترميز . تشفير
tarmīz · tashfīr

coding bounds حدود الترميز
ḥudūd ar-tarmīz

coding check مراجعة الترميز
murājaʿat at-tarmīz

coding sheet كشف الترميز
kashf at-tarmīz

coding standards معايير الترميز
maʿāyīr at-tarmīz

coding theorems نظريات الترميز
naẓarīyāt at-tarmīz

coding theory نظرية الترميز
naẓarīyat at-tarmīz

codomain دالة
dālla

coherent detection كشف منسجم
kashf munsajim

coherent light ضوء منسجم
ḍawʾ munsajim

coil ملف
milaff

collate رتّب
rattaba

collating sequence الترتيب الحرفي للمعلومات بالفرز الهجائي الرقمي
at-tartīb al-ḥarfī lil-maʿlūmāt bil-farz al-hijāʾī ar-raqmī

collator مُرتب
murattib

collector مجمع
mujammiʿ

collision تصادم
taṣādum

collision detection جس التصادم
jass at-taṣādum

collision resolution حل التصادم
ḥall at-taṣādum

collision window نافذة التصادم
nāfidhat at-taṣādum

colour display شاشة عرض ملونة
shāshat ʿarḍ mulawwana

colour television receiver تليفزيون ملون للاستقبال
tilīfizyūn mulawwan lil-istiqbāl

columnar working عمل عمودي
ʿamal ʿamūdī

40-column display standard شاشة قياسية عرضها ٤٠ عمود
shāsha qiyāsīya ʿarḍuha arbaʿīn ʿamūd

column binary عمود ثنائي
ʿamūd thunāʾī

column vector متجه العمود
muttajah al-ʿamūd

columnwise عمودي التركيب
ʿamūdī at-tarkīb

COM خرج كمبيوتر مصور على ميكروفيش
kharj kumbyūtar muṣawwar ʿala mīkrūfīsh

COMAL لغة كومال
lughat kūmāl

combination توافق
tawāfuq

C

combinational circuit دائرة توافقية
dā'ira tawāfuqīya
combination of punches توافيق الثقوب
tawāfīq ath-thuqūb
combinatorics حساب التباديل والتوافيق
ḥisāb at-tabādīl wal-tawāfīq
combinatory logic منطق توافقي
manṭiq tawāfuqī
combining hybrid network شبكة هجينية الاتحاد
shabaka hajīnīyat al-ittiḥād
command أمر . قيادة . إدارة
amr · qiyāda · idāra
command chain سلسلة قيادية
silsila qiyādīya
command control program برنامج أوامر القيادة
barnāmaj awāmir al-qiyāda
command language لغة أوامر قيادية
lughat awāmir qiyādīya
comment تعليق
ta'līq
commercial data processing معالجة البيانات التجارية
mu'ālajat al-bayānāt at-tijārīya
commercial language لغة تجارية
lugha tijārīya
commercial programmer واضع برامج تجارية
wāḍi' barāmij tijarīya
commission عمولة
'umūla
commonality عمومية
'umūmīya
common area مساحة عامة
misāḥa 'āmma
common business oriented language اللغة العامة لنظم العمل (كوبول)
al-lugha al-'āmma li-nuẓum al-'amal (kūbūl)
common carrier موجة حاملة مشتركة
mawja ḥāmila mushtarika
common carrier costs تكاليف الموجات الحاملة المشتركة
takālīf al-mawjāt al-ḥāmila al-mushtarika
common-channel exchange سنترال القنوات المشتركة
sintrāl al-qanawāt al-mushtarika
common channel signalling ارسال اشارات القنوات المشتركة
irsāl ishārāt al-qanawāt al-mushtarika
common control تحكم عام
taḥakkum 'āmm
common language لغة عامة
lugha 'āmma
common storage area منطقة التخزين المشترك
minṭaqat at-takhzīn al-mushtarak
common target machine الة مشتركة الهدف
āla al-mushtarikat al-hadaf
Commonwealth network شبكة دول الكومنولث
shabakat duwal al-kumunwilth
communication channel قناة اتصال
qanāt ittiṣāl
communication devices نبائط اتصال
nabā'iṭ ittiṣāl
communication facility وسيلة اتصال
wasīlat ittiṣāl
communication interface نبيطة بينية للاتصال
nabīṭa baynīya lil-ittiṣāl
communication interface standard قياسيات النبيطة البينية للاتصال
qiyāsīyāt an-nabīṭa al-baynīya lil-ittiṣāl
communication link خط اتصال
khaṭṭ ittiṣāl
communication network شبكة اتصال
shabakat ittiṣāl
communications اتصالات
ittiṣālāt
communications control التحكم في الاتصالات
at-taḥakkum fil-ittiṣālāt
communications controller جهاز التحكم في الاتصالات
jihāz at-taḥakkum fil-ittiṣālāt
communications equipment اجهزة اتصالات
ajhizat ittiṣālāt
communication server جهاز خدمة اتصالات
jihāz khidmat al-ittiṣālāt
communications line service خدمة خط إتصالات
khidmat khaṭṭ ittiṣālāt
communications link controller جهاز التحكم في خط إتصالات
jihāz at-taḥakkum fī khaṭṭ ittiṣālāt
communications manager مدير الاتصالات
mudīr al-ittiṣālāt
communications network processor وحدة تشغيل شبكة اتصالات
wiḥdat tashghīl shabakat ittiṣālāt

C

communications network simulator محاكى شبكة اتصالات
muḥāki shabakat ittiṣālāt
communications processor وحدة تشغيل الاتصالات
wiḥdat tashghīl al-ittiṣālāt
communications satellite قمر صناعي للاتصالات
qamar ṣināʿī lil-ittiṣālāt
communication subnetwork شبكة اتصال جزئية
shabakat ittiṣāl juzʾīya
communication system نظام اتصال
niẓām ittiṣāl
communication theory نظرية الاتصال
naẓarīyat al-ittiṣāl
communication wiring مد أسلاك الاتصال
madd aslāk al-ittiṣāl
commutative group مجموعة تبادلية
majmūʿa tabādulīya
commutative law قانون التبادل
qānūn at-tabādul
commutative operation عملية تبادلية
ʿamalīya tabādulīya
commutative ring حلقة تبادلية
ḥalaqa tabādulīya
commutative semiring نصف حلقة تبادلية
niṣf ḥalaqa tabādulīya
commutator pulse نبضة المبدل
nabḍat al-mubaddil
compaction تدميج
tadmīj
compactness الدمج
ad-damj
comparator مقارن
muqārin
compare قارن
qārana
compartmentalization تقسيم
taqsīm
compatibility ملاءمة . توافق
mulāʾama · tawāfuq
compendium ملخص . مجمل
mulakhkhaṣ · mujmal
compilation ترجمة برنامج
tarjamat barnāmaj
compilation time وقت ترجمة برنامج
waqt tarjamat barnāmaj
compile ترجم برنامج
tarjama barnāmaj
compiled module format صياغة جزء مترجم
ṣīyāghat juzʾ mutarjam
compiler برنامج مترجم
barnāmaj mutarjam
compiler-compiler برنامج توليد برنامج ترجمة
barnāmaj tawlīd barnāmaj tarjama
compiler diagnostics تشخيص اخطاء الترجمة
tashkhīṣ akhṭāʾ al-tarjama
compiler directive أسس توجيه البرنامج المترجم
usus tawjīh al-barnāmaj al-mutarjam
compiler manager مدير البرنامج المترجم
mudīr al-barnāmaj al-mutarjam
compiler target machine كمبيوتر لغرض ترجمة البرامج
kumbyūtar li-gharḍ tarjamat al-barāmij
compiling system نظام ترجمة برامج
niẓām tarjamat barāmij
complement تتمة
tatimma
complementary operation عملية متممة
ʿamalīya mutammima
complemented lattice شبيكة متتامة
shubayka mutatāma
complementing التتميم
at-tatmīm
complement number system نظام الارقام المتتامة
niẓām al-arqām al-mutatāma
complete carry نقل كامل
naql kāmil
complete graph شكل كامل
shakl kāmil
complete lattice شبيكة كاملة
shubayka kāmila
complete operation عملية كاملة
ʿamalīya kāmila
complete routine روتين كامل
rūtīn kāmil
complete set of documentation نسخة توثيق كاملة
nuskhat tawthīq kāmila
complete tree شجرة كاملة
shajara kāmila
complexity تعقيد
taʿqīd
complexity classes رتب التعقيد
rutab at-taʿqīd
complexity function دالة التعقيد
dāllat at-taʿqīd

C

complexity measure مقياس التعقيد
miqyās at-taʿqīd
component error خطأ المركبة
khaṭaʾ al-murakkiba
composite video signal اشارة تلفزيونية مركبة
ishārat tilifizyūnīya murakkaba
composition تركيب
tarkīb
composition coding ترميز تركيبي
tarmīz tarkībī
composition table جدول تركيبي
jadwal tarkībī
compression coding ترميز ضغط
tarmīz ḍaghṭ
computable function دالة قابلة للحساب
dālla qābila lil-ḥisāb
computational format صيغة للحساب
ṣīgha lil-ḥisāb
compute mode شكل حسابي
shakl ḥisābī
computer كمبيوتر
kumbyūtar
computer-aided design التصميم بمساعدة الكمبيوتر
at-taṣmīm bi-musāʿadat al-kumbyūtar
computer-aided design system نظام التصميم بمساعدة الكمبيوتر
niẓām at-taṣmīm bi-musāʿadat al-kumbyūtar
computer-aided instruction أمر مساعدة من الكمبيوتر
amr musāʿada min al-kumbyūtar
computer-aided manufacturing التصنيع بمساعدة الكمبيوتر
at-taṣnīʿ bi-musāʿadat al-kumbyūtar
computer-aided testing الاختبار بمساعدة الكمبيوتر
al-ikhtibār bi-musāʿadat al-kumbyūtar
computer amplifier مكبر كمبيوتر
mukabbir kumbyūtar
computer analogue كمبيوتر قياس
kumbyūtar qiyās
computer architecture تركيب الكمبيوتر
tarkīb al-kumbyūtar
computer-based learning التعليم بمساعدة الكمبيوتر
at-taʿlīm bi-musāʿadat al-kumbyūtar
computer common control تحكم عمومي بأجهزة الكمبيوتر
taḥakkum ʿumūmī bi-ajhizat al-kumbyūtar
computer digital كمبيوتر رقمي
kumbyūtar raqmī
computer drawn مرسوم بالكمبيوتر
marsūm bil-kumbyūtar
computer efficiency كفاءة الكمبيوتر
kafāʾat al-kumbyūtar
computer family عائلة من أجهزة الكمبيوتر
ʿāʾila min ajhizat al-kumbyūtar
computer graphics الرسوم البيانية بالكمبيوتر
ar-rusūm al-bayānīya bil-kumbyūtar
computer hybrid هجين أجهزة الكمبيوتر
hajīn ajhizat al-kumbyūtar
computer letter خطاب بالكمبيوتر
khiṭāb bil-kumbyūtar
computer logic منطق الكمبيوتر
manṭiq al-kumbyūtar
computer mail بريد الكمبيوتر
barīd al-kumbyūtar
computer-managed instruction أمر منظم عن طريق الكمبيوتر
amr munaẓẓam ʿan ṭarīq al-kumbyūtar
computer manager مدير الكمبيوتر
mudīr al-kumbyūtar
computer network شبكة الكمبيوتر
shabakat al-kumbyūtar
computer operator مشغل الكمبيوتر
mushaghghil al-kumbyūtar
computer personnel العاملون بأجهزة الكمبيوتر
al-ʿāmilūn bi-ajhizat al-kumbyūtar
computer power قوة الكمبيوتر
qūwat al-kumbyūtar
computer science علم الكمبيوتر
ʿilm al-kumbyūtar
computer-services manager مدير خدمات الكمبيوتر
mudīr khadamāt al-kumbyūtar
computer simulated محاكي بواسطة الكمبيوتر
muḥāka bi-wāsiṭat al-kumbyūtar
computer system نظام كمبيوتر
niẓām kumbyūtar
computer word كلمة خاصة بالكمبيوتر
kalima khāṣṣa bil-kumbyūtar

C

computing efficiency كفاءة الحساب
kafā'at al-ḥisāb
concatenated code رمز متصل تعاقبياً
ramz muttaṣil ta'āqubīyan
concatenation اتصال تعاقبي
ittiṣāl ta'āqubī
concentrator مركِّز
murakkiz
conceptual modelling تخطيط مبدئي
takhṭīṭ madba'ī
concurrency تزامن
tazāmun
concurrent conversion تحويل متزامن
taḥwīl mutazāmin
concurrently في نفس الوقت
fī nafs al-waqt
concurrent programming تخطيط برامج متزامن
takhṭīṭ barāmij mutazāmin
condensation تكثيف
takthīf
condensing routine روتين للتكثيف
rūtīn lit-takthīf
conditional مشروط
mashrūṭ
conditional branch instruction أمر تفريع مشروط
amr tafrī' mashrūṭ
conditional breakpoint نقطة قطع مشروطة
nuqṭat qaṭ' mashrūṭa
conditional breakpoint instruction أمر نقطة قطع مشروط
amr nuqṭat qaṭ' mashrūṭ
conditional implication operation عملية تلميح مشروط
'amalīyat talmīḥ mashrūṭ
conditional stop instruction أمر توقيف مشروط
amr tawqīf mashrūṭ
conditional transfer انتقال مشروط
intiqāl mashrūṭ
conditional transfer of control انتقال مشروط لنقطة التحكم
intiqal mashrūṭ li-nuqṭat at-taḥakkum
condition code رمز الشرط
ramz ash-sharṭ
condition name test اختبار اسم الشرط
ikhtibār ism ash-sharṭ
condition number رقم الشرط
raqm ash-sharṭ
conducive pencil حزمة توصيل
ḥuzmat tawṣīl
conductor موصل
muwaṣṣil
conference مؤتمر . مداولة
mu'tamar · mudāwala
conference bridge قنطرة المداولة
qanṭarat al-mudāwala
conference call مكالمة مداولة
mukālamat mudāwala
confidence interval فترة ثقة
fatrat thiqa
configuration شكل عام
shakl 'āmm
configuration block كتلة الشكل العام
kutlat ash-shakl al-'āmm
configuration management تنظيم الشكل العام
tanẓīm ash-shakl al-'āmm
configuration state حالة الشكل العام
ḥālat ash-shakl al-'āmm
configuration table جدول الشكل العام
jadwal ash-shakl al-'āmm
configure يشكل
yushakkil
confluent رافد
rāfid
confusion signal اشارة اضطراب
ishārat iḍṭirāb
congested system نظام مزدحم
niẓām muzdaḥam
congruence relation علاقة تطابق
'alāqat taṭābuq
conjunction وصل . اتصال
waṣl · ittiṣāl
connect charge مصاريف الوصل
maṣārīf al-waṣl
connectedness التواصل . الترابط
at-tawāṣul · at-tarābuṭ
connect graph شكل الربط
shakl ar-rabṭ
connection وصل . ربط
waṣl · rabṭ
connection box صندوق الربط
ṣundūq ar-rabṭ
connection charge شحنة الوصل . تكاليف الربط
shaḥnat al-waṣl · takālīf ar-rabṭ
connection in progress تقدم عملية الربط
taqaddum 'amalīyat ar-rabṭ
connective موصِّل . رابط
muwaṣṣil · rābiṭ
connectivity القدرة على الوصل
al-qudra 'alal-waṣl

C

connectivity matrix مصفوفة الوصل
maṣfūfat al-waṣl
connector وصلة
waṣla
connect signal اشارة الوصل
ishārat al-waṣl
conservation of space بقاء الفراغ
baqā' al-farāgh
consistency التماسك
at-tamāsuk
consistency check مراجعة التماسك
murājaʿat at-tamāsuk
console وحدة الاتصال بالكمبيوتر
wiḥdat al-ittiṣāl bil-kumbyūtar
console display register سجل شاشة وحدة الاتصال بالكمبيوتر
sijill shāshat wiḥdat al-ittiṣāl bil-kumbyūtar
console switch مفتاح وحدة اتصال الكمبيوتر
miftāḥ wiḥdat ittiṣāl al-kumbyūtar
console typewriter وحدة اتصال كاتبة بالكمبيوتر
wiḥdat ittiṣāl kātiba bil-kumbyūtar
consolidator أداة التعزيز
adāt at-taʿzīz
constant ثابت
thābit
constant area مساحة ثابتة
misāḥa thābita
constants ثوابت
thawābit
construct بنى
banā
consumable items عناصر مستهلكة
ʿanāṣir mustahlika
consumable resource مورد مستهلك
mawrid mustahlik
contact bounce ارتداد بالتلامس
irtidād bit-talāmus
contact pin محور تلامس
miḥwar talāmus
content محتوى
muḥtawa
content-addressable memory ذاكرة معنونة المحتوى
dhākira muʿanwanat al-muḥtawa
contention ازدحام
izdiḥām
contention resolution حل الازدحام
ḥall al-izdiḥām
context-free language لغة حرة السياق
lugha ḥurrat as-siyāq
context-sensitive language لغة تتاثر بالسياق
lugha taṭa'athar bis-siyāq
continental circuit دائرة قارية
dā'ira qārrīya
continental shelf رصيف قاري
raṣīf qārrī
continuation استمرار
istimrār
continuity check مراجعة الاستمرارية
murājaʿat al-istimrārīya
continuity-failure signal اشارة تعطل الاستمرارية
ishārat taʿaṭṭul al-istimrārīya
continuous receiver مستقبل مستمر
mustaqbil mustamirr
continuous signal اشارة مستمرة
ishāra mustamirra
contractor مقاول
muqāwil
contradiction تناقض
tanāquḍ
contrapositive ايجابي عكسي
ījābī ʿaksī
contrast تباين . اختلاف
tabāyun · ikhtilāf
control رقابة . تحكم . توجيه
raqāba · taḥakkum · tawjīh
control break انقطاع عملية التوجيه
inqiṭāʿ ʿamalīyat at-tawjīh
control brush فرشة التحكم
furshat at-taḥakkum
control bus مدار التحكم
madār at-taḥakkum
control button زر التحكم
zirr at-taḥakkum
control card بطاقة التوجيه
biṭāqat at-tawjīh
control character حرف التوجيه
ḥarf at-tawjīh
control circuitry دوائر التحكم
dawā'ir at-taḥakkum
control computer كمبيوتر التحكم
kumbyūtar at-taḥakkum
control cycle دورة التحكم
dawrat at-taḥakkum
control data بيانات التوجيه
bayānat at-tawjīh

control design تصميم التحكم
taṣmīn at-taḥakkum
control field حقل التوجيه
ḥaql at-tawjīh
control holes فجوات تحكم
fajawāt at-taḥakkum
control information معلومات توجيه
ma'lūmāt tawjīh
control input دخل تحكم
dakhl taḥakkum
control language لغة توجيه
lughat tawjīh
control language interpreter مفسر لغة التوجيه
mufassir lughat at-tawjīh
controlled maintenance صيانة موجهة
ṣiyāna muwajjaha
controlled sharing اشتراك موجه
ishtirāk muwajjah
controller اداة تحكم
adāt taḥakkum
control line خط التوجيه
khaṭṭ at-tawjīh
controlling exchange سنترال متحكم
sintrāl mutaḥakkim
controlling file ملف متحكم
milaff mutaḥakkim
control memory ذاكرة تحكم
dhākirat taḥakkum
control-message display عرض رسالة التوجيه
'arḍ risālat at-tawjīh
control panel لوحة التحكم
lawḥat at-taḥakkum
control panel hub chart بياني صرة لوحة التحكم
bayānī ṣurrat lawḥat at-taḥakkum
control procedure طريقة التحكم
ṭarīqat at-taḥakkum
control sequence تتابع التوجيه
tatābu' at-tawjīh
control stack رصيصة التحكم
raṣīṣat at-taḥakkum
control statement جملة توجيه
jumlat tawjīh
control store for speech مخزن التحكم في الكلام
makhzan at-taḥakkum fil-kalām
control structure بناء التوجيه والتحكم
binā' at-tawjīh wat-taḥakkum

control tape شريط توجيه
sharīṭ tawjīh
control total إجمالي توجيه
ijmālī tawjīh
control totals اجماليات توجيه
ijmālīyāt tawjīh
control transfer انتقال التحكم
intiqāl at-taḥakkum
control unit وحدة التحكم
wiḥdat at-taḥakkum
control unit end نهاية وحدة التحكم
nihāyat wiḥdat at-taḥakkum
control word كلمة تحكم
kalimat taḥakkum
conventional تقليدي
taqlīdī
convergence تقارب
taqārub
conversation تخاطب
takhāṭub
conversational compiler برنامج مترجم تخاطبي
barnāmaj mutarjim takhāṭubī
conversational mode شكل تخاطبي
shakl takhāṭubī
conversation state حالة تخاطب
ḥālat takhāṭub
conversation time وقت التخاطب
waqt at-takhāṭub
converse حادث . عكس
ḥādatha · 'aks
conversion تحويل
taḥwīl
conversion equipment جهاز تحويل
jihāz taḥwīl
conversion kits أدوات تحويل
adawāt taḥwīl
conversion program برنامج تحويلي
barnāmaj taḥwīlī
convolution لف .
laff
convolutional code رمز التفاف
ramz iltifāf
coprocessor معالج بيانات مساند
mu'ālij bayānāt musānid
copy نسخة
nuskha
copy tape شريط النسخ
sharīṭ an-naskh
CORAL لغة كورال
lughat kūrāl

C

core dump استنساخ ذاكرة
istinsākh dhākira
core memory الذاكرة الرئيسية
adh-dhākira ar-ra'īsīya
core memory resident مقيم بالذاكرة الرئيسية
muqīm bidh-dhākira ar-ra'īsīya
core storage تخزين بالذاكرة الرئيسية
takhzīn bidh-dhākira ar-ra'īsīya
core storage position موضع التخزين بالذاكرة الرئيسية
mawḍiʿ at-takhzīn bidh-dhākira ar-ra'īsīya
core store الذاكرة الرئيسية
adh-dhākira ar-ra'īsīya
corner cut قطع زاوي
qaṭʿ zāwī
coroutine برنامج مساند
barnāmaj musānid
corporate networks شبكات مؤتلفة
shabakāt muʿtallafa
correct bit رقم ثنائي التصحيح
raqm thunā'ī at-taṣḥīḥ
corrective action إجراء مصحح
ijrā' muṣaḥḥiḥ
corrective maintenance صيانة تصحيحية
ṣīyāna taṣḥīḥīya
correctness proof إثبات صحيح
ithbāt ṣaḥīḥ
correlation علاقة متبادلة
ʿalāqa mutabādila
correspondence quality طباعة صالحة للمراسلات
ṭibāʿa ṣāliḥa lil-murāsalāt
corrupt فاسد
fāsid
corruption فساد
fasād
cost analysis تحليل التكاليف
taḥlīl at-takālīf
cost function دالة التكلفة
dāllat at-taklifa
coulomb (Q) كولوم
kūlūm
count عد . حسب
ʿadda · ḥasaba
countable set مجموعة قابلة للعد
majmūʿa qābila lil-ʿadd
counter عداد
ʿaddād
counter wheel عجلة العداد
ʿajalat al-ʿaddād

counting problem مسألة محاسبة
mas'alat muḥāsaba
coupled موصول
mawṣūl
coupler اداة وصل
adāt waṣl
coupling وصل
waṣl
covering تغطية
taghṭiya
CPM سي بي/إم . نظام تشغيل للميكروكمبيوتر
sī bī im : niẓām tashghīl lil-mīkrūkumbyūtar
CPS حرف في الثانية
ḥarf fī thāniya
CPU وحدة التشغيل المركزية
wiḥdat at-tashghīl al-markazīya
cradle switch مفتاح حامل السماعة
miftāḥ ḥamil as-sammāʿa
crash سقوط
suqūṭ
crash course مسلك سقوط
maslak as-suqūṭ
creation خلق
khalq
crippled mode أسلوب كسيح
uslūb kasīḥ
criterion قاعدة . معيار
qāʿida · miʿyār
critical path method طريقة المسار الحرج
ṭarīqat al-masār al-ḥarij
critical region منطقة حرجة
minṭaqa ḥarija
critical resource مورد حرج
mawrid ḥarij
critical section قطاع حرج
qiṭāʿ ḥarij
crossbar exchange سنترال توصيل تصالبي
sintrāl tawṣīl taṣālubī
crossbar switches مفاتيح توصيل تصالبية
mafātīḥ tawṣīl taṣālubīya
cross-check مراجعة تبادلية
murājaʿa tabādulīya
cross compiler برنامج مترجم تبادلي
barnāmaj mutarjim tabādulī
cross-connect وصل بالتبادل
waṣl bit-tabādul
cross coupling وصل تبادلي
waṣl tabādulī

C

crosspoint نقطة التقاطع
nuqṭat at-taqāṭuʿ
cross tabulation جدولة تقاطعية
jadwala taqaṭuʿīya
crosstalk حديث تداخلي
ḥadīth tadākhulī
CRT أنبوبة أشعة المهبط
unbūbat ashiʿʿa al-mahbiṭ
cruise control جهاز التحكم بالقيادة
jihāz at-taḥakkum bil-qiyāda
cryptanalysis تحليل الشفرة
taḥlīl ash-shifra
cryptography شفرة
shifra
crystal growing نمو بللوري
numūw ballūrī
cumulative distribution function دالة التوزيع التراكمي
dāllat at-tawzīʿ at-tarākumī
currency عملة
ʿumla
current address register سجل العنوان الحالي
sijill al-ʿunwān al-ḥālī
current instruction register سجل الأمر الحالي
sijill al-amr al-ḥālī
curried function دالة من تغير وتتبع
dālla min taghayyur wa tatabbuʿ
cursor دليل الشاشة
dalīl ash-shāsha
cursor control التحكم في دليل الشاشة
at-taḥakkum fī dalīl ash-shāsha
curtate متقاصر
mutaqāṣir
curve fitting منحنى مناسب
munḥana munāsib
customer acceptance test اختبار قبول العميل
ikhtibār qubūl al-ʿamīl
customer provided مجهز للعميل
mujahhaz lil-ʿamīl
customer provided equipment معدات مجهزة للعميل
muʿaddāt mujahhaza lil-ʿamīl
customer reference number رقم مرجعي للعميل
raqm marjaʿī lil-ʿamīl
customer's loop حلقة العميل
ḥalaqat al-ʿamīl
customizing يجهز للعميل
yujahhiz lil-ʿamīl
cut-off date تاريخ القطع
tārīkh al-qaṭʿ
cut set مجموعة القطع
majmūʿat al-qaṭʿ
cut through يقطع خلال
yaqṭaʿ khilāla
cut vertex رأس القطع
raʾs al-qaṭʿ
CWP معاملة الكلمات بالكمبيوتر
muʿāmalat al-kalimāt bil-kumbyūtar
cybernetics السبرنطيقا
as-sibarnaṭīqa
cycle دورة
dawra
cycle access منفذ الدورة
manfadh ad-dawra
cycle count عد الدورة
ʿadd ad-dawra
cycle index counter عداد دليل الدورة
ʿaddād dalīl ad-dawra
cycle reset اعادة الدورة إلى وضع معين
iʿādat ad-dawra ila waḍʿ muʿayyan
cycle stealing استلاف دورة
istilāf dawra
cycle time زمن الدورة
zaman ad-dawra
cyclic code ترميز دوراني
tarmīz dawarānī
cyclic redundancy check مراجعة فائض الدورة
murājaʿat fāʾiḍ ad-dawra
cyclic shift إزاحة دائرية
izāḥa dāʾirīya
cyclic store مخزن دائري
makhzan dāʾirī
cylinder اسطوانة
usṭuwāna
cylinder overflow area منطقة فائض الاسطوانة
minṭaqat fāʾiḍ al-usṭuwāna

D

D

D/A converter — محول موجات رقمية الى نسبية
muḥawwil mawjāt raqmīya ila nisbīya
daily rate — معدل يومي
muʿaddal yawmī
daily work log — سجل العمل اليومي
sijill al-ʿamal al-yawmī
daisychain — سلسلة حلقة
silsilat ḥalaqa
daisywheel — عجلة نرجسية
ʿajala narjisīya
daisywheel printer — آلة طابعة برأس دوارة
āa ṭabiʿa bi-raʾs dawāra
damping — تضاؤل
taḍāʾul
damping coefficient — معامل التضاؤل
muʿāmil at-taḍāʾul
dark-current noise — تشويش تيار الاظلام
tashwīsh tayyār al-iẓlām
data — بيانات
bayānāt
data abstraction — تجريد البيانات
tajrīd al-bayānāt
data acquisition — تجميع البيانات
tajmīʿ al-bayānāt
data acquisition control system — نظام التحكم في تجميع البيانات
niẓām at-taḥakkum fī tajmīʿ al-bayānāt
data adapter unit — وحدة مهايء البيانات
wiḥdat muhāyiʾ al-bayānāt
data administrator — مدير البيانات
mudīr al-bayānāt
data aggregate — إجمالي البيانات
ijmālī al-bayānāt
data analysis display unit — وحدة عرض تحلل البيانات
wiḥdat ʿarḍ taḥlīl al-bayānāt
data area — منطقة البيانات
minṭaqat al-bayānāt
data assurance — تأمين البيانات
taʾmīn al-bayānāt
databank — بنك البيانات
bank al-bayānāt
database — قاعدة البيانات
qāʿidat al-bayānāt
database administrator — مدير قواعد البيانات
mudīr qawāʿid al-bayānāt
database language — لغة قواعد البيانات
lughat qawāʿid al-bayānāt
database management system — نظام إدارة قواعد البيانات
niẓām idārat qawāʿid al-bayānāt
database system — نظام قواعد بيانات
niẓām qawāʿid bayānāt
data break — انقطاع البيانات
inqiṭāʿ al-bayānāt
data bus — مدار بيانات
madār bayānāt
data capture — احتجاز البيانات
iḥtijāz al-bayānāt
data carrier — حامل البيانات
ḥāmil al-bayānāt
data carrier store — مخزن حامل للبيانات
makhzan ḥāmil lil-bayānāt
data cartridge — كارتريدج البيانات
kārtrij al-bayānāt
data cell drive — محركة خلية البيانات
muḥarrikat khalīyat al-bayānāt
data chaining — تسلسل البيانات
tasalsul al-bayānāt
data channel — قناة نقل بيانات
qanāt naql bayānāt
data channel multiplexor — جهاز متعدد التقابل لقنوات البيانات
jihāz mutaʿaddid at-taqābul li-qanawāt al-bayānāt

data circuit دائرة بيانات
dā'irat bayānāt
data circuit terminating equipment معدات إنهاء دائرة البيانات
muʿaddāt inhā' dā'irat al-bayānāt
data cleaning تنظيف البيانات
tanẓīf al-bayānāt
data collection تجميع البيانات
tajmīʿ al-bayānāt
data communication code ترميز اتصال البيانات
tarmīz ittiṣāl al-bayānāt
data communication equipment أجهزة اتصال البيانات
ajhizat ittiṣāl al-bayānāt
data communication exchange سنترال اتصال البيانات
sintrāl ittiṣāl al-bayānāt
data communications اتصالات البيانات
ittiṣālāt al-bayānāt
data communication system نظام اتصال البيانات
niẓām ittiṣāl al-bayānāt
data communication terminal نهاية طرفية لاتصال البيانات
nihāya ṭarafīya li-ittiṣāl al-bayānāt
data compaction دموج البيانات
dumūj al-bayānāt
data compression كبس البيانات
kabs al-bayānāt
data concentrator مركز البيانات
murakkiz al-bayānāt
data connection توصيل البيانات
tawṣīl al-bayānāt
data contamination تلوث البيانات
talawwuth al-bayānāt
data conversion language لغة تحويل البيانات
lughat taḥwīl al-bayānāt
data definition language لغة تعريف البيانات
lughat taʿrīf al-bayānāt
data description وصف البيانات
waṣf al-bayānāt
data description language لغة وصف البيانات
lughat waṣf al-bayānāt
data description library مكتبة وصف البيانات
maktabat waṣf al-bayānāt
data dictionary معجم البيانات
muʿjam al-bayānāt
data dispersal تناثر البيانات
tanāthur al-bayānāt

data display unit وحدة عرض البيانات
wiḥdat ʿarḍ al-bayānāt
data element عنصر بيانات
ʿunṣur bayānāt
data encapsulation تغليف البيانات
taghlīf al-bayānāt
data encoding ترميز البيانات
tarmīz al-bayānāt
Data Encryption Standard قياسيات تشفير البيانات
qiyāsīyāt tashfīr al-bayānāt
data entry ادخال البيانات
idhkāl al-bayānāt
data entry terminal نهاية طرفية لادخال البيانات
nihāya ṭarafīya li-idkhāl al-bayānāt
data file ملف بيانات
milaff bayānāt
data flow control توجيه تدفق البيانات
tawjīh tadaffuq al-bayānāt
dataflow machine ماكينة تدفق البيانات
mākīnat tadaffuq al-bayānāt
data format صياغة البيانات
ṣiyāghat al-bayānāt
datagram نظام الاتصال بالحزم
niẓām al-ittiṣāl bil-ḥazm
data handling equipment معدات معالجة البيانات
muʿaddāt muʿālajat al-bayānāt
data hierarchy تسلسل البيانات
tasalsul al-bayānāt
data independence استقلال البيانات
istiqlāl al-bayānāt
data integrity تكامل البيانات
takāmul al-bayānāt
data item عنصر بيانات
ʿunṣur bayānāt
data layout تخطيط البيانات
takhṭīṭ al-bayānāt
data level مستوى البيانات
mustawa al-bayānāt
data link موصل البيانات
muwaṣṣil al-bayānāt
data link control توجيه موصل البيانات
tawjīh muwaṣṣil al-bayānāt
data link escape مهرب موصل البيانات
mahrab muwaṣṣil al-bayānāt
data link layer طبقة موصل البيانات
ṭabaqat muwaṣṣil al-bayānāt
data logging تسجيل البيانات
tasjīl al-bayānāt

D

D

data management ادارة البيانات
idārat al-bayānāt
data management system نظام إدارة بيانات
niẓām idārat bayānāt
data manipulation language لغة معالجة بيانات
lughat muʿālajat bayānāt
data mark دلالة بيانات
dalālat bayānāt
datamation مكننة المعلومات
maknanat al-maʿlūmāt
data matrix مصفوفة بيانات
maṣfūfat bayānāt
data medium وسط لتمثيل البيانات وتخزينها
wasaṭ li-tamthīl al-bayānāt wa takhzīniha
data model نموذج بيانات
namūdaj bayānāt
data name اسم بياني
ism bayānī
data network شبكة البيانات
shabakat al-bayānāt
data path مسار البيانات
masār al-bayānāt
data phase طور البيانات
ṭawr al-bayānāt
data phone تليفون لنقل البيانات
tilīfūn li-naql al-bayānāt
dataplex نظام للاتصال البيانات باستخدام جهاز متعدد تقابل عام
niẓām lil-ittiṣāl al-bayānāt bi-istikhdām jihāz mutaʿaddid taqābul ʿāmm
data preparation إعداد البيانات
iʿdād al-bayānāt
data preparation section قسم إعداد البيانات
qism iʿdād al-bayānāt
data printer جهاز طباعة البيانات
jihāz ṭibāʿat al-bayānāt
data processing معالجة البيانات
muʿālajat al-bayānāt
data processing centre مركز معالجة بيانات
markaz muʿālajat bayānāt
data processing department organization تنظيم إدارة معالجة البيانات
tanẓīm idārat muʿālajat al-bayānāt
data processing manager مدير معالجة البيانات
mudīr muʿālajat al-bayānāt
data processing standards قياسيات معالجة البيانات
qiyāsīyāt muʿālajat al-bayānāt
data processing system نظام معالجة بيانات
niẓām muʿālajat bayānāt
data processing terminal نهاية طرفية لمعالجة البيانات
nihāya ṭarafīya li-muʿālajat al-bayānāt
data protection legislation تشريعات حماية البيانات
tashrīʿāt ḥimāyat al-bayānāt
data purification تنقية البيانات
tanqiyat al-bayānāt
data rate معدل انتقال البيانات
muʿaddal intiqāl al-bayānāt
data record سجل بيانات
sijill bayānāt
data reduction اختزال البيانات
ikhtizāl al-bayānāt
data representation تمثيل البيانات
tamthīl al-bayānāt
data retrieval استرجاع البيانات
istirjāʿ al-bayānāt
data security تأمين البيانات
taʾmīn al-bayānāt
data segment قطعة من البيانات
qiṭʿa min al-bayānāt
data selector جهاز منتخب البيانات
jihāz muntakhib al-bayānāt
data service unit وحدة خدمة البيانات
wiḥdat khidmat al-bayānāt
data set مجموعة بيانات
majmūʿat bayānāt
data set ready اشارة استعداد مجموعة البيانات
ishārat istiʿdād majmuʿat al-bayānāt
data sheet صفحة البيانات
ṣafḥat al-bayānāt
data sheet field حقل في صفحة البيانات
ḥaql fī ṣafḥat al-bayānāt
data signal إشارة لحمل البيانات
ishāra li-ḥaml al-bayānāt
data signalling rate معدل انتقال اشارات البيانات
muʿaddal intiqāl ishārāt al-bayānāt
data sink بالوعة البيانات
bālūʿat al-bayānāt
data source مصدر البيانات
maṣdar al-bayānāt
data statements الجمل الخاصة بالبيانات
al-jumal al-khāṣṣa bil-bayānāt
data station محطة بيانات
maḥaṭṭat bayānāt

data station console — وحدة التحكم في تشغيل محطة البيانات
wiḥdat at-taḥakkum fī tashghīl maḥaṭṭat al-bayānāt

data storage — تخزين بيانات
takhzīn bayānāt

data stream — تيار البيانات
tayyār al-bayānāt

data structure — هيكل متسلسل البيانات
haykal mutasalsil lil-bayānāt

data structure language — لغة لبناء البيانات
lugha li-bināʾ al-bayānāt

data summarization — اختصار البيانات
ikhtiṣār al-bayānāt

data switching exchange — سنترال اتصال البيانات
sintrāl ittiṣāl al-bayānāt

data tablet — قرص من البيانات
qurṣ min al-bayānāt

datatable time — وقت جدول البيانات
waqt jadwal al-bayānāt

data terminal equipment — معدات النهاية الطرفية للبيانات
muʿaddāt an-nihāya aṭ-ṭarafīya lil-bayānāt

data terminal ready — استعداد نهاية طرفية لنقل البيانات
istiʿdād nihāya ṭarafīya li-naql al-bayānāt

data traffic — حركة سير البيانات
ḥarakat sayr al-bayānāt

data transfer — انتقال البيانات
intiqāl al-bayānāt

data transfer phase — طور انتقال البيانات
ṭawr intiqāl al-bayānāt

data transfer rate — معدل انتقال البيانات
muʿaddal intiqāl al-bayānāt

data transfer requested signal — اشارة طلب انتقال البيانات
ishārat ṭalab intiqāl al-bayānāt

data translation — ترجمة البيانات
tarjamat al-bayānāt

data transmission — إرسال البيانات
irsāl al-bayānāt

data transmission link — وصلة ارسال البيانات
waṣlat irsāl al-bayānāt

data transparency — شفافية البيانات
shaffāfīyat al-bayānāt

data type — نوع البيانات
nawʿ al-bayānāt

data unit — وحدة البيانات
wiḥdat al-bayānāt

data validation — فحص صحة البيانات
faḥṣ ṣiḥḥat al-bayānāt

data-vet program — برنامج التدقيق في البيانات
barnāmaj at-tadqīq fil-bayānāt

data word — كلمة بيانات
kalimat bayānāt

datum — معطى . مرجع اسناد
muʿṭi · marjiʿ isnād

datum-limit register — سجل حد مرجع الاسناد
sijill ḥadd marjiʿ al-isnād

daughter — وليدة
walīda

daughter board — لوحة وليدة
lawḥa walīda

DBMS — نظام تشغيل وادارة بنك المعلومات
niẓām tashghīl wa idārat bank al-maʿlūmāt

DC amplifier — مكبر تيار مستمر
mukabbir tayyār mustamirr

DDL — لغة وضع الفهارس
lughat waḍʿ al-fahāris

dead time — وقت ميت
waqt mayyit

dead zone unit — وحدة نطاق ميت
wiḥdat niṭāq mayyit

debug — اصلاح العيوب
islāḥ al-ʿuyūb

debugging — تفقد
tafaqqud

debugging aid routine — برنامج مساعد للتفقد
barnāmaj musāʿid lit-tafaqqud

debug on-line — تفقد آني
tafaqqud ānī

debug tool — أداة تفقد
adāt tafaqqud

decade counter — عداد عشري
ʿaddād ʿushrī

decay — تضاؤل
taḍāʾul

decay time — زمن التضاؤل
zaman at-taḍāʾul

deceleration time — زمن التباطؤ
zaman at-tabāṭuʾ

decentralized control signalling — إرسال اشارات تحكم لامركزية
irsāl ishārāt taḥakkum lā-markazīya

decentralized data processing — معالجة بيانات لامركزية
muʿālajat bayānāt lā-markazīya

decibel	*dīsībīl*	ديسيبل
decidable	*qābil lil-ḥasm*	قابل للحسم
decimal	*ʿushrī*	عشري
decimal notation	*tadwīn ʿushrī*	تدوين عشري
decimal numeral	*raqm ʿushrī*	رقم عشري
decimal point	*ʿalāma ʿushrīya*	علامة عشرية
decision	*qarār*	قرار
decision box	*ṣundūq ittikhādh al-qarār*	صندوق اتخاذ القرار
decision feedback system	*niẓām at-taghdhiya al-murtadda lil-qarārāt*	نظام التغذية المرتدة للقرارات
decision gate	*bawwābat al-qarār*	بوابة القرار
decision instruction	*amr khāṣṣ bil-qarārāt*	أمر خاص بالقرارات
decision plan	*khuṭṭat ittikhādh al-qarār*	خطة اتخاذ القرار
decision problem	*mushkila khāṣṣa bil-qarārāt*	مشكلة خاصة بالقرارات
decision procedure	*uslūb ittikhādh al-qarār*	أسلوب اتخاذ القرار
decision support system	*niẓām musānid li-ittikhādh al-qarār*	نظام مساند لاتخاذ القرار
decision table	*jadwal ittikhādh al-qarār*	جدول اتخاذ القرار
decision tree	*shajarat al-qarārāt*	شجرة القرارات
deck	*jihāz tawjīh ash-sharīṭ*	جهاز توجيه الشريط
declaration	*taṣrīḥ · iʿlān · iqrār*	تصريح . إعلان . إقرار
declarative languages	*lughāt taqrīrīya*	لغات تقريرية
declarative macro instruction	*tasrīḥ khāṣṣ bi-amr murakkab*	تصريح خاص بأمر مركب
declutch	*fakk al-qabḍ*	فك القبض
decoder	*adāt fakk at-tarmīz*	أداة فك الترميز
decoder/driver	*adāt fakk at-tarmīz/at-tawjīh*	أداة فك الترميز/التوجيه
decoder error	*khaṭaʾ adāt fakk at-tarmīz*	خطأ أداة فك الترميز
decoding	*ʿamalīyat fakk at-tarmīz*	عملية فك الترميز
decollator	*jihāz faṣl nusakh al-awrāq wal-karbūn*	جهاز فصل نسخ الاوراق والكربون
decompiler	*barnāmaj tarjama ʿaksī*	برنامج ترجمة عكسي
decomposition	*taḥallul · inḥilāl*	تحلل . انحلال
decrement	*tanāquṣ · nuqṣān*	تناقص . نقصان
decryption	*fakk at-tarmīz as-sirrī*	فك الترميز السري
dedicated	*mawhūb ila · mahdi ila*	موهوب إلى . مهدى إلى
deenergize	*abʿada muʾaththir aṭ-ṭāqa*	أبعد مؤثر الطاقة
deep sea cable	*kabl aʿmāq baḥrī*	كبل أعماق بحري
default	*iftirāḍī*	افتراضى
defect	*ʿayb*	عيب
defective	*maʿīb*	معيب
defect skipping	*tafwīt al-ʿayb*	تفويت العيب
deference	*taʾjīl*	تأجيل .
deferred addressing	*ʿanwana muʾajjala*	عنونة مؤجلة
deferred restart	*iʿādat badʾ muʾajjala*	اعادة بدء مؤجلة
deflation	*ikhwāʾ · tafrigh*	إخواء . تفريغ
degradation	*tafassukḥ · inhilāl*	تفسخ . انحلال
degree	*daraja*	درجة
delay distortion	*tashawwuh at-taʿawwuq*	تشوه التعوق
delayed answer supervision	*ishrāf ʿala rudūd muʿawwaqa*	اشراف على ردود معوقة
delayed delivery	*tawrīd mutaʾakhkhir*	توريد متأخر

D

delayed updating تحديث معوق
taḥdīth muʿawwaq
delay equalizer معادل التعوق
muʿādil at-taʿawwuq
delay line خط تعويق
khaṭṭ taʿwīq
delay line register سجل خط التعويق
sijill khaṭṭ at-taʿwīq
delay line store مخزن خط التعويق
makhzan khaṭṭ at-taʿwīq
delay time زمن التعويق
zaman at-taʿwīq
delete حذف .
ḥadhafa
deletion حذف
ḥadhf
deletion file ملف الحذف
milaff al-ḥadhf
deletion record سجل الحذف
sijill al-ḥadhf
delimiter اداة تحديد
adāt taḥdīd
delivery confirmation تأكيد التسليم
taʾkīd at-taslīm
delivery schedule جدول التوريد
jadwal at-tawrīd
demand assignment and switching unit وحدة تخصيص الطلبات والاتصال
wiḥdat takhṣīṣ aṭ-ṭalabāt wal-ittiṣal
demand paging تجزىء الطلبات
tajziʾ aṭ-ṭalabāt
demand processing معالجة الطلبات
muʿālajat aṭ-ṭalabāt
demand reading طلبات قراءة
ṭalabāt qirāʾa
demand writing طلبات كتابة
ṭalabāt kitāba
democratic network شبكة غير متزامنة
shabaka ghayr mutazāmina
demodifier أداة فك التعديل
adāt fakk at-taʿdīl
demodulation فك التضمين
fakk at-taḍmīn
demodulator اداة فك التضمين
adāt fakk at-taḍmīn
demultiplex يفصل الموجات المجمعة
yafṣil al-mawjāt al-mujammaʿa

demultiplexed موجات مجموعة تم فكها
mawjāt majmūʿa tamma fakkuha
demultiplexer أداة فصل موجات مجمعة
adāt faṣl mawjāt mujammaʿa
demultiplexing عملية فصل موجات مجمعة
ʿamalīyat faṣl mawjāt mujammaʿa
denial of service نفي الخدمة
nafī al-khidma
density كثافة
kathāfa
denumerable set مجموعة غير رقمية
majmūʿa ghayr raqmīya
de-packetizing فك الحزم
fakk al-ḥuzam
deposit تأمين . وديعة . أودع
taʾmīn · wadīʿa · awdaʿa
depth عمق
ʿumq
depth-balanced موزون العمق
mawzūn al-ʿumq
depth-first search بحث بدءاً من العمق
baḥth badʾan min al-ʿumq
deque طابور ثنائي الطرفين
ṭābūr thunāʾī aṭ-ṭarafayn
derivation sequence تسلسل المنشأ
tasalsul al-manshaʾ
derivation tree شجرة المنشأ
shajarat al-manshaʾ
derivative مشتقة . اشتقاقي
mushtaqa · ishtiqāqī
descriptor أداة توصيف
adāt tawṣīf
descriptor register سجل توصيف
sijill tawṣīf
design تصميم
taṣmīm
designated extension night service خدمة ليلية ممتدة خصيصاً
khidma laylīya mumtadda khiṣṣīṣan
designation تخصيص
takhṣīṣ
desktop computer كمبيوتر مكتبي
kumbyūtar maktabī
despotic network شبكة متزامنة
shabaka mutazāmina
destination address العنوان المقصود
al-ʿunwān al-maqṣūd

D

destination address field حقل العنوان المقصود
ḥaql al-ʿunwān al-maqṣūd
destination file الملف المقصود
al-milaff al-maqṣūd
destination terminal النهاية الطرفية المقصودة
an-nihāya aṭ-ṭarafīya al-maqṣūda
destruction تدمير
tadmīr
destructive addition جمع مدمر
jamʿ mudammir
destructive reading قراءة مدمرة
qirāʾa mudammira
destructive read-out قراءة مدمرة
qirāʾa mudammira
detachable plugboard لوحة قابسة قابلة للفصل
lawḥat qābisa qābila lil-faṣl
detail record سجل تفصيلي
sijill tafṣīlī
detected error خطأ مكتشف
khaṭaʾ muktashaf
detection اكتشاف
iktishāf
determinant محدِّد
muḥaddid
deterministic قابل للتحديد
qābil lit-taḥdīd
deterministic language لغة تحديدية
lugha taḥdīdīya
de-updating تحديث عكسي
taḥdīth ʿaksī
development time وقت التطوير
waqt at-taṭwīr
device نبيطة . جهاز
nabīṭa · jihāz
device control character حرف التحكم في الجهاز
ḥarf at-taḥakkum fil-jihāz
device control unit وحدة التحكم في الجهاز
wiḥdat at-taḥakkum fil-jihāz
D flip-flop مذبذب نطاط D
mudhabdhib naṭṭāṭ dī
diagnostic programme برنامج تشخيصي
barnāmaj tashkhīṣī
diagnostic routine روتين تشخيصي
rūtīn tashkhīṣī
diagnostic test اختبار تشخيصي
ikhtibār tashkhīṣī
diagonalization معالجة المصفوفة لتصبح قطرية
muʿālajat al-maṣfūfa li-tuṣbiḥ quṭrīya

diagonal matrix مصفوفة قطرية
maṣfūfa quṭrīya
diagramming template طبعة رسم منحنيات
ṭabʿat rasm munḥanīyāt
dial answer night service خدمة ليلية لاجابة المكالمات
khidma laylīya li-ijābat al-mukālamāt
diallable symbol احد رموز القرص المدرج
aḥad rumūz al-qurṣ al-mudarraj
dialling إدارة قرص مدرج
idārat qurṣ mudarraj
dialogue محادثة ثنائية
muḥādatha thunāʾīya
dialogue management ادارة محادثة ثنائية
idārat muḥādatha thunāʾīya
dial tone طنين التقاط الخط
ṭanīn iltiqāṭ al-khaṭṭ
dial-up connection وصل العدد إدارة القرص المدرج
waṣl al-ʿadad idārat al-qurṣ al-mudarraj
dibit ذو رقمين ثنائيين
dhū raqmayn thunāʾīyayn
dichotomizing search البحث الثنائي
al-baḥth ath-thunāʾī
dictionary دليل
dalīl
difference فرق
farq
difference equations معادلات فرقية
muʿādalāt farqīya
differential amplifier مكبر تبايني
mukabbir tabāyunī
differential analyzer محلل تبايني
muḥallil tabāyunī
differential echo suppressor كاتم الصدى التفاضلي
kātim aṣ-ṣada at-tafāḍulī
differential equations معادلات تفاضلية
muʿādalāt tafāḍulīya
differential gear مجموعة تروس تفاضلية
majmūʿat turūs tafāḍulīya
differential phase modulation تعديل الطور التفاضلي
taʿdīl aṭ-ṭawr at-tafāḍulī
differentiator أداة تفاضلية
adāh tafādulīya
digital رقمي
raqmī
digital/analog converter محول من موجات رقمية إلى نسبية
muḥawwil min mawjāt raqmīya ila nisbīya

digital bus مدار رقمي
madār raqmī
digital cassette كاسيت لتخزين بيانات رقمية
kāsīt li-takhzīn bayānāt raqmīya
digital circuit دائرة رقمية
dā'ira raqmīya
digital clock ساعة رقمية
sā'a raqmīya
digital computer كمبيوتر رقمي
kumbyūtar raqmī
digital connection وصل رقمي
waṣl raqmī
digital data transmission أرسال البيانات الرقمية
irsāl al-bayānāt ar-raqmīya
digital design تصميم الدوائر الرقمية
taṣmīm ad-dawā'ir ar-raqmīya
digital design language لغة التصميمات الرقمية
lughat at-taṣmīmāt ar-raqmīya
digital differential analyzer محلل تفاضلي رقمي
muḥallil tafāḍulī raqmī
digital divider دائرة القسمة الرقمية
dā'irat al-qisma ar-raqmīya
digital emitter باعث رقمي
bā'ith raqmī
digital error خطأ رقمي
khaṭa' raqmī
digital exchange سنترال رقمي
sintrāl raqmī
digital filling تخزين البيانات الرقمية
takhzīn al-bayānāt ar-raqmīya
digital filtering ترشيح رقمي
tarshīḥ raqmī
digital incremental plotter جهاز الرسم البياني التزايدي الرقمي
jihāz ar-rasm al-bayānī at-tazāyudī ar-raqmī
digital integrator جهاز التكامل الرقمي
jihāz at-takāmul ar-raqmī
digital leased circuit دائرة رقمية مؤجرة
dā'ira raqmīya mu'ajjara
digital line interface خط بيني رقمي
khaṭṭ baynī raqmī
digital line signalling اتصال خطي رقمي
ittiṣāl khaṭṭī raqmī
digital logic المنطق الرقمي
al-manṭiq ar-raqmī
digital main network switching unit وحدة الاتصال بشبكة رقمية رئيسية
wiḥdat al-ittiṣāl bi-shabaka raqmīya ra'īsīya
digital multiplier دائرة الضرب الرقمي
dā'irat aḍ-ḍarb ar-raqmī
digital radio path مسار راديو للموجات الرقمية
masār rādyū lil-mawjāt ar-raqmīya
digital repeater معيد رقمي
mu'īd raqmī
digital representation تمثيل رقمي
tamthīl raqmī
digital signal اشارة رقمية
ishāra raqmīya
digital signal processing معالجة الاشارات الرقمية
mu'ālajat al-ishārāt ar-raqmīya
digital sort فرز رقمي
farz raqmī
digital sorting فرز رقمي
farz raqmī
digital subtractor أداة طرح رقمي
adāt ṭarḥ raqmī
digital sum مجموع رقمي
majmū' raqmī
digital switched circuit دائرة متصلة رقمياً
dā'ira muttaṣila raqmīyan
digital switching اتصال رقمي
ittiṣāl raqmī
digital system نظام رقمي
niẓām raqmī
digital techniques آليات رقمية
ālīyāt raqmīya
digital test meter جهاز اختبار رقمي
jihāz ikhtibār raqmī
digital-to-analog converter محول من موجات رقمية إلى نسبية
muḥawwil min mawjāt raqmīya ila nisbīya
digital transmission ارسال رقمي
irsāl raqmī
digit compression ضغط الارقام
ḍaghṭ al-arqām
digit delay device نبيطة تأخير الارقام
nabīṭat ta'khīr al-arqām
digit delay element أداة تأخير الارقام
adāt ta'khīr al-arqām
digit filter مرشح رقمي
murashshiḥ raqmī

D

D

digitization ترميز رقمي
tarmīz raqmī
digitize رمز رقمياً
rammaza raqmīyan
digitizer المرقّمة
al-muraqqima
digitizing pad مسند الترميز الرقمي
misnad at-tarmīz ar-raqmī
digit period فترة بقاء الرقم
fatrat baqā᾽ ar-raqm
digit place مكان الرقم
makān ar-raqm
digit plane مستوى الرقم
mustawa ar-raqm
digit position موضع الرقم
mawḍīᶜ ar-raqm
digit pulse نبضة الرقم
nabḍat ar-raqm
digit selector أداة اختيار الأرقام
adāt ikhtiyār al-arqām
digit time مدة الرقم
muddat ar-raqm
dimension بعد
buᶜd
diminished radix complement التكملة بالاساس المتناقص
at-takmila bil-āsās al-mutanāqiṣ
diminishing increment sort فرز الزيادة المتناقصة
farz az-ziyāda al-mutanāqiṣa
DIN دن ـ نظام التوحيد القياسي الألماني
niẓām at-tawḥīd al-qiyāsī al-almānī
diode صمام ثنائي . دايود
ṣimām thunā᾽ī · dāyūd
diode-transistor logic دوائر منطقية بصمامات ثنائية وترانزستور
dawā᾽ir manṭiqīya bi-ṣimāmāt thunā᾽īya wa trānzistūr
direct access تداول مباشر
tadāwul mubāshir
direct-access storage تخزين البيانات بالتناول المباشر
takhzīn al-bayānāt bit-tanāwul al-mubāshir
direct-access storage device نبيطة لتخزين البيانات بالتناول المباشر
nabīṭa li-takhzīn al-bayānāt bit-tanāwul al-mubāshir
direct address عنوان مباشر
ᶜunwān mubāshir
direct addressing عنونة مباشرة
ᶜanwana mubāshira
direct allocation تخصيص مباشر
takhṣīṣ mubāshir
direct call نداء مباشر
nidā᾽ mubāshir
direct coding ترميز مباشر
tarmīz mubāshir
direct control تحكم مباشر
taḥakkum mubāshir
direct control feature خاصية توجيه مباشر
khāṣṣīyat tawjīh mubāshir
direct-coupled machines ماكينات متصلة مباشرة
mākīnāt muttaṣila mubāsharatan
direct current تيار مستمر
tayyār mustamirr
direct current signalling system نظام بث اشارات بالتيار المستمر
niẓām bathth ishārāt bit-tayyār al-mustamirr
direct data entry ادخال مباشر للبيانات
idkhāl mubāshir lil-bayānāt
direct dialling in اتصال مباشر بمجرد إدارة القرص المدرج
ittiṣāl mubāshir bi-mujarrad idārat al-qurṣ al-mudarraj
direct digital control تحكم رقمي مستمر
taḥakkum raqmī mustamirr
direct display عرض مستمر
ᶜarḍ mustamirr
directed graph شكل بياني موجه
shakl bayānī muwajjah
directed set مجموعة موجهة
majmūᶜa muwajjaha
directed tree شجرة موجهة
shajara muwajjaha
direct insert subroutine برنامج مساعد يمكن ادراجه مباشرة
barnāmaj musāᶜid yumkin idrājuh mubāsharatan
direct instruction أمر مباشر
amr mubāshir
direct-in trunk خط رئيسي مباشر
khaṭṭ ra᾽īsī mubāshir
directional antenna هوائي اتجاهي
hawā᾽ī ittijāhī
directive أمر توجيهي
amr tawjīhi
directly coupled amplifier مكبر متصل مباشرة
mukabbir muttaṣil mubāsharatan

direct machine environment مكنة ذات وسط مباشر
makina dhāt wasaṭ mubāshir

direct memory access تناول البيانات من الذاكرة مباشرة
tanāwul al-bayānāt min adh-dhākira mubāsharatan

director مدير
mudīr

director exchange سنترال الاستدلال
sintrāl al-istidlāl

directory دليل
dalīl

directory enquiries استعلامات الدليل
istiʿlāmāt ad-dalīl

direct outward dialling ادارة قرص مدرج مباشرة إلى الخارج
idārat qurṣ mudarraj mubāsharatan ilal-khārij

direct product مضروب مباشر
maḍrūb mubāshir

direct serial file organization ترتيب متوالى مباشر للملف
tartīb mutawālī mubāshir lil-milaff

direct service circuit دائرة خدمة مباشرة
dāʾirat khidma mubāshira

direct trunk select اختيار مباشر للخط الرئيسي
ikhtiyār mubāshir lil-khaṭṭ ar-raʾīsī

dirigible linkage ترابط منقاد
tarābuṭ munqād

disable عاجز
ʿājiz

disarm توقيف جهاز حتى لا يعمل إلا بعملية تحضيرية
tawqīf jihāz ḥatta lā yaʿmal ilā bi-ʿamalīya taḥḍīrīya

disassembler برنامج فك لغة الآلة إلى لغة التجميع
barnāmaj fakk lughat al-āla ila lughat at-tajmīʿ

disassembly فك لغة الآلة إلى لغة التجميع
fakk lughat al-āla ila lughat at-tajmīʿ

disc قرص
qurṣ

disconnected graph رسم بياني غير متصل
rasm bayānī ghayr muttaṣil

discounted cash flow تدفق نقدي مخفض
tadaffuq naqdī mukhaffaḍ

discrepancy اختلاف . تعارض . تناقض
ikhtilāf · taʿāruḍ · tanāquṣ

discrete and continuous systems النظم المنفصلة والمستمرة
an-nuẓum al-munfaṣila wal-mustamirra

discrete channel قناة اتصال منفصلة
qanāt ittiṣāl munfaṣila

discrete signal اشارة منفصلة
ishāra munfaṣila

discrete source منبع منفصل
manbaʿ munfaṣil

discrete structure بناء منفصل
bināʾ munfaṣil

discrete system نظام منفصل
niẓām munfaṣil

discretization فصل
faṣl

discretization error خطأ الفصل
khaṭaʾ al-faṣl

discriminant analysis تحليل مميّز
taḥlīl mumayyiz

disjoint فصل
faṣala

disjunction فصل
faṣl

disjunctive normal form الصيغة الانفصالية الطبيعية
aṣ-ṣīgha al-infiṣālīya aṭ-ṭabīʿīya

disk قرص
qurṣ

disk carriage حامل اسطوانة ممغنطة
ḥāmil usṭuwāna mumaghnaṭa

disk drive مدور الاسطوانات الممغنطة
mudawwir al-usṭuwānāt al-mumaghnaṭa

diskette اسطوانة مرنة ممغنطة
usṭuwāna marina mumaghnaṭa

diskette drive مدور الاسطوانات المرنة الممغنطة
mudawwir al-usṭuwānāt al-marina al-mumaghnaṭa

disk file ملف بالاسطوانة الممغنطة
milaff bil-usṭuwāna al-mumaghnaṭa

disk file controller اداة التحكم في ملف بالاسطوانة الممغنطة
adāt at-taḥakkum fī milaff bil-usṭuwāna al-mumaghnaṭa

D

disk format صيغة الاسطوانة المغنطة
ṣīghat al-usṭuwāna al-mumaghnaṭa
disk handler موجه الاسطوانة المغنطة
muwajjih al-usṭuwāna al-mumaghnaṭa
disk pack علبة أسطوانة ممغنطة
ʿulbat usṭuwāna mumaghnaṭa
disk support shaft عمود ساند للأسطوانة
ʿamūd sānid lil-usṭuwāna
disk unit وحدة اسطوانات ممغنطة
wiḥdat usṭuwānāt mumaghnaṭa
dispatcher مرسل
mursil
dispersed intelligence ذكاء موزع
dhakāʾ muwazzaʿ
dispersion تشتت
tashattut
displacement ازاحة
izāḥa
display عرض
ʿarḍ
display console شاشة عرض
shāshat ʿarḍ
display control التحكم في شاشة العرض
at-taḥakkum fī shāshat al-ʿarḍ
display information معلومات العرض
maʿlūmāt al-ʿarḍ
display light ضوء العرض
ḍawʾ al-ʿarḍ
display processor وحدة تشغيل شاشة العرض
wiḥdat tashghīl shāshat al-ʿarḍ
distinctive ringing رنين مميز
ranīn mumayyiz
distorted signal أشارة مشوهة
ishāra mushawwaha
distortion تشوه
tashawwuh
distributed array processor وحدة تشغيل المجموعات المقسمة
wiḥdat tashghīl al-majmūʿāt al-muqassama
distributed database قواعد بيانات مقسمة
qawāʿid bayānāt muqassama
distributed data processing معالجة البيانات المقسمة
muʿālajat al-bayānāt al-muqassama
distributed file system نظام الملفات الموزعة
niẓām al-milaffāt al-muwazzaʿa
distributed intelligence ذكاء مقسم
dhakāʾ muqassam
distributed processing معالجة البيانات المقسمة
muʿālajat al-bayānāt al-muqassama
distributed system نظام مقسم
niẓām muqassam
distribution توزيع . تقسيم
tawzīʿ · taqsīm
distribution counting sort الفرز بالعد التقسيمي
al-farz bil-ʿadd at-taqsīmī
distribution group مجموعة التوزيع
majmūʿat at-tawzīʿ
distribution point نقطة التوزيع
nuqṭat at-tawzīʿ
distributive lattice شبيكة التوزيع
shubaykat at-tawzīʿ
distributive laws قوانين التوزيع
qawānīn at-tawzīʿ
distributor موزع
muwazziʿ
district switching centre مركز اتصال خاص بمنطقة
markaz ittiṣāl khāṣṣ bi-minṭaqa
diversion تحويل . تحول
taḥwīl · taḥawwul
divide and conquer sorting الفرز بالتقسيم والتغليب
al-farz bit-taqsīm wat-taghlīb
dividend المقسوم
al-maqsūm
divider قسَّامة
qassāma
division قسم
qism
division multiple access قسم متعدد المنافذ
qism mutaʿaddid al-manāfidh
division subroutine برنامج مساعد خاص بالقسمة
barnāmaj musāʿid khāṣṣ bil-qisma
divisor المقسوم عليه
al-maqsūm ʿalayh
document وثيقة
wathīqa
document assembly تكوين الوثيقة
takwīn al-wathīqa

documentation توثيق
tawthīq
documentation book دفتر التوثيق
daftar at-tawthīq
documentation programming توثيق البرامج
tawthīq al-barāmij
documentation systems توثيق نظم المعلومات
tawthīq nuẓum al-maʿlūmāt
document carriage ناقل الوثائق
nāqil al-wathāʾiq
document facsimile system نظام الفاكسيميل لارسال الوثائق
niẓām al-faksimīl li-irsāl al-wathāʾiq
document processing معالجة الوثائق
muʿālajat al-wathāʾiq
document reader قارىء الوثائق
qāriʾ al-wathāʾīq
document sorter أداة فرز الوثائق
adāt farz al-wathāʾiq
do loop إطار بعداد حاكم
iṭār bi-ʿaddād ḥākim
domain مجال
majāl
dominator مسيطر
musayṭir
do-not-disturb لا تشويش
lā-tashwīsh
do-not-disturb cancellation إلغاء اشارة عدم التشويش
ilghāʾ ishārat ʿadam at-tashwīsh
do nothing instruction أمر لا فعلي
amr lā-fiʿlī
dope vector متجه مخدر
muttajah mukhaddir
dormant state حالة سكون
ḥāalat sukūn
DOS دوس ـ نظام تشغيل للميكروكمبيوتر
dūs – niẓām tashghīl lil-mikrū kumbyūtar
dot matrix المصفوفة النقطية
al-maṣfūfa an-nuqṭīya
dot matrix printer جهاز طباعة بمصفوفة نقطية
jihāz ṭibāʿa bi-maṣfūfa nuqṭīya
dot printer طبَّاعة نقطية
ṭabbāʿa nuqṭīya
double armoured cable كبل مزدوج الدرع
kabl muzdawij al-dirʿ
double buffering طريقة استعمال مركزين للتخزين المؤقت
ṭarīqat istiʿmāl markazayn lit-takhzīn al-muʾaqqat
double complement تكملة مزدوجة
takmila muzdawija
double current circuit دائرة تيار مزدوج
dāʾirat tayyār muzdawij
double-density recording تسجيل بكثافة مزدوجة
tasjīl bi-kathāfa muzdawija
double ended control تحكم في كل من الطرفين
taḥakkum fī kullin min aṭ-ṭarafayn
double length طول مزدوج
ṭūl muzdawij
double-length arithmetic الحساب باستخدام الكلمة مزدوجة الطول
al-ḥisāb bi-istikhdām al-kalima muzdawijat aṭ-ṭūl
double-length number رقم مزدوج الطول
raqm muzdawij aṭ-ṭūl
double linked list قائمة مزدوجة الاتصال
qāʾima muzdawijat al-ittiṣāl
double negation نفي مزدوج
nafi muzdawij
double oscillator مذبذب مزدوج
mudhabdhib muzdawij
double precision مزدوج الدقة
muzdawij ad-diqqa
double-precision arithmetic الحساب مزدوج الدقة
al-ḥisāb muzdawij ad-diqqa
double-precision hardware معدات كمبيوتر مزدوجة الدقة
muʿaddāt kumbyūtar muzdawijat ad-diqqa
double-pulse reading قراءة بنبض مزدوج
qirāʾa bi-nabḍ muzdawij
double punching تثقيب مزدوج
tathqīb muzdawij
double sideband modulation التضمين المزدوج النطاق
al-taḍmīn al-muzdawij an-niṭāq
double tape mark علامة شريط مزدوج
ʿalāmat sharīṭ muzdawij
do-while loop إطار شرطي حاكم
iṭār sharṭī ḥākim
downline خط نازل
khaṭṭ nāzil
down link وصلة نازلة
waṣla nāzila
down operation عملية نازلة
ʿamalīya nāzila

downtime وقت التوقف
waqt at-tawaqquf
DP معاملة المعلومات
muʿāmalat al-maʿlūmāt
drift انحراف
inḥirāf
drift-corrected amplifier مكبر تصحيح الانحراف
mukabbir taṣḥīḥ al-inḥirāf
drift error خطأ الانحراف
khaṭaʾ al-inḥirāf
drift flow انتقال الانحراف
intiqāl al-inḥirāf
drive موجه
muwajjih
drive pulse نبضة توجيه
nabḍat tawjīh
driver برنامج توجيه
barnāmaj tawjīh
drive winding ملف التوجيه
milaff at-tawjīh
driving chain سلسلة ادارة
silsilat idāra
droop rate معدل التدلي
muʿaddal at-tadalli
drop dead halt وقفة ساكنة ساقطة
waqfa sākina sāqiṭa
drop-in اسقاط
isqāṭ
drop-out قطع
qaṭʿ
drum أسطوانة
usṭuwāna
drum bound حدود الاسطوانة
ḥudūd al-usṭuwāna
drum mark علامة الاسطوانة
ʿalāmat al-usṭuwāna
drummed على شكل أسطوانة
ʿala shakl usṭuwāna
drum plotter جهاز الرسم الاسطواني
jihāz ar-rasm al-usṭuwānī
drum printer جهاز الطباعة بالاسطوانة
jihāz aṭ-ṭibāʿa bil-usṭuwāna
dry run اختبار برنامج يدوياً
ikhtibār barnāmaj yadawīyan
dry running اختبار برنامج بدون الكمبيوتر
ikhtibār barnāmaj bi-dūn al-kumbyūtar
dual ثنائي . مزدوج
thunāʾī · muzdawij
dual capstan drive مدور رحوى مزدوج
mudawwir raḥwī muzdawij
dual in-line package حزمة مزدوجة على خط مستقيم
ḥuzma muzdawija ʿala khaṭṭ mustaqīm
duality ثنائية
thunāʾīya
dual operation عملية ثنائية
ʿamalīya thunāʾiya
dual port memory ذاكرة بمنفذ مزدوج
dhākira bi-manfadh muzdawij
dual processor وحدة تشغيل مزدوجة
wiḥdat tashghīl muzdawija
dual recording تسجيل مزدوج
tasjīl muzdawij
duct مجرى . مسلك
majra · maslak
dumb terminal نهاية طرفية صماء
nihāya ṭarafīya ṣammāʾ
dummy instruction أمر وهمي
amr wahmī
dump استنساخ
istinsākh
dump and restart استنساخ المعلومات واعادة البدء
istinsākh al-maʿlūmāt wa iʿādat al-badʾ
dump check مراجعة المعلومات المفرغة
murājaʿat al-maʿlūmāt al-mufarragha
dump cracking فك رموز المعلومات المفرغة لمعرفة الخطأ
fakk rumūz al-maʿlūmāt al-mufarragha li-maʿrifat al-khaṭaʾ
dumping تفريغ . استنساخ
tafrīgh · istinsākh
dump point نقطة التفريغ
nuqṭat at-tafrīgh
dump segment عضو تفريغ
ʿuḍū tafrīgh
duodecimal number رقم اثنى عشرى
raqm ithnaʿasharī
duodecimal number system النظام الرقمي الأثنى عشرى
an-niẓām ar-raqmī al-ithnaʿasharī
duplex ارسال مزدوج
irsāl muzdawij
duplex channel قناة ارسال مزدوج
qanāt irsāl muzdawij
duplex computer system نظام كمبيوتر مزدوج
niẓām kumbyūtar muzdawij

duplex console — وحدة تحكم وتشغيل مزدوجة
wiḥdat taḥakkum wa tashghīl muzdawija
duplexing — ازدواج
izdiwāj
duplex transmission — ارسال في كلا الاتجاهين
irsāl fi killā al-ittijāhayn
duplicated records — سجلات مزدوجة
sijillāt muzdawija
duplicate keys — حقول رئيسية مزدوجة
ḥuqūl ra'īsīya muzdawija
duplicate record — سجل مزدوج
sijill muzdawij
duplication — استنساخ . تضاعف . ازدواج
istinsākh · taḍā'uf · izdiwāj
duplication check — مراجعة مضاعفة
murāja'at muḍā'afa
duplication factor — معامل الازدواج
mu'āmil al-izdiwāj
duration of a call — مدة النداء
muddat an-nidā'
duty cycle — دورة التشغيل
dawrat at-tashghīl
dyadic — ثنائي
thunā'ī
dyadic operation — عملية ثنائية
'amalīya thunā'īya
dynamic — ديناميكي
dīnāmīkī
dynamic allocation — تخصيص ديناميكي
takhṣīṣ dīnāmīkī
dynamically redefinable character — حرف له تعريف ديناميكي
ḥarf lahu ta'rīf dīnāmīkī
dynamic buffering — تخزين ديناميكي وسيط للبيانات
takhzīn dīnāmīkī wasīṭ lil-bayānāt
dynamic check — مراجعة ديناميكية
murāja'a dīnāmīkīya
dynamic data structure — بناء ديناميكي للبيانات
binā' dīnāmīkī lil-bayānāt
dynamic dump — استنساخ ديناميكي للبيانات
istinsākh dīnāmīkī lil-bayānāt
dynamic equalizer — معدِّل ديناميكي
mu'addil dīnāmīkī
dynamic error — خطأ ديناميكي
khaṭa' dīnāmīkī
dynamicizer — أداة الديناميكية
adāt ad-dīnāmīkīya
dynamic memory — ذاكرة ديناميكية
dhākira dīnāmīkīya
dynamic memory relocation — تحديد ديناميكي لمواقع التخزين بالذاكرة
taḥdīd dīnāmīkī lil-mawāqi' at-takhzīn fidh-dhākira
dynamic port allocation — تخصيص المداخل ديناميكيا
takhṣīṣ al-madākhil dīnāmīkīyan
dynamic programming — برمجة ديناميكية
barmaja dīnāmīkīya
dynamic protection — وقاية ديناميكية
wiqāya dīnāmīkīya
dynamic range — مدى ديناميكي
mada dīnāmīkī
dynamic relocation — تحديد ديناميكي
taḥdīd dīnāmīkī
dynamic stop — وقف البرنامج ديناميكيا
waqf al-barnāmaj dīnāmīkīyan
dynamic storage allocation — بالتخزين الديناميكي التخصيص
bit-takhzīn ad-dīnāmīkī at-takhṣīṣ
dynamic store — مخزن ديناميكي
makhzan dīnāmīkī
dynamic subroutine — برنامج مساعد ديناميكي
barnāmaj musā'id dīnāmīkī
dynamic test set — مجموعة اختبار ديناميكي
majmū'at ikhtibār dīnāmīkī

D

E

each كل
kull
each attenuation كل توهين
kull tawhīn
each check كل مراجعة
kull murājaʿa
each effect كل تأثير
kull taʾthīr
each suppressor كل أداة كتم
kull adāt katm
earth distribution box صندوق توزيع الموصلات الأرضية
ṣundūq tawzīʿ al-muwaṣṣilāt al-arḍīya
earthing stick عصا التوصيل بالأرض
ʿaṣā at-tawṣīl bil-arḍ
earth network شبكة أرضية
shabaka arḍīya
earth station محطة أرضية
maḥaṭṭa arḍīya
edge حافة
ḥāffa
edge board لوحة بحافة
lawḥa bi-ḥāffa
edge card بطاقة بحافة
biṭāqa bi-ḥāffa
edge connector وصلة للحواف
waṣla lil-ḥawāf
edge-notched card بطاقة بحافة محززة
biṭāqa bi-ḥāffa muḥazzaza
edge-punched card بطاقة بحافة مثقوبة
biṭṭaqa bi-ḥāffa mathqūba
edit حرر
ḥarrara
editing تحرير
taḥrīr
editing terminal نهاية طرفية للتحرير
nihāya ṭarafīya lit-taḥrīr
edit into a line تحرير داخل السطر
taḥrīr dākhil as-saṭr
editor المحرر
al-muḥarrir
EDP معاملة المعلومات آليا
muʿāmalat al-maʿlūmāt ālīyan
EDPM مدير مركز قسم المعاملة الآلية للمعلومات
mudīr markaz qism al-muʿamala al-alīya lil-maʿlūmāt
EDS قرص يمكن تبديله
qurṣ yumkin tabdīluh
effective address العنوان الفعَّال
al-ʿunwān al-faʿʿāl
effective algorithm حل قياسي فعَّال
ḥall qiyāsī faʿʿāl
effective call نداء فعال
nidāʾ faʿʿāl
effective computability قابلية فعالة للحساب
qābilīya faʿʿāla lil-ḥisāb
effective enumeration إحصاء فعال
iḥṣāʾ faʿʿāl
effective instruction أمر فعال
amr faʿʿāl
effective language لغة فعالة
lugha faʿʿāla
effectively transmitted signal اشارة مرسلة بفعالية
ishāra mursala bi-faʿʿālīya
effective procedure طريقة فعالة
ṭarīqa faʿʿāla
effective time الزمن الفعال
az-zaman al-faʿʿāl
EFTS نظام نقل الأموال الكترونيا
niẓām naql al-amwāl iliktrūnīyan
either-or operation عملية اختيارية
ʿamalīya ikhtiyārīya
elapsed time الوقت المنقضى
al-waqt al-munqaḍa

electrical accounting machine — ماكينة المحاسبة الكهربية
mākīnat al-muḥāsaba al-kahrabīya

electrical analog — كهربي نسبي
kahrabī nisbī

electrical interface — سطح بيني كهربي
saṭḥ baynī kahrabī

electrical signal — اشارة كهربية
ishāra kahrabīya

electrical telegraph — تلغراف كهربي
tilighrāf kahrabī

electrographic printer — جهاز طباعة ورسمى كهربية
jihāz ṭibāʿa wa rasma kahrabīya

electrolytic wire bars — اسلاك قضبان الكتروليتية
aslāk quḍbān iliktrūlītīya

electromagnetic radiation — اشعاع كهرومغناطيسي
ishʿāʿ kahrū-mughnaṭīsī

electromagnetic waves — موجات كهرومغناطيسية
mawjāt kahrū-mughnaṭīsīya

electro-motive force — قوة دافعة كهربية
qūwa dāfiʿa kahrabīya

electron beam — حزمة الكترونية
ḥuzma iliktrūnīya

electron beam recording — تسجيل الحزمة الالكترونية
tasjīl al-ḥuzma al-iliktrūnīya

electron gun — مدفعة الكترونات
midfaʿa iliktrūnāt

electronic — الكتروني
iliktrūnī

electronic brain — عقل الكتروني
ʿaql iliktrūnī

electronic calculating punch — آلة التثقيب للحاسبة الالكترونية
ālat at-taqthīb lil-ḥāsiba al-iliktrūnīya

electronic crosspoint — نقطة تقاطع الكترونية
nuqṭat taqāṭuʿ iliktrūnīya

electronic data processing — معالجة الكترونية للبيانات
muʿālaja iliktrūnīya lil-bayānāt

electronic data processing machine — ماكينة معالجة الكترونية للبيانات
mākīnat muʿālaja iliktrūnīya lil-bayānāt

electronic differential analyzer — محلل تفاضلي الكتروني
muḥallil tafāḍulī iliktrūnī

electronic digital crosspoint — نقطة تقاطع رقمية الكترونية
nuqṭat taqāṭuʿ raqmīya iliktrūnīya

electronic exchange — سنترال الكتروني
sintrāl iliktrūnī

electronic filing — تخزين الكتروني للبيانات في الملفات
takhzīn iliktrūnī lil-bayānāt fil-milaffāt

electronic funds transfer — نقل الكتروني للاعتمادات
naql iliktrūnī lil-iʿtimādāt

electronic mail — بريد الكتروني
barīd iliktrūnī

electronic mail box — صندوق البريد الالكتروني
ṣundūq al-barīd al-iliktrūnī

electronic switch — مفتاح الكتروني
miftāḥ iliktrūnī

electronic typewriter — آلة كاتبة الكترونية
āla kātiba iliktrūnīya

electrophotographic printer — جهاز طباعة الكتروني فوتوغرافي
jihāz ṭibāʿa iliktrūnī fūtūghrāfī

electrosensitive — حساس للالكترونات
ḥassās lil-iliktrūnāt

electrosensitive printer — جهاز طباعة حساس الكترونياً
jihāz ṭibāʿa ḥassās iliktrūnīyan

electrostatic printer — جهاز طباعة كهروستاتيكي
jihāz ṭibāʿa kahrūstātīkī

electrostatic storage — تخزين كهروستاتيكي
takhzīn kahrūstātīkī

electrostatic storage device — نبيطة تخزين كهروستاتيكي
nabīṭat takhzīn kahrūstātīkī

element — عنصر
ʿunṣur

elementary field — مجال إبتدائي
majāl ibtidāʾī

elementary item — عنصر أولي
ʿunṣur awwalī

element error rate — معدل خطأ العنصر
muʿaddal khaṭaʾ al-unṣur

elimination — حذف
ḥadhf

embedded computer system — نظام الكمبيوتر المطمور
niẓām al-kumbyūtar al-maṭmūr

embedded servo — آلية مؤازرة مطمورة
ālīyat muʾāzara maṭmūra

emergency jointing kit — أدوات ربط للطوارىء
adawāt rabṭ liṭ-ṭawāriʾ

emergency restart — اعادة بدء طارىء
iʿādat badʾ ṭāriʾ

emergency routes — مسارات الطوارىء
masārāt aṭ-ṭawāriʾ

E

emitter — مرسل . باعث
mursil · bāʿith

emitter-coupled logic — دائرة منطقية مرتبطة الباعث
dāʾira manṭiqīya murtabiṭat al-bāʿith

emitter medium — وسط باعث
wasaṭ bāʿith

empty list — قائمة خالية
qāʾima khālīya

empty medium — وسط خالي
wasaṭ khālī

empty set — مجموعة خالية
majmūʿa khālīya

empty string — صف فارغ
ṣaff fārigh

emulated executive — منفذ متناظر
munaffidh mutanāẓir

emulation — تناظر
tanāẓur

emulator — مناظر
munāẓir

enable — يمكن
yumakkin

enable pulse — نبضة تمكين
nabḍat tamkīn

enabling signal — الاشارة الفعالة
al-ishārat al-faʿʿāla

encoder — أداة الترميز
adāt at-tarmīz

encoding — ترميز
tarmīz

encoding format — صيغة الترميز
ṣīghat at-tarmīz

encryption — تشفير
tashfīr

end-around-carry — باق حول النهاية
bāqi ḥawl an-nihāya

end-around shift — إزاحة حول النهاية
izāḥa ḥawl an-nihāya

endless — غير متناه
ghayr mutanāhi

end mark — علامة النهاية
ʿalāmat an-nihāya

end-of-address signal — اشارة نهاية العنوان
ishārat nihāyat al-ʿunwān

end-of-area flag — مؤشر نهاية منطقة
muʾashshir nihāyat minṭaqa

end-of-block signal — اشارة نهاية كتلة
ishārat nihāyat kutla

end of conversion — نهاية التحويل
nihāyat at-taḥwīl

end-of-data marker — مميز نهاية البيانات
mumayyiz nihāyat al-bayānāt

end-of-field marker — مميز نهاية الحقل
mumayyiz nihāyat al-ḥaql

end-of-file marker — مميز نهاية الملف
mumayyiz nihāyat al-milaff

end-of-file routine — روتين نهاية الملف
rūtīn nihāyat al-milaff

end-of-first file section label — علامة نهاية أول جزء من الملف
ʿalāmat nihāyat awwal juzʾ min al-milaff

end-of-job card — بطاقة نهاية التشغيل
biṭāqat nihāyat at-tashghīl

end of medium — نهاية الوسط
nihāyat al-wasaṭ

end of message — نهاية الرسالة
nihāyat ar-risāla

end-of-message identification — التعرف على نهاية الرسالة
at-taʿarruf ʿala nihāyat ar-risāla

end-of-pulsing signal — اشارة نهاية النبض
ishārat nihāyat an-nabḍ

end of reel — نهاية البكرة
nihāyat al-bakara

end of run — نهاية تسيير البرنامج
nihāyat tasyīr al-barnāmaj

end of run routine — روتين نهاية تسيير البرنامج
rūtīn nihāyat tasyīr al-barnāmaj

end of selection — نهاية الاختيار
nihāyat al-ikhtiyār

end-of-tape marker — مميز نهاية الشريط
mumayyiz nihāyat ash-sharīṭ

end-of-tape routine — روتين نهاية الشريط
rūtīn nihāyat ash-sharīṭ

end of text — نهاية النص
nihāyat an-naṣṣ

end of transmission — نهاية الارسال
nihāyat al-irsāl

end-of-transmission block — كتلة نهاية الارسال
kutlat nihāyat al-irsāl

endomorphism — إحتواء بلورة للأخرى
iḥtiwāʾ ballūra lil-ukhra

endorder traversal — نهاية الامر العرضي
nihāyat al-amr al-arḍī

endorsing unit — وحدة التحويل
wiḥdat at-taḥwīl

end of printing نهاية الطباعة
nihāyat at-ṭibāʿa
end-to-end encryption التشفير بطريقة نهاية إلى نهاية
at-tashfīr bi-ṭarīqat nihāya ila nihāya
end-to-end layer طبقة نهاية إلى نهاية
ṭabaqat nihāya ila nihāya
end-to-end protocol بروتوكول لتنفيذ طريقة تشفير نهاية إلى نهاية
brūtūkūl li-tanfīdh ṭarīqat tashfīr nihāya ila nihāya
end user المستعمل النهائي
al-mustaʿmil an-nihāʾī
endwise feed التغذية من النهاية
at-taghdhiya min an-nihāya
energizer منشط
munashshiṭ
engaged tone النغمة الدالة على إنشغال الخط
an-naghma ad-dālla ʿala inshighāl al-khaṭṭ
engineering الهندسة
al-handasa
engineer's journal جريدة المهندس
jarīdat al-muhandis
enhance, to يعزز
yuʿazziz
enhanced matrix المصفوفة المتقدمة
al-maṣfūfa al-mutaqaddima
enhancement تعزيز
taʿzīz
enquiry إستعلام
istiʿlām
enquiry system نظام إستعلام
niẓām istiʿlām
entity وجود . كينونه
wujūd · kaynūna
entropy إنتروبيا
intrūbiya
entry مدخل
madkhal
entry block كتلة الادخال
kutlat al-idkhāl
entry condition شرط الادخال
sharṭ al-idkhāl
entry instruction أمر الادخال
amr al-idkhāl
entry point نقطة الادخال
nuqṭat al-idkhāl
entry time زمن الادخال
zaman al-idkhāl
enumeration عد
ʿadd
envelope غلاف
ghilāf
envelope detection استرداد الموجة المضمنة
istirdād al-mawja al-muḍammana
enveloped file ملف مغلف
milaff mughallaf
environmental chamber غرفة بيئية
ghurfa bīʾīya
EOF علامة نهاية الملف
ʿalāmat nihāyat al-milaff
EOR علامة نهاية السجل
ʿalāmat nihāyat as-sijill
epitaxial growth صناعة طبقات من أشباه الموصلات على أسطح البللورات
ṣināʿat ṭabaqāt min ashbāh al-muwaṣṣilāt ʿala asṭuḥ al-ballūrāt
epoch عهد
ʿahd
equality unit وحدة المساواة
wiḥdat al-musāwāh
equalization المساواة
al-musāwāh
equalizing repeaters محطات تقوية لاستعادة نفس القوة
maḥaṭṭāt taqwiya li-istiʿādat nafs al-qūwa
equal zero indicator المؤشر الدال على الصفر
al-muʾashshir ad-dāll ʿalaṣ-ṣifr
equation solver حلال المعادلات
ḥallāl al-muʿādalāt
equipment cabinet خزانة المعدات
khazānat al-muʿaddāt
equipment compatibility توافق المعدات لبعضها
tawāfuq al-muʿaddāt li-baʿḍiha
equipment failure اعطال الاجهزة
aʿṭāl al-ajhiza
equipotent متساوي الجهد
mutasāwi al-juhd
equivalence المكافيء
al-mukāfiʾ
equivalence class الفصل المكافىء
al-faṣl al-mukāfiʾ
equivalence element العنصر المكافىء
al-ʿunṣur al-mukāfiʾ
equivalence gate البوابة المكافئة
al-bawwāba al-mukāfiʾa
equivalence operation العملية المكافئة
al-ʿamalīya al-mukāfiʾa

equivalence relation العلاقة المكافئة
al-ʿalāqa al-mukāfiʾa
equivalent binary digits أرقام ثنائية مكافئة
arqām thunāʾīya mukāfiʾa
equivalent bit rate معدل البتات المكافىء
muʿaddal al-bitāt al-mukāfiʾ
equivalent tree الهيكل الشجري المكافىء
al-haykal ash-shajarī al-mukāfiʾ
erasable programmable device جهاز مبرمج قابل للمحو
jihāz mubarmij qābil lil-maḥū
erasable storage تخزين قابل للمحو
takhzīn qābil lil-maḥū
erase head رأس المحو
raʾs al-maḥū
eraser الماسح
al-māsiḥ
erasure channel قناة المسح
qanāt al-masḥ
ergonomics ارجونوميك
irgūnūmīk
erroneous bit رقم ثنائي توقع الخطأ
raqm thunāʾī tawaqquʿ al-khaṭaʾ
erroneous block كتلة توقع الخطأ
kutlat tawaqquʿ al-khaṭaʾ
error analysis تحليل الخطأ
taḥlīl al-khaṭaʾ
error bit بت الخطأ
bit al-khaṭaʾ
error blocks كتل الخطأ
kutal al-khaṭaʾ
error bound حد الخطأ
ḥadd al-khaṭaʾ
error burst ظهور الخطأ
ẓuhūr al-khaṭaʾ
error checking مراجعة الخطأ
murājaʿat al-khaṭaʾ
error control التحكم في الخطأ
at-taḥakkum fil-khaṭaʾ
error-correcting code ترميز لتصحيح الخطأ
tarmīz li-taṣḥīḥ al-khaṭaʾ
error-correcting system نظام لتصحيح الخطأ
niẓām li-taṣḥīḥ al-khaṭaʾ
error correction تصحيح الخطأ
taṣḥīḥ al-khaṭaʾ
error detecting and feedback system نظام اكتشاف الخطأ والتغذية العكسية
niẓām iktishāf al-khaṭaʾ wat-taghdhiya al-ʿaksīya
error detecting code ترميز لاكتشاف الخطأ
tarmīz li-iktishāf al-khaṭaʾ
error detecting system نظام اكتشاف الخطأ
niẓām iktishāf al-khaṭaʾ
error detection إكتشاف الخطأ
iktishāf al-khaṭaʾ
error detection and correction إكتشاف الخطأ وتصحيحة
iktishāf al-khaṭaʾ wa taṣḥīḥuh
error diagnostics تشخيص الخطأ
tashkhīṣ al-khaṭaʾ
error estimate تقدير الخطأ
taqdīr al-khaṭaʾ
error handling التعامل مع الخطأ
at-taʿāmul maʿal-khaṭaʾ
error interrupt إعاقة الخطأ
iʿāqat al-khaṭaʾ
error interrupts إعاقات الخطأ
iʿāqāt al-khaṭaʾ
error management إدارة الخطأ
idārat al-khaṭaʾ
error message رسالة الخطأ
risālat al-khaṭaʾ
error peak ذروة الخطأ
dhurwat al-khaṭaʾ
error propagation إنتشار الخطأ
intishār al-khaṭaʾ
error protocol بروتوكول الخطأ
brūtūkūl al-khaṭaʾ
error range مدى الخطأ
mada al-khaṭaʾ
error rate معدل الخطأ
muʿaddal al-khaṭaʾ
error recovery تنقية الخطأ
tanqiyat al-khaṭaʾ
error routine روتين الخطأ
rūtīn al-khaṭaʾ
escape هروب
hurūb
escape character حرف الهروب
ḥarf al-hurūb
escape code كود الهروب
kūd al-hurūb
estimates تقديرات
taqdīrāt

Euclidean norm نموذج إقليدي
namūdhaj iqlīdī
Euclid's algorithm حل قياسي إقليدي
ḥall qiyāsī iqlīdī
Euler cycle دورة أويلر
dawrat awīlar
Euler's method طريقة أويلر
ṭarīqat awīlar
Euronet الشبكة الأوروبية
ash-shabaka al-awrūbīya
European communication satellite قمر الاتصالات الأوروبي
qamar al-ittiṣālāt al-awrūbī
even parity التماثل الزوجي
at-tamāthul az-zawjī
even parity check إختبار التماثل الزوجي
ikhtibār at-tamāthul az-zawjī
event حادثة
ḥāditha
exception إستثناء
istithnā'
exception line خط مستثنى
khaṭṭ mustathna
exception principle system النظام الأساسي المستثنى
an-niẓām al-āsāsī al-mustathna
exception reporting تقرير مستثنى
taqrīr mustathna
excess-3 code نظام ترميز (زائد ـ ٣)
niẓām tarmīz zā'id thalātha
excess factor معامل الزيادة
muʿāmil az-ziyāda
excess fifty زائد خمسين
zā'id khamsīn
excess-n notation التدوين زائد ـ إن
at-tadwīn zā'id in
excess-three code نظام ترميز زائد ـ ٣
niẓām tarmīz zā'id-thalātha
exchange سنترال . تبادل
sintrāl · tabādul
exchangeable disk store أسطوانة تخزين بيانات قابلة للتبديل
usṭuwānat takhzīn bayānāt qabila lit-tabdīl
exchange hierarchy هيكل السنترال
haykal as-sintrāl
exchange line cable كبل خطي للسنترال
kabl khaṭṭī lis-sintrāl
exchange selection إختيار السنترال
ikhtiyār as-sintrāl
exchange terminal circuit الدائرة النهائية للسنترال
ad-da'ira an-nihā'īya lis-sintrāl
exclusive-NOR gate دائرة صمامية لنفي الجمع المنفرد المنطقي
dā'ira ṣimāmīya li-nafi al-jamʿ al-munfarid al-manṭiqī
exclusive-OR element عنصر للجمع المنفرد المنطقي
ʿunṣur lil-jamʿ al-munfarid al-manṭiqī
exclusive-OR gate دائرة صمامية للجمع المنفرد المنطقي
dā'ira ṣimāmīya lil-jamʿ al-munfarid al-manṭiqī
exclusive-OR operation عملية جمع المنفرد المنطقي
ʿamalīyat jamʿ al-munfarid al-manṭiqī
execute ينفذ
yunaffidh
execute permission bit بتة السماح بالتنفيذ
bitat as-samāḥ bit-tanfīdh
execute phase طور التنفيذ
ṭawr at-tanfīdh
execute step خطوة التنفيذ
khuṭwat at-tanfīdh
execution states حالات التنفيذ
ḥālāt at-tanfīdh
execution time زمن التنفيذ
zaman at-tanfīdh
executive intrusion تدخل تنفيذي
tadakhkhul tanfīdhī
executive program برنامج منفذ
barnāmaj munaffidh
executive state حالة تنفيذية
ḥāla tanfīdhīya
executive system assembly language نظام لغة التجميع التنفيذي
niẓām lughat at-tajmīʿ at-tanfīdhī
executive terminal جهاز طرفي تنفيذي
jihāz ṭarafī tanfīdhī
exerciser ممارس
mumāris
existential quantifier القائم على تقدير الكمية
al-qā'im ʿala taqdīr al-kammīya
exit point نقطة الخروج
nuqṭat al-khurūj
exotic دخيل
dakhīl
expander موسع
muwassiʿ

E

E

expectation توقع
*tawaqqu*ᶜ
experimental design تصميم تجريبي
taṣmīm tajrībī
expert systems الأنظمة المتخصصة
al-anẓima al-mutakhaṣṣaṣa
exploratory data analysis تحليل إستكشافي للبيانات
taḥlīl istikshāfī lil-bayānāt
exponent أس
uss
exponential equation معادلة أسية
muᶜādala ussīya
exponentially bounded algorithm حل قياسي محدود أسياً
ḥall qiyāsī maḥdūd ussīyan
exponential space time فاصل زمني أسي
fāṣil zamanī ussī
exponential waveform شكل موجى اسي
shakl mawjī ussī
exponentiation رفع للأس
*raf*ᶜ *lil-uss*
express of requirements التعبير عن المتطلبات
at-taᶜbīr ᶜan al-mutaṭallabāt
extend إمتّد
imtadda
extended addressing عنونة ممتدة
ᶜanwana mumtadda
extended basic mode شكل أساسي ممتد
shakl asāsī mumtadd
extended BNF صيغة باكوس القياسية المعدلة
ṣīghat bakūs al-qiyāsīya al-muᶜaddala
extended control set مجموعة تحكم ممتدة
majmūᶜat taḥakkum mumtadda
extensibility القابلية للامتداد
al-qābilīya lil-imtidād
extensible addressing عنونة قابلة للمدّ
ᶜanwana qābila lil-madd
extensible language لغة قابلة للامتداد
lugha qābila lil-imtidād
extension إمتداد
imtidād
extension circuit دائرة التحويل
dāʾirat at-taḥwīl
extension codes رموز التحويل
rumūz at-taḥwīl
extension field حقل التحويل
ḥaql at-taḥwīl
extension module نموذج قياسي التحويل
namūdhaj qiyāsī at-taḥwīl
extension number رقم التحويل
raqm at-taḥwīl
extension status وضع التحويل
*waḍ*ᶜ *at-taḥwīl*
extension telephone تحويلة تليفونية
taḥwīla tilīfūnīya
exterior label بطاقة خارجية
biṭāqa khārijīya
external delays time مؤخر خارجي للزمن
muᶜakhkhir khārijī liz-zaman
external device أداة خارجية
adāh khārijīya
external extension تحويلة خارجية
taḥwīla kharijīya
external fragmentation تفتت خارجي
tafattut khārijī
external interrupt قطع خارجي
*qaṭ*ᶜ *khārijī*
external medium وسط خارجي
wasaṭ khārijī
external node تقاطع خارجي
*taqāṭu*ᶜ *khārijī*
external number repetition تكرار خارجي للرقم
takrār khāriji lir-raqm
external path length طول الممر الخارجي
ṭūl al-mamarr al-khārijī
external sorting فرز خارجي
farz khārijī
extracode كود إضافي
kūd iḍāfī
extract يستخرج
yastakhrij
extrapolation إستكمال
istikmāl
extrinsic semiconductor شبه موصل دخيل
shibh muwaṣṣil dakhīl

F

face وجه
wajh
face-down feed التغذية في إتجاه سفلي للوجه
at-taghdhiya fī ittijāh suflī lil-wajh
facetted classification تصنيف سطحي
taṣnīf saṭḥī
face-up feed التغذية في إتجاه علوي للوجه
at-taghdhiya fī ittijāh ʿulwi lil-wajh
facility request طلب تسهيلات
ṭalab tashīlāt
facsimile صورة متطابقة
ṣūra mutaṭābiqa
facsimile apparatus جهاز الارسال المتطابق
jihāz al-irsāl al-mutaṭābiq
facsimile baseband نطاق أساسي ترددي متطابق
niṭāq asāsī taraddudī mutaṭābiq
facsimile posting إرسال بريدي متطابق
irsāl barīdī mutaṭābiq
facsimile telegraph إرسال برقي متطابق
irsāl barqī mutaṭābiq
facsimile transceiver جهاز الارسال والاستقبال المتطابق
jihāz al-irsāl wal-istiqbāl al-mutaṭābiq
facsimile transmission الارسال المتطابق
al-irsāl al-mutaṭābiq
factor عامل
ʿāmil
factorable code رمز قابل للتحليل إلى عوامل
ramz qābil lit-taḥlīl ila ʿawāmil
factor analysis تحليل العامل
taḥlīl al-ʿāmil
factorial designs تصميمات عاملية مضروبة
taṣmīmāt ʿāmilīya maḍrūba
fail safe إنهيار أمن
inhiyār āmin
fail soft إنهيار ناعم
inhiyār nāʿim
failure عطل
ʿuṭl
failure logging تسجيل الاعطال
tasjīl al-aʿṭāl
failure rate معدل العطل
muʿaddal al-ʿuṭl
failure recovery معالجة الأعطال
muʿālaljat al-aʿṭāl
fallback إحتياطي
iḥtiyāṭī
false ceiling سقف كاذب
saqf kādhib
false error خطأ كاذب
khaṭaʾ kādhib
false retrieval إسترداد زائف للبيانات
istirdād zāʾif lil-bayānāt
fan-in عدد خطوط داخلة
ʿadad khuṭūṭ dākhila
fan-out عدد خطوط خارجة
ʿadad khuṭūṭ khārija
farad (F) فاراد
fārād
fast-access storage تخزين سريع التداول
takhzīn sarīʿ at-tadāwul
fast circuit switching دائرة سريعة التحويل
dāʾira sarīʿat at-taḥwīl
fast core قلب ثابت
qalb thābit
fast time scale مقياس الزمن السريع
miqyās az-zaman as-sarīʿ
father الاساس
al-asās
father file الملف الأساسي
al-milaff al-asāsī
father tape الشريط الأساسي
ash-sharīṭ al-asāsī

fault عيب
ʿayb
fault detection إكتشاف العيب
iktishāf al-ʿayb
fault diagnosis تشخيص العيب
tashkhīṣ al-ʿayb
fault frequency تكرار العيب
takrār al-ʿayb
fault rate معدل حدوث العيب
muʿaddal ḥudūth al-ʿayb
fault report point نقطة التبليغ عن العيب
nuqṭat at-tablīgh ʿan al-ʿayb
fault time زمن العيب
zaman al-ʿayb
fault-tolerant system نظام ذات سماح للعيب
niẓām dhāt samāḥ lil-ʿayb
faulty hardware media أوساط معيبة في معدات الكمبيوتر
awsāṭ maʿība fī muʿaddāt al-kumbyūtar
Fax فاكسميل
fāksimīl
FDM تجزىء التردد التقابلي المتعدد
tajziʾ at-taraddud at-taqābulī al-mutaʿaddid
feasibility study دراسة الجدوى
dirāsat al-jadwa
feed تغذية
taghdhiya
feedback queue طابور التغذية العكسية
ṭābūr at-taghdhiya al-ʿaksīya
feedback register سجل التغذية العكسية
sijill at-taghdhiya al-ʿaksīya
feed finger اصبع التغذية
iṣbaʿ at-taghdhiya
feed-forward تغذية أمامية
taghdhiya amāmīya
feed holes ثقوب التغذية
thuqūb at-taghdhīya
feed pitch تغذية تواتر الأصوات
taghdhiyat tawātur al-aṣwāt
feed track مسار التغذية
masār at-taghdhiya
ferrite فرّيت
firrīt
ferrite bead خرزة فريت
kharazat firrīt
ferrite core قلب فرّيت
qalb firrīt
fetch-executive cycle دورة الجلب التنفيذية
dawrat al-jalb at-tanfīdhīya
fetch program برنامج جلب
barnāmaj jalb
fetch protect حماية عملية الجلب
ḥimāyat ʿamalīyat al-jalb
Fibonacci series متوالية فيبوناتشى
mutawālīyat fībūnātshī
fibre fabrication صناعة الألياف
ṣināʿat al-alyāf
fibre loss mechanism ميكانيكية فقد الألياف
mīkānīkīyat faqd al-alyāf
fibre optics ضوئيات الخيوط
ḍawʾīyāt al-khuyūṭ
fibre optics transmission system نظام الارسال بالخيوط الضوئية
niẓām al-irsāl bi-khuyūṭ aḍ-ḍawʾīya
fiche فيش
fīsh
field حقل . مجال
ḥaql · majāl
field-effect تأثير المجال
taʾthīr al-majāl
field-effect transistor ترانزيستور يعمل تحت تأثير المجال
trānzistūr yaʿmal taḥta taʾthīr al-majāl
field flyback إرتداد الحقل
irtidād al-ḥaql
field length طول الحقل
ṭūl al-ḥaql
field-programmable devices أدوات ذات حقل قابل للبرمجة
adawāt dhāt ḥaql qābil lil-barmaja
field scan مسح الحقل
masḥ al-haql
FIFO نظام الاخراج الاول للادخال ألاول
niẓām al-ikhrāj al-awwal lil-idkhāl al-awwal
figurative constant ثابت رمزي
thābit ramzī
figures shift إزاحة الأرقام
izāḥat al-arqām
file ملف
milaff
file activity ratio نسبة نشاط الملف
nisbat nashāṭ al-milaff
file conversion تحويل الملف
taḥwīl al-milaff
file creation خلق الملف
khalq al-milaff
file descriptor الشارح للملف
ash-shāriḥ lil-milaff

file designer مصمم الملف
muṣammim al-milaff
file directory دليل الملفات
dalīl al-milaffāt
file extent إمتداد الملف
imtidād al-milaff
file identification التعرف على الملف
at-taʿarruf ʿalal-milaff
file label بطاقة الملف
biṭāqat al-milaff
file layout الشكل الايضاحي للملف
ash-shakl al-īḍāḥī lil-milaff
file maintenance صيانة الملف
ṣiyānat al-milaff
file management إدارة الملف
idārat al-milaff
file mark علامة الملف
ʿalāmat al-milaff
file name إسم الملف
ism al-milaff
file organization تنظيم الملف
tanẓīm al-milaff
file peripheral controller جهاز تحكم محيطي للملف
jihāz taḥakkum muḥīṭī lil-milaff
file print طباعة الملف
ṭibāʿat al-milaff
file processing معالجة الملف
muʿālajat al-milaff
file protection حماية الملف
ḥimāyat al-milaff
file protection ring حلقة حماية الملفات
ḥalaqat ḥimāyat al-milaffāt
file reconstitution إعادة تكوين الملف
iʿādat takwīn al-milaff
file recovery استعادة الملف
istiʿādat al-milaff
file reel بكرة الملف
bakarat al-milaff
file section جزء من الملف
juzʾ min al-milaff
file server مساعد الملف
musāʿid al-milaff
filestore مخزن الملفات
makhzan al-milaffāt
file system نظام الملفات
niẓām al-milaffāt
file tidying ترتيب الملف
tartīb al-milaff
file transfer تحويل الملف
taḥwīl al-milaff

file updating تحديث الملفات
taḥdīth al-milaffāt
fill character الحرف المالىء
al-ḥarf al-māliʾ
film magazine خزنة فيلمية
khazna fīlmīya
film optical sensing device أداة الاستشعار الضوئي الفيلمية
adāt al-istishʿār aḍ-ḍawʾī al-fīlmīya
film reader قارىء الفيلم
qāriʾ al-fīlm
film recorder مسجل الفيلم
musajjil al-fīlm
filter مرشح
murashshiḥ
filtering ترشيح
tarshīḥ
final result النتيجة النهائية
an-natīja an-nihāʾīya
final route المسار النهائي
al-masār an-nihāʾī
find يعثر على
yaʿthur ʿala
fine index دليل دقيق
dalīl daqīq
finite automation اوتوماتيكية محدودة
awtūmātīkīya maḥdūda
finite-difference method طريقة الفرق المحدود
ṭarīqat al-farq al-maḥdūd
finite-element method طريقة العنصر المحدود
ṭarīqat al-ʿunṣur al-maḥdūd
finite field حقل محدود
ḥaql maḥdūd
finite-length arithmetic حساب ذات طول محدود
ḥisāb dhāt ṭūl maḥdūd
finite sequence تتابع محدود
tatābuʿ maḥdūd
finite set مجموعة محدودة
majmūʿa maḥdūda
finite-state automation اوتوماتيكية حالة محدودة
awtūmātīkīyat ḥāla maḥdūda
fin slave unit وحدة تابعة لجنيح
wiḥda tābiʿa li-junayḥ
firmware البرامج الصلبة
al-barāmij aṣ-ṣulba
first exchange التحويل الأول السنترال الأول
at-taḥwīl al-awwal · as-sintrāl al-awwal
first fit التناسق الأول
at-tanāsuq al-awwal

F

first generation	*al-jīl al-awwal*	الجيل الأول
first generation computer	*kumbyūtar lil-jīl al-awwal*	كمبيوتر للجيل الاول
first in first out	*niẓām al-ikhrāj al-awwal lil-idkhāl al-awwal*	نظام الاخراج الأول للادخال الأول
first-level address	*ʿunwān al-mustawa al-awwal*	عنوان المستوى الاول
first party clearing	*ikhlāʾ al-majmūʿa al-ūla*	إخلاء المجموعة الأولى
first remove routine	*rūtīn al-izāla al-ūla*	روتين الازالة الأولى
fixed and exchangeable disk store	*usṭuwānāt takhzīn thābita wa qābila lit-tabdīl*	إسطوانات تخزين ثابتة وقابلة للتبديل
fixed-base system	*niẓām al-qāʿida ath-thābita*	نظام القاعدة الثابتة
fixed block length	*kutla dhāt ṭūl thābit*	كتلة ذات طول ثابت
fixed disk drive	*muḥarrik al-usṭuwāna ath-thābit*	محرك الاسطوانة الثابت
fixed field	*ḥaql thābit*	حقل ثابت
fixed form coding	*ash-shakl ath-thābit lit-tarmīz*	الشكل الثابت للترميز
fixed head	*raʾs thābit*	رأس ثابت
fixed-length arithmetic	*al-ḥisāb biṭ-ṭūl ath-thābit*	الحساب بالطول الثابت
fixed-length code	*tarmīz bi-ṭūl thābit*	ترميز بطول ثابت
fixed-length record	*sijill dhāt ṭūl thābit*	سجل ذات طول ثابت
fixed-length word	*kalima dhāt ṭūl thābit*	كلمة ذات طول ثابت
fixed-path protocol	*brūtūkūl al-masār ath-thābit*	بروتوكول المسار الثابت
fixed-placement file	*milaff dhū al-waḍʿ ath-thābit*	ملف ذو الوضع الثابت
fixed-point arithmetic	*al-ḥisāb bil-ʿalāma ath-thābita*	الحساب بالعلامة الثابتة
fixed-point binary	*niẓām ḥisāb thunāʾī bil-ʿalāma ath-thābita*	نظام حساب ثنائي بالعلامة الثابتة
fixed-point notation	*at-tadwīn bi-ṭarīqat al-ʿalāma ath-thābita*	التدوين بطريقة العلامة الثابتة
fixed-point part	*juzʾ al-ʿalāma ath-thābita*	جزء العلامة الثابتة
fixed-point representation	*at-tamthīl bil-ʿalāma ath-thābita*	التمثيل بالعلامة الثابتة
fixed-point theorem	*naẓarīyat al-ʿalāma ath-thābita*	نظرية العلامة الثابتة
fixed-radix notation	*at-tadwīn bi-ṭarīqat al-asās ath-thābit*	التدوين بطريقة الأساس الثابت
fixed-radix system	*niẓām al-asās ath-thābit*	نظام الأساس الثابت
fixed reference phase modulation	*taḍmīn liṭ-ṭawr dhū isnād thābit*	تضمين للطور ذو إسناد ثابت
fixed-word-length computer	*kumbyūtar dhū ṭūl kalima thābit*	كمبيوتر ذو طول كلمة ثابت
flag	*muʾashshir*	مؤشر
flag event	*ḥadath dhū dalāla*	حدث ذو دلالة
flangeless	*ghayr mushaffaha*	غير مشفهة
flat addressing	*ʿanwana musaṭṭaḥa*	عنونة مسطحة
flatbed plotter	*rāsim musaṭṭaḥ*	راسم مسطح
flexibility array	*maṣfūfat al-marūna*	مصفوفة المرونة
flexible disk cartridge	*kārtrij lil-usṭuwāna al-marina*	كارتردج للاسطوانة المرنة
flexible number allocation	*murūnat takhṣīṣ amākin al-arqām*	مرونة تخصيص أماكن الأرقام
flexi-disk	*usṭuwāna marina*	أسطوانة مرنة
flicker effect	*ẓāhirat al-irtiʿāsh*	ظاهرة الارتعاش
flip-flop	*mudhabdhib naṭṭāṭ*	مذبذب نطاط
float	*ghayyara al-makān*	غيّر المكان

floating... entries:

float-faced screen — شاشة غير محددة الوجه
shāsha ghayr muḥaddadat al-wajh

floating-decimal arithmetic — الحساب العشري بعلامة طليقة
al-ḥisāb al-ʿushrī bi-ʿalāma ṭalīqa

floating-point arithmetic — الحساب بطريقة العلامة المتحركة
al-ḥisāb bi-ṭarīqat al-ʿalāma al-mutaḥarrika

floating-point binary — الحساب الثنائي بطريقة العلامة المتحركة
al-ḥisāb ath-thunāʾī bi-ṭarīqat al-ʿalāma al-mutaḥarrika

floating-point items — عناصر العلامة المتحركة
ʿanāṣir al-ʿalāma al-mutaḥarrika

floating-point notation — تدوين العلامة المتحركة
tadwīn al-ʿalāma al-mutaḥarrika

floating-point number — رقم ذو علامة متحركة
raqm dhu ʿalāma mutaḥarrika

floating-point operation — عملية ذات علامة متحركة
ʿamalīya dhāt ʿalāma mutaḥarrika

floating-point package — حزمة برامج تستخدم العلامة المتحركة
ḥuzmat barāmij tastakhdim al-ʿalāma al-mutaḥarrika

floating-point radix — أساس ذو علامة متحركة
asās dhū ʿalāma mutaḥarrika

floating-point representation — التمثيل ذو العلامة المتحركة
at-tamthīl dhū al-ʿalama al-mutaḥarrika

floppy disks — الأقراص المرنة
al-aqrāṣ al-marina

floppy-disk drive — مشغل الأسطوانة المرنة
mushaghghil al-usṭuwāna al-marina

flowchart — خريطة منطقية
kharīṭa manṭiqīya

flowchart symbols — رموز الخريطة المنطقية
rumūz al-kharīṭa al-manṭiqīya

flow control — التحكم في التدفق
at-taḥakkum fit-tadaffuq

flow control information — معلومات عن التحكم في التدفق
maʿlūmāt ʿan at-taḥakkum fit-tadaffuq

flow direction — إتجاه التدفق
ittijāh at-tadaffuq

flowline — خط التدفق
khaṭṭ at-tadaffuq

fluid logic — منطق مائع
manṭiq māʾiʿ

fluorescence — الفلورية
al-flūrīya

flyback — الارتداد
al-irtidād

flyback periods — فترات الارتداد
fatarāt al-irtidād

FM broadcast — الاذاعة بطريقة تضمين التردد
al-idhāʿa bi-ṭarīqat taḍmīn at-taraddud

folding — طيّ
ṭayy

follower converter — محول تابع
muḥawwil tābiʿ

follow-me — إتبعني
itbaʿnī

follow-me diversion — تحول على طريقة إتبعني
taḥawwul ʿala ṭarīqat itbaʿnī

footprint — ذيل الطباعة
dhayl aṭ-ṭibāʿa

forbidden character code — كود الحرف الممنوع
kūd al-ḥarf al-mamnūʿ

force — قوة
qūwa

forced checkpoint — نقطة مراجعة إجبارية
nuqṭat murājaʿa ijbārīya

forecasting — تنبؤ
tanabbuʾ

foreground processing — معالجة أمامية
muʿālaja amāmīya

foreground program — برنامج أمامي
barnāmaj amāmī

forest — غابة
ghāba

for loop — حلقة من الأوامر
ḥalaqa min al-awāmir

form — شكل
shakl

formal language — لغة رسمية
lugha rasmīya

formal language theory — نظرية اللغة الرسمية
naẓarīyat al-lugha ar-rasmīya

formal logic — المنطق الرسمي
al-manṭiq ar-rasmī

format — صياغة
ṣiyāgha

F

F

format effectors عوامل التأثير على الصياغة
ʿawāmil at-taʾthīr ʿalaṣ-ṣiyāgha
formatter صائغ
ṣāʾigh
format write command صيغة كتابة الأمر
ṣīghat kitābat al-amr
form design تصميم النموذج
taṣmīm an-namūdhaj
form feed تغذية إطار الطباعة
taghdhiyat iṭār aṭ-ṭibāʿa
form feed character الحرف المسؤول عن تحريك إطار الطباعة
al-ḥarf al-masʾūl ʿan taḥrīk iṭār aṭ-ṭibāʿa
form overlay تغطية إطار الطباعة
taghṭiyat iṭar aṭ-ṭibāʿa
form stop إيقاف حركة إطار الطباعة
īqāf ḥarakat iṭar aṭ-ṭibāʿa
Forth لغة فورث
lughat fūrth
FORTRAN لغة فورتران
lughat fūrtrān
fortuitous distortion تشويه عرضي
tashwih ʿaraḍī
forty-channel display standard شاشة قياسية عرضها ٤٠ عمود
shāsha qiyāsīya ʿarḍuha arbaʿīn ʿāmūd
forward bias إنحياز أمامي
inḥiyāz amāmī
forward channel قناة أمامية
qanāh amāmīya
forward capability standards قواعد القدرات الأمامية
qawāʿid al-qudrāt al-amāmīya
forward direction إتجاه أمامي
ittijāh amāmī
forward error correction تصحيح أمامي للخطأ
taṣḥīḥ amāmī lil-khaṭaʾ
foundation virtual machine أساس كمبيوتر المعالجة الافتراضية
asās kumbyūtar al-muʿālaja al-iftirāḍīya
fount-change character حرف للتحكم في تغيير شكل حروف الطباعة
ḥarf lit-taḥakkum fī taghyīr shakl ḥurūf aṭ-ṭibāʿa
four-address instruction أمر ذو أربعة عناوين
amr dhū arbaʿat ʿanāwīn
four-channel amplifier مكبر ذو أربعة قنوات
mukabbir dhū arbaʿa qanawāt

Fourier components مكونات فوريه
mukawwināt fūryay
Fourier series متوالية فوريه
mutawālīyat fūryay
fourth generation الجيل الرابع
al-jīl ar-rābiʿ
four-wire channel قناة ذات أربعة أسلاك
qanāh dhāt arbaʿat aslāk
four-wire circuit دائرة ذات أربعة أسلاك
dāʾira dhāt arbaʿat aslāk
four-wire link وصلة ذات أربعة أسلاك
waṣla dhāt arbaʿat aslāk
fractional part جزء كسري
juzʾ kasrī
fragmentation تفتيت
taftīt
frame إطار
iṭār
frame alignment محاذاة الاطار
muḥādhāt al-iṭār
frame alignment signal إشارة محاذاة الاطار
ishārat muḥādhāt al-iṭār
frame check sequence تسلسل مراجعة الاطار
tasalsul murājaʿat al-iṭār
frame format صيغة الاطار
ṣīghat al-iṭār
frame grabber كباش الاطار
kabbāsh al-iṭār
frame grounding circuit دائرة التأريض للاطار
dāʾirat at-taʾrīḍ lil-iṭār
frameless card type نوع بطاقة بدون إطار
nawʿ biṭāqa bi-dūn iṭār
frame level functions وظائف مستوى إطاري
waẓāʾif mustawa iṭārī
frame level protocols بروتوكولات مستوى الاطار
brūtūkūlāt mustawa al-iṭār
framing bits أرقام ثنائية لتحديد الاطار
arqām thunāʾīya li-taḥdīd al-iṭār
freedom of information حرية تداول المعلومات
hurrīyat tadāwul al-maʿlūmāt
free field حقل خالي
ḥaql khālī
free list قائمة خالية
qāʾima khālīya
free running speed سرعة الجري الطليق
surʿat al-jarī aṭ-ṭalīq
free semigroup شبه مجموعة خالية
shibh majmūʿa khālīya

free-space list قائمة ذات حيز فارغ
qā'ima dhāt ḥayyiz fārigh
free-standing display شاشة مرئية مستقلة
shāsha mar'īya mustaqilla
freeze-out تجميد الخرج
tajmīd al-kharj
frequency تردد
taraddud
frequency band نطاق التردد
niṭāq at-taraddud
frequency distribution توزيع التردد
tawzī' at-taraddud
frequency divider مجزىء التردد
mujazzi' at-taraddud
frequency division multiple access تعدد تداول تجزىء التردد
ta'addud tadāwul tajzi' at-tarradud
frequency division multiplexing تجزىء التردد التقابلي المتعدد
tajzi' at-taraddud at-taqābulī al-muta'addid
frequency error خطأ التردد
khaṭa' at-taraddud
frequency function دالة التردد
dāllat at-taraddud
frequency modulation تضمين ترددي
taḍmīn taraddudī
frequency offset إزاحة التردد
izāḥat at-taraddud
frequency response إستجابة التردد
istijābat at-taraddud
frequency shifting نقل التردد
naql at-taraddud
frequency shift key مفتاح تعديل التردد
miftāḥ ta'dīl at-taraddud
frequency spectrum نطاق التردد
niṭāq at-taraddud
front-end processor المعالج الأمامي
al-mu'ālij al-amāmī
front feed carriage ناقل أمامي التغذية
nāqil amāmī at-taghdhiya
full adder جامع كامل
jāmi' kāmil
full availability transposition توافر كامل للابدال
tawāfur kāmil lil-ibdāl
full duplex إزدواج تام
izdiwāj tāmm
full echo suppressor مانع تام للصدى
māni' tāmm liṣ-ṣadā
full page display عرض صفحة كاملة
'arḍ ṣafḥa kāmila
full subtractor طارح كامل
ṭāriḥ kāmil
full text retrieval إسترداد تام للنص
istirdād tāmm lin-naṣṣ
full tree هيكل شجري كامل
haykal shajarī kāmil
full write pulse نبضة الكتابة التامة
nabḍat al-kitāba at-tāmma
fully-perforated tape شريط مثقب بالكامل
sharīṭ muthaqqab bil-kāmil
fully provided route مسار مزود بالكامل
masār muzawwad bil-kāmil
function دالة . وظيفة
dālla · waẓīfa
functional compatibility توافق وظيفي
tawāfuq waẓīfī
functional design تصميم وظيفي
taṣmīm waẓīfī
functional diagram رسم إيضاحي وظيفي
rasm īḍāḥī waẓīfī
functional languages لغات وظيفية
lughāt waẓīfīya
functional partitioning تجزىء وظيفي
tajzi' waẓīfī
functional specification مواصفات وظيفية
muwāṣafāt waẓīfīya
functional test إختبار وظيفي
ikhtibār waẓīfī
functional unit وحدة وظيفية
wiḥda waẓīfīya
function block in subsystem CHS قالب وظيفي في النظام الفرعي (CHS)
qālib waẓīfī fin-niẓām al-far'ī sī itsh is
function block in subsystem TSS قالب وظيفي في النظام الفرعي (TSS)
qālib waẓīfī fin-niẓām al-far'ī tī is is
function code كود الوظيفة
kūd al-waẓīfa
function generator مولد الوظائف
muwallid al-waẓā'if
function key مفتاح الوظيفة
miftāḥ al-waẓīfa
function polling اختيار الوظيفة
ikhtiyār al-waẓīfa

F

function table جدول الدالة
jadwal ad-dālla
functor القائم بالوظيفة
al-qā'im bil-waẓīfa
fundamental noise الضوضاء الأساسية
aḍ-ḍawḍā' al-asāsīya
fused silica سيليكا منصهرة
sīlīkā munṣahira
fusible link موصل قابل للانصهار
muwaṣṣil qābil lil-inṣihār
future labels بطاقات مستقبلية
biṭāqāt mustaqbilīya
fuzzy theory نظرية غامضة
naẓarīya ghāmiḍa

F

G

English	Arabic
gain *al-kasb*	الكسب
gallium arsenide devices *nabāʾiṭ al-gālyūm ārsnīd*	نبائط الجاليوم أرسنيد
game theory *naẓarīyat al-alʿāb*	نظرية الألعاب
ganged master units *wiḥdāt asāsīya jamāʿīya*	وحدات أساسية جماعية
gang punch *ʿuddat tathqīb jamāʿīya*	عدة تثقيب جماعية
gang punching *tathqīb jamāʿī*	تثقيب جماعي
gap *farāgh*	فراغ
gap digit *ar-raqm ad-dāll ʿala farāgh*	الرقم الدال على فراغ
gap scatter *nāthir al-farāgh*	ناثر الفراغ
garbage *bayānāt lā maʿna laha*	بيانات لامعنى لها
garbage in garbage out *dakhl mubham kharj mubham*	دخل مبهم خرج مبهم
gate *dāʾira ṣimāmīya*	دائرة صمامية
gate trigger and phase shift *bādiʾ ad-dāʾira aṣ-ṣimāmīya wa izāḥat aṭ-ṭawr*	بادىء الدائرة الصمامية وإزاحة الطور
gateway *mamarr*	ممر
gateway exchange *mamarr as-sintrāl*	ممر السنترال
gather write *yaktub bit-tajmīʿ*	يكتب بالتجميع
gather writing *kitābat at-tajmīʿ*	كتابة التجميع
gaussian noise *gaws liḍ-ḍawḍāʾ*	« جاوس » للضوضاء
G1 code set *majmūʿat rumūz jī wāḥid*	مجموعة رموز G1
G2 code set *majmūʿat rumūz jī ithnayn*	مجموعة رموز G2
generalized sequential machine *āla tatābuʿīya muʿammama*	آلة تتابعية معممة
general peripheral controller *mutaḥakkim bi-jihāz muḥīṭī ʿāmm*	متحكم بجهاز محيطي عام
general-purpose computer *kumbyūtar mutaʿaddid al-aghrāḍ*	كمبيوتر متعدد الأغراض
general-purpose function generator *muwallid dawāl mutaʿaddid al-aghrāḍ*	مولد دوال متعدد الأغراض
general-purpose interface bus *madar wasīṭ mutaʿaddid al-aghrāḍ*	مدار وسيط متعدد الأغراض
general-purpose program *barnāmaj mutaʿaddid al-aghrāḍ*	برنامج متعدد الأغراض
general-purpose storage *ikhtizān mutaʿaddid al-aghrāḍ*	إختزان متعدد الأغراض
general recursiveness *muʿāwada ʿāmma*	معاودة عامة
generate *yuwallid*	يولد
generated address *ʿunwān mawlūd*	عنوان مولود
generating number *raqm muwallid*	رقم مولد
generating polynomial *mutaʿaddidat al-ḥudūd al-muwallida*	متعددة الحدود المولدة

G

generation number رقم الجيل
raqm al-jīl
generations أجيال
ajyāl
generator مولِّد
muwallid
generator matrix مصفوفة المولِّد
maṣfūfat al-muwallid
geodesic جيوديسي
jiyūdīsī
geostationary orbit مدار ثابت فوق الكرة الارضية
madār thābit fawq al-kura al-arḍīya
ghost cursor دليل شاشة شبحي
dalīl shāsha shabaḥī
gibberish total مجموع غير مفهوم
majmūʿ ghayr mafhūm
giga جيجا (ألف مليون)
gīgā (alf milyūn)
GIGO دخل مبهم خرج مبهم
dakhl mubham kharj mubham
gigahertz جيجا هرتز (ألف مليون هرتز)
gīgāhirts (alf milyūn hirts)
global شامل
shāmil
global discretization error فصل شامل للخطأ
faṣl shāmil lil-khaṭaʾ
global documents الوثائق الشاملة
al-wathāʾiq ash-shāmila
global exchange الاحلال الكلي
al-iḥlāl al-kullī
global filestore ملف التخزين الشامل
milaff at-takhzīn ash-shāmil
global optimization الوصول للوضع الأنسب الشامل
al-wuṣūl lil-waḍʿ al-ansab ash-shāmil
global segment قطعة شاملة
qiṭʿa shāmila
global variable متغير شامل
mutaghayyir shāmil
go back to N إرجع إلى إن
ʿirjaʿ ila in
Gödel numbering ترقيم « جودل »
tarqīm gūdil
Golay codes ترميز جولاي
tarmīz gulay
golfball printer طابعة كرة الجولف
ṭābiʿat kurat al-gūlf
go path مسار : إذهب
masār : idhhab

Goppa codes ترميز جوبا
tarmīz gūpa
GOTO statement جملة « إذهب إلى »
jumlati idhhab ila
graceful degradation تدرج ناعم
tadarruj nāʿim
graded index fibres ألياف دليلية مدرجة
alyāf dalīlīya mudarraja
grade of service درجة الخدمة
darajat al-khidma
grammar قواعد اللغة
qawāʿid al-lugha
grandfather file ملف الجد
milaff al-jadd
grandfather tape شريط الجد
sharīṭ al-jadd
granularity الحبيبية
al-ḥubaybīya
graph رسم بياني
rasm bayānī
graphical display عرض تخطيطي
ʿarḍ takhṭīṭī
graphical processing المعالجة بتخطيط
al-muʿālaja bi-takhṭīṭ
graphic character حرف بياني
ḥarf bayānī
graphic display standards المواصفات القياسية للعرض البياني
al-muwāṣafāt al-qiyāsīya lil-ʿarḍ al-bayānī
graphic information معلومات تخطيطية
maʿlūmāt takhṭīṭiya
graphic panel شاشة تخطيطية
shāsha takhṭīṭīya
graphics رسومات
rusūmāt
graphics characters حروف تخطيطية
ḥurūf takhṭīṭīya
graphic solution حل تخطيطي
ḥall takhṭīṭī
graph plotter مخطط الشكل البياني
mukhaṭṭiṭ as-shakl al-bayānī
graph theory نظرية الرسم البياني
naẓarīyat ar-rasm al-bayānī
graunch خطأ غير مقصود
khaṭaʾ ghayr maqṣūd
Gray code كود « جريه »
kūd gray
Gray scale مقياس جريه
miqyās gray
greatest common divisor قاسم مشترك أعظم
qāsim mushtarik aʿẓam

greedy method طريقة جشعة
ṭarīqa jashaʿa
Greibach normal form الشكل المعتاد لـ « جرايباخ »
ash-shakl al-muʿtād li-grāybākh
grid شبكة
shabaka
grooving machine آلة تحزيز
ālat taḥzīz
Grosch's law قانون « جروش »
qānūn grūsh
gross index دليل إجمالي
dalīl ijmālī
ground conductor موصل أرضي
muwaṣṣil ʿarḍī
ground waves الموجات الأرضية
al-mawjāt al-arḍīya
group code كود مجموعة
kūd majmūʿa
group مجموعة
majmūʿa
group centre مركز المجموعة
markaz al-majmūʿa
group code recording تسجيل كود المجموعة
tasjīl kūd al-majmūʿa
group combining إدماج المجموعة
idmāj al-majmūʿa
group connections توصيلات المجموعة
tawṣīlāt al-majmūʿa
group delay/frequency response استجابة التردد لتأخير المجموعة
istijābat at-taraddud li-taʾkhīr al-majmūʿa
grouped records سجلات مجمعة
sijillāt mujammaʿa
group extension haunting تسكين امتداد المجموعة
taskīn imtidād al-majmūʿa
group field مجموعة الحقل
majmūʿat al-ḥaql
group graph رسم بياني للمجموعة
rasm bayānī lil-majmūʿa
group indication دليل المجموعة
dalīl al-majmūʿa
grouping التجميع
at-tajmīʿ
group link وصلة المجموعة
waṣlat al-majmūʿa
group mark علامة المجموعة
ʿalāmat al-majmūʿa
Group 5 modem موديم المجموعة « ٥ »
mūdīm al-majmūʿa khamsa
group polling إختيار مجموعة
ikhtiyār majmūʿa
group printing طباعة المجموعة
ṭibāʿat al-majmūʿa
group separator فاصل المجموعات
fāṣil al-majmūʿāt
group switching تحويل المجموعات
taḥwīl al-majmūʿāt
group switching centre مركز تحويل المجموعات
markaz taḥwīl al-majmūʿāt
group switching subsystem النظام الفرعي لتحويل المجموعات
an-niẓām al-farʿī li-taḥwīl al-majmūʿat
guard band نطاق الحماية
niṭāq al-ḥimāya
guide edge حافة دليلية
ḥāffa dalīlīya
guide margin هامش دليلي
hāmish dalīlī

G

H

Hadamard codes — أكواد « هادامارد »
akwād hādāmārd

Hadamard matrices — مصفوفات « هادامارد »
maṣfūfāt hādāmārd

half adder — نصف جامع
niṣf jāmiᶜ

half duplex — نصف مزدوج
niṣf muzdawij

half-duplex transmission — إرسال نصف مزدوج
irsāl niṣf muzdawij

half-duplex channel — قناة إرسال نصف مزدوج
qanāt irsāl niṣf muzdawij

half subtractor — نصف طارح
niṣf tāriḥ

half word — نصف كلمة
niṣf kalima

HALT — أمر بالايقاف
amr bil-īqāf

halt instruction — أمر الايقاف
amr al-īqāf

halting problem — مشكلة خاصة بإيقاف التشغيل
mushkila khaṣṣa bi-īqāf at-tashghīl

hammer firing — إطلاق المطارق
iṭlāq al-maṭāriq

Hamming bound — حدّ « هامينج »
ḥadd hāmīng

Hamming codes — رموز « هامينج »
rumūz hāmīng

Hamming distance — مسافة « هامينج »
masāfat hāmīng

Hamming space — فراغ « هامينج »
farāgh hāmīng

Hamming weight — وزن « هامينج »
wazn hāmīng

handle — مقبض
miqbaḍ

hand punch — آلة تثقيب يدوية
ālat tathqīb yadawīya

handset — مُجمَّع باليد
mujammaᶜ bil-yad

handshake — يستعلم ويجيب
yastaᶜlim wa yujīb

handshake message — رسالة إستعلام واستجابة
risālat istiᶜlām wa istijāba

handshaking — إستعلام وإستجابة
istiᶜlām wa istijāba

hands off — رفع الأيدي عن
rafᶜ al-aydī ᶜan

hands on — وضع الأيدي على
waḍᶜ al-aydī ᶜala

hang-up — يعلق
yuᶜalliq

hang-up signal — اشارة تعليق
ishārat taᶜlīq

hard — صلب
ṣulb

hard copy — نسخة ورقية
nuskha waraqīya

hard copy printer — طابعة النسخة الورقية
ṭābiᶜat an-nuskha al-waraqīya

hard disk — اسطوانة صلبة
usṭuwāna ṣulba

hard error — عطل بالمعدات
ᶜuṭl bil-muᶜaddāt

hard-sectored disk — اسطوانة مقسمة إلى قطاعات حقيقية
usṭuwāna muqassama ila qiṭāᶜāt ḥaqīqīya

hardware — معدات الكمبيوتر
muᶜaddat al-kumbyūtar

hardware availability ratio — نسبة توفر معدات الكمبيوتر
nisbat tawaffur muᶜaddāt al-kumbyūtar

hardware circuitry — الدوائر بمعدات الكمبيوتر
ad-dawā'ir bi-muᶜaddāt al-kumbyūtar

hardware description *tawṣīf muʿaddāt al-kumbyūtar*	توصيف معدات الكمبيوتر
hardware recovery *salāmat muʿaddāt al-kumbyūtar*	سلامة معدات الكمبيوتر
hardware reliability *iʿtimādīyat muʿaddāt al-kumbyūtar*	إعتمادية معدات الكمبيوتر
hardware security *taʾmīn muʿaddāt al-kumbyūtar*	تأمين معدات الكمبيوتر
hardwired *muttaṣila bi-aslāk*	متصلة بأسلاك
harmonic distortion *tashawwuh tawāfuqī*	تشوه توافقي
harmonics *tawāfuqīyāt*	توافقيات
hash coding *at-tarmīz aḍ-ḍammī*	الترميز الضمي
hashed random *ḍamm ʿashwāʾī*	ضم عشوائي
hashed random file organisation *milaff ʿashwāʾī at-tanẓīm bi-ṭarīqat aḍ-ḍamm*	ملف عشوائي التنظيم بطريقة الضم
hash function *waẓīfat ad-damm*	وظيفة الضم
hashing *ḍamm*	ضم
hashing algorithm *al-ḥall al-qiyāsī liḍ-ḍamm*	الحل القياسي للضم
hash search *al-baḥth aḍ-ḍāmm*	البحث الضام
hash table *jadwal aḍ-ḍamm*	جدول الضم
hash total *ḍamm kullī*	ضم كلي
hash value *qīmat aḍ-ḍamm*	قيمة الضم
hazard *khaṭr*	خطر
head *raʾs*	رأس
head crash *taḥaṭṭum ar-raʾs al-qāriʾ*	تحطم الرأس القارىء
headend *ṭaraf ar-raʾs*	طرف الرأس
header *muqaddima*	مقدمة
header label *biṭāqat al-muqaddima*	بطاقة المقدمة
header statements *jumal al-muqaddima*	جمل المقدمة
head gap *thughrat ar-raʾs*	ثغرة الرأس
head-on collision *taṣādum ar-raʾs*	تصادم الرأس
headset operation *tashghīl sammāʿat ar-raʾs*	تشغيل سماعة الرأس
heap *kawm*	كوم
heapsort *taṣnīf al-kawm*	تصنيف الكوم
heat sink *maṣabb ḥarārī*	مصب حراري
height *irtifāʿ*	إرتفاع
height-balanced *mutawāzin al-irtifāʿ*	متوازن الارتفاع
Henry (H) *hinri*	هنري
hertz *hirts*	هرتز
hesitation *taraddud*	تردد
heuristic *tanqībī*	تنقيبي
heuristic approach *uslūb tanqībī*	اسلوب تنقيبي
heuristic program *barnāmaj tanqībī*	برنامج تنقيبي
heuristic programming *barmaja tanqībīya*	برمجة تنقيبية
hex *sitta*	ستة
hexadecimal notation *tadwīn sudāsi ʿushrī*	تدوين سداسي عشري
hidden-line algorithm *ḥall qiyāsī dhū saṭr mustatir*	حل قياسي ذو سطر مستتر
hierarchical addressing *ʿanwana tasalsulīya*	عنونة تسلسلية
hierarchical cluster analysis *taḥlīl mutasalsil ʿunqūdī*	تحليل متسلسل عنقودي
hierarchical communication system *niẓām ittiṣālāt mutasalsil*	نظام إتصالات متسلسل
hierarchical database system *niẓām qawāʿid al-bayānāt al-mutasalsil*	نظام قواعد البيانات المتسلسل

hierarchical memory structure — بناء الذاكرة المتسلسل
binā᾽ adh-dhākira al-mutasalsil

hierarchy of functions — تسلسل الوظائف
tasalsul al-waẓā᾽if

high definition television — تلفزيون عالي الوضوح
tilifizyūn ʿālī al-wuḍūḥ

high fidelity — دقة أداء عالية
diqqat adā᾽ ʿālīya

high frequency — التردد العالي
at-taraddud al-ʿālī

high-level control functions — دوال ذات مستوى تحكم عال
dawāl dhāt mustawa taḥakkum ʿālin

high-level data link control — تحكم عالي المستوى في موصل البيانات
taḥakkum ʿālī al-mustawa fī muwaṣṣil al-bayānāt

high-level design — تصميم عالي المستوى
taṣmīm ʿālī al-mustawa

high-level filestore — ملف تخزين عالي المستوى
milaff takhzīn ʿālī al-mustawa

high-level language — لغة عالية المستوى
lugha ʿālīyat al-mustawa

high-level recovery — تنقية عالية المستوى
tanqiya ʿālīyat al-mustawa

high-level scheduler — مجدول عالي المستوى
mujadwil ʿālī al-mustawa

high-low bias test — إختبار الاستقطاب العالي والمنخفض
ikhtibār al-istiqṭāb al-ʿālī wal-munkhafiḍ

high order — درجة عالية
daraja ʿālīya

high-order language — لغة عالية الدرجة
lugha ʿālīyat ad-daraja

high pass filter — مرشح إمرار الترددات العالية
murashshiḥ imrār at-taraddudāt al-ʿālīya

high peak data rate — معدل بيانات الذروة العليا
muʿaddal bayānāt adh-dhurwa al-ʿulya

high performance equipment — معدات عالية الأداء
muʿaddāt ʿālīyat al-adā᾽

high power amplifier — مكبر عالي القدرة
mukabbir ʿālī al-qudra

high resolution — تمييز رفيع
tamyīz rafīʿ

high resolution display — شاشة عرض رفيعة التمييز
shāshat ʿarḍ rafīʿat at-tamyīz

high resolution facsimile — جهاز ارسال صور متطابقة رفيع التمييز
jihāz irsāl ṣuwar mutaṭābiqa rafīʿ at-tamyīz

high resolution graphics — رسوم بيانية رفيعة التمييز
rusūm bayānīya rafīʿat at-tamyīz

high speed carry — باقي عالي السرعة
bāqi ʿālī as-surʿa

high speed data transfer — نقل بيانات عالي السرعة
naql bayānāt ʿālī as-surʿa

high speed modem — موديم عالي السرعة
mūdīm ʿālī as-surʿa

high-usage route — مسار عالي الاستخدام
masār ʿālī al-istikhdām

highway — مدار توزيع
madār tawzīʿ

highway width — عرض مدار التوزيع
ʿarḍ madār at-tawzīʿ

histogram — مخطط توزيع التواتر
mukhaṭṭaṭ tawzīʿ at-tawātur

hit — ضربة
ḍarba

hit-on-the-fly printer — طابعة الصدم عند التحليق
ṭābiʿat aṣ-ṣadm ʿind at-taḥlīq

hit on the line — الضرب على السطر
aḍ-ḍarb ʿalaṣ-saṭr

hit rate — معدل الضرب
muʿaddal aḍ-ḍarb

hold — يمسك
yamsik

hold facility — وسيلة المسك
wasīlat al-mask

hold for enquiry — التوقف بغرض الاستعلام
at-tawaqquf bi-gharḍ al-istiʿlām

holding beam — شعاع الايقاف
shuʿāʿ al-īqāf

holding gun — مدفعة الايقاف
midfaʿat al-īqāf

holding time — زمن حجز الخط للمكالمة
zaman ḥajz al-khaṭṭ lil-mukālama

hold site — موضع الايقاف
mawḍiʿ al-īqāf

hold time — زمن الايقاف
zaman al-īqāf

holographic — تام الرسم البياني
tāmm ar-rasm al-bayānī

holographic memory — ذاكرة ذات رسم بياني كامل
dhākira dhāt rasm bayānī kāmil

homeostasis إستقرار داخلي
istiqrār dakhilī
home record سجل داخلي
sijill dākhilī
homomorphism تماثل الشكل
tamāthul ash-shakl
homomorphic image صورة متماثلة الشكل
ṣūra mutamāthilat ash-shakl
hoot stop تبويق الايقاف
tabwīq al-īqāf
hop نط
naṭṭ
horizontal check إختبار أفقي
ikhtibār ufuqī
horizontal feed تغذية أفقية
taghdhiya ufuqīya
horizontal flowcharting عمل خريطة تدفقية أفقية
ʿaml kharīṭa tadaffuqīya ufuqīya
horizontal microinstruction ميكرو أمر أفقي
mīkrū-amr ufuqī
horizontal recording تسجيل أفقي
tasjīl ufuqī
horizontal resolution تمييز أفقي
tamyīz ufuqī
horizontal tabulation جدولة أفقية
jadwala ufuqīya
host computer الكمبيوتر الرئيسي
al-kumbyūtar ar-raʾīsī
hostile user مستخدم الكمبيوتر المنافس
mustakhdim at-kumbyūtar al-munāfis
host processor المعالج الرئيسي
al-muʿālij ar-raʾīsī
housekeeping تدبير شئون المعالجة الداخلية
tadbīr shuʾūn al-muʿālaja ad-dākhilīya
housekeeping operation عملية تدبير شئون المعالجة الداخلية
ʿamalīyat tadbīr shuʾūn al-muʿālaja ad-dākhilīya
housekeeping routines برامج تنظيم المعلومات
barāmij tanẓīm al-maʿlūmāt
housekeeping run تسيير شئون المعالجة الداخلية
tasyīr shuʾūn al-muʿālaja ad-dākhilīya
house telephone تليفون منزلي
tilīfūn manzilī
hub polling إختيار القالب
ikhtiyār al-qālib
hum طنين
ṭanīn
humidity رطوبة
ruṭūba
hunting شطط
shaṭaṭ
hybrid computer كمبيوتر هجيني
kumbyūtar hajīnī
hybrid integrated circuit دائرة متكاملة هجينية
dāʾira mutakāmila hajīnīya
hybrid interface نبيطة بينية هجينية
nabīṭa baynīya hajīnīya
hybridization تهجين
tahjīn
hypergroup مجموعة فوقية
majmūʿa fawqīya
hyphenation تقطيع الكلمات
taqṭīʿ al-kalimāt
hypothetical reference circuit دائرة إسناد إفتراضية
dāʾirat isnād iftirāḍīya
hysteresis التخلف المغناطيسي
at-takhalluf al-mugnāṭīsī

H

I

IA2 أبجدية رقم ٢ العالمية
abjadīya raqm ithnayn al-ʿālamīya

IA5 أبجدية رقم ٥ العالمية
abjadīya raqm khamsa al-ʿālamīya

IBM compatible متطابق مع آي . بي . إم
mutaṭābiq maʿa āy bī im

IBM system 360 نظام آي . بي . إم ٣٦٠
niẓām āy bī im thalātha miʾa wa sittīn

IBM system 370 نظام آي . بي . إم ٣٧٠
niẓām āy bī im thalātha miʾa wa sabʿīn

ideal print centre line خط المنتصف للطبع الأمثل
khaṭṭ al-muntaṣif liṭ-ṭabʿ al-amthal

identification هوية
hūwīya

identifier معين الهوية
muʿayyin al-hūwīya

identity burst كشف الهوية
kashf al-hūwīya

identity element عنصر التطابق
ʿunṣur at-taṭābuq

identity function دالة التطابق
dāllat at-taṭābuq

identity matrix مصفوفة التطابق
maṣfūfat at-taṭābuq

identity unit وحدة التطابق
wiḥdat at-taṭābuq

idiot terminal نهاية طرفية غبية
nihāya ṭarafīya ghabīya

idle bytes البايتات العاطلة
al-bāytāt al-ʿāṭila

idle character حرف عاطل
ḥarf ʿāṭil

idle state الحالة المتعطلة
al-ḥāla al-mutaʿaṭṭila

idle time الوقت العاطل
al-waqt al-ʿāṭil

IF amplifier مكبر الأشعة دون الحمراء
mukabbir al-ashiʿʿa dūn al-ḥamrāʾ

if and only if statement جملة : فقط وفقط إذا
jumlat: faqaṭ wa faqaṭ idhā

IF filter مرشح الأشعة دون الحمراء
murashshiḥ al-ashiʿʿa dūn al-ḥamrāʾ

if then else statement الجملة الشرطية
al-jumla ash-sharṭīya

ignore character تغاضي عن حرف
taghāḍi ʿan ḥarf

illegal character حرف غير مسموح به
ḥarf ghayr masmūḥ bihi

illegal instruction أمر غير مسموح به
amr ghayr masmūḥ bihi

image تصوير . صورة
taṣwīr · ṣūra

image processing معالجة تصويرية
muʿālaja taṣwīrīya

immediate access store مخزن فوري التداول
makhzan fawrī at-tadāwul

immediate addressing عنونة فورية
ʿanwana fawrīya

impactless printer آلة طباعة غير تصادمية
ālat ṭibāʿa ghayr taṣādumīya

impact printer آلة طباعة تصادمية
ālat ṭibāʿa taṣādumīya

imperative languages لغات إلزامية
lughāt ilzāmīya

imperative macro instructions أوامر تشغيل طويلة حتمية
awāmir tashghīl ṭawīla ḥatmīya

imperative statements جُمَل إلزامية
jumal ilzāmīya

implementation تنفيذ
tanfīdh
implicant المتضمن
al-mutaḍammin
implied addressing عنونة مذكورة ضمنياً
ʿanwana madhkūra ḍimnīyan
improper command check مراجعة أمر غير مناسب
murājaʿat amr ghayr munāsib
impulse noise ضوضاء النبضة
ḍawḍāʾ an-nabḍa
impulsive noise ضوضاء نبضية
ḍawḍāʾ nabḍīya
inactive غير فعّال
ghayr faʿʿāl
in-band signalling إرسال الاشارة داخل النطاق
irsāl al-ishāra dākhil an-niṭāq
in bulk بالجملة
bil-jumla
incidence matrix مصفوفة الحدوث
maṣfūfat al-ḥudūth
incident حادثة
ḥāditha
incidentals time زمن الحدوث
zaman al-ḥudūth
include all time يتضمن كل الوقت
yataḍammin kull al-waqt
inclusive-OR gate دائرة صمامية للجمع المنطقي (أو)
dāʾira ṣimāmīya lil-jamʿ al-manṭiqī (aw)
inclusive-OR operation عملية الجمع المنطقي (أو)
ʿamalīyat al-jamʿ al-manṭiqī (aw)
incoming buffers المصادات الواردة
al-miṣādāt al-wārida
incoming call مكالمة واردة
mukālama wārida
incoming call rate معدل ورود المكالمة
muʿaddal wurūd al-mukālama
incoming lines الخطوط الداخلة
al-khuṭūṭ ad-dākhila
incoming speech store مخزن المكالمة الواردة
makhzan al-mukālama al-wārida
incoming trunk ترانك وارد
trank wārid
incoming trunk circuit دائرة الترانك الداخل
dāʾirat at-trānk al-dākhil
incompleteness theorems نظريات عدم التمام
naẓarīyāt ʿadam at-tamām
inconsistency تناقض
tanāquḍ
increment زيادة
ziyāda
incremental bar printer طابعة الحاجز المتزايد
ṭābiʿat al-ḥājiz al-mutazāyid
incremental compiler مترجم تزايدي
mutarjim tazāyudī
incremental computer كمبيوتر تزايدي
kumbyūtar tazāyudī
incremental display عرض تزايدي
ʿarḍ tazāyudī
incremental dump استنساخ تزايدي
istinsākh tazāyudī
incremental plotter راسم بياني تزايدي
rāsim bayānī tazāyudī
incremental representation تمثيل تزايدي
tamthīl tazāyudī
independent sector designating device نبيطة تحديد المقاطع المستقلة
nabīṭat taḥdīd al-maqāṭiʿ al-mustaqilla
indeterminate system نظام غير محدد
niẓām ghayr muḥaddad
index دليل ـ فهرس
dalīl · fihris
index accumulator مركم دليلي
murakkim dalīlī
indexed مفهرس
mufahras
indexed file ملف مفهرس
milaff mufahras
indexed organisation تنظيم مفهرس
tanẓīm mufahras
indexed sequential file ملف تتابعي مفهرس
milaff tatābuʿī mufahras
indexing فهرسة
fahrasa
index register سجل الفهرس
sijill al-fihris
index sequential access method تداول المعلومات بفهرس مرتب
tadāwul al-maʿlūmāt bi-fihris murattab
indicator مؤشر
muʾashshir
indicator chart مخطط بياني مبين
mukhaṭṭaṭ bayānī mubayyin

indirect addressing عنونة غير مباشرة
ʿanwana ghayr mubāshira
indirect control تحكم غير مباشر
taḥakkum ghayr mubāshir
individual trunk ترانك منفرد
trānk munfarid
inductance مُحَاثة
muḥāththa
induction الحث
al-ḥathth
inductive interference تداخل حثي
tadākhul ḥaththī
inductive potential divider مقسم الجهد الحثي
muqassim al-juhd al-haththī
inductor ملف حث
milaff ḥathth
industrial data processing معالجة البيانات في الصناعة
muʿālajat al-bayānāt fiṣ-ṣināʿa
industry standard formatter interface مصمم الشكل للوسيط القياسي في الصناعة
muṣammim as-shakl lil-wasīṭ al-qiyāsī fiṣ-ṣināʿa
ineffective time وقت غير فعَّال
waqt ghayr faʿʿāl
inequality عدم مساواة
ʿadam musāwāh
infinite capacity سعة متناهية الصغر
ṣaʿa mutanāhīyat as-sighar
infix notation الترميز بطريقة الغرز
at-tarmīz bi-ṭarīqat al-gharz
informality عدم رسمية
ʿadam rasmīya
information معلومات
maʿlūmāt
information bearer channel القناة الحاملة للمعلومات
al-qanāh al-ḥāmila lil-maʿlūmāt
information bits الارقام الثنائية الحاملة للمعلومات
al-arqām ath-thunāʾīya al-ḥāmila lil-maʿlūmāt
information centre مركز المعلومات
markaz al-maʿlūmāt
information content محتوى المعلومات
muḥtawa al-maʿlūmāt
information destination مقصد المعلومات
maqṣid al-maʿlūmāt
information feedback system نظام التغذية المرتدة للمعلومات
niẓām at-taghdhiya al-murtadda lil-maʿlūmāt

information flow analysis تحليل تدفق المعلومات
taḥlīl tadaffuq al-maʿlūmāt
information hiding إخفاء المعلومات
ikhfāʾ al-maʿlūmāt
information management system نظام إدارة المعلومات
niẓām idārat al-maʿlūmāt
information processing معالجة المعلومات
muʿālajat al-maʿlūmāt
information provider مُزود المعلومات
muzawwid al-maʿlūmāt
information rate معدَل فيض المعلومات
muʿaddal fayḍ al-maʿlūmāt
information requirements متطلبات المعلومات
mutaṭallabāt al-maʿlūmāt
information retrieval إسترداد المعلومات
istirdād al-maʿlūmāt
information science علم المعلومات
ʿilm al-maʿlūmāt
information security تأمين المعلومات
taʾmīn al-maʿlūmāt
information separators فواصل المعلومات
fawāṣil al-maʿlūmāt
information source مصدر المعلومات
maṣdar al-maʿlūmāt
information storage and retrieval تخزين و إستعادة المعلومات
takhzīn wa istiʿādat al-maʿlūmāt
information structure الشكل البنائي للمعلومات
ash-shakl al-bināʾī lil-maʿlūmāt
information system نظام المعلومات
niẓām al-maʿlūmāt
information technology تكنولوجيا المعلومات
tiknulūjiya al-maʿlūmāt
information theory نظرية المعلومات
naẓariyat al-maʿlūmāt
information transfer نقل المعلومات
naql al-maʿlūmāt
infra-red LED دايود يتأثر بالأشعة دون الحمراء
dāyūd yataʾathar bil-ashiʿʿa dūn al-ḥamrāʾ
infra-red light الضوء دون الأحمر
aḍ-ḍawʾ dūn al-aḥmar
inherent addressing عنونة متأصلة
ʿanwana mutaʾaṣṣila
inherently ambiguous language لغة مبهمة أصلاً
lugha mubhama aṣlan

inherited error
khaṭaʾ muwarrath
خطأ مُوَرَّث

inhibit
manʿ
منع

initial algebra
al-jabr al-awwalī
الجبر الأولي

initialization
ikhtibār al-badʾ
اختبار البدء

initial signal unit
wiḥdat al-ishāra al-awwalīya
وحدة الاشارة الأولية

initial splice
waṣlat jadl awwalīya
وصلة جَدْل أولية

initial-value problem
mushkilat al-qīma al-awwalīya
مشكلة القيمة الأولية

initiate button
zirr al-badʾ
زرّ البدء

injection
ḥaqn
حَقْن

ink bleed
nazf al-ḥibr
نزف الحبر

ink jet printer
ṭābiʿat dakhkh al-ḥibr
طابعة ضخ الحبر

ink ribbon
sharīṭ al-ḥibr
شريط الحبر

ink smudge
laṭkhat ḥibr
لطخة حبر

ink squeezeout
indighāṭ al-ḥibr lil-khārij
إنضغاط الحبر للخارج

inland network
shabaka dākhil al-bilād
شبكة داخل البلاد

in-line program
barnāmaj bi-ḥidhāʾ maʿa
برنامج بحذاء مع

inner code
al-kūd ad-dākhilī
الكود الداخلي

inorder traversal
ʿubūr murattab
عبور مرتب

in-plant communication
ittiṣāl dākhil al-maṣnaʿ
إتصال داخل المصنع

in-plant equipment
muʿaddāt dākhil al-maṣnaʿ
معدات داخل المصنع

in-plant system
niẓām dākhil al-maṣnaʿ
نظام داخل المصنع

input
dakhl
دَخْل

input assertion
dakhl muʾakkad
دخل مؤكد

input channel
qanāt ad-dakhl
قناة الدخل

input data signalling
irsāl ishārat idkhāl al-bayānāt
إرسال إشارة إدخال البيانات

input device
jihāz ad-dakhl
جهاز الدخل

input hopper
qādūs al-idkhāl
قادوس الادخال

input-limited process
muʿālaja maḥdūda lid-dakhl
معالجة محدودة للدخل

input log
sijill al-mudakhkhalāt
سجل المدخلات

input/output
dakhl-kharj
دَخْل/خَرْج

input/output generator
muwallid ad-dakhl/al-kharj
مُوَلِّد الدخل/الخرج

input/output library
maktabat ad-dakhl/al-kharj
مكتبة الدخل/الخرج

input/output limited
maḥdūd ad-dakhl-al-kharj
محدود الدخل/الخرج

input/output referencing
al-isnād ilad-dakhl/al-kharj
الاسناد إلى الدخل/الخرج

input/output trunks
at-trankāt al-mustaqbila/al-mursila
الترنكات المستقبلة/المرسلة

input record
sijill dakhl
سجل دخل

input specifications
muwāṣafāt ad-dakhl
مواصفات الدّخل

input work queue
ṣaff ʿamal ad-dakhl
صف عمل الدخل

inquiry and communications systems
anẓimat istiʿlām wa ittiṣālāt
أنظمة إستعلام و إتصالات

inquiry and subscriber display
wasīlat ʿarḍ lil-istiʿlām wal-mushtarik
وسيلة عرض للاستعلام والمشترك

inquiry display terminal
shāshat ʿarḍ lil-istiʿlām
شاشة عرض للاستعلام

inquiry response terminal
shāshat al-istijāba lil-istiʿlām
شاشة الاستجابة للاستعلام

inquiry station
maḥaṭṭat istiʿlām
محطة إستعلام

inquiry unit
wiḥdat istiʿlām
وحدة إستعلام

in runnable form
fī ṣūrat tashghīl
في صورة تشغيل

inscribe
dawwana
دَوَّن

insert أدرج
adraja
insertion loss فقد الادخال
faqd al-idkhāl
in-slot signalling إرسال الاشارة خلال ثقب
irsāl al-ishārā khilāla thuqb
installation تركيب
tarkīb
installation and testing تركيب و إختبار
tarkīb wa ikhtibār
installation of computers تركيب الكمبيوترات
tarkīb al-kumbyūtarāt
installation operation عملية التركيب
ʿamalīyat at-tarkīb
installation processing control مراقبة التجهيز للتشغيل
murāqabat at-tajhīz lit-tashghīl
installation tape number رقم شريط التركيب
raqm sharīṭ at-tarkīb
installation time زمن التركيب
zaman at-tarkīb
installation work أعمال التركيب
aʿmāl at-tarkīb
installed land section جزء أرضي مُركب
juzʾ arḍī murakkab
instantaneously decodable قابل للترميز لحظياً
qābil lit-tarmiz laḥẓīyan
instantaneous traffic حركة مرور لحظي
ḥarakat murūr laḥẓī
instantaneous traffic level المنسوب اللحظي لحركة المرور
al-mansūb al-laḥẓī li-ḥarakat al-murūr
instantiation تقسيم إلى لحظات
taqsīm ila laḥaẓāt
in-station محطة دخول
maḥaṭṭat dukhūl
instruction أمر
amr
instruction counter عدّاد الأمر
ʿaddād al-amr
instruction cycle دورة الأمر
dawrat al-amr
instruction fetching إستحضار الأمر
istiḥḍār al-amr
instruction format صيغة الأمر
ṣīghat al-amr
instruction modification تعديل الأمر
taʿdīl al-amr
instruction register سجل الأوامر
sijill al-awāmir
instruction repertoire مجموعة الأوامر
majmūʿat al-awāmir
instruction sequencing تتابعية الأوامر
tatābuʿīyat al-awāmir
instruction set مجموعة الأمر
majmūʿat al-amr
instruction stream تيار الأوامر
tayyār al-awāmir
instruction word كلمة الأمر
kalimat al-amr
integer multiplication and division ضرب وقسمة الأعداد الصحيحة
ḍarb wa qismat al-aʿdād aṣ-ṣaḥīḥa
integer programming برمجة بإستخدام الأرقام الصحيحة
barmaja bi-istikhdām al-arqām aṣ-ṣaḥiḥa
integral domain مجال التكامل
majāl at-takāmul
integral equation معادلة تكاملية
muʿādala takāmulīya
integrated circuit دائرة متكاملة
dāʾira mutakāmila
integrated database management system نظام إدارة قواعد البيانات المتكاملة
niẓām idārat qawāʿid al-bayānāt al-mutakāmila
integrated data processing معالجة البيانات المتكاملة
muʿālajat al-bayānāt al-mutakāmila
integrated digital exchange سنترال رقمي متكامل
sintrāl raqmī mutakāmil
integrated digital transmission and switching system نظام الارسال والتحويل الرقمي المتكامل
niẓām al-irsāl wat-taḥwīl ar-raqmī al-mutakāmil
integrated injection logic منطق الحقن المتكامل
manṭiq al-ḥaqn al-mutakāmil
integrated services digital network الشبكة الرقمية ذات الخدمات المتكاملة
ash-shabaka ar-raqmīya dhāt al-khadamāt al-mutakāmila
integration testing إختبار التكامل
ikhtibār at-takāmul
integrator المكمِّلة
al-mukammila
integrity كمال
kamāl

integrity code كود الكمال
kūd al-kamāl
integro-differential equation معادلة تكاملية - تفاضلية
muʿādala takāmulīya–tafāḍulīya
intelligent controller متحكم ذكي
mutaḥakkim dhakī
intelligent copier ناسخ ذكي
nāsikh dhakī
intelligent thermal حراري ذكي
ḥarārī dhakī
intelligent time division multiplexor مجزىء الزمن متعدد التقابل الذكي
mujazziʾ az-zaman mutaʿaddid at-taqābul adh-dhakī
intelligible crosstalk حديث تداخلي مفهوم
ḥadīth tadākhulī mafhūm
interactive تخاطبي . تَبادُليُّ
takhāṭubī · tabādulī
interactive applications تطبيقات تبادلية
taṭbīqāt tabādulīya
interactive batch job عمل دفعة تشغيل تخاطبية
ʿamal dufʿat tashghīl takhāṭubīya
interactive communication medium وسط إتصال تخاطبي
wasaṭ ittiṣāl takhāṭubī
interactive display شاشة بيانات تخاطبية
shāshat bayānāt takhāṭubīya
interactive graphics التعامل التخاطبي بالرسوم البيانية
at-taʿāmul at-takhāṭubī bir-rusūm al-bayānīya
interactive picture صورة تبادلية
ṣūra tabādulīya
interblock gap ثغرة بين مجموعات
thughra bayna majmūʿāt
intercalate أدرج
adraja
intercept إعترض
iʿtaraḍa
interchangeable type bars حواجز من نوع تبادلي
ḥawājiz min nawʿ tabādulī
interchange circuits دوائر تبادل
dawāʾir tabādul
interchange signals إشارات تبادل
ishārāt tabādul
interchange specifications مواصفات تبادل
muwāṣafāt tabādul

intercom تبادل الاتصال
tabādul al-ittiṣāl
intercontinental telex automatic ticketing حجز أوتوماتيكي بالتلكس عبر القارات
ḥajz awtūmātīkī bit-tiliks ʿabr al-qārrāt
interdiction تحريم
taḥrīm
interface نبيطة بينية
nabīṭa baynīya
interface compatibility توافق دائرة وسيطة
tawāfuq dāʾira wasīṭa
interference تداخل
tadākhul
interior label بطاقة داخلة
biṭāqa dākhilīya
interior node عقدة داخلية
ʿuqda dākhilīya
interior path length طول الممر الداخلي
ṭūl al-mamarr ad-dākhilī
interlace تشابك
tashābuk
inter-layer interface دائرة وسيطة ذات طبقة بينية
dāʾira wasīṭa dhāt ṭabaqa baynīya
interleaved carbon set مجموعة كربونية للارسال الاقحامي البيني
majmūʿa kārbūnīya lil-irsāl al-iqḥāmī al-baynī
interleaving ارسال اقحامي بيني
irsāl iqḥāmī baynī
interlock تعشيق
taʿshīq
intermediate assertion إثبات متوسط
ithbāt mutawassiṭ
intermediate control تحكم متوسط
taḥakkum mutawassiṭ
intermediate control change تغير متوسط في التحكم
taghayyur mutawassiṭ fit-taḥakkum
intermediate exchange تبادل متوسط
tabādul mutawassiṭ
intermediate modulation stage مرحلة تعديل متوسطة
marḥalat taʿdīl mutawassiṭa
intermediate result نتيجة متوسطة
natīja mutawassiṭa
intermediate storage مخزن متوسط
makhzan mutawassiṭ
intermediate subcarrier موجة حاملة فرعية وسيطة
mawja ḥāmila farʿīya wasīṭa

internal fragmentation تفتيت داخلي
taftīt dākhilī
internally stored program برنامج مخزن داخلياً
barnāmaj mukhazzan dākhilīyan
internal protocol بروتوكول داخلي
brūtūkūl dākhilī
internal sorting تصنيف داخلي
taṣnīf dākhilī
internal timer ساعة توقيت داخلية
sāʿat tawqīt dākhilīya
international algebraic language لغة جبرية عالمية
lugha jabrīya ʿālamīya

I

International Alphabet 2 أبجدية ٢ العالمية
abjadīya ithnayn al-ʿālamīya
International Alphabet 5 أبجدية ٥ العالمية
abjadīya khamsa al-ʿālamīya
international call timer موقت النداء الدولي
muwaqqit an-nidāʾ ad-duwalī
international circuit دائرة دولية
dāʾira duwalīya
international common access تداول دولي مشترك
tadāwul duwalī mushtarik
international control centre مركز تحكم دولي
markaz taḥakkum duwalī
international demand service طلب خدمة دولي
ṭalab khidma duwalī
international dialling prefix كود الاستدعاء الدولي
kūd al-istidʿāʾ ad-duwalī
international direct dialling إستدعاء مباشر دولي
istidʿāʾ mubāshir duwalī
international exchange سنترال دولي
sintrāl duwalī
international gateway ممر دولي
mamarr duwalī
international leased circuit دائرة مؤجرة دولياً
dāʾira muʾajjara duwalīyan
international leased telegraph message switching service خدمة تحويل الرسائل التلغرافية المؤجرة دولياً
khidmat taḥwīl ar-rasāʾil at-tilghrāfīya al-muʾajjara duwalīyan
international number رقم دولي
raqm duwalī
international packet switching service خدمة التحويل بالحزم الكهربية الدولي
khidmat at-taḥwīl bil-ḥuzam al-kahrabīya ad-duwalī
international prefix الكود الدولي
al-kūd ad-duwalī
international register سجل دولي
sijill duwalī
international sound programme centre مركز برنامج صوتي دولي
markaz barnāmaj ṣawtī duwalī
International Standards Organisation المنظمة الدولية للتوحيد القياسي
al-munaẓẓama ad-duwalīya lit-tawḥīd al-qiyāsī
international switching centre مركز تحويل دولي
markaz taḥwīl duwalī
International Telegraph Alphabet 2 أبجدية ٢ للتلغراف الدولي
abjadīya ithnayn lit-tilghrāf ad-duwalī
international telegraph office مكتب تلغراف دولي
maktab tilghrāf duwalī
international telephone exchange سنترال تليفوني دولي
sintrāl tilīfūnī duwalī
international television centre مركز التلفزيون الدولي
markaz at-tilifizyūn ad-duwalī
international telex automanual board لوحة تلكس دولي نصف آلية
lawḥat tiliks duwalī niṣf ālīya
international transit exchange سنترال انتقالي دولي
sintrāl intiqālī duwalī
international trunk dialling استدعاء خط رئيسي دولي
istidʿāʾ khaṭṭ raʾīsī duwalī
inter-networking الربط بين الشبكات
ar-rabṭ bayn ash-shabakāt
inter-office signals إشارات ربط بين المكاتب
ishārāt rabṭ bayn al-makātib
interpolation إستكمال
istikmāl
interpreter مُترجم
mutarjim
interpretive language لغة مُفسرة
lugha mufassira

interpretive trace program — برنامج تتبعي مفسر
barnāmaj tatabbuʿī mufassir

interprocessor connection — الوصل بين الوحدات المعالجة
al-waṣl bayn al-wiḥdāt al-muʿālija

interquartile range — المدى بين الرُبعي
al-mada bayn ar-rubʿī

interrecord gap — الفراغ بين السجلات
al-farāgh bayn as-sijillāt

interrogating typewriter — آلة كاتبة إستجوابية
āla kātiba istijwābīya

interrogation — إستجواب
istijwāb

interrupt — إعاقة
iʿāqa

interrupted isochronous transmission — إعاقة الارسال ثابت المدة
iʿāqat al-irsāl thābit al-mudda

interrupt handler — موجه الاعاقة
muwajjih al-iʿāqa

interrupt I/O — دخل/خرج الاعاقة
dakhl-kharj al-iʿāqa

interrupt mask — قناع الاعاقة
qināʿ al-iʿāqa

interrupt priority — أولوية الاعاقة
awlawīyat al-iʿāqa

interrupt trap — مصيدة الاعاقة
miṣyadat al-iʿāqa

interrupt vector — متجه الاعاقة
muttajah al-iʿāqa

intersection — تقاطع
taqāṭuʿ

intersegment linking — الوصل بين المقاطع
al-waṣl bayn al-maqāṭiʿ

interstage punching — تثقيب بين المراحل
tathqīb bayn al-marāḥil

interval — فاصل زمني
fāṣil zamanī

interval timer — ساعة توقيت فواصل زمنية
sāʿat tawqīt fawāṣil zamanīya

intervening — مُتَدَخِّل
mutadakhkhil

interworking — تشغيل بيني
tashghīl baynī

into function — وظيفة احتوائية
waẓīfa iḥtiwāʾīya

intra-company data transfer — نقل البيانات في داخل شركة
naql al-bayānāt fī dākhil sharika

intranode addressing — عنونة في داخل نقطة إتصال
ʿanwana fī dākhil nuqṭat ittiṣāl

intranode routing — تسيير ما بين نقطة إتصال
tasyīr mā bayna nuqṭat ittiṣāl

intrinsic semiconductor — شبه موصل ذاتي
shibh muwaṣṣil dhātī

invalid address — عنوان غير صحيح
ʿunwān ghayr ṣaḥīḥ

invariant — لا متغير
lā mutaghayyir

inventory — جَرْد
jard

inventory control — تحكم مخزني
taḥakkum makhzanī

inverse — عكسي
ʿaksī

inverse homomorphic image — صورة مقلوبة متماثلة الشكل
ṣūra maqlūba mutamāthilat ash-shakl

inverse matrix — مصفوفة عكسية
maṣfūfa ʿaksīya

inverted file — ملف معكوس
milaff maʿkūs

inverter — عاكس
ʿākis

invertible matrix — مصفوفة قابلة للعكس
maṣfūfa qābila lil-ʿaks

invigilator — وحدة التحكم
wiḥdat at-taḥakkum

invisible failure — فشل غير مَرئي
fashl ghayr marʾī

invisible registers — سجلات غير مرئية
sijillāt ghayr marʾīya

invoked procedure — إجراء مثار
ijrāʾ muthār

involution operation — عملية تضام
ʿamalīyat taḍāmm

inward system access — تداول ما بداخل النظام
tadāwul mā bi-dākhil an-niẓām

I/O — دخل/خرج
dakhl/kharj

I/O buffering تخزين وسيط للدخل/للخرج
takhzīn wasīṭ lid-dakhl/lil-kharj

I/O bus مدار الدخل/الخرج
madār ad-dakhl/al-kharj

I/O channel قناة الدخل/الخرج
qanāt ad-dakhl/al-kharj

I/O control التحكم في الدخل والخرج
at-taḥakkum fīd-dakhl wal-kharj

I/O device نبيطة الدخل/الخرج
nabīṭat ad-dakhl/al-kharj

I/O file ملف الدخل/الخرج
milaff ad-dakhl/al-kharj

I/O instruction أمر الدخل/الخرج
amr ad-dakhl/al-kharj

I/O-limited محدود الدخل/الخرج
maḥdūd ad-dakhl/al-kharj

I/O mapping رسم تحليلي للدخل/للخرج
rasm taḥlīlī lid-dakhl/lil-kharj

ionosphere الأيونوسفير
al-āyūnūsfīr

IOP معالج الدخل/الخرج
muʿālij ad-dakhl/al-kharj

I/O port بوابة الدخل/الخرج
bawwābat ad-dakhl/al-kharj

I/O processor معالج الدخل/الخرج
muʿālij ad-dakhl/al-kharj

I/O register سجل الدخل/الخرج
sijill ad-dakhl/al-kharj

I/O supervisor مُراقب الدخل/الخرج
murāqib ad-dakhl/al-kharj

I/O switching تحويل الدخل/الخرج
taḥwīl ad-dakhl/al-kharj

irrecoverable error خطأ لا يمكن التخلص منه
khaṭaʾ lā yumkin at-takhalluṣ minhu

irreducible polynomial مُتعددة الحدود الغير قابلة للاختزال
mutaʿaddidat al-ḥudūd al-ghayr qābil lil-ikhtizāl

irreflexive relation رابطة غير انعكاسية
rābiṭa ghayr inʿikāsīya

irreversible magnetic process عملية مغناطيسية غير قابلةللعكس
ʿamalīya mughnāṭīsīya ghayr qābila lil-ʿaks

ISAM تداول المعلومات بفهرس مرتب
tadāwul al-maʿlūmāt bi-fihris murattab

ISO المنظمة الدولية للتوحيد القياسي
al-munaẓẓama ad-duwalīya lit-tawḥīd al-qiyāsī

isochronous system نظام متساوي الزمن
niẓām mutasāwi az-zaman

isolated locations مواقع معزولة
mawāqiʿ maʿzūla

isolation عزل
ʿazl

isomorphism تشاكُلية
tashākulīya

IT تكنولوجيا المعلومات
tiknulūjiya al-maʿlūmāt

item صنف . بند
ṣanf · band

item advance تَقَدُم صنف
taqaddum ṣanf

itemised cost تكلفة مصنفة إلى بنود
taklifa muṣannafa ila bunūd

iteration تكرار
takrār

iterative program برنامج متكرر
barnāmaj mutakarrir

J

jack panel لوحة مقابس
lawḥat maqābis
JCL لغة تنظيم المهام
lughat tanẓīm al-mahāmm
jitter تقلقل الارسال
taqalqul al-irsāl
JK flip-flop مذبذب نطاط JK
mudhabdhib naṭṭāṭ jay kay
J-level مستوى ـ J
mustawa jay
job وظيفة . عَمَل
waẓīfa · ʿamal
job-control language لغة التحكم الوظيفي
lughat at-taḥakkum al-waẓīfī
job-control program برنامج التحكم الوظيفي
barnāmaj at-taḥakkum al-waẓīfī
job file ملف العمل
milaff al-ʿamal
job flow control رقابة سريان العمل
raqābat sarayān al-ʿamal
job journal جريدة العمل
jarīdat al-ʿamal
job mix خَلط العمل
khalṭ al-ʿamal
job monitoring مراقبة العمل
murāqabat al-ʿamal
job pack area منطقة تراكم الاعمال
minṭaqat tarākum al-aʿmāl
job recovery استعادة العمل
istiʿādat al-ʿamal
job scheduling جدولة العمل
jadwalat al-ʿamal
jobspace نطاق العمل
niṭāq al-ʿamal
job step خطوة عمل
khuṭwat ʿamal
job stream مجرى العمل
majra al-ʿamal
joggling plate لوحة هزازة
lawḥa hazzāza
join operator عامل وصل
ʿāmil waṣl
joint housing تبييت مشترك
tabyīt mushtarik
jointing in موصول
mawṣūl
jointing materials مواد واصلة
mawādd wāṣila
jointing off مفكوك
mafkūk
Josephson technology تكنولوجيا « جوزيفسون »
tiknūlūjiya jūzifsūn
journal دفتر اليومية
daftar al-yawmīya
journal accounting المحاسبة بدفتر اليومية
al-muḥāsaba bi-daftar al-yawmīya
journal tape شريط اليومية
sharīṭ al-yawmīya
judder تأرجح
taʾarjuḥ
juke-box storage تخزين صندوق النغم
takhzīn ṣundūq an-nagham
Julian day يوم من التقويم اليوليوسي
yawn min at-taqwīm al-yūlyūsī
jumper وصلة عبور
waṣlat ʿubūr
jump instruction أمر بالتخطي
amr bit-takhaṭṭī
junction توصيل . مَوْصِل . وَصْلة
tawṣīl · mawṣil · waṣla
junction switching unit وحدة تحويل الوصلات
wiḥdat taḥwīl al-waṣlāt

junctor circuit دائرة الموصل
dāʾirat al-muwaṣṣil
junctor functions دوال الموصل
dawāl al-muwaṣṣil
justify ضبط طول الأسطر المطبوعة
ḍabṭ ṭūl al-asṭur al-maṭbūʿa
justifying digit الرقم الضابط
ar-raqm aḍ-ḍābiṭ

J

K

Karnaugh map خريطة « كارنوف »
kharīṭat kārnūf

k-connectivity الضم بطريقة 'K'
aḍ-ḍamm bi-ṭarīqat kay

keep pace with يحتفظ بمسافة مع
yaḥtafaẓ bi-masāfa maʿa

kernel بادىء تحميل
bādiʾ taḥmīl

key مفتاح
miftāḥ

keyboard لوحة المفاتيح
lawḥat al-mafātīḥ

keyboard encoder مكود لوحة المفاتيح
mukawwid lawḥat al-mafātīḥ

keyed sequential access method أسلوب تداول للبيانات تتابعي مفتاحي
uslūb tadāwul lil-bayānāt tatābuʿī miftāḥī

keying equipment معدات إرسال الاشارات التلغرافية
muʿaddāt irsāl al-ishārāt at-tilghrāfīya

keypad لوحة مفاتيح
lawḥat mafātīḥ

keypunch مفاتيح تثقيب
mafātīḥ tathqīb

keysender مفتاح إرسال
miftāḥ irsāl

key-set code receiver device جهاز استقبال كود مجموعة مفاتيح
jihāz istiqbāl kūd majmūʿat mafātīḥ

key-set code reception استقبال كود مجموعة مفاتيح
istiqbāl kūd majmūʿat mafātīḥ

key sorting فرز مفتاحي
farz miftāḥī

key station محطة أساسية
maḥaṭṭa asāsīya

keystroke ضغط على حرف
ḍaghṭ ʿala ḥarf

key to disk من الحروف إلى الاسطوانة
min al-ḥurūf ilal-usṭuwāna

key to tape من الحروف إلى الشريط
min al-ḥurūf ilash-sharīṭ

keyword كلمة دليلية
kalima dalīlīya

keyword out of context كلمة دليلية خارج السياق
kalima dalīlīya khārij as-siyāq

keyword parameter بارامتر كلمة دليلية
bārāmitar kālima dalīlīya

keyword search بحث كلمة مفتاحية
baḥth kalima miftāḥīya

kilo- كيلو
kīlū

kilobits كيلو بتات
kīlūbitāt

kilohertz كيلو هرتز
kīlūhirts

kilomega كيلو ميجا
kīlūmīgā

kilostream كيلو تيار
kīlūtayyār

Kimball tag بطاقة « كيمبل »
biṭāqat kimbal

kips ألف امر في الثانية
alf amr fith-thānya

Kleene star نجمة « كلين »
najmat klīn

Kleene's theorem نظرية « كلين »
naẓarīyat klīn

knapsack problem مشكلة الحمل على الظهر
mushkilat al-ḥiml ʿalaẓ-ẓahr

knot عُقْدَة
ʿuqda

knowledge engineering هندسة الادراك
handasat al-idrāk

L

L

label — بطاقة
biṭāqa

lace punching — تثقيب الشريط
tathqīb ash-sharīṭ

lamp — مصباح
miṣbāḥ

lamp cap — رأس المصباح
ra'ʾs al-miṣbāḥ

lampholder — دواة المصباح
dawāt al-miṣbāḥ

LAN — شبكة اتصال محلية
shabakat ittiṣāl maḥallīya

land based repeater — معيد أرضي
muʿīd arḍī

land cable and plant — كبل أرضي ومصنع
kabl arḍī wa maṣnaʿ

landing — هبوط
hubuṭ

land pattern — نمط أرضي
namaṭ arḍī

land repeater tail — مؤخرة المعيد الأرضي
muʾakhkharat al-muʿīd al-arḍī

land route survey — مسح المسار
masḥ al-masār al-arḍī

language — لغة
lugha

language construction — تركيب اللغة
tarkīb al-lugha

larger address — عنوان أطول
ʿunwān aṭwal

larger word length — كلمة أكثر طولا
kalima akthar ṭūlan

large-scale integration — تكامل متسع النطاق
takāmul muttasiʿ an-niṭāq

laser — ليزر
līzar

laser emulsion storage — تخزين حساس لأشعة الليزر
takhzīn ḥassās li-ashiʿʿat al-līzar

laser printer — الطابعة بالليزر
aṭ-ṭābiʿa bil-līzar

last exchange — السنترال الأخير
as-sintrāl al-akhīr

last in first out — نظام أول خرج لآخر دخل
niẓām awwal kharj li-ākhar dakhl

latch — دائرة قفل
dāʾirat qafl

latch-up — يقفل
yaqfil

latency — وقت الانتظار
waqt al-intiẓār

lateral parity track — مسار التماثل الجانبي
masār at-tamāthul al-jānibī

lattice — شبيكة
shubayka

launch — إنطلاق
inṭilāq

launching condition — حالة الاطلاق
ḥālat al-iṭlāq

launch vehicle — مركبة إطلاق
markabat al-itlāq

lay direction — إتجاه الوضع
ittijāh al-waḍʿ

layered architecture — عمارة على هيئة طبقات
ʿimāra ʿala hayʿat ṭabaqāt

laying and burying — وضع ودفن
waḍʿ wa dafn

laying ship — سفينة مد الكبلات
safīnat madd al-kablāt

LCD — عرض ببللورة سائلة
ʿarḍ bi-billawra sāʾila

leader — مقدمة الشريط
muqaddimat as-sharīṭ

leading end طرف أمامي
ṭaraf amāmī
leading zero suppression حذف الصفر الأمامي
hadhf aṣ-ṣifr al-amāmī
leadless بدون اسلاك
bi-dūn aslāk
leafleaf node نقطة تقاطع قنوات رقيقة
nuqṭat taqāṭuʿ qanawāt raqīqa
leased circuits دوائر مؤجرة
dawāʾir muʾajjara
leased lines خطوط مؤجرة
khuṭūṭ muʾajjara
least common multiple المضاعف المشترك الأصغر
al-muḍāʿaf al-mushtarak al-aṣghar
least significant character أقل حرف معنوي
aqall ḥarf maʿnawī
least squares approximation التقريب بطريقة أقل المربعات
at-taqrīb bi-ṭarīqat aqall al-murabbaʿāt
least squares, method of طريقة أقل المربعات
ṭarīqat aqall al-murabbaʿāt
LED دايود باعث للضوء
dāyūd bāʿith liḍ-ḍawʾ
LED display عرض دايود باعث للضوء
ʿarḍ bi-dāyūd bāʿith liḍ-ḍawʾ
lee distance المسافة الآمنة
al-masāfa al-āmina
left-linear grammar قواعد لغوية خطية في اتجاه اليسار
qawāʿid lughawīya khaṭṭīya fī ittijāh al-yasār
left shift إزاحة إلى اليسار
izāḥa ilal-yasār
left subtree شجرة فرعية يسارية
shajara farʿīya yasārīya
left-to-right precedence أولوية من اليسار إلى اليمين
awlūwīya min al-yasar ilal-yamīn
length طول
ṭūl
length-increasing grammar قواعد لغوية متزايدة الطول
qawāʿid lughawīya mutazāyidat aṭ-ṭūl
letter حرف
ḥarf
letter distribution توزيع الحروف
tawzīʿ al-ḥurūf
letter-equivalent languages لغات الحروف المكافئة
lughāt al-ḥurūf al-mukāfiʾa
letter quality نوعية طبع خطابات
nawʿīyat ṭabʿ khiṭābāt
letters shift إزاحة الحروف
izāḥat al-ḥurūf
level مستوى
mustawa
level measuring set مجموعة قياس المستوى
majmūʿat qiyās al-mustawa
lexical analyzer محلل لغوي
muḥallil lughawī
lexicographic order أمر بالترجمة
amr bit-tarjama
lexicographic sort فرز خاص بالترجمة
farz khāṣṣ bit-tarjama
lexicon معجم
muʿjam
library مكتبة
maktaba
library program برنامج المكتبة
barnāmaj al-maktaba
life-cycle دورة الحياة
dawrat al-ḥayāh
life test إختبار العمر الباقي
ikhtibār al-ʿumr al-bāqī
light-emitting diode دايود باعث للضوء
dāyūd bāʿith liḍ-ḍawʾ
light frequency تردد أشعة الضوء
taraddud ashiʿʿat aḍ-ḍawʾ
light pen قلم ضوئي
qalam ḍawʾī
light waves موجات ضوئية
mawjāt ḍawʾīya
light weight خفيف الوزن
khafīf al-wazn
lightweight cable كبل خفيف الوزن
kabl khafīf al-wazn
lightweight terminations نهايات خفيفة الوزن
nihāyāt khafīfat al-wazn
likelihood احتمالية
iḥtimālīya
limited broadcast إذاعة محدودة
idhāʿa maḥdūda
limited distance modem موديم محدود المسافة
mūdīm maḥdūd al-masāfa
limit test إختبار الحد
ikhtibār al-ḥadd
Lindenmeyer system نظام « ليندنماير »
niẓām līndanmāyr
line adaptor مهايىء الخط
muhāyiʾ al-khaṭṭ

L

line and circuit test إختبار الخط والدائرة
ikhtibār al-khaṭṭ wad-dā'ira
linear algebraic equations معادلات جبرية خطية
muʿādalāt jabrīya khaṭṭīya
linear array مجموعة مرتبة خطية
majmūʿa murattaba khaṭṭīya
linear-bound automaton أوتوماتيكية خطية الحد
awtūmātīkīya khaṭṭīyat al-ḥadd
linear channel قناة خطية
qanāh khaṭṭīya
linear codes أكواد خطية
akwād khaṭṭīya
linear detection إستخلاص الذبذبة المضمنة خطيا
istikhlāṣ adh-dhabdhaba al-muḍammana khaṭṭīyan
linear grammar قواعد لغوية خطية
qawāʿid lughawīya khaṭṭīya
linear independence إستقلال خطي
istiqlāl khaṭṭī
linearity خطية
khaṭṭīya
linear list قائمة خطية
qā'ima khaṭṭīya
linear logic منطق خطي
manṭiq khaṭṭī
linearly addressed memory ذاكرة معنونة خطيا
dhākira muʿanwana khaṭṭīyan
linearly dependent تابع خطيا
tābiʿ khaṭṭīyan
linear programming برمجة خطية
barmaja khaṭṭīya
linear recurrence تكرار خطي
takrār khaṭṭī
linear regression model نموذج التراجع الخطي
namūdhaj at-tarājuʿ al-khaṭṭī
linear structure تركيب خطي
tarkīb khaṭṭī
line concentration تركيز الخط
tarkīz al-khaṭṭ
line control تحكم الخط
taḥakkum al-khaṭṭ
line discipline إنضباط نظام الخط
inḍibāṭ niẓām al-khaṭṭ
line driver موجه الخط
muwajjih al-khaṭṭ
line feed تغذية الخط
taghdhiyat al-khaṭṭ
line finder مُعَيِّن الخط المنادى
muʿayyin al-khaṭṭ al-munadi

line flyback إرتداد الخط
irtidād al-khaṭṭ
line frequency تردد الخط
taraddud al-khaṭṭ
line isolator عازل الخط
ʿāzil al-khaṭṭ
line link وصلة الخط
waṣlat al-khaṭṭ
line loop test إختبار حلقة الخط
ikhtibār ḥalaqat al-khaṭṭ
line of sight خط البصر
khaṭṭ al-baṣar
line-out-of-service signal إشارة خط خارج الخدمة
ishārat khaṭṭ khārij al-khidma
line period دورة الخط
dawrat al-khaṭṭ
line printer طابعة سطرية
ṭābiʿa saṭrīya
line protocol بروتوكول الخط
brūtūkūl al-khaṭṭ
line relay group مجموعة مرحلات الخط
majmūʿat muraḥḥilāt al-khaṭṭ
line scan المسح الخطي
al-masḥ al-khaṭṭī
line sharing adaptor مهايىء مشارك الخط
muhāyi' mushārik al-khaṭṭ
line switching تحويل الخط
taḥwīl al-khaṭṭ
line switch module وحدة قياس محول الخط
wiḥdat qiyās muḥawwil al-khaṭṭ
line termination unit وحدة إنهاء الخط
wiḥdat inhā' al-khaṭṭ
line-up وصل الدوائر على التوالي
waṣl ad-dawā'ir ʿalat-tawālī
line-up period دورة الوصل على التوالي
dawrat al-waṣl ʿalat-tawālī
link توصيل
tawṣīl
link access procedure إجراءات التوصيل
ijrā'āt at-tawṣīl
link editor برنامج توصيل أجزاء مبرمجة بلغة الآلة
barnāmaj tawṣīl ajzā' mubarmaja bi-lughat al-āla
link header and link trailer مقدمة الوصلة ـ نهاية الوصلة
muqaddimat al-waṣla – nihāyat al-waṣla
linked list قائمة متواصلة
qā'ima mutawāṣila

linked numbering scheme نهج متواصل الترقيم
nahj mutawāṣil at-tarqīm
link encryption تشفير الوصلة
tashfīr al-waṣla
link layer طبقة التوصيل
ṭabaqat at-tawṣīl
link loader محمل الوصلة
muḥammil al-waṣla
link testing إختبار الوصلة
ikhṭibār al-waṣla
lint نسالة
nusāla
liquid-crystal display عرض بالبللورات السائلة
ʿard bil-ballūrāt as-sāʾila
LISP لغة ليسب
lughat lisp
list قائمة . كشف . بيان . جدول
qāʾima · kashf · bayān · jadwal
list directed transmission إرسال موجة القائمة
irsāl muwajjah al-qāʾima
listening tests إختبارات الاستماع
ikhtibārāt al-istimāʿ
list head رأس القائمة
raʾs al-qāʾima
listing قائمة البرنامج
qāʾimat al-barnāmaj
list insertion sort فرز بالايلاج في جدول
farz bil-īlāj fī jadwal
list processing المعالجة الجدولية
al-muʿālaja al-jadwalīya
list sorting فرز جدولي
farz jadwalī
list structure تركيب جدولي
tarkīb jadwalī
literal حرفي
ḥarfī
LL parsing الاعراب بطريقة LL
al-iʿrāb bi-ṭarīqat il il
load يحمل
yuḥammil
load and go حمِّل و إذهب
ḥammil wa idhhab
load and store حمِّل وخزِّن
ḥammil wa khazzin
loader برنامج التحميل
barnāmaj at-taḥmīl
loading of cable تحميل الخط
taḥmīl al-khaṭṭ
load smoothing تسوية الحمل
taswiyat al-ḥiml

lobby configuration الشكل العام للبهو
ash-shakl al-ʿāmm lil-bahū
local محلي
maḥallī
local area network شبكة محلية
shabaka maḥallīya
local call rate معدل المكالمات المحلية
muʿaddal al-mukālamāt al-maḥallīya
local circuit دائرة محلية
dāʾira maḥallīya
local currency عملة محلية
ʿumla maḥallīya
local discretization error فصل الأخطاء محليا
faṣl al-akhṭāʾ maḥallīyan
local-echo mode حالة الصدى المحلي
ḥālat aṣ-ṣada al-maḥallī
local exchange سنترال محلي
sintrāl maḥallī
local filestore تخزين محلي للملفات
takhzīn maḥallī lil-milāffāt
local lines خطوط محلية
khuṭūṭ maḥallīya
local loop حلقة موضعية
ḥalaqa mawḍiʿīya
local mode الحالة المحلية
al-ḥāla al-maḥallīya
local namebase pointer مؤشر أساس الاسماء المحلية
muʾashshir asās al-asmāʾ al-maḥallīya
local name space فراغ الاسم المحلي
farāgh al-ism al-maḥallī
local network شبكة محلية
shabaka maḥallīya
local number رقم محلي
raqm maḥallī
local optimization الوصول للأنسب موضعياً
al-wuṣūl lil-ansab mawḍiʿīyan
local output خرج محلي
kharj maḥallī
local segment قطعة محلية
qiṭʿa maḥallīya
local segment table جدول المقطع المحلي
jadwal al-maqṭaʿ al-maḥallī
local segment table base register سجل أساس جدول المقطع المحلي
sijill asās jadwal al-maqṭaʿ al-maḥallī
local signals إشارات محلية
ishārāt maḥallīya

local system library مكتبة النظام المحلي
maktabat an-niẓām al-maḥallī
local telephone exchange سنترال محلي
sintrāl maḥallī
local telephone network شبكة تليفونية محلية
shabaka tilīfūnīya maḥallīya
location موضع
mawḍiʿ
location operator عامل تحديد الموضع
ʿāmil taḥdīd al-mawḍiʿ
lock قفل
qufl
locking knob مقبض زنق
miqbaḍ zanq
lockout اقفال
iqfāl
lockout facilities تسهيلات الاقفال
tashīlāt al-iqfāl
locks and keys اقفال ومفاتيح
aqfāl wa mafātīḥ
logarithmic search algorithm حل قياسي للتقصي اللوغاريتمي
ḥall qiyāsī lit-taqaṣṣi al-lūgārīthmī
logging-in إعطاء بيانات للكمبيوتر
iʿṭāʾ bayānāt lil-kumbyūtar
logging-off إنهاء التعامل مع الكمبيوتر
inhāʾ al-ʿaml maʿ al-kumbyūtar
logging-on إعطاء بيانات للكمبيوتر
iʿṭāʾ bayānāt lil-kumbyūtar
logging-out إنهاء التعامل مع الكمبيوتر
inhāʾ at-taʿāmul maʿ al-kumbyūtar
logic منطق
manṭiq
logical منطقي
manṭiqī
logical bucket number الرقم المنطقي لقادوس البيانات
ar-raqm al-manṭiqī li-qādūs al-bayānāt
logical comparison مقارنة منطقية
muqārana manṭiqīya
logical connective موصل منطقي
muwaṣṣil manṭiqī
logical data type نوع البيانات المنطقي
nawʿ al-bayānāt al-manṭiqī
logical decision قرار منطقي
qarār manṭiqī
logical difference الفرق المنطقي
al-farq al-manṭiqī
logical element العنصر المنطقي
al-ʿunṣur al-manṭiqī
logical encoding الترميز المنطقي
at-tarmīz al-manṭiqī
logical expression تعبير منطقي
taʿbīr manṭiqī
logical operation عملية منطقية
ʿamalīya manṭiqīya
logical operator عامل منطقي
ʿāmil manṭiqī
logical record سجل منطقي
sijill manṭiqī
logical shift إزاحة منطقية
izāḥa manṭiqīya
logical track مسار منطقي
masār manṭiqī
logical value قيمة منطقية
qīma manṭiqīya
logic analyzer محلل منطقي
muḥallil manṭiqī
logic card بطاقة منطقية
biṭāqa manṭiqīya
logic circuit دائرة منطقية
dāʾira manṭiqīya
logic design تصميم منطقي
taṣmīm manṭiqī
logic device نبيطة منطقية
nabīṭa manṭiqīya
logic diagram رسم بياني منطقي
rasm bayānī manṭiqī
logic element عنصر منطقي
ʿunṣur manṭiqī
logic family عائلة منطقية
ʿāʾila manṭiqīya
logic function دالة منطقية
dālla manṭiqīya
logic gate دائرة صمامية منطقية
dāʾira ṣimāmīya manṭiqīya
logician المتخصص في المنطق
al-mutakhaṣṣiṣ fil-manṭiq
logic instruction أمر منطقي
amr manṭiqī
logic level مستوى منطقي
mustawa manṭiqī
logic operation عملية منطقية
ʿamalīya manṭiqīya
logic probe مجس منطقي
mijass manṭiqī

logic programming languages — لغات برمجة منطقية
lughāt barmaja manṭiqīya

logic state — وضع منطقي
waḍʿ manṭiqī

logic symbols — رموز منطقية
rumūz manṭiqīya

log in — إعطاء بيانات للكمبيوتر
iʿṭāʾ bayānāt lil-kumbyūtar

LOGO — لغة لوجو
lughat lūgū

log-off — إنهاء التعامل مع الكمبيوتر
inhāʾ at-taʿāmul maʿ al-kumbyūtar

log-on — إعطاء بيانات للكمبيوتر
iʿṭāʾ bayānāt lil-kumbyūtar

log-out — إنهاء التعامل مع الكمبيوتر
inhāʾ at-taʿāmul maʿ al-kumbyūtar

lone signal unit — وحدة الاشارة الوحيدة
wiḥdat al-ishāra al-waḥīda

long circuit — دائرة طويلة
dāʾira ṭawīla

longitudinal check character — حرف الاختبار الطولي
ḥarf al-ikhtibār aṭ-ṭūlī

longitudinal judder — أرجحة طولية
arjaḥa ṭūlīya

longitudinal-mode delay line — خط تأخير في الحالة الطولية
khaṭṭ taʾkhīr fil-ḥāla aṭ-ṭūlīya

longitudinal redundancy check — اختبار الوفرة الطولية
ikhtibār al-wafra aṭ-ṭūlīya

long-line extension cable — كبل إمتداد طويل الخط
kabl imtidād ṭawīl al-khaṭṭ

long-line extension group — مجموعة إمتداد طويلة الخط
majmūʿat imtidād ṭawīlat al-khaṭṭ

long wave — موجة طويلة
mawja ṭawīla

lookahead — ينظر إلى الأمام
yunẓur ilal-amām

look-up table — جدول تفتيش
jadwal taftīsh

loop — حلقة
ḥalaqa

loop-disconnect signalling — إرسال إشارة فصل الحلقة
irsāl ishārat faṣl al-ḥalaqa

loop invariant — حلقة غير متغيرة
ḥalaqa ghayr mutaghayyira

loop select buttons — أزرار إختيار الحلقة
azrār ikhtiyār al-ḥalaqa

loop select operation — عملية إختيار الحلقة
ʿamalīyat ikhtiyār al-ḥalaqa

loop trunk selection — إختيار ترانك الحلقة
ikhtiyar trānk al-ḥalaqa

loosely coupled — مرتبط بدون احكام
murtabiṭ bi-dūn aḥkām

loss — فقد
faqd

loss/frequency response — منحنى الفقد / التردد
munḥana al-faqd/at-taraddud

loss-of-frame alignment — ضبط فقد الاطارات
ḍabṭ faqd al-iṭārāt

loss of significant digits — فقد الأرقام المعنوية
faqd al-arqām al-maʿnawīya

lost call — مكالمة مفقودة
mukālama mafqūda

loudness — إرتفاع الصوت
irtifāʿ aṣ-ṣawt

loudspeaker — مكبر الصوت
mukabbir aṣ-ṣawt

loudspeaker unit — وحدة مكبر الصوت
wiḥdat mukabbir aṣ-ṣawt

loudspeaker unit selection — إختيار وحدة مكبر الصوت
ikhtiyār wiḥdat mukabbir aṣ-ṣawt

low delay — تأخير بسيط
taʾkhīr basīṭ

lower bound — الحد السفلي
al-ḥadd as-suflī

lower sideband — نطاق التردد الجانبي المنخفض
niṭāq at-taraddud al-jānibī al-munkhafiḍ

low frequency — تردد منخفض
taraddud munkhafiḍ

low-level language — لغة ذات مستوى منخفض
lugha dhāt mustawa munkhafiḍ

low-level modulation — تضمين منخفض المستوى
taḍmīn munkhafiḍ al-mustawa

low-level recovery — تنقية منخفضة المستوى
tanqīya munkhafiḍat al-mustawa

low-level scheduler — مجدول منخفض المستوى
mujadwil munkhafiḍ al-mustawa

L

low-noise amplifier مكبر منخفض الضوضاء
mukabbir munkhafiḍ aḍ-ḍawḍāʾ
low order bit رقم ثنائي منخفض الدرجة
raqm thunāʾī munkhafiḍ ad-daraja
low order position وضع منخفض الدرجة
waḍʿ munkhafiḍ ad-daraja
low paper condition حالة نفاذ الورق من الطابعة
ḥālat nafādh al-waraq min aṭ-ṭābiʿa
low-pass filter مرشح إمرار الترددات المنخفضة
murashshiḥ imrār at-taraddudāt al-munkhafiḍa
low resolution تمييز منخفض
tamyīz munkhafiḍ
low speed modem موديم منخفض السرعة
mūdīm munkhafiḍ as-surʿa
low tape condition حالة انتهاء الشريط
ḥālat intihāʾ ash-sharīṭ

L

lozenge الشكل المعين
ash-shakl al-muʿayyan
LP طابع خطي
ṭābiʿ khaṭṭī
LPM خط في الثانية
khaṭṭ fith-thāniya
LR parsing إعراب من اليسار إلى اليمين
iʿrāb min al-yasār ilal-yamīn
LSI التكامل واسع النطاق
at-takāmul wāsiʿ an-niṭāq
L-system نظام ـ L
niẓām il
LU decomposition إنحلال LU
inḥilāl il yū
luminance نصوع
nuṣūʿ
luminous flux التدفق الضوئي
at-tadaffuq aḍ-ḍawʾi

M

MAC *muʿālaja mutaʿaddidat al-madākhil*	معالجة متعددة المداخل
machinable *qābil lit-tashghīl ʿalal-ḥāsib*	قابل للتشغيل على الحاسب
machine *ḥāsib*	حاسب
machine address *ʿunwān bi-dhākirat al-ḥāsib*	عنوان بذاكرة الحاسب
machine check handler *muwajjih ikhtibār al-āla*	موجه اختبار الآلة
machine code *tarmīz bil-ḥāsib*	ترميز بالحاسب
machine cycle *dawrat al-ḥāsib*	دورة الحاسب
machine direction *ittijāh al-āla*	إتجاه الآلة
machine equivalence *takāfuʾ al-ḥāsib*	تكافؤ الحاسب
machine error *khaṭaʾ khāṣṣ bil-ḥāsib*	خطأ خاص بالحاسب
machine-independent *mustaqill ʿan al-ḥāsib*	مستقل عن الحاسب
machine intelligence *dhakāʾ al-ḥāsib*	ذكاء الحاسب
machine language *al-lugha al-khāṣṣa bil-ḥāsib*	اللغة الخاصة بالحاسب
machine language code *tarmīz bil-lugha al-khāṣṣa bil-ḥāsib*	ترميز باللغة الخاصة بالحاسب
machine learning *taʿlīm al-ḥāsib*	تعليم الحاسب
machine-oriented language *lugha aqrab ilal-ḥāsib*	لغة أقرب إلى الحاسب
machine pass *yumkin murūruhu bil-ḥāsib*	يمكن مروره بالحاسب
machine prepared report *taqrīr mujahhaz ālīyan*	تقرير مجهز آليا
machine population *intishār al-ḥāsib*	إنتشار الحاسب
machine processable form *shakl qābil lil-muʿālaja bil-ḥāsib*	شكل قابل للمعالجة بالحاسب
machine sensible *yumkin lil-ḥāsib an yaḥiss bi-ha*	يمكن للحاسب أن يحس بها
machine simulation *muḥākāt al-ḥāsib*	محاكاة الحاسب
machine spoilt work time *waqt al-ʿamal al-maslūb*	وقت العمل المسلوب
machine time usage *zaman istikhdām al-ḥāsib*	زمن استخدام الحاسب
machine word *kalima min dhākirat al-ḥāsib*	كلمة من ذاكرة الحاسب
macro *kabīr · ḍakhm*	كبير . ضخم
macro-assembler *barnāmaj tajmīʿ mukabbar*	برنامج تجميع مكبر
macro-code *tarmīz mukabbar*	ترميز مكبر
macro definition *taʿrīf amr mukabbar*	تعريف أمر مكبر
macro flowchart *kharīṭa tadaffuqīya li-awāmir mukabbara*	خريطة تدفقية لأوامر مكبرة
macro-generator *muwallid awāmir mukabbara*	مولد أوامر مكبرة
macro-instruction *amr mukabbar*	أمر مكبر
macro-library service program *barnāmaj khidmat maktabat al-awāmir al-mukabbara*	برنامج خدمة مكتبة الأوامر المكبرة
macro-processor *wiḥda muʿālija mukabbara*	وحدة معالجة مكبرة

M

magnetic bubble memory ذاكرة فقاعية مغناطيسية
dhākira fuqqāʿīya mughnāṭīsīya
magnetic card بطاقة مغناطيسية
biṭāqa mughnāṭīsīya
magnetic cell خلية مغناطيسية
khalīya mughnāṭīsīya
magnetic core plane مستوى القلب المغناطيسي
mustawa al-qalb al-mughnāṭīsī
magnetic core storage plane مستوى تخزين القلب المغناطيسي
mustawa takhzīn al-qalb al-mughnāṭīsī
magnetic deflection coils ملفات الانحراف المغناطيسي
milaffāt al-inḥirāf al-mughnāṭīsī
magnetic disk اسطوانة ممغنطة
usṭuwāna mumaghnaṭa
magnetic document reader قارىء مغناطيسي للوثائق
qāriʾ mughnāṭisī lil-wathāʾiq
magnetic drum أسطوانة مغناطيسية
usṭuwāna mughnāṭīsīya
magnetic encoding ترميز مغناطيسي
tarmīz mughnāṭīsī
magnetic head رأس مغناطيسية
raʾs mughnāṭīsīya
magnetic induction الحث المغناطيسي
al-ḥathth al-mughnāṭīsī
magnetic-ink character recognition التعرف على حرف الحبر المغناطيسي
at-taʿarruf ʿala ḥarf al-ḥibr al-mughnāṭīsī
magnetic intensity شدة مغناطيسية
shidda mughnāṭīsīya
magnetic ledger card بطاقة دفتر الاستاذ المغناطيسية
biṭāqat daftar al-usṭādh al-mughnāṭīsīya
magnetic media أوساط مغناطيسية
awsāṭ mughnāṭīsīya
magnetic memory ذاكرة مغناطيسية
dhākira mughnāṭīsīya
magnetic memory plate لوحة ذاكرة مغناطيسية
lawḥat dhākira mughnāṭīsīya
magnetic mirror مرآة مغناطيسية
mirʾāh mughnāṭīsīya
magnetic recording head رأس تسجيل مغناطيسية
raʾs tasjīl mughnāṭīsīya
magnetic stripe reader قارىء الخط المغناطيسي
qāriʾ al-khaṭṭ al-mughnāṭīsī
magnetic tape شريط مغناطيسي
sharīṭ mughnāṭīsī
magnetic tape drive وحدة إدارة الشريط المغناطيسي
wiḥdat idārat ash-sharīṭ al-mughnāṭīsī
magnetic tape encoder وحدة ترميز الشريط المغناطيسي
wiḥdat tarmīz ash-sharīṭ al-mughnāṭīsī
magnetic tape group مجموعة الشريط المغناطيسي
majmūʿat ash-sharīṭ al-mughnāṭīsī
magnetic tape subsystem نظام فرعي بالشريط المغناطيسي
niẓām farʿī bish-sharīṭ al-mughnāṭīsī
magnetic tape tester مختبر الشريط المغناطيسي
mukhtabir ash-sharīṭ al-mughnāṭīsī
magnetic tape unit وحدة الشريط المغناطيسي
wiḥdat ash-sharīṭ al-mughnāṭīsī
magnetizable قابل للمغنطة
qābil lil-maghnaṭa
magnetographic printer طابعة ذات مرسمة للتغيرات المغناطيسية
ṭābiʿa dhāt mirsama lit-taghayyurāt al-mughnāṭīsīya
magneto-optic disk storage التخزين على اسطوانة بالمغناطيس الضوئي
at-takhzīn ʿala usṭuwāna bil-mughnaṭīs aḍ-ḍawʾi
magnetostriction التقبض المغناطيسي
at-taqabbuḍ al-mughnāṭīsī
magnetostrictive acoustic delay line خط تأخير صوتي ذو تقبض مغناطيسي
khaṭṭ taʾkhīr ṣawtī dhū taqabbuḍ mughnāṭīsī
magnitude مقدار
miqdār
mag tape شريط ممغنط
sharīṭ mumaghnaṭ
mail box صندوق البريد
ṣundūq al-barīd
main broadcast الاذاعة الرئيسية
al-idhāʿa ar-raʾīsī
main distribution frame إطار التوزيع الرئيسي
iṭār at-tawzīʿ ar-raʾīsī
mainframe حاسب رئيسي
ḥāsib raʾīsī
main memory ذاكرة رئيسية
dhākira raʾīsīya

M

main network switching centre مركز التحويل الرئيسي للشبكة
markaz at-taḥwīl ar-raʾīsī lish-shabaka
main program البرنامج الرئيسي
al-barnāmaj ar-raʾīsī
main sea survey مسح بحري رئيسي
masḥ baḥrī raʾīsī
mains failure عطل منبع التيار الرئيسي
ʿuṭl minbaʿ at-tayyar ar-raʾīsī
main store مخزن رئيسي
makhzan raʾīsī
main storage تخزين رئيسي
takhzīn raʾīsī
main store quota حصة المخزن الرئيسي
ḥiṣṣat al-makhzan ar-raʾīsī
main switching unit وحدة التحويل الرئيسية
wiḥdat at-taḥwīl ar-raʾīsīya
maintainability القدرة على المحافظة على
al-qudra ʿalal-muḥāfaẓa ʿala
maintenance صيانة
ṣiyāna
maintenance administration إدارة الصيانة
idārat aṣ-ṣiyāna
maintenance subsystem نظام الصيانة الفرعي
niẓām as-ṣiyāna al-farʿī
maintenance unit وحدة الصيانة
wiḥdat aṣ-ṣiyāna
main trunk الترنك الرئيسي
at-trank ar-raʾīsī
major control cycle دورة التحكم العظمى
dawrat at-taḥakkum al-ʿuẓma
majority carrier الموجة الحاملة لأغلبية الموجات
al-mawja al-ḥāmila li-aghlabīyat al-mawjāt
majority element عنصر الغالبية
ʿunṣur al-ghālibīya
major route countries دول المسار الرئيسي
duwal al-masār ar-raʾīsī
make null المساواة بالصفر
al-musāwāh biṣ-ṣifr
malfunction عطل وظيفي
ʿuṭl waẓīfī
management by exception الادارة بالاستثناء
al-idāra bil-istithnāʾ
management information system نظام المعلومات الاداري
niẓām al-maʿlūmāt al-idārī

managerial إداري
idārī
Manchester coded ترميز « مانشستر »
tarmīz māntshistar
mandatory إلزامي
ilzāmī
manipulative statements جمل معالجة
jumal muʿālaja
man-machine communications إتصالات ما بين الانسان والآلة
ittiṣālāt mā bayn al-insān wal-āla
man-machine interface نبيطة وسيطة بين الانسان والآلة
nabīṭa wasīṭa bayn al-insān wal-āla
mantissa الجزء العشري من اللوغاريتم
al-juzʾ al-ʿushrī min al-lūgarīthm
manual answer اجابة يدوية
ijāba yadawīya
manual answering إجابة يدوية
ijāba yadawīya
manual calling إستدعاء يدوي
istidʿāʾ yadawī
manual changeover تحويل يدوي
taḥwīl yadawī
manual control تحكم يدوي
taḥakkum yadawī
manual perforator مثقاب يدوي
mithqāb yadawī
many-to-many call اتصال متعدد إلى متعدد
ittiṣāl mutaʿaddid ila mutaʿaddid
map خريطة
kharīṭa
map method طريقة الخريطة
ṭarīqat al-kharīṭa
mapping تخطيط الخرائط
takhṭīṭ al-kharāʾiṭ
MARECS satellites الأقمار الصنعية « ماريكس »
al-aqmār aṣ-ṣināʿīya māriks
marginal check مراجعة الاحتياطي
murājaʿat al-iḥtiyāṭi
marginally unchecked لم يتم لها مراجعة الاحتياطي
lam yatimm laha murājaʿat al-iḥtiyāṭī
marginally unchecked set مجموعة لم يتم لها مراجعة الاحتياطي
majmūʿa lam yatimm laha murājaʿat al-iḥtiyāṭī
margination تهميش
tahmīsh

M

maritime communications service خدمة الاتصالات البحرية
khidmat al-ittiṣālāt al-baḥrīya
mark علامة
ʿalāma
marker علامة
ʿalāma
market survey استطلاع السوق
istiṭlāʿ as-sūq
mark reading قراءة العلامة
qirāʾat al-ʿalāma
mark scanning مسح العلامة
masḥ al-ʿalāma
mark sensing إستشعار العلامة
istishʿār al-ʿalāma
mark-space ratio نسبة العلامة إلى الفراغ
nisbat al-ʿalāma ilal-farāgh
marshal رتب
rattaba
marshalling sequence تتابع مُرتّب
tatābuʿ murattab
masking حَجب
ḥajb
mask-programmable device وسيلة حجب قابلة للبرمجة
wasīlat hajb qābilat lil-barmaja
massage تَدليك
tadlīk
mass storage تخزين كُتلي
takhzīn kutlī
master answer sheet ورقة الاجابة العيارية
waraqat al-ijāba al-ʿiyārīya
master console وحدة اتصال رئيسية بالكمبيوتر
wiḥdat ittiṣāl raʾīsīya bil-kumbyūtar
master control program برنامج التحكم الرئيسي
barnāmaj at-taḥakkum ar-raʾīsī
master file الملف الرئيسي
al-milaff ar-raʾīsī
master input file ملف الدخل الرئيسي
milaff ad-dakhl ar-raʾīsī
master instruction tape شريط التعليمات الرئيسي
sharīṭ at-taʿlīmāt ar-raʾīsī
master library tape شريط المكتبة الرئيسي
sharīṭ al-maktaba ar-raʾīsī
master oscillator مذبذب رئيسي
mudhabdhib raʾīsī
master record سجل رئيسي
sijill raʾīsī

master scheduling routine روتين خاص بالجدولة الرئيسية
rūtīn khāṣṣ bil-jadwala ar-raʾīsīya
master-slave flip-flop مذبذب نطاط « الرئيس والتابع »
mudhabdhib naṭṭāṭ ar-raʾīs wat-tābiʿ
master-slave system نظام « الرئيس والتابع »
niẓām ar-raʾīs wat-tābiʿ
master station محطة رئيسية
maḥaṭṭat raʾīsīya
master tape شريط رئيسي
sharīṭ raʾīsī
master unit وحدة رئيسية
wiḥda raʾīsīya
match ملاءمة
mulāʾama
match condition شرط الملاءمة
sharṭ al-mulāʾama
matching ملائم
mulāʾim
material dispersion إنتشار المادة
intishār al-mādda
mathematical analysis تحليل رياضي
taḥlīl riyāḍī
mathematical logic منطق رياضي
manṭiq riyāḍī
mathematical programming بَرْمجَةَ رياضية
barmaja riyāḍīya
math set مجموعة رياضية
majmūʿa riyāḍīya
matrix مصفوفة
maṣfūfa
matrix equation معادلة المصفوفة
muʿādalat al-maṣfūfa
matrix inversion انقلاب المصفوفة
inqilāb al-maṣfūfa
matrix multiplication ضرب المصفوفة
ḍarb al-maṣfūfa
matrix norm صفة المصفوفة
ṣiffat al-maṣfūfa
matrix output خرج مصفوفة
kharj al-maṣfūfa
matrix printer طابعة ابرية
ṭābiʿa ibrīya
matrix-updating methods طرق تحديث المصفوفة
ṭuruq taḥdīth al-maṣfūfa
maximum frequency error أقصى خطأ في التردد
aqṣā khaṭaʾ fit-taraddud
maximum junction temperature أعلى درجة حرارة للوصله
aʿlā darajat ḥarāra lil-waṣla

maximum justification rate أعلى معدل للضبط
aʿlā muʿaddal liḍ-ḍabṭ
maximum-length sequence أقصى طول للتتابع
aqṣā ṭūl lit-tatābuʿ
maximum-likelihood decoding أقصى احتمال لحل الرموز
aqṣā iḥtimāl li-ḥall ar-rumūz
maximum power dissipation أقصى تبديد للقدرة
aqṣā tabdīd lil-qudra
maxterm الحد الأكبر
al-ḥadd al-akbar
mealy machine آلة رقيقة
āla raqīqa
mean متوسط
mutawassiṭ
mean busy hour متوسط ساعة الانشغال
mutawassiṭ sāʿat al-inshighāl
mean deviation الحيد المتوسط
al-ḥayd al-mutawassiṭ
mean down time متوسط زمن التوقف
mutawassit zaman at-tawaqquf
mean holding time متوسط زمن الوقوف
mutawassiṭ zaman al-wuqūf
meaning المعنى . القصد
al-maʿna · al-qaṣd
means/ends analysis تحليل الوسائل والاهداف
taḥlīl al-wasāʾil wal-ahdaf
mean time between calls المتوسط الزمني بين المكالمات
al-mutawassiṭ az-zamanī bayn al-mukālamāt
mean time between failures المتوسط الزمني بين الأعطال
al-mutawassiṭ az-zamanī bayn al-aʿṭāl
measurement record سجل القياس
sijill al-qiyās
measures of location مقاييس الموضع
maqāyīs al-mawḍiʿ
measures of variation مقاييس التغير
maqāyīs at-taghayyur
measuring instrument جهاز قياس
jihāz qiyās
mechanical differential analyzer محلل ميكانيكي تفاضلي
muhallil mīkānīkī tafāḍulī
mechanically produced منتج ميكانيكياً
muntaj mīkānīkīyan
mechanical verifier محقق ميكانيكي
muḥaqqiq mīkānīkī
media conversion تحويل الأوساط
taḥwīl al-awsāṭ
median وسطى
wasaṭī
media strip جزء من وسط
juzʾ min wasaṭ
medium وسط . متوسط
wasaṭ · mutawassiṭ
medium-scale integration تكامل على نطاق متوسط
takāmul ʿala niṭāq mutawassiṭ
meet operator عامل التقابل
ʿāmil at-taqābul
meet operation عملية تقابل
ʿamalīyat taqābul
mega- ميجا
mīgā
megahertz ميجاهرتز
mīgāhirts
megastream مليون تيار
milyūn tayyār
melting point نقطة الانصهار
nuqṭat al-inṣihār
member عضو
ʿuḍū
memory ذاكرة
dhākira
memory bank مستودع الذاكرة
mustawdaʿ adh-dhākira
memory compaction كبس الذاكرة
kabs adh-dhākira
memory cycle دورة الذاكرة
dawrat adh-dhākira
memory data register سجل بيانات بالذاكرة
sijill bayānāt bidh-dhākira
memory dump إستنساخ الذاكرة
istinsākh adh-dhākira
memory element عنصر الذاكرة
ʿunṣur adh-dhākira
memory fill إمتلاء الذاكرة
imtilāʾ adh-dhākira
memory guard حراسة الذاكرة
ḥirāsat adh-dhākira
memory hierarchy هيكل الذاكرة
haykal adh-dhākira
memory management إدارة الذاكرة
idārāt adh-dhākira
memory map خريطة الذاكرة
kharīṭat adh-dhākira
memory protection حماية الذاكرة
ḥimāyat adh-dhākira

M

memory reference instruction أمر إسناد للذاكرة
amr isnād lidh-dhākira
memory-to-memory instruction أمر من الذاكرة للذاكرة
amr min adh-dhākira lidh-dhākira
menu لائحة خيارات
lā'iḥat khayyārāt
menu-driven توجيه بالقائمة
tawjīh bil-qā'ima
mercury delay line خط تاخير زئبقي
khaṭṭ ta'khīr zi'baqī
mercury tank صهريج زئبقي
ṣihrīj zi'baqī
merge الدمج
ad-damj
mergeable heap كومة بيانات قابلة للدمج
kawmat bayānāt qābila lid-damj
merged transistor logic دوائر منطقية مجهزة بالترانزيستور مدموجة
dawā'ir manṭiqīya mujahhaza bit-trānzistūr madmūja
merge exchange sort فرز الدمج التبادلي
farz ad-damj at-tabādulī
merging sort فرز إدماجي
farz idmājī
mesa diffusion إنتشار انحداري
intishār inḥidārī
mesh network شبكة إتصال على التوالي
shabakat ittiṣāl ʿalat-tawālī
mesochronous signals الاشارات الوسطى
al-ishārāt al-wusṭā
message رسالة
risāla
message authenticator موثق الرسالة
muwaththiq ar-risāla
message display console اداة اتصال لعرض الرسائل
adāt ittiṣāl li-ʿarḍ ar-rasā'il
message queueing اصطفاف الرسائل
iṣṭifāf ar-rasā'il
message relay centre مركز مرحل الرسائل
markaz muraḥḥil ar-rasā'il
message source مصدر الرسائل
maṣdar ar-rasā'il
message switched exchange سنترال الرسائل المحولة
sintrāl ar-rasā'il al-muḥawwala
message switched system نظام الرسائل المحولة
niẓām ar-rasā'il al-muḥawwala
message switching تحويل الرسائل
taḥwīl ar-rasā'il
message transfer نقل الرسالة
naql ar-risāla
meta-assembler ما وراء برنامج التجميع
mā warā' barnāmaj at-tajmīʿ
metacompilation ما وراء عملية الترجمة
mā warā' ʿamalīyat at-tarjama
metacompiler ما وراء برنامج الترجمة
mā warā' barnāmaj at-tarjama
metalanguage ما وراء اللغة
mā warā' al-lugha
metallic disk اسطوانة معدنية
usṭuwāna maʿdanīya
meter عداد
ʿaddād
metering pulse generation قياس توليد النبضة
qiyās tawlīd an-nabḍa
metering unit وحدة قياس
wiḥdat qiyās
meter reading قراءة العداد
qirā'at al-ʿaddād
method of maximum likelihood طريقة اقصى احتمال
ṭarīqat aqṣā iḥtimāl
method study دراسة الطريقة
dirāsat aṭ-ṭarīqa
micro دقيق جدا
daqīq jiddan
microbending loss الفقد في الثنى الدقيق جدا
al-faqd fith-thany ad-daqīq jiddan
microcircuit دائرة دقيقة جدا
dā'ira daqīqa jiddan
microcode الترميز المصغر
at-tarmīz al-muṣaghghar
microcomputer ميكروكمبيوتر
mīkrūkumbyūtar
microcontroller متحكم دقيق
mutaḥakkim daqīq
microelectronics علم الالكترونيات الدقيقة
ʿilm al-iliktrūnīyāt ad-daqīqa
micro-electronic technology تكنولوجيا الالكترونيات الدقيقة
tiknūlūjīya al-iliktrūnīyāt ad-daqīqa

micro-fiche file ملف الميكروفيش
milaff al-mikrūfīsh
microfilm viewer جهاز عرض الميكروفيلم
jihāz ʿarḍ al-mīkrūfīlm
microinstruction أمر دقيق جدا
amr daqīq jiddan
microphone ميكروفون
mīkrūfūn
microphone amplifier مضخم ميكروفوني
muḍakhkhim mīkrūfūnī
microprocessor ميكروبروسيسور
mīkrūbrūsisar
microprogramming البرمجة الدقيقة
al-barmaja ad-daqīqa
microprogram sequencer متابع ببرنامج دقيق جدا
mutābiʿ bi-barnāmaj daqīq jiddan
microprogram store مخزن برنامج دقيق جدا
makhzan barnāmaj daqīq jiddan
microsecond واحد على مليون من الثانية
wāḥid ʿala milyūn min ath-thāniya
microsequence تتابع دقيق جدا
tatābuʿ daqīq jiddan
microwaves الموجات الدقيقة جدا
al-mawjāt ad-daqīqa jiddan
middleware معدات متوسطة
muʿaddāt mutawassiṭa
migration هجرة
hijra
milli- مللي
millī
millimetric waveguide system نظام الدليل الموجي المليمتري
niẓām ad-dalīl al-mawjī al-millimitrī
millisecond مللي ثانية
millī thāniya
MIMD processor معالج MIMD
muʿālij im āy im dī
min أصغر
aṣghar
miniaturized circuit دائرة مصغرة
dāʾira muṣaghghara
minicomputer ميني كمبيوتر
mīnī-kumbyūtar
minifloppy اسطوانة مرنة صغيرة
usṭuwāna marina ṣaghīra
minimal machine أدنى حد للآلة
adna ḥadd lil-āla
minimax procedures اجراءات القيمة الكبرى والقيمة الصغرى
ijrāʾāt al-qīma al-kubra wal-qīma aṣ-ṣughra
minimization الخفض للحد الأدنى
al-khafḍ lil-ḥadd al-adna
minimum-access code ترميز التداول الأصغر
tarmīz at-tadāwul al-aṣghar
minimum-cost أقل تكلفة
aqall taklifa
minimum signal level الحد الادنى لمستوى الاشارة
al-ḥadd al-adna li-mustawa al-ishāra
mini reel بكرة صغيرة
bakara ṣaghīra
minor route countries دول المسار الأقل
duwal al-masār al-aqall
minterm الحد الاصغر
al-ḥadd al-aṣghar
minus zone المنطقة السالبة
al-minṭaqa as-sāliba
mips مليون أمر في الثانية
milyūn amr fith-thāniya
misalignment خطأ المحاذاة
khaṭaʾ al-muḥādhāh
miscoding خطأ الترميز
khaṭaʾ at-tarmīz
miscount خطأ في العد
khaṭaʾ fil-ʿadd
misfile سوء التعامل مع الملف
sūʾ at-taʿāmul maʿ al-milaff
mismatch عدم توافق
ʿadam tawāfuq
misnumber خطأ في الترقيم
khaṭaʾ fit-tarqīm
misplacement وضع الشيء في غير موضعه
waḍʿ ash-shayʾ fī ghayr mawḍiʿ hi
mixed-base system نظام القاعدة المختلطة
niẓām al-qāʿida al-mukhtaliṭa
mixed logic منطق مختلط
manṭiq mukhtaliṭ
mixed mode أسلوب مختلط
uslūb mukhtaliṭ
mixed mode night service أسلوب مختلط لخدمة ليلية
uslūb mukhtaliṭ li-khidma laylīya
mixed-radix notation التدوين بالأساس المختلط
at-tadwīn bil-asās al-mukhtaliṭ

M

mixed-radix system نظام الأساس المختلط
niẓām al-asās al-mukhtaliṭ
mixed sequencing تتابع مختلط
tatābuʿ mukhtaliṭ
mnemonic code رمز موجز
ramz mūjaz
mobile telephone subsystem نظام التليفونات الفرعي المتنقل
niẓām at-tilīfūnāt al-farʿī al-mutanaqqil
mobility تنقلية
tanaqqulīya
mode أسلوب
uslūb
model نموذج
namūdhaj
modem موديم
mūdīm
modem/alarm cable موديم/كبل إنذار
mūdīm/kabl indhār
modification instruction أمر بالتعديل
amr bi-taʿdīl
modifier bits بتات المعدل
bitāt al-muʿaddil
modifier register مخزن المعدل
makhzan al-muʿaddil
modular arithmetic علم الحساب التجزيئي
ʿilm al-ḥisāb at-tajziʾī
modular counter العداد التجزيئي
al-ʿaddād at-tajziʾī
modularization تجزىء نسبي
tajziʾ nisbī
modular programming برمجة تجزيئية
barmaja tajziʾīya
modulated carrier wave الموجة الحاملة المضمنة
al-mawja al-ḥāmila al-muḍammana
modulation التضمين
at-taḍmīn
modulation coherence إلتصاق التضمين
iltiṣāq at-taḍmīn
modulation element عنصر التضمين
ʿunṣur at-taḍmīn
modulation rate معدل التضمين
muʿaddal at-taḍmīn
modulator مضمن
muḍammin
module جزء وحدة قياس للنسبة
juzʾ wiḥdat qiyās lin-nisba
module invariant ثبوت التجزىء
thubūt at-tajziʾ

module specification مواصفات الجزء
muwāṣafāt al-juzʾ
module testing إختبار الجزء
ikhtibār al-juzʾ
modulo m النسبة إم
an-nisba im
modulo-n check اختبار النسبة إن
ikhtibār an-nisba in
monadic لا يقبل التجزىء
lā yaqbil at-tajziʾ
monadic operation عملية غير قابلة للتجزىء
ʿamalīya ghayr qābila lit-tajziʾ
monitor وحدة مراقبة
wiḥdat murāqaba
monitor display شاشة عرض جهاز المراقبة
shāshat ʿarḍ jihāz al-murāqaba
monitoring مراقبة
murāqaba
monitor routine روتين للمراقبة
rūtīn lil-murāqaba
monochrome display شاشة عرض أحادية اللون
shāshat ʿarḍ uḥādīyat al-lawn
monocrystalline silicon سليكون أحادي التبلور
silīkūn uḥādī at-tabalwur
monolithic أحادي البناء
uḥādī al-bināʾ
monolithic integrated circuit دائرة متكاملة أحادية البناء
dāʾira mutakāmila uḥādīyat al-bināʾ
monomode fibres أنسجة أحادية الأسلوب
ansija uḥādīyat al-uslūb
monomorphism احادية الشكل
uḥādīyat as-shakl
Moore machine آلة « مور »
ālat mūr
mosaic graphics set مجموعة رسومات تزويقية
majmūʿat rusūmāt tazwīqīya
mosaic printer طابعة تزويقية
ṭābiʿa tazwīqīya
MOS – Metal Oxide Semiconductor موس . أشباه موصلات من أكسيدات المعادن
mūs · ashbāh muwaṣṣilāt min aksīdāt al-maʿādin
MOS integrated circuit دائرة متكاملة مكوناتها من أشباه موصلات الاكاسيد المعدنية
dāʾira mutakāmila mukawwanātiha min ashbāh muwaṣṣilāt al-akāsīd al-maʿdinīya

MOS transistor ترانزستور مصنوع من اشباه موصلات المعدنية
trānzistūr maṣnūʿ min ashbāh muwaṣṣilāt al-akāsīd al-maʿdinīya
most significant character الحرف الأكثر وزناً
al-ḥarf al-akthar waznan
most significant digit الرقم الأكثر وزناً
ar-raqm al-akthar waznan
most significant position الموضع الأكثر وزناً
al-mawḍiʿ al-akthar waznan
mother الأصل
al-aṣl
mother board اللوحة الأصلية
al-lawḥa al-aṣlīya
Motorola شركة موتورولا
sharikat mūtūrūlā
mouse الفأرة المرسمة
al-faʾra al-mirsama
movement file ملف الحركات
milaff al-ḥarakāt
move mode حالة حركة
ḥālat ḥaraka
moving-average methods طرق المتوسط المتحرك
ṭuruq al-mutawassiṭ al-mutaḥarrik
m-sequence تتابع إم
tatābuʿ im
MTBF - mean time between failures متوسط الزمن بين الأعطال
mutawassiṭ az-zaman bayn al-aʿṭal
MTTR - mean time to repair متوسط زمن الاصلاح
mutawassiṭ zaman al-iṣlāḥ
muddle of cards إرتباك البطاقات
irtibāk al-biṭāqāt
mu-law encoding الترميز بقانون ميو
at-tarmīz bi-qānūn miyū
multiaccess system نظام تعدد التداول
niẓām taʿaddud at-tadāwul
multiaddress تعدد العنوان
taʿaddud al-ʿunwān
multiaddress calling نداء متعدد العنوان
nidāʾ mutaʿaddid al-ʿunwān
multicasting متعدد القوالب
mutaʿaddid al-qawālib
multichannel voice frequency تردد صوتي متعدد القنوات
taraddud ṣawtī mutaʿaddid al-qanawāt
multichip متعدد الشرائح الرقيقة
mutaʿaddid ash-sharāʾiḥ ar-raqīqa
multidimensional array مجموعة مرتبة متعددة الاتجاهات
majmūʿa murattaba mutaʿaddidat al-ittijāhāt
multidrop line خط متعدد الهبوط
khaṭṭ mutaʿaddid al-hubūṭ
multi-exchange call مكالمة من خلال عدة سنترالات
mukālama min khilāla ʿiddat sintrālāt
multifrequency متعدد الترددات
mutaʿaddid at-taraddudāt
multifrequency code ترميز متعدد الترددات
tarmīz mutaʿaddid at-taraddudāt
multifrequency tone signalling إرسال إشارات نغمية متعددة الترددات
irsāl ishārāt naghamīya mutaʿaddidat at-taraddudāt
multifunctional workstation محطة متعددة الادوار
maḥaṭṭa mutaʿaddidat al-adwār
multijob متعدد الواجبات
mutaʿaddid al-wājibāt
multijunctor device جهاز متعدد الوصلات
jihāz mutaʿaddid al-waṣlāt
multilayer device جهاز متعدد الطبقات
jihāz mutaʿaddid aṭ-ṭabaqāt
multilength number رقم متعدد الأطوال
raqm mutaʿaddid al-aṭwāl
multilength working عمل بأطوال متعددة
ʿamal bi-aṭwāl mutaʿaddida
multilevel amplitude modulation تضمين السعة متعدد المستويات
taḍmīn as-saʿa mutaʿaddid al-mustawayāt
multilevel memory ذاكرة متعددة المستويات
dhākira mutaʿaddidat al-mustawayāt
multilevel security أمن متعدد المستويات
amn mutaʿaddid al-mustawayāt
multilevel signalling إرسال إشارات متعدد المستويات
irsāl ishārāt mutaʿaddid al-mustawayāt
multilink calls مكالمات متعددة الوصلات
mukālamāt mutaʿaddidat al-waṣlāt

M

multilinked — متعدد الوصلات
muta'addid al-waṣlāt

multimedia mail — بريد متعدد الأوساط
barīd muta'addid al-awsāṭ

multimode counter — عداد متعدد الأشكال
'addād muta'addid al-ashkāl

multiparty connection — توصيل متعدد المجموعات
tawṣīl muta'addid al-majmū'āt

multipath dispersion — إنتشار متعدد الممرات
intishār muta'addid al-mamarrāt

multiphase modulation — تضمين متعدد الأطوار
taḍmīn muta'addid al-aṭwār

multiphase transaction — تبادل متعدد الأطوار
tabādul muta'addid al-aṭwār

multi pin connector — موصل متعدد المحاور
muwaṣṣil muta'addid al-maḥāwir

multiple-address machine — كمبيوتر متعدد العنوان
kumbyūtar muta'addid al-'unwān

multiple assignment — تخصيص متعدد
takhṣīṣ muta'addid

multiple chain — سلسلة متعددة
silsila muta'addida

multiple console operation — تشغيل بوحدات اتصال متعددة
tashghīl bi-wiḥdāt ittiṣāl muta'addida

multiple precision — دقة متعددة
diqqa muta'addida

multiple recording — تسجيل متعدد
tasjīl muta'addid

multiple regression — تراجع متعدد
tarāju' muta'addid

multiple regression model — نمودج متعدد التراجع
namūdhaj muta'addid at-tarāju'

multiple-valued logic — منطق متعدد القيمة
manṭiq muta'addid al-qīma

multiplexed bus — مدار توزيع ذو إرسال متعدد التقابل
madār tawzī' dhū irsāl muta'addid at-taqābul

multiplexed traffic — حركة مرور متعددة التقابل
ḥarakat murūr muta'addidat at-taqābul

multiplexer — جهاز إرسال متعدد التقابل
jihāz irsāl muta'addid at-taqābul

multiplexer channel — قناة جهاز إرسال متعدد التقابل
qanāt jihāz irsāl muta'addid at-taqābul

multiplexing — عملية إرسال متعدد التقابل
'amalīyat irsāl muta'addid at-taqābul

multiplication — الضرب
aḍ-ḍarb

multiplication time — زمن عملية الضرب
zaman 'amalīyat aḍ-ḍarb

multiplier — المضروب فيه
al-maḍrūb fīhi

multi-precision arithmetic — حساب متعدد الدقة
ḥisāb muta'addid ad-diqqa

multipoint connection — وصلة إلتقاء في أكثر من نقطة
waṣlat iltiqā' fī akthar min nuqṭa

multipoint line — خط متعدد النقاط
khaṭṭ muta'addid an-nuqāṭ

multiprecision — تعدد الدقة
ta'addud ad-diqqa

multiprocessing system — نظام متعدد المعالجة
niẓām muta'addid al-mu'ālaja

multiprocessor — وحدة متعددة المعالجة
wiḥda muta'addidat al-mu'ālaja

multiprogramming — تعدد البرمجة
ta'addud al-barmaja

multiprogramming system — نظام تعدد البرمجة
niẓām ta'addud al-barmaja

multireel file — ملف متعدد البكرات
milaff muta'addid al-bakarāt

multiset — تعدد المجموعة
ta'addud al-majmū'a

multi-state signalling — إرسال إشارة متعدد الحالات
irsāl ishāra muta'addid al-ḥālāt

multistation — تعدد المحطات
ta'addud al-maḥaṭṭāt

multistation DLC — تعدد المحطات DLC
ta'addud al-maḥaṭṭāt dī il sī

multitape Turing machine — حاسب تورنج متعدد الشرائط
ḥāsib tūrīng muta'addid ash-sharā'iṭ

multitasking — تعدد المهمات
ta'addud al-muhimmāt

multithreading — تعدد الخيوط
ta'addud al-khuyūṭ

multiunit processor — معالج متعدد الوحدات
muʿālij mutaʿaddid al-wiḥdāt

multiuser system — نظام تعدد المستخدمين
niẓām taʿaddud al-mustakhdimīn

multivalued logic — منطق متعدد القيم
manṭiq mutaʿaddid al-qiyam

multivariate analysis — تحليل متعدد الكمية المتغيرة
taḥlīl mutaʿaddid al-kammīya al-mutaghayyira

multivibrator — مذبذب تراخ
mudhabdhib tarākhi

multiway search tree — شجرة تحري متعددة المسالك
shajarat taḥarri mutaʿaddidat al-masālik

multiwindow — متعدد النوافذ
mutaʿaddid an-nawāfidh

mu operator — عامل « ميو »
ʿāmil miyū

music circuit — دائرة موسيقية
dāʾira mūsīqīya

mutilation — تشويه
tashwīh

mutual exclusion — إستبعاد متبادل
istibʿād mutabādil

mutually-synchronized network — شبكة متبادلة التزامن
shabaka mutabādilat at-tazāmun

M

N

name إسم
ism

NAND gate دائرة صمامية لنفي الضرب المنطقي
dā'ira ṣimāmīya li-nafī aḍ-ḍarb al-manṭiqī

NAND operation عملية نفي الضرب المنطقي
'amalīyat nafī aḍ-ḍarb al-manṭiqī

nano- نانو
nānū

nanosecond جزء من ألف مليون من الثانية
juz' min alf milyūn min ath-thāniya

N

nanoprogram store مخزن جزء من ألف مليون من برنامج
makhzan juz' min alf milyūn min barnāmaj

naperian logarithm اللوغاريتمات الطبيعية
al-lūgārītmāt aṭ-ṭabī'īya

narrowband نطاق ترددي ضيق
niṭāq taraddudī ḍayyiq

national circuit دائرة قومية
dā'ira qawmīya

national common access تداول قومي مشترك
tadāwul qawmī mushtarik

national significant number رقم قومي ذو اهمية
raqm qawmī dhū ahmīya

native mode حالة طبيعية
ḥāla ṭabī'īya

natural binary-coded decimal رقم عشري طبيعي ثنائي الترميز
raqm 'ushrī ṭabī'ī thunā'ī at-tarmīz

natural-function generator مولد الدوال الطبيعية
muwallid ad-dawāl aṭ-ṭabī'īya

natural logarithm اللوغاريتمات الطبيعية
al-lūgārītmāt aṭ-ṭabī'īya

nature-of-circuit indicator مؤشر طبيعة الدائرة
mu'ashshir ṭabī'at ad-dā'ira

needle sorted مفروزة بشكل إبري
mafrūza bi-shakl ibrī

negation نفي
nafī

negation element عنصر نفي
'unṣur nafī

negative acknowledgement قبول سلبي
qubūl salbī

negative-edge triggered إطلاق النبضة عند الحافة السالبة
iṭlāq an-nabḍa 'ind al-ḥāffa as-sāliba

negative justification ضبط سالب
ḍabṭ sālib

negative logic منطق سالب
manṭiq sālib

negator نافي
nāfī

nested block كتل متداخلة
kutal mutadākhila

nested scopes مجالات متداخلة
majālāt mutadākhila

nesting تداخل
tadākhul

nesting store مخزن متداخل
makhzan mutadākhil

network شبكة
shabaka

network analysis تحليل الشبكة
taḥlīl ash-shabaka

network architecture بناء الشبكة
binā' ash-shabaka

network attachment ملحق الشبكة
mulḥaq ash-shabaka

network control تحكم في الشبكة
taḥakkum fish-shabaka

network control layer طبقة التحكم في الشبكة
ṭabaqat at-taḥakkum fish-shabaka

network control phase طور تحكم في الشبكة
ṭawr taḥakkum fish-shabaka
network database system نظام قاعدة بيانات الشبكة
niẓām qā'idat bayānāt ash-shabaka
network delay تأخير الشبكة
ta'khīr ash-shabaka
network diagnostic controller مراقب لتشخيص أعطال الشبكة
murāqib li-tashkhīṣ a'ṭāl ash-shabaka
network facilities تسهيلات الشبكة
tashīlāt ash-shabaka
network front end الطرف الأمامي للشبكة
aṭ-ṭaraf al-amāmī lish-shabaka
network implementation تنفيذ الشبكة
tanfīdh ash-shabaka
networking عمل شبكة
'amal shabaka
network interconnection الوصل بين الشبكات
al-waṣl bayn ash-shabakāt
network interface unit وحدة دائرة وسيطة للشبكة
wiḥdat dā'ira wasīṭa lish-shabaka
network layer طبقة الشبكة
ṭabaqat ash-shabaka
network maintenance signals إشارات صيانة الشبكة
ishārāt ṣiyānat ash-shabaka
network management إدارة الشبكة
idārat ash-shabaka
network management centre مركز إدارة الشبكة
markaz idārat ash-shabaka
network management point نقطة إدارة الشبكة
nuqṭat idārat ash-shabaka
network management signals إشارات إدارة الشبكة
ishārāt idārat ash-shabaka
network manager مدير الشبكة
mudīr ash-shabaka
network operator مشغل الشبكة
mushaghghil ash-shabaka
network performance أداء الشبكة
adā' ash-shabaka
network terminating unit وحدة إنهاء الشبكة
wiḥdat inhā' ash-shabaka
network topology طوبولوجية الشبكة
ṭūbūlūjiyat ash-shabaka
network user address عنوان مستعمل الشبكة
'unwān musta'mil ash-shabaka
network user identity هوية مستعمل الشبكة
hūwīyat musta'mil ash-shabaka
network virtual terminal طرف إفتراضي للشبكة
ṭaraf iftirāḍī lish-shabaka
new computer user مستعمل جديد للكمبيوتر
musta'mil jadīd lil-kumbyūtar
new master file ملف رئيسي جديد
milaff ra'īsī jadīd
nexus نقطة تقاطع
nuqṭat taqāṭu'
nickel delay line خط تأخير من النيكل
khaṭṭ ta'khīr min an-nīkl
night service خدمة ليلية
khidma laylīya
night service bell جرس الخدمة الليلية
jaras al-khidma al-laylīya
nil pointer المؤشر الدال على الصفر
al-mu'ashshir ad-dāll 'alaṣ-ṣifr
no-address instruction أمر لا عنوان له
amr lā 'unwān lahū
no charge answer signal إشارة جواب مجانية
ishārat jawāb majjānīya
no charge option الاختيار المجاني
al-ikhtiyār al-majjānī
node عقدة
'uqda
noise ضوضاء
ḍawḍā'
noise immunity مناعة من الضوضاء
manā'a min aḍ-ḍawḍā'
noiseless coding ترميز خالي من الضوضاء
tarmīz khālī min aḍ-ḍawḍā'
noise margin حد الضوضاء
ḥadd aḍ-ḍawḍā'
noise measuring set أجهزة قياس الضوضاء
ajhizat qiyās aḍ-ḍawḍā'
noise sequence تتابع الضوضاء
tatābu' aḍ-ḍawḍā'
noise source مصدر الضوضاء
maṣdar aḍ-ḍawḍā'
noise word كلمة غير ضرورية
kalima ghayr ḍarūrīya
noisy mode الحال الضجيجي
al-ḥāl aḍ-ḍajījī

N

nominal overall loss الفقد الاجمالي الاسمي
al-faqd al-ijmālī al-ismī
nominal total attenuation التوهين الاجمالي الاسمي
at-tawhīn al-ijmālī al-ismī
nonassociated signalling إرسال إشارة غير مصحوبة
irsāl ishāra ghayr maṣḥūba
nonaudio line خط غير سمعي
khaṭṭ ghayr samʿī
nonbinary logic منطق غير ثنائي
manṭiq ghayr thunāʾī
noncontinuous غير مستمر
ghayr mustamirr
nondestructive addition إضافة غير مدمرة
iḍāfa ghayr mudammira
nondestructive read-out قراءة غير مدمرة
qirāʾa ghayr mudammira
nondeterminism لا تحديد
lā taḥdīd
nondirectional antenna هوائي غير إتجاهي
hawāʾī ghayr ittijāhī
nondirector غير موجه
ghayr muwajjih
nondynamic area منطقة غير ديناميكية
minṭaqa ghayr dīnāmīkīya
nonequivalence gate بوابة غير مكافئة
bawwāba ghayr mukāfiʾa
nonequivalence operation عملية غير مكافئة
ʿamalīya ghayr mukāfiʾa
nonerasable programmable device نبيطة البرمجة الغير قابلة للمسح
nabīṭat al-barmajat al-ghayr qābilat lil-masḥ
nonhierarchical cluster analysis تحليل غير هيكلي عنقودي
taḥlīl ghayr haykalī ʿunqūdī
nonhit condition شرط اللاصدمة
sharṭ al-lā-ṣadma
nonimpact printer طابع لا صدمية
ṭābiʿ lā-ṣadmīya
nonlinear equations معادلات غير خطية
muʿādalāt ghayr khaṭṭīya
nonlinearity distortion تشوه غير خطي
tashawwuh ghayr khaṭṭī
nonlinear regression model نموذج تراجع غير خطي
namūdhaj tarājuʿ ghayr khaṭṭī
nonmemory reference instruction أمر غير مرتبط بالذاكرة
amr ghayr murtabiṭ bidh-dhākira

non notching instruction أمر اللانقر
amr al-lā-naqr
nonop instruction أمر لا يحتوي على عملية
amr lā-yaḥtawī ʿala ʿamalīya
non overlap mode شكل لا متراكب
shakl lā-mutarākib
nonparametric techniques أساليب لا بارامترية
asālīb lā-bārāmitrīya
nonpre-emptive allocation حصة غير سابقة التفريغ
ḥiṣṣa ghayr sābiqat at-tafrīgh
nonprocedural language لغة لا إجرائية
lugha lā-ijrāʾīya
nonrecord fund condition شرط إعتماد مالي غير مسجل
sharṭ iʿtimād mālī ghayr musajjil
nonreflective ink حبر غير عاكس
ḥibr ghayr ʿākis
nonreturn to zero عدم الرجوع للصفر
ʿadam ar-rujūʿ liṣ-ṣifr
nonrevertive error checking مراجعة خطأ غير عائدة
murājaʿat khaṭaʾ ghayr ʿāʾida
nonsingular matrix مصفوفة غير مفردة
maṣfūfa ghayr mufrada
nonspectral colours ألوان غير طيفية
alwān ghayr ṭayfīya
nonsynchronous network شبكة لا متزامنة
shabaka lā-mutazāmina
nonterminal لا طرفي
lā-ṭarafī
nonterminal node عقدة لا طرفية
ʿuqda lā-ṭarafīya
nonuniform quantization تكم غير منتظم
takamm ghayr muntaẓim
nonvolatile memory ذاكرة مستقرة
dhākira mustaqirra
nonzero لا صفري
lā-ṣifrī
NOR gate دائرة صمامية لنفي عملية الجمع المنطقي
dāʾira ṣimāmīya li-nafi ʿamalīyat al-jamʿ al-manṭiqī
norm معيار
miʿyār
normal contact تلامس طبيعي
talāmus ṭabīʿī
normal distribution توزيع جاوسي
tawziʿ gawsī
normal form شكل طبيعي
shakl ṭabīʿī
normalisation عيارية
ʿiyārīya

N

normalize جعل عياريا
jaʿala ʿiyārīyan
normal subgroup مجموعة فرعية رديئة
majmūʿa farʿīya radīʾa
NOR operation عملية نفي الجمع المنطقي
ʿamalīyat nafī al-jamʿ al-manṭiqī
notation تدوين
tadwīn
notch filter مرشح حزي
murashshiḥ ḥazzī
not-equivalence gate دائرة صمامية غير مكافئة
dāʾira ṣimāmīya ghayr mukāfiʾa
NOT operation عملية النفي
ʿamalīyat an-nafī
nought output signal إشارة الخرج الصفرية
ishārat al-kharj aṣ-ṣifrīya
noughts complement تتمة الصفر
tatimmat aṣ-ṣifr
Nova حاسب نوڤا
ḥāsib nūvā
n-plus-one address instruction أمر عنوانه (إن+١)
ʿamr ʿunwānuh in zāʾid wāḥid
n-type semiconductor شبه موصل السالب
shibh muwaṣṣil as-sālib
nucleus نواة
nawāh
null character حرف الصفر
ḥarf aṣ-ṣifr
nullification مساواة بالصفر
musāwāh biṣ-ṣifr
nullity صفرية
ṣifrīya
null link الوصلة الصفرية
al-waṣla aṣ-ṣifrīya
null list قائمة صفرية
qāʾima ṣifrīya
null matrix مصفوفة صفرية
maṣfūfa ṣifrīya
null set مجموعة صفرية
majmūʿa ṣifrīya
null string صف صفري
ṣaff ṣifrī
number cruncher طاحن الرقم
ṭāḥin ar-raqm
number crunching طحن الرقم
ṭaḥn ar-raqm
number f moves أمر : (رقم « و » يتحرك)
amr raqm waw yataḥarrak
number 6 exchange سنترال رقم ٦
sintrāl raqm sitta
number system نظام عددي
niẓām ʿadadī
numerical analysis تحليل عددي
taḥlīl ʿadadī
numerical code رمز عددي
ramz ʿadadī
numerical control تحكم عددي
taḥakkum ʿadadī
numerical differentiation تفاضل عددي
tafāḍul ʿadadī
numerical integration تكامل عددي
takāmul ʿadadī
numerical linear algebra علم الجبر الخطي العددي
ʿilm al-jabr al-khaṭṭī al-ʿadadī
numerical literal حرفي عددي
ḥarfī ʿadadī
numerical methods طرق عددية
ṭuruq ʿadadīya
numerical stability إستقرار عددي
istiqrār ʿadadī
numerical value قيمة عددية
qīma ʿadadīya
numeric character subset مجموعة حروف عددية
majmūʿat ḥurūf ʿadadīya
numeric format شكل عددي
shakl ʿadadī
numeric item بند عددي
band ʿadadī
Nyquist interval فاصل « نيكويست » الزمني
fāṣil nīkwīst az-zamanī
Nyquist sampling أخذ العينات واختبارها بطريقة « نيكويست »
akhdh al-ʿayyināt wa ikhtibāriha bi-ṭarīqat nīkwīst

N

O

O and M — التنظيم والطرق
at-tanẓīm waṭ-ṭuruq
object architecture — تركيب بلغة الآلة
tarkīb bi-lughat al-āla
object code — ترميز بلغة الآلة
tarmīz bi-lughat al-āla
object language — لغة الآلة
lughat al-āla
object-oriented architecture — تركيب يميل إلى لغة الآلة
tarkīb yamīl ila lughat al-āla
object-oriented language — لغة تميل إلى لغة الآلة
lugha tamīl ila lughat al-āla
object program — برنامج بلغة الآلة
barnāmaj bi-lughat al-āla
oblique stroke — شوط مائل
shawṭ māʾil
observation matrix — مصفوفة مراقبة
maṣfūfat murāqaba
OCR — قارىء الحروف الضوئية
qāriʾ al-ḥurūf aḍ-ḍawʾīya
octal — ثماني
thumānī
octal notation — التدوين الثماني
at-tadwīn ath-thumānī
octet — مجموعة ثمانية
majmūʿa thumānīya
octet timing signal — إشارة توقيت ثمانية المجموعة
ishārat tawqīt thumāniyat al-majmūʿa
odd-even check — مراجعة الفردي والزوجي
murājaʿat al-fardī waz-zawjī
odd parity — تماثل فردي
tamāthul fardī
odd parity check — اختبار التماثل الفردي
ikhtibār at-tamāthul al-fardī
OEM — صانع الأجهزة الأصلية
ṣāniʿ al-ajhiza al-aṣlīya
offered traffic — حركة مرور معروضة
ḥarakat murūr maʿrūḍa
office — مكتب
maktab
office automation — اوتوماتيكية المكتب
awtūmātīyat al-maktab
off-line — غير متصل بالكمبيوتر
ghayr muttaṣil bil-kumbyūtar
off-resistance — إلغاء المقاومة
ilghāʾ al-muqāwama
offspring — نسل
nasl
old master file — ملف رئيسي قديم
milaff raʾīsī qadīm
oligarchic network — شبكة الأقلية
shabakat al-aqallīya
omit line — إسقاط الخط
isqāṭ al-khaṭṭ
OMR — قارىء الرموز الضوئية
qāriʾ ar-rumūz aḍ-ḍawʾiya
one-address instruction — أمر ذو عنوان واحد
amr dhū ʿunwān wāḥid
one-level store — مخزن من مستوى واحد
makhzan min mustawa wāḥid
one-pass program — برنامج ذو ممر واحد
barnāmaj dhū mamarr wāḥid
one-plus-one address — عنوان واحد زائد واحد
ʿunwān wāḥid zāʾid wāḥid
one-plus-one address instruction — أمر عنوانه واحد زائد واحد
amṛ ʿunwānuh wāḥid zāʾid wāḥid
one's complement — تتمة أحادية
tatimma uḥādīya
one-shot — على مرة واحدة
ʿala marra wāḥida

one-step operation عملية من خطوة واحدة
ʿamalīya min khuṭwa wāḥida

one-to-many calls مكالمات من واحد إلى عدة اتجاهات
mukālamāt min wāḥid ila ʿiddat ittijāhāt

one-to-one call مكالمة أحادية
mukālama uḥādīya

one-to-one function وظيفة أحادية
waẓīfa uḥādīya

one-unit message رسالة من وحدة واحدة
risāla min wiḥda wāḥida

one-way linked list قائمة متصلة وحيدة الاتجاه
qāʾima muttaṣila waḥīdat al-ittijāh

on hand inventory قائمة الموجودات المتاحة
qāʾimat al-mawjūdāt al-mutāḥa

on-hook وضع السماعة
waḍʿ as-sammāʿa

on-line آني
ānī

on-line processing معالجة آنية
muʿālaja ānīya

on-line program development تطوير البرنامج آنياً
taṭwīr al-barnāmaj ānīyan

on-line system نظام آني
niẓām ānī

onomasticon قاموس
qāmūs

O notation التدوين بطريق "O"
at-tadwīn bi-ṭarīqat aw kabīr

on-the-fly error recovery معالجة الخطأ بدون توقف
muʿālajat al-khaṭaʾ bi-dūn tawaqquf

on the job training تدريب عملي على الوظيفة
tadrīb ʿamalī ʿalal-waẓīfa

op-amp مضخم تشغيلي
muḍakhkhim tashghīlī

op-code رمز عملية
ramz ʿamalīya

open مفتوح
maftūḥ

open collector device جهاز مفتوح المجمع
jihāz maftūḥ al-mujammiʿ

open collector output state حالة الخرج مفتوح المجمع
ḥālat al-kharj maftūḥ al-mujammiʿ

open-ended مفتوح الطرف
maftūḥ aṭ-ṭaraf

open shop مكان مفتوح
makān maftūḥ

open shop operation تشغيل المكان المفتوح
tashghīl al-makān al-maftūḥ

open subroutine روتين فرعي مفتوح
rūtīn farʿī maftūḥ

open system نظام مفتوح
niẓām maftūḥ

open system interconnection وصل النظام المفتوح
waṣl an-niẓām al-maftūḥ

open systems architecture بناء النظم المفتوحة
bināʾ an-nuẓum al-maftūḥa

open systems interface النبيطة البينية للنظم المفتوحة
an-nabīṭa al-baynīya lin-nuẓum al-maftūḥa

operand المعامل الذي تجرى عليه العملية الحسابية
al-muʿāmil al-ladhī tajrī ʿalayhi al-ʿamalīya al-ḥisābīya

operating display شاشة عرض عاملة
shāshat ʿarḍ ʿāmila

operating station محطة عاملة
maḥaṭṭa ʿāmila

operating system نظام التشغيل
niẓām at-tashghīl

operating system programme برنامج نظام التشغيل
barnāmaj niẓām at-tashghīl

operation تشغيل . عملية
tashghīl · ʿamalīya

operational amplifier مضخم تشغيلي
muḍakhkhim tashghīlī

operational flexibility مرونة تشغيلية
murūna tashghīlīya

operational research بحوث العمليات
buḥūth al-ʿamalīyāt

operational semantics علم دلالة الألفاظ التشغيلي
ʿilm dalālat al-alfāẓ at-tashghīlī

operation and maintenance subsystem أنظمة التشغيل والصيانة الفرعية
anẓimat at-tashghīl waṣ-ṣiyāna al-farʿīya

operation autonomous عملية ذاتية التحكم
ʿamalīya dhātīyat at-taḥakkum

operation code رمز العملية
ramz al-ʿamalīya

operation cycle دورة العملية
dawrat al-ʿamalīya

operation decoder محلل الترميز
muḥallil at-tarmīz
operation dispatch list قائمة عملية الارسال
qā'imat ʿamalīyat al-irsāl
operation group مجموعة التشغيل
majmūʿat at-tashghīl
operation input-output دخل ـ خرج العملية
dakhl-kharj al-ʿamalīya
operation logic منطق العملية
manṭiq al-ʿamalīya
operation register سجل العملية
sijill al-ʿamalīya
operations on sets عمليات على مجموعات
ʿamalīyāt ʿala majmūʿāt
operations research بحوث العمليات
buḥūth al-ʿamalīyāt
operation table جدول العمليات
jadwal al-ʿamalīyāt
operator call splitting عامل شق المكالمة
ʿāmil shaqq al-mukālama
operator circuit مشغل الدائرة
mushaghghil ad-dā'ira
operator communication file ملف اتصالات المشغل
milaff ittiṣālāt al-mushaghghil
operator controlled conference مكالمة جماعية تحت تحكم المشغل
mukālama jamāʿīya taḥta taḥakkum al-mushaghghil
operator guidance ارشاد المشغل
irshād al-mushaghghil
operator hold إيقاف المشغل
īqāf al-mushaghghil
operator intrusion تدخل المشغل
tadakhkhul al-mushaghghil
operator name إسم المشغل
ism al-mushaghghil
operator's console وحدة إتصال المشغل بالكمبيوتر
wiḥdat ittiṣāl al-mushaghghil bil-kumbyūtar
operator's control equipment معدات تحكم المشغل
muʿaddat taḥakkum al-mushaghghil
operator's position subsystem النظام الفرعي لموضع المشغل
an-niẓām al-farʿī li-mawḍiʿ al-mushaghghil

O

optical character recognition تعرف ضوئي على الحروف
taʿarruf ḍaw'ī ʿalal-ḥurūf
optical disk اسطوانة ضوئية
usṭuwāna ḍaw'īya
optical fibre ألياف ضوئية
alyāf ḍaw'īya
optical fibre attenuation توهين الالياف الضوئية
tawhīn al-alyāf aḍ-ḍaw'īya
optical font نمط ضوئي
namaṭ ḍaw'ī
optical mark reading قراءة العلامة ضوئياً
qirā'at al-ʿalāma ḍaw'īyan
optical scanning station محطة مسح ضوئي
maḥaṭṭat masḥ ḍaw'ī
optical waveguide دليل الموجات الضوئي
dalīl al-mawjāt aḍ-ḍaw'ī
optimal binary search tree انسب شجرة بحث ثنائي
ansab shajarat baḥth thunā'ī
optimization الوصول للوضع الانسب
al-wuṣūl lil-waḍʿ al-ansab
optimum programming أنسب برمجة
ansab barmaja
option اختيار
ikhtiyār
optional facilities تسهيلات اختيارية
tashīlāt ikhtiyārīya
optional features سمات اختيارية
simāt ikhtiyārīya
optional halt instruction أمر إيقاف اختياري
amr īqāf ikhtiyārī
optoelectronics علم الألكترونيات الضوئي
ʿilm al-iliktrūnīyāt aḍ-ḍaw'ī
optoisolator عازل ضوئي
ʿāzil ḍaw'ī
orbital insertion إيلاج مداري
īlāj madārī
orbital operations عمليات مدارية
ʿamalīyāt madārīya
orbital test satellite قمر صناعي للاختبار المداري
qamr ṣināʿī lil-ikhtibār al-madārī
ORC cable كبل ORC
kabl aw ār sī
order code رمز الترتيب
ramz at-tartīb
ordered pair زوج مرتب
zawj murattab
ordered serial file ملف مسلسل مرتب
milaff musalsal murattab

ordered tree شجرة مرتبة
shajara murattaba
ordering relation علاقة الترتيب
ʿalāqat at-tartīb
orderly close-down إنهاء العمل بالترتيب
inhāʾ al-ʿamal bit-tartīb
order of appearance ترتيب الظهور
tartīb aẓ-ẓuhūr
order statistics إحصائيات الترتيب
iḥṣāʾīyāt at-tartīb
ordinary differential equations معادلات تفاضلية عادية
muʿādalāt tafāḍulīya ʿādīya
organizational information system نظام معلومات تنظيمي
niẓām maʿlūmāt tanẓīmī
organization and methods تنظيم وطرق
tanẓīm wa ṭuruq
origin أصل . مصدر
aṣl · maṣdar
originating traffic حركة المرور الصادر
ḥarakat al-murūr aṣ-ṣādir
OR operation عملية الجمع المنطقي
ʿamalīyat al-jamʿ al-manṭiqī
orthogonal analysis تحليل عمودي
taḥlīl ʿamūdī
orthogonal basis أساس عمودي
asās ʿamūdī
orthogonal functions دوال عمودية
dawāl ʿamūdīya
orthogonal list قائمة عمودية
qāʾima ʿamūdīya
orthogonal memory ذاكرة عمودية
dhākira ʿamūdīya
ortho-mode transducer محول الطاقة مستقيم الشكل
muḥawwil aṭ-ṭāqa mustaqīm ash-shakl
orthonormal analysis تحليل التقاء الأعمدة
taḥlīl iltiqāʾ al-aʿmida
orthonormal basis أساس التقاء الأعمدة
asās iltiqāʾ al-aʿmida
orthonormal functions دوال التقاء الأعمدة
dawāl iltiqāʾ al-aʿmida
oscillator مذبذب
mudhabdhib
oscilloscope مرسمة تذبذبات
mirsamat tadhabdhabāt
out-band signalling إرسال إشارة خارج النطاق
irsāl ishāra khārij an-niṭāq
outdegree الدرجة الخارجية
ad-daraja al-khārijīya
outer code الرمز الخارجي
ar-ramz al-khārijī
outfeed tractor جرار خارجي التغذية
jarrār kharijī at-taghdhiya
outgoing call مكالمة خارجة
mukālama khārija
outgoing lines خطوط خارجة
khuṭūṭ khārija
outgoing preparation تجهيزات خارجة
tajhīzāt khārija
outgoing speech store مخزن كلام خارج
makhzan kalām khārij
outgoing trunk ترانك خارج
trānk khārij
outgoing trunk circuit دائرة ترانك خارجة
dāʾirat trānk khārija
outgoing trunks ترنكات خارجة
trankāt khārija
out-of-area line خط خارج المنطقة
khaṭṭ khārij al-minṭaqa
out-of-band components مكونات خارج النطاق
mukawwināt khārij an-niṭāq
out of house خارج الدار
khārij ad-dār
out-of-order signal إشارة مشوشة
ishāra mushawwasha
output خرج
kharj
output area مساحة الخرج
misāḥat al-kharj
output assertion تأكيد الخرج
taʾkīd al-kharj
output device نبيطة خرج
nabīṭat kharj
output-limited process تشغيل محدود الخرج
tashghīl maḥdūd al-kharj
output power قدرة الخرج
qudrat al-kharj
output writer كاتب الخرج
kātib al-kharj
outrigger مد . إطالة
madd · iṭāla
out-slot signalling إرسال إشارة خارج الفتحة
irsāl ishāra khārij al-fatḥa
overall loss الفقد الاجمالي
al-faqd al-ijmālī
overcrowded مزدحم
muzdaḥim
overflow فائض
fāʾiḍ

O

overflow bid فيض إتصال ثنائي الاتجاه
fayḍ ittiṣāl thunā'ī al-ittijāh

overhead bits بتات فوقية
bitāt fawqīya

overlap تراكب
tarākub

overlay غطاء
ghiṭā'

overlayable قابل للتغطية
qābil lit-taghṭiya

overpunch تثقيب زائد
tathqīb zā'id

overrun تسيير فوقي
tasyīr fawqī

overvoltage تجاوز الڤلطية
tajāwuz al-vulṭīya

overwrite تداخل كتابة على أخرى
tadākhul kitāba ʿala ukhra

owner مالك
mālik

own exchange call مكالمة سنترال ذاتية
mukālamat sintrāl dhātīya

oxide isolation عزل الاكسيد
ʿazl al-aksīd

O

P

PABX — مركز خاص آلي للاتصالات الهاتفية الفرعية
markaz khāṣṣ ālī lil-ittiṣālāt al-hātifīya al-farʿīya

pack — حزمة
ḥuzma

package — حزمة برامج
ḥuzmat barāmij

packed decimal — رقم عشري منضغط
raqm ʿushrī munḍaghiṭ

packet — رزمة
rizma

packet assembler — مجمع الرزمة
mujammiʿ ar-rizma

packet delay — تأخير الرزمة
taʾkhīr ar-rizma

packet density — كثافة الرزمة
kathāfat ar-rizma

packet disassembly — فصل الرزمة
faṣl ar-rizma

packet level protocols — مراسم مستوى الرزمة
marāsim mustawa ar-rizma

packet mode terminal — جهاز طرفي بطريقة رزم
jihāz ṭarafī bi-ṭarīqat rizam

packet sequence — تتابع الرزمة
tatābuʿ ar-rizma

packet switched data service — خدمة البيانات بالرزم المحولة
khidmat al-bayānāt bir-rizam al-muḥawwala

packet switching — تحويل الرزمة
taḥwīl ar-rizma

packet switching exchange — سنترال تحويل الرزمة
sintrāl taḥwīl ar-rizma

packet switching network — شبكة تحويل الرزمة
shabakat taḥwīl ar-rizma

packet switch stream — تيار تحويل الرزمة
tayyār taḥwīl ar-rizma

packing factor — عامل كثافة البيانات
ʿāmil kathāfat al-bayānāt

pad character — رمز فاصل
ramz fāṣil

padding — حشوة
ḥashwa

page — صفحة
ṣafḥa

page change hole — ثقب تغيير الصفحة
thuqb taghyīr aṣ-ṣafḥa

paged segment — قطعة مقسمة إلى صفحات
qiṭʿa muqassama ila ṣafaḥāt

page frame — إطار الصفحة
iṭār aṣ-ṣafḥa

page printer — طابعة الصفحات
ṭābiʿat aṣ-ṣafaḥāt

page table — جدول صفحات
jadwal ṣafaḥāt

page turning — تحويل الصفحة
taḥwīl aṣ-ṣafḥa

pagination — تقسيم بالصفحات
taqsīm biṣ-ṣafaḥāt

paging — نقل الصفحات
naql aṣ-ṣafaḥāt

paging drum — أسطوانة نقل الصفحات
usṭuwānat naql aṣ-ṣafaḥāt

paired-disparity code — رمز عدم التكافؤ الزوجي
ramz ʿadam at-takāfuʾ az-zawjī

paper hold down plate — لوحة مسك الورق
lawḥat mask al-waraq

paper slew — دوران الورق
dawarān al-waraq

paper slipping rate — معدل إنزلاق الورق
muʿaddal inzilāq al-waraq

paper tape — شريط ورق
sharīṭ waraq

paper tape I/O — شريط ورق دخل/خرج
sharīṭ waraq dakhl/kharj

paper tape loop — حلقة شريط الورق
ḥalaqat sharīṭ al-waraq

P

paper tape punch ثاقب شريط الورق
thāqib sharīṭ al-waraq
paper tape reader قارئ شريط الورق
qāriʾ sharīṭ al-waraq
paper throw انتقال الورق
intiqāl al-waraq
parallel access تداول متوازي للبيانات
tadāwul mutawāzī lil-bayānāt
parallel adder جامع متوازي
jāmiʿ mutawāzī
parallel algorithm حل قياسي متوازي
ḥall qiyāsī mutawāzī
parallel allocation تخصيص متوازي
takhṣīṣ mutawāzī
parallel arithmetic حساب متوازي
ḥisāb mutawāzī
parallel attribute coding ترميز يعزى إلى التوازي
tarmīz yuʿazzi ilat-tawāzī
parallel computer كمبيوتر متوازي
kumbyūtar mutawāzī
parallel data transmission نقل بيانات على التوازي
naql bayānāt ʿalat-tawāzī
parallel in parallel out دخل متوازي خرج متوازي
dakhl mutawāzī kharj mutawāzī
parallel input/output دخل/خرج متوازي
dakhl/kharj mutawāzī
parallel in serial out دخل متوازي خرج متسلسل
dakhl mutawāzī kharj mutasalsil
parallel interface دائرة وسيطة متوازية
dāʾira wasīṭa mutawāzīya
parallel mode شكل متوازي
shakl mutawāzī
parallel processing معالجة على التوازي
muʿālaja ʿalat-tawāzī
parallel rewriting system نظام اعادة الكتابة على التوازي
niẓām iʿādat al-kitāba ʿalat-tawāzī
parallel running تسيير البرامج على التوازي
tasyīr al-barāmij ʿalat-tawāzī
parallel search storage مخزن تحري متوازي
makhzan taḥarrī mutawāzī
parallel shooting method طريقة الاطلاق المتوازي
ṭarīqat al-itlāq al-mutawāzī
parallel-to-serial converter محول من توازي إلى توالي
muḥawwil min tawāzī ila tawālī
parallel transfer نقل على التوازي
naql ʿalat-tawāzī
parallel transmission إرسال على التوازي
irsāl ʿalat-tawāzī
parameter بارامتر
bārāmitar
parameter passing توصيل بارامتري
tawṣīl bārāmitrī
parametric technique أسلوب بارامتري
uslūb bārāmitrī
parasitic capacitances مواسعات طفيلية
muwāsaʿāt ṭufaylīya
parasitic resistances مقاومات طفيلية
muqāwamāt ṭufaylīya
parent نتوج
natūj
parenthesis-free notation التدوين باستبعاد الأقواس
at-tadwīn bi-istibʿād al-aqwās
parity تماثل
tamāthul
parity bit الرقم الثنائي للتماثل
ar-raqm ath-thunāʾī lit-tamāthul
parity check إختبار التماثل
ikhtibār at-tamāthul
parity-check code رمز إختبار التماثل
ramz ikhtibār at-tamāthul
parity-check matrix مصفوفة اختبار التماثل
maṣfūfat ikhtibār at-tamāthul
parser برنامج بعملية الاعراب
barnāmaj bi-ʿamalīyat al-iʿrāb
parse tree شجرة للاعراب
shajara lil-iʿrāb
parsing إعراب
iʿrāb
partial completion إكمال جزئي
ikmāl juzʾī
partial correctness صحة جزئية
ṣiḥḥa juzʾīya
partial differential equations المعادلات التفاضلية بالتجزىء
al-muʿādalāt at-tafāḍulīya bit-tajziʾ
partial function دالة جزئية
dālla juzʾīya
partially duplicated multiplex equipment معدات مزدوجة جزئياً متعددة التقابل
muʿaddāt muzdawija juzʾīyan mutaʿaddidat at-taqābul

P

partial ordered set مجموعة مرتبة جزئياً
majmūʿa murattaba juzʾīyan
partial ordering ترتيب جزئي
tartīb juzʾī
partial recursive function دالة متكررة جزئياً
dālla mutakarrira juzʾīyan
partial results نتائج جزئية
natāʾij juzʾīya
partial transmission إرسال جزئي
irsāl juzʾī
partition تجزىء
tajziʾ
partitioned database قاعدة بيانات مجزأة
qāʿidat bayānāt mujazaʾa
parts explosion إنفجار الأجزاء
infijār al-ajzāʾ
Pascal لغة باسكال
lughat pāskāl
Pascal-Plus لغة باسكال المتقدمة
lughat pāskāl al-mutaqaddima
pass مرور
murūr
passband نطاق المرور
niṭāq al-murūr
pass instruction أمر المرور
amr al-murūr
passive broadcast medium وسط إذاعة غير عامل
wasaṭ idhāʿa ghayr ʿāmil
passive star نجمة غير نشطة
najma ghayr nashiṭa
password كلمة السر
kalimat as-sirr
patch تعديل الروتين
taʿdīl ar-rūtīn
patchboard لوح مقابس التوصيل المؤقت
lawḥ maqābis at-tawṣīl al-muʾaqqat
patchcord موصل للتوصيل المؤقت
muwaṣṣil lit-tawṣīl al-muʾaqqat
patent براءة الاختراع
barāʾat al-ikhtirāʿ
path مسار
masār
path control تحكم في مسار
taḥakkum fī masār
path independent protocol بروتوكول لا يعتمد على المسار
brūtūkūl lā yaʿtamid ʿalal-masār
path length طول المسار
ṭūl al-masār
pattern نموذج . نمط
namūdhaj · namaṭ
pattern inventory جرد النماذج
jard an-namādhij
pattern of intermittency نموذج التقطع
namūdhaj at-taqaṭṭuʿ
pattern recognition التعرف على الأنماط
at-taʿarruf ʿalal-anmāṭ
payroll program برنامج نظام الأجور والمرتبات
barnāmaj niẓām al-ujūr wal-murattabāt
PBX مركز خاص للاتصالات الهاتفية الفرعية
markaz khāṣṣ lil-ittiṣālāt al-hātifīya al-farʿīya
PCM تضمين بترميز النبضة
taḍmīn bi-tarmīz an-nabḍa
PCM terminal وحدة طرفية بنظام التضمين بترميز النبضة
wiḥda ṭarafīya bi-niẓām at-taḍmīn bi-tarmīz an-nabḍa
PDX bypass unit وحدة إمرار جانبي PDX
wiḥdat imrār jānibī pī dī iks
peak load الحمل الأقصى
al-ḥiml al-aqṣā
peak speed السرعة القصوى
as-surʿa al-quṣwā
peak volume الحجم الأقصى
al-hajm al-aqṣā
peephole optimization استخدام الانسب للوصواص
istikhdām al-ansab lil-waṣwāṣ
peer interaction تفاعل الند للند
tafāʿul an-nidd lin-nidd
penetration إختراق
ikhtirāq
per call unit وحدة لكل مكالمة
wiḥda li-kull mukālama
percentage overflow النسبة المئوية للفائض
an-nisba al-miʾawīya lil-fāʾiḍ
perception data بيانات ملاحظة
bayānat mulāḥaẓa
perfect codes رموز سليمة
rumūz salīma
performance analysis and evaluation تحليل وتقييم الأداء
taḥlīl wa taqyīm al-adāʾ
performance monitoring مراقبة الأداء
murāqabat al-adāʾ
peripheral جهاز محيطي
jihāz muḥīṭī

peripheral bound الحد المحيطي
al-ḥadd al-muḥīṭī
peripheral controller مراقب جهاز محيطي
murāqib jihāz muḥīṭī
peripheral interface adapter مهايىء نبيطة بينية للجهاز المحيطي
muhāyi' nabīṭa baynīya lil-jihāz al-muḥīṭī
peripheral limited محدد محيطياً
muḥaddad muḥīṭīyan
peripheral processor معالج محيطي
muʿālij muḥīṭī
peripheral prompt اشارة إلى جهاز محيطي
ishāra ila jihāz muḥīṭī
peripheral transfer نقل اشارة جهاز محيطي
naql ishārat jihāz muḥīṭī
periscope slave unit وحدة تابعة للبيرسكوب
wiḥda tābiʿa lil-biriskūb
permanent connection توصيل دائم
tawṣīl dā'im
permanent copy نسخة دائمة
nuskha dā'ima
permanent error خطأ دائم
khaṭa' dā'im
permanent virtual circuit دائرة إفتراضية دائمة
dā'ira iftirāḍīya dā'ima
permutations تباديل
tabādīl
permutation group مجموعة تباديل
majmūʿat tabādīl
permutation matrix مصفوفة تباديل
maṣfūfat tabādīl
per set-up unit وحدة لكل مجموعة تركيب
wiḥda li-kull majmūʿat tarkīb
personal computer كمبيوتر شخصي
kumbyūtar shakhṣī
personal computing الحساب الشخصي
al-ḥisāb ash-shakhṣī
person/machine interface نبيطة بين الانسان والآلة
nabīṭa bayn al-insān wal-āla
PERT لغة « برت »
lughat birt
petal printer طابعة تويجية
ṭābiʿa tuwayjīya
Petri net شبكة « بتري »
shabakat bitrī
phantom circuit دائرة وهمية
dā'ira wahmīya
phase طور
ṭawr
phase alternation by line تعاقب الطور للخط
taʿāqub aṭ-ṭawr lil-khaṭṭ
phase-encoded مرمَّز عن طريق الطور
murammaz ʿan ṭarīq aṭ-ṭawr
phase inversion قلب الطور
qalb aṭ-ṭawr
phase modulation تضمين الطور
taḍmīn aṭ-ṭawr
phase shifter مزحزح الطور
muzaḥzaḥ aṭ-ṭawr
phase shift keying الارسال بازاحة الطور
al-irsāl bi-izāḥat aṭ-ṭawr
phase shift keying modulation تضمين الارسال بازاحة الطور
taḍmīn al-irsāl bi-izāḥat aṭ-ṭawr
phoneme وحدة الكلام الصغرى
wiḥdat al-kalām aṣ-ṣughrā
phosphor dots نقط فوسفورية
nuqaṭ fūsfūrīya
phosphorescence فسفورية
fusfūrīya
photocurrent تيار الكهروضوئية
tayyār al-kahru-ḍaw'īya
photodiode دايود ضوئي
dāyūd ḍaw'ī
photograph facsimile telegraphy تلغراف لارسال صورة فوتوغرافية طبق الاصل
tilghrāf li-irsāl ṣūra fūtūghrāfīya ṭibq al-aṣl
photometric power قدرة شدة الضوء
qudrat shiddat aḍ-ḍaw'
photometry المضوائية
al-miḍwā'īya
photomultiplier مضاعف ضوئي
muḍāʿif ḍaw'ī
photoresist مقاوم للضوء
muqāwim liḍ-ḍaw'
photoresistor مقاوم ضوئي
muqāwim ḍaw'ī
phototransistor ترانزيستور ضوئي
trānzistūr ḍaw'ī
phototypesetter جهاز تنضيد حروف تصويريا
jihāz tanḍīd ḥurūf taṣwīrīyan
physical حقيقي
ḥaqīqī
physical address العنوان الحقيقي
al-ʿunwān al-ḥaqīqī
physical channel قناة حقيقية
qanāh ḥaqīqīya

P

physical data independence إستقلال البيانات الحقيقية
istiqlāl al-bayānāt al-ḥaqīqīya
physical file الملف الحقيقي
al-milaff al-ḥaqīqī
physical file copy نسخة حقيقية من الملف
nuskha ḥaqīqīya min al-milaff
physical file manager مدير الملف الحقيقي
mudīr al-milaff al-ḥaqīqī
physical interface سطح بيني حقيقي
saṭḥ baynī ḥaqīqī
physical layer طبقة حقيقية
ṭabaqa ḥaqīqīya
physical level interface المستوى الحقيقي للسطح البيني
al-mustawa al-ḥaqīqī lis-saṭḥ al-baynī
physical link layer طبقة الموصل الحقيقي
ṭabaqat al-muwaṣṣil al-ḥaqīqī
physical track مسار حقيقي
masār ḥaqīqī
pick-up تداخل
tadākhul
pico- بيكو (١٠-١٢)
pīkū
picture صورة
ṣūra
picture description instruction أمر بوصف الصورة
amr bi-waṣf aṣ-ṣūra
picture element عنصر الصورة
ʿunṣur aṣ-ṣūra
picture frequency تردد الصورة
taraddud aṣ-ṣūra
picture processing معالجة الصورة
muʿālajat aṣ-ṣūra
PID جهاز اثبات الشخصية
jihāz ithbāt ash-shakhṣīya
Pierce arrow سهم « بيرس »
sahm bīrs
piezoresistive element عنصر مقاومة الاجهاد
ʿunṣur muqāwamat al-ijhād
piezoresistivity مقاومة الاجهاد
muqāwamat al-ijhād
pilot demodulator مزيل تضمين دليلي
muzīl taḍmīn dalīlī
pilot generating and monitoring equipment معدات رقابة وتوليد دليلي
muʿaddāt riqāba wa tawlīd dalīlī
pilot number رقم دليلي
raqm dalīlī
pilot running تشغيل دليلي للبرامج
tashghīl dalīlī lil-barāmij
PIN رقم اثبات الشخصية
raqm ithbāt ash-shakhṣīya
ping-pong طريقة بنج -بونج لمعالجة الملفات
tarīqat bīng-būng li-muʿālajat al-milaffāt
PIN photodiode قارئة ضوئية لرقم الهوية الشخصية
qāriʾa ḍawʾīya li-raqm al-hūwīya ash-shakhsīya
pipeline processing معالجة متعددة
muʿālaja mutaʿaddida
pitch خطوة
khuṭwa
plain language transmission إرسال لغة بسيطة
irsāl lugha basīṭa
planar diffusion process عملية إنتشار تخطيطية
ʿamalīyat intishār takhṭīṭīya
planar graph رسم لشكل جدول تخطيطي
rasm li-shakl jadwal takhṭīṭī
plan of work خطة العمل
khuṭṭat al-ʿamal
plasma display شاشة عرض البلازما
shāshat ʿarḍ al-blāzmā
platter طبقة من الأقراص الممغنطة
ṭabaqa min al-aqrāṣ al-mumaghnaṭa
PL/I لغة « بي إل - ١ »
lughat bī il wāḥid
plot رسم
rasm
plotter مخطط
mukhaṭṭiṭ
plug قابس
qābis
plugboard لوحة قوابيس
lawḥat qawābīs
plug compatible قابس ملائم
qābis mulāʾim
pneumatic logic منطق هوائي
manṭiq hawāʾī
PN sequence تتابع PN
tatābuʿ pī īn
pocket sorting فرز جيبي
farz jaybī
pointer مؤشر
muʿashshir
point of invocation نقطة الاستدعاء
nuqṭat al-istidʿāʾ

P

point of sale نقطة البيع
nuqṭat al-bayᶜ
point-of-sale system نظام نقطة البيع
niẓām nuqṭat al-bayᶜ
point-of-sale terminal محطة نقطة البيع
maḥaṭṭat nuqṭat al-bayᶜ
point-to-multipoint transmission الارسال من نقطة إلى نقط متعددة
al-irsāl min nuqṭa ila nuqaṭ mutaᶜaddida
point-to-point line خط موصل بين نقطتين
khaṭṭ muwaṣṣil bayna nuqṭatayn
point-to-point network شبكة بين نقطتين
shabaka bayna nuqṭatayn
poisson distribution توزيع « پواسون »
tawziᶜ pwāsūn
poke يقرأ من الذاكرة
yaqrāʾ min adh-dhākira
polarized plug قابس مستقطب
qābis mustaqṭab
polarizing slot فتحة مستقطبة
fatḥa mustaqṭiba
polling إختيار
ikhtiyār
polycrystalline silicon سليكون متعدد البللورات
silīkūn mutaᶜaddid al-ballūrāt
polyethylene dielectric شبه موصل من مادة بوليثيلين
shibh muwaṣṣil min mādda būliyathlīn
polyethylene sheath غلاف من مادة بوليثيلين
ghilāf min mādda būliyathlīn
polynomial متعدد الحدود
mutaᶜaddid al-ḥudūd
polynomial codes رموز متعددة الحدود
rumūz mutaᶜaddidat al-ḥudūd
polynomial equation معادلة متعددة الحدود
muᶜādala mutaᶜaddidat al-ḥudūd
polynomial interpolation إستكمال متعدد الحدود
istikmāl mutaᶜaddid al-ḥudūd
polynomially bounded algorithm حل قياسي متعدد الحدود
ḥall qiyāsī mutaᶜaddid al-ḥudūd
polynomial number رقم متعدد الحدود
raqm mutaᶜaddid al-ḥudūd
polynomial space فراغ متعدد الحدود
farāgh mutaᶜaddid al-ḥudūd
polynomial time زمن متعدد الحدود
zaman mutaᶜaddid al-ḥudūd
polyphase sort فرز متعدد الطور
farz mutaᶜaddid aṭ-ṭawr
pooling block كتلة متجمعة
kutla mutajammiᶜa
poor contact تلامس ضئيل
talāmus ḍaʾīl
population كثافة السكان
kathāfat as-sukkān
population inversion قلب الكثافة
qalb al-kathāfa
port بوابة
bawwāba
portability قابلية النقل
qābilīyat an-naql
portable قابل للنقل
qābil lin-naql
port width عرض البوابة
ᶜarḍ al-bawwāba
POS نقطة البيع
nuqṭat al-bayᶜ
POS terminal نهاية طرفية لنقطة البيع
nihāya ṭarafīya li-nuqṭat al-bayᶜ
positional system نظام موضعي
niẓām mawḍiᶜī
position-independent code رمز غير معتمد على الموضع
ramz ghayr muᶜtamid ᶜalal-mawdiᶜ
position tree شجرة ترتيب
shajarat tartīb
positive acknowledgement إعتراف إيجابي
iᶜtirāf ījābī
positive-edge triggered بدء الاشارة من الحافة الموجبة
badʾ al-ishāra min al-ḥāffa al-mūjaba
positive justification ضبط السطر الموجب
ḍabṭ as-saṭr al-mūjab
positive logic منطق موجب
manṭiq mūjab
positive presentation تقديم ايجابي
taqdīm ījābī
possible crosstalk حديث تداخلي محتمل
ḥadīth tadākhulī muḥtamal
possible crosstalk components مكونات الحديث التداخلي المحتمل
mukawwināt al-ḥadīth at-tadākhulī al-muḥtamal

post تال
tālin
postcondition الشرط التالي
ash-sharṭ at-tālī
postedit التصحيح التالي
at-taṣḥīḥ at-tālī
postfix notation التدوين سابق الضبط
at-tadwīn sābiq aḍ-ḍabṭ
posting interpreter المفسر المرسل
al-mufassir al-mursil
postmortem تشخيص
tashkhīṣ
postmortem dump استنساخ للتشخيص
istinsākh lit-tashkhīṣ
postmortem routine روتين التشخيص
rūtīn at-tashkhīṣ
postorder traversal الأمر التالي الجانبي
al-amr at-tālī al-jānibī
postprocessing المعالجة التالية
al-muʿālaja at-tālīya
postprocessor المعالج التالي
al-muʿālij at-tālī
post-production system نظام الانتاج التالي
niẓām al-intāj at-tālī
power distribution توزيع القدرة
tawzīʿ al-qudra
power-fail recovery إصلاح عطل الكهرباء
iṣlāḥ ʿuṭl al-kahrabāʾ
power fail telephone عطل كهربي بالتليفون
ʿuṭl kahrabī bit-tilīfūn
power feed earth system النظام الأرضي للتغذية الكهربية
an-niẓām al-arḍī lit-taghdhiya al-kahrabīya
power feeding equipment معدات التغذية الكهربية
muʿaddāt at-taghdhiya al-kahrabīya
power-limited channel قناة محدودة القدرة
qanāh maḥdūdat al-qudra
power of the continuum قدرة السلسلة المتصلة
qudrat as-silsila al-muttaṣila
power plant وحدة توليد الطاقة
wiḥdat tawlīd aṭ-ṭāqa
power routing مسار الطاقة
masār aṭ-ṭāqa
power set مجموعة الطاقة
majmūʿat aṭ-ṭāqa
power supplies امدادات الطاقة
imdādāt aṭ-ṭāqa
power unit وحدة الطاقة
wiḥdat aṭ-ṭāqa

preamble sequence تتابع تمهيدي
tatābuʿ tamhīdī
pre-billing سابق الاستئذان
sābiq al-istiʾdhān
precedence hierarchy هرم الأولوية
haram al-awlawīya
precedence parsing أولوية الاعراب
awlawīyat al-iʿrāb
precision دقة
diqqa
precondition الشرط السابق
ash-sharṭ as-sābiq
predefined process تشغيل سابق التعريف
tashghīl sābiq at-taʿrīf
predicate مؤكد
muʾakkad
predicate calculus حساب التكامل والتفاضل المؤكد
ḥisāb at-takāmul at-tafāḍul al-muʾakkad
predicate transformer محول مسند
muḥawwil misnad
predictive PCM التضمين المتوقع لشفرة النبضة
at-taḍmīn al-mutawaqqiʿ li-shifrat an-nabḍa
preemptive allocation تخصيص سابق
takhṣīṣ sābiq
prefix بادئة
bādiʾa
prefix codes بداية الرموز
bidāyat ar-rumūz
prefix notation التدوين باستخدام البدايات
at-tadwīn bi-istikhdām al-bidāyat
prefix property خاصية البادئة
khāṣṣīyat al-bādiʾa
preorder traversal أمر سابق جانبي
amr sābiq jānibī
preparatory period دورة تحضيرية
dawra taḥḍīrīya
preplanned application تطبيق سابق التخطيط
taṭbīq sābiq at-takhṭīṭ
preprocessor معالج أسبق
muʿālij asbaq
presentation تقديم
taqdīm
presentation layer طبقة التقديم
ṭabaqat at-taqdīm
pressure roller دلفين ضغط
dalfīn ḍaghṭ
prestore مخزون مقدماً
makhzūn muqaddiman

P

pretty printer طابعة دقيقة وقوية
ṭābiʿa daqīqa wa qawīya

preventive maintenance صيانة وقائية
ṣiyāna wiqāʾīya

price schedule جدول الاسعار
jadwal al-asʿār

primary centre المركز الرئيسي
al-markaz ar-raʾīsī

primary colours الألوان الأولية
al-alwān al-awwalīya

primary file الملف الأولي
al-milaff al-awwalī

primary index فهرس أولي
fihris awwalī

primary memory الذاكرة الرئيسية
adh-dhākira ar-raʾīsīya

primary power القدرة الأولية
al-qudra al-awwalīya

primary route المسار الأصلي
al-masār al-aṣlī

primary trunk exchange سنترال الترنك الأصلي
sintrāl at-trank al-aṣlī

prime date area مساحة التاريخ الأولي
misāḥat at-tārīkh al-awwalī

prime implicant استنتاج أولي
istintāj awwalī

primitive بدائي
bidāʾī

P

primitive data type بيانات بدائية النوع
bayānāt bidāʾīyat an-nawʿ

primitive element عنصر بدائي
ʿunṣur bidāʾī

primitive file ملف بدائي
milaff bidāʾī

primitive level مستوى بدائي
mustawa bidāʾī

primitive polynomial تعدد الحدود البدائي
taʿaddud al-ḥudūd al-bidāʾī

primitive recursive function دالة بدائية متكررة
dālla bidāʾīya mutakarrira

principal component analysis تحليل المكونات الرئيسية
taḥlīl al-mukawwināt ar-raʾīsīya

printed circuit لوحة دائرة مطبوعة
lawḥat dāʾira maṭbūʿa

printed-circuit assembly تجميع الدوائر المطبوعة
tajmīʿ ad-dawāʾir al-maṭbūʿa

printer طابعة
ṭābiʿa

printer format شكل الطابعة
shakl aṭ-ṭābiʿa

print head رأس الطبع
raʾs aṭ-ṭabʿ

print holidays أوقات تعطيل الطابعة
awqāt taʿṭīl aṭ-ṭābiʿa

printing keyboard perforator ثاقب لوحة مفاتيح الطباعة
thāqib lawḥat mafātīḥ aṭ-ṭibāʿa

printout ناتج الطباعة
nātij aṭ-ṭibāʿa

print queue طابور الطبع
ṭābūr aṭ-ṭabʿ

print server منفذ الطبع
munaffidh aṭ-ṭabʿ

print wheel عجلة الطبع
ʿajalat aṭ-ṭabʿ

prioritize تقديم الأولوية
taqdīm al-awlawīya

priority أولوية
awlawīya

priority encoder اداة ترميز الأولوية
adāt tarmīz al-awlawīya

priority facility وسيلة الأولوية
wasīlat al-awlawīya

priority processing معالجة الأولويات
muʿālajat al-awlawīyāt

priority queue اصطفاف الأولويات
iṣṭifāf al-awlawīyāt

priority scheduler مجدول الأولويات
mujadwil al-awlawīyāt

privacy key نظام سرية المفتاح
niẓām sirrīyat al-miftāḥ

privacy of data نظام سرية البيانات
niẓām sirrīyat al-bayānāt

private automatic branch exchange سنترال فرعي آلي خاص
sintrāl farʿī ālī khāṣṣ

private branch exchange سنترال فرعي خاص
sintrāl farʿī khāṣṣ

private call مكالمة خاصة
mukālama khāṣṣa

private circuit connection توصيل خاص للدائرة
tawṣīl khāṣṣ lid-dāʾira

private digital exchange سنترال رقمي خاص
sintrāl raqmī khāṣṣ

private leased circuit دائرة مؤجرة خصوصية
dāʾira muʾajjara khuṣūṣīya

private line خط خاص
khaṭṭ khāṣṣ

private network شبكة خاصة
shabaka khāṣṣa
private videotex الارسال المعلوماتي الخاص
al-irsāl al-maʿlūmātī al-khāṣṣ
private videotex system نظام الارسال المعلوماتي الخاص
niẓām al-irsāl al-maʿlūmātī al-khāṣṣ
privilege إمتياز
imtiyāz
privilege bit الرقم الثنائي الدال على امتياز
ar-raqm ath-thunāʾī ad-dāll ʿala imtiyāz
privileged instructions تعليمات لها امتياز
taʿlīmāt laha imtiyāz
probability إحتمالية
iḥtimālīya
probability calculus علم حساب الاحتمالات
ʿilm ḥisāb al-iḥtimālāt
probability distributions توزيعات الاحتمالات
tawzīʿāt al-iḥtimālāt
probability of call blocking إحتمالية منع المكالمة
iḥtimālīyat manʿ al-mukālama
probability of excessive delay إحتمال تأخير متزايد
iḥtimāl taʾkhīr mutazāyid
probability of failure إحتمال التعطيل
iḥtimāl at-taʿṭīl
probe مسبر
misbar
problem definition تعريف المشكلة
taʿrīf al-mushkila
problem description وصف المشكلة
wasf al-mushkila
problem-oriented language لغة تميل إلى معالجة المشاكل
lugha tamīl ila muʿālajat al-mashākil
procedural abstraction تجريد إجرائي
tajrīd ijrāʾī
procedural language لغة إجرائية
lugha ijrāʾīya
procedural model نموذج إجرائي
namūdhaj ijrāʾī
procedure طريقة . أسلوب إجراء
tarīqa · uslūb · ijrāʾ
procedure branching verb فعل إجراءات التفريع
fiʿl ijrāʿāt at-tafrīʿ
procedure linkage table جدول الربط بين الاجراءات
jadwal ar-rabṭ bayn al-ijrāʾāt
procedure-oriented language لغة تميل إلى نظام الاجراءات
lugha tamīl ila niẓām al-ijrāʾāt
proceed-to-select تقدم للاختيار
taqaddum lil-ikhtiyar
proceed-to-send signal اشارة بالتقدم للارسال
ishāra bit-taqaddum lil-irsāl
process عملية
ʿamalīya
process control تحكم في العمليات
taḥakkum fil-ʿamalīyāt
process descriptor واصف العمليات
wāṣif al-ʿamalīyāt
processing site موقع المعالجة
mawqiʿ al-muʿālaja
processor المعالج
al-muʿālij
processor allocation موضع وحدة التشغيل
mawḍiʿ wiḥdat at-tashbhīl
processor bound حدود المعالج
ḥudūd al-muʿālij
processor status word كلمة تمييز وحدة التشغيل
kalimat tamyīz wiḥdat at-tashghīl
processor test اختبار وحدة التشغيل
ikhtibār wiḥdat at-tashghīl
processor test bus مدار لاختبار وحدة التشغيل
madār li-ikhtibār wiḥdat at-tashghīl
processor test unit وحدة اختبار وحدة التشغيل
wiḥdat ikhtibār wiḥdat at-tashghīl
processor time زمن المعالج
zaman al-muʿālīj
process state حالة العملية
ḥālat al-ʿamalīya
product generation توليد المنتج
tawlīd al-muntaj
product group مجموعة انتاجية
majmūʿa intājīya
production انتاج
intāj
production-rule system نظام قاعدة الانتاج
niẓām qāʿidat al-intāj
production run سريان الانتاج
sarayān al-intāj
productive time وقت الانتاج
waqt al-intāj

P

product of sums expression — تعبير رياضي لحاصل ضرب مجموعات
taʿbīr riyāḍī li-ḥāṣil ḍarb majmūʿāt

product term — حد حاصل الضرب
ḥadd ḥāṣil aḍ-ḍarb

profiling — تشكيل الجانبية
tashkīl al-jānibīya

program — برنامج
barnāmaj

program compatibility — ملاءمة البرنامج
mulāʾamat al-barnāmaj

program control — التحكم في البرنامج
at-taḥakkum fil-barnāmaj

program correctness proof — إثبات صحة البرنامج
ithbāt ṣiḥḥat al-barnāmaj

program counter — عداد البرنامج
ʿaddād al-barnāmaj

program decomposition — إنحلال البرنامج
inḥilāl al-barnāmaj

program design — تصميم البرامج
taṣmīm al-baramij

program design language — لغة تصميم البرامج
lughat taṣmīm al-baramij

program development system — نظام تطوير البرامج
niẓām taṭwīr al-barāmij

program file — ملف برنامج
milaff barnāmaj

program handling check circuit — دائرة إختبار إستخدام البرنامج
dāʾirat ikhtibār istikhdām al-barnāmaj

program identification code — رمز التعرف على البرنامج
ramz at-taʿarruf ʿalal-barnāmaj

program language for exchanges — لغة برمجة للسنترالات
lughat barmaja lis-sintrālāt

program library — مكتبة برامج
maktabat barāmij

program listing — قائمة للبرنامج
qāʾima lil-barnāmaj

programmable devices — أجهزة قابلة للبرمجة
ajhiza qābila lil-barmaja

programmable logic array — مصفوفة منطقية قابلة للبرمجة
maṣfūfa manṭiqīya qābila lil-barmaja

programmable read only memory — ذاكرة مقروءة قابلة للبرمجة
dhākira maqrūʾa qābila lil-barmaja

program maintenance — تحديث برنامج
taḥdīth barāmij

programmed correspondence — مراسلة مبرمجة
murāsala mubarmaja

programmed learning — تعليم مبرمج
taʿlīm mubarmaj

programmed logic — منطق مبرمج
manṭiq mubarmaj

programmed logic array — مصفوفة منطقية مبرمجة
maṣfūfa manṭiqīya mubarmaja

programmer unit — وحدة مخطط برامج
wiḥdat mukhaṭṭiṭ barāmij

programming — تخطيط البرامج
takhṭīṭ al-barāmij

programming language — لغة تخطيط برامج
lughat takhṭīṭ barāmij

programming standards — معايير تخطيط برامج
maʿāyīr takhṭīṭ barāmij

programming support environment — بيئة اعتماد تخطيط البرامج
bīʾat iʿtimād takhṭīṭ al-barāmij

programming system — نظام تخطيط برامج
niẓām takhṭīṭ barāmij

programming temporary fix — تثبيت مؤقت لتخطيط البرامج
tathbīt muʾaqqat li-takhṭīṭ al-barāmij

programming theory — نظرية تخطيط برامج
naẓarīyat takhṭīṭ barāmij

program proving — اختبار برنامج
ikhtibar barnāmaj

program specification — مواصفات البرنامج
muwāṣafāt al-barnāmaj

program start key — مفتاح بداية البرنامج
miftāḥ bidāyat al-barnāmaj

program status register — سجل تمييز البرنامج
sijill tamyīz al-barnāmaj

program status word — كلمة تمييز البرنامج
kalimat tamyīz al-barnāmaj

program store — مخزن برنامج
makhzan barnāmaj

program structure — هيكل البرنامج
haykal al-barnāmaj

program testing — إختبار برنامج
ikhtibār barnāmaj

program transformation — تحويل برنامج
taḥwīl barnāmaj

P

program trials system نظام محاولات البرنامج
niẓām muḥāwalāt al-barnāmaj
program unit وحدة برنامج
wiḥdat barnāmaj
program verification تحقيق البرنامج
taḥqīq al-barnāmaj
project implementation تنفيذ مشروع
tanfīdh mashrūʿ
projection function وظيفة مدّ
waẓīfat madd
PROLOG لغة « برولوج »
lughat brūlūg
PROM programmer جهاز تخزين البرامج على الذاكرة المقروءة المبرمجة
jihāz takhzīn al-barāmij ʿaladh-dhākira al-maqrūʾa al-mubarmaja
prompt دليل استرشادي
dalīl istirshādī
propagation delay وقت تأخير الانتشار للموجات
waqt taʾkhīr al-intishār lil-mawjāt
propagation time وقت الانتشار للموجات
waqt al-intishār lil-mawjāt
proper ancestor السلف الحقيقي
as-salaf al-ḥaqīqī
proper subgraph رسم تخطيطي فرعي مناسب
rasm takhṭīṭī farʿī munāsib
proper subgroup مجموعة فرعية مناسبة
majmūʿa farʿīya munāsiba
proper subset طقم فرعي مناسب
ṭaqm farʿī munāsib
propositional calculus حساب التكامل والتفاضل الافتراضي
ḥisāb at-takāmul wat-tafāḍul al-iftirāḍī
proportional spacing حساب المسافات النسبية
ḥisāb al-masāfāt an-nisbīya
prospection إستكشاف
istikshāf
protected location موضع محمي
mawḍiʿ maḥmi
protection domain مجال الوقاية
majāl al-wiqāya
protector نبيطة واقية
nabīṭa wāqīya
protocol بروتوكول
brūtūkūl
protocol hierarchy هرم بروتوكولي
haram brūtūkūlī
protocol translation ترجمة البروتوكول
tarjamat al-brūtūkūl
pseudocode ترميز زائف
tarmīz zāʾif
pseudoinstruction أمر زائف
amr zāʾif
pseudolanguage لغة زائفة
lugha zāʾifa
pseudonoise sequence تتابع ضوضائي كاذب
tatābuʿ ḍawḍāʾī kādhib
pseudorandom عشوائية كاذبة
ʿashwāʾīya kādhiba
pseudorandom numbers أرقام زائفة العشوائية
arqām zāʾifat al-ʿashwāʾīya
psophometry علم قياس الضوضاء
ʿilm qiyās aḍ-ḍawḍāʾ
PSTN الشبكة العامة للاتصالات التليفونية
ash-shabaka al-ʿāmma lil-ittiṣālāt at-tilīfūnīya
PTT هيئات البريد والهاتف والبرق
hayʾāt al-barīd wal-hātif wal-barq
p-type semiconductor شبه موصل من نوع موجب
shibh muwaṣṣil min nawʿ mūjab
public address system مكبر صوت جمهوري
mukabbir ṣawt jumhūrī
public data networks شبكات البيانات العمومية
shabakāt al-bayānāt al-ʿumūmīya
public data transmission service خدمة نقل المعلومات العمومية
khidmat naql al-maʿlūmāt al-ʿumūmīya
public filestore مخزن عام لملف
makhzan ʿāmm li-milaff
public key system نظام المفتاح العمومي
niẓām al-miftāḥ al-ʿumūmī
public packet network شبكة رزمية عمومية
shabaka rizmīya ʿumūmīya
public segment قطعة عامة
qiṭʿa ʿāmma
public switched telephone network شبكة تحويل التليفونات العمومية
shabakat taḥwīl at-tilīfūnāt al-ʿumūmīya
public telegraph network شبكة التلغراف العمومية
shabakat at-tilghrāf al-ʿumūmīya
public videotex system نظام الارسال المعلوماتي العمومي
niẓām al-irsāl al-maʿlūmātī al-ʿumūmī

P

pull-up resistor مقاومة بادئة
muqāwama bādiʾa
pulse نبضة
nabḍa
pulse amplitude modulation تعديل الموجات بطول النبضة
taʿdīl al-mawjāt bi-ṭūl an-nabḍa
pulse code modulation تعديل الموجات برمز النبضة
taʿdīl al-mawjāt bi-ramz an-nabḍa
pulse duration modulation تعديل الموجات بزمن النبضة
taʿdīl al-mawjāt bi-zaman an-nabḍa
pulse generator مولد نبضات
muwallid nabḍāt
pulse height ذروة ڤلتيات النبضة
dhurwa vultīyāt an-nabḍa
pulse metering system نظام قياس نبضات
niẓām qiyās nabḍāṭ
pulse repetition rate معدل تكرار النبضة
muʿaddal takrār an-nabḍa
pulse shaping تشكيل النبضات
tashkīl an-nabḍāt
pulse stretcher إطالة النبضة
iṭālat an-nabḍa
pulse train سلسلة نبضات
silsilat nabḍat
pulse-triggered flip-flop مذبذب نطاط يعمل بإشارة نبضية
mudhabdhib naṭṭāṭ yaʿmal bi-ishāra nabḍīya
pulse width عرض النبضة
ʿarḍ an-nabḍa
pumping lemmas فرضيات مساعدة خاصة بالضخ
farḍīyāt musāʿida khāṣṣa biḍ-ḍakhkh
punch card بطاقة للتثقيب
biṭāqa lit-tathqīb
punch card accounting machine آلة حسابات باستخدام بطاقات التثقيب
ālat ḥisābāt bi-istikhdām biṭāqāt at-tahtqīb
punched card بطاقة مثقبة
biṭāqa muthaqqaba
punched card reader جهاز قراءة البطاقات المثقبة
jihāz qirāʾat al-biṭāqāt al-muthaqqaba
punched tag بطاقة بيانية مثقبة
biṭāqa bayānīya muthaqqaba
punched tape شريط مثقب
sharīṭ muthaqqab
punch knife سكينة التثقيب
sikīnat at-tathqīb
punch tape شريط للتثقيب
sharīṭ lit-tathqīb
punctuation bit بت الترقيم بالنقطة
bit at-tarqīm bin-nuqṭa
purge تنظيف
tanẓīf
purge date تاريخ التنظيف
tārīkh at-tanẓīf
push ضغط
ḍaghṭ
pushbutton زر ضاغط
zirr ḍāghiṭ
push button dialling إستدعاء باستخدام أزرار انضغاطية
istidʿāʾ bi-istikhdām azrār inḍighāṭīya
push button telephone تليفون أرقامه على أزرار انضغاطية
tilīfūn arqāmuh ʿala azrār inḍighāṭīya
pushdown automaton آلية الدفع الأسفل
ālīyat ad-dafʿ al-asfal
pushdown list قائمة الدفع لأسفل
qāʾimat ad-dafʿ li-asfal
pushdown stack ذاكرة تراكمية بالدفع لأسفل
dhākirat tarākumīya bid-dafʿ li-asfal
push pull amplifier مضخم دفعي جذبي
muḍakhkhim dafʿī jadhbī
pushup list قائمة الدفع لأعلى
qāʾimat ad-dafʿ li-aʿlā
pushup stack ذاكرة تراكمية بالدفع لأعلى
dhākirat tarākumīya bid-dafʿ li-aʿlā

Q

quad رباعي
rubāʿī
quadded cable كبل رباعي
kabl rubāʿī
quadrative amplitude modulation تضمين السعة المربع
taḍmīn as-saʿa al-murabbaʿ
quadrature تربيع
tarbīʿ
quality assurance تحقيق الجودة
taḥqīq al-jawda
quality control مراقبة الجودة
murāqabat al-jawda
quality of a circuit جودة الدائرة
jawdat ad-dāʾira
quality of service جودة الخدمة
jawdat al-khidma
quantifier جهاز قياس الكمية
jihāz qiyās al-kammīya
quantity factor عامل الكمية
ʿāmil al-kammīya
quantization تكمي
takammi
quantization distortion تشوه التكمي
tashawwuh at-takammi
quantization distortion power قدرة تشوه التكمي
qudrat tashawwuh at-takammi
quantization error خطأ التكمي
khaṭaʾ at-takammi
quantization interval فترة التكمي
fatrat at-takammi
quantization level مستوى التكمي
mustawa at-takammi
quantization noise ضوضاء التكمي
ḍawḍāʾ at-takammi
quantizer أداة التكمي
adāt at-takammi
quantum كم
kamm
quantum clock ساعة كمية
sāʿa kammīya
quantum noise ضوضاء كمية
ḍawḍāʾ kammīya
quartz crystal بللورة الكوارتز
billawrat al-kwarts
quartz delay line خط تأخير من الكوارتز
khaṭṭ taʾkhīr min al-kwārts
quasi- شبه
shibh
quaternary logic منطق رباعي
manṭiq rubāʿī
quaternary trunk exchange سنترال ترنك رباعي
sintrāl trank rubāʿī
query تساؤل
tasāʾul
query language لغة تساؤل
lughat tasāʾul
query processing معالجة التساؤل
muʿālajat at-tasāʾul
question/answer سؤال/إجابة
suʾāl/ijāba
queue طابور . صف
ṭābūr · ṣaff
queue discipline نظام الطابور
niẓām at-ṭābūr
queue-disconnect فصل الصف
faṣl aṣ-ṣaff
queue management إدارة الصف
idārat aṣ-ṣaff
queuing theory نظرية الاصطفاف
naẓarīyat al-iṣṭifāf
quick-connect block كتلة سريعة الوصل
kutla sarīʿat al-waṣl
quicker sort الفرز الأسرع
al-farz al-asraʿ

quicksort فرز سريع
farz sarīʿ
quiesce ساكن
sākin
quiesced state حالة سكون
ḥālat sukūn
quiescent phase طور ساكن
ṭawr sākin
quintet الخامس
al-khāmis
quit يترك
yatruk
quoted string سلسلة بين أقواس
silsila bayn aqwāṣ
quotient خارج القسمة
khārij al-qisma
q-value صف صمامي
ṣaff ṣimāmī
QWERTY نظام توزيع الحروف على الآلات الكاتبة ولوحات مفاتيح أجهزة الكمبيوتر
niẓām tawzīʿ al-ḥurūf ʿalal-ālāt al-kātiba wa lawḥāt mafātīḥ al-kumbyūtar

Q

R

race condition شرط السباق
sharṭ as-sibāq
racking تركيب الأجهزة بالحوامل
tarkīb al-ajhiza bil-ḥawāmil
racks حوامل
ḥawāmil
radar رادار
rādār
radiation loss فقد إشعاعي
faqd ishʿāʿī
radio frequencies ترددات اللاسلكية
taraddudāt al-lā-silkīya
radio frequency carrier wave موجة حاملة ذات تردد لاسلكي
mawja ḥāmila dhāt taraddud lā-silkī
radio frequency signal إشارة تردد لاسلكي
ishārat taraddud la-silkī
radio frequency spectrum نطاق الترددات اللاسلكية
niṭāq at-taraddudāt al-lā-silkīya
radio interface نبيطة بينية لاسلكية
nabīṭa baynīya lā-silkīya
radio receiver مستقبل لاسلكي
mustaqbil lā-silkī
radio transmission إرسال لاسلكي
irsāl lā-silkī
radio transmitter مرسل لاسلكي
mursīl lā-silkī
radio waves موجات لاسلكية
mawjāt lā-silkīya
radiometry علم مقياس الاشعاع
ʿilm miqyās al-ishʿāʿ
radix أساس
asās
radix complement تكملة أساسية
takmila asāsīya
radix exchange إستبدال الأساس
istibdāl al-asās
radix-minus-one complement تكملة الأساس ناقص واحد
takmilat al-asās nāqiṣ wāḥid
radix notation تدوين الأساس
tadwīn al-asās
radix point نقطة الأساس
nuqṭāt al-asās
radix sorting فرز الأساس
farz al-asās
ragged array مصفوفة غير مرتبة
maṣfūfa ghayr murattaba
raid-access loop حلقة التداول المغير
ḥalaqat at-tadāwul al-mughīr
raised letters الحروف المرفوعة
al-ḥurūf al-marfūʿa
RAM ذاكرة للتعامل العشوائي
dhākira lit-taʿāmul al-ʿashwāʾī
random access التداول العشوائي
at-tadāwul al-ʿashwāʾī
random-access device جهاز تداول عشوائي
jihāz tadāwul ʿashwāʾī
random-access memory ذاكرة تداول عشوائية
dhākirat tadāwul ʿashwāʾīya
random-access method طريقة تداول عشوائية
ṭarīqat tadāwul ʿashwāʾīya
random-access stored-program machine آلة التداول العشوائي للبرامج المخزنة
ālat at-tadāwul al-ʿashwāʾī lil-barāmij al-mukhazzana
random algorithms حلول قياسية عشوائية
ḥulūl qiyāsīya ʿashwāʾīya
random file ملف عشوائي
milaff ʿashwāʾī
random logic منطق عشوائي
manṭiq ʿashwāʾī
random noise ضوضاء عشوائية
ḍawḍāʾ ʿashwāʾīya

R

random numbers أرقام عشوائية
arqām ʿashwāʾīya
random processing معالجة عشوائية
muʿālaja ʿashwāʾīya
random sampling أخذ عينات عشوائياً
akhdh ʿayyināt ʿashwāʾīyan
random variable متغير عشوائي
mutaghayyir ʿashwāʾī
range مدى
mada
rank رتبة . درجة
rutba · daraja
rank correlation ارتباط الرتب
irtibāṭ ar-rutab
rank correlation coefficient معامل ارتباط الرتب
muʿāmil irtibāṭ ar-rutab
raster شبكة خطوط المسح
shabakat khuṭūṭ al-masḥ
raster count عد خطوط المسح
ʿadd khuṭūṭ al-masḥ
raster-mode graphic display عرض تخطيطي لحالة عد خطوط المسح
ʿarḍ takhṭīṭī li-ḥālat ʿadd khuṭūṭ al-masḥ
raster scan مسح لعد خطوط المسح
masḥ li-ʿadd khuṭūṭ al-masḥ
rate معدل
muʿaddal
rated speed السرعة المقدرة
as-surʿa al-muqaddara
rational language اللغة المنطقية
al-lugha al-manṭiqīya
raw data بيانات خام
bayānāt khām
raw error rate معدل الاخطاء الخام
muʿaddal al-akhṭāʾ al-khām
Rayleigh-Ritz method طريقة « رايلاى ـ ريتز »
ṭarīqat rāylay-rīts
reachability القدرة على الوصول
al-qudra ʿalal-wuṣūl
reactive mode حالة مفاعلة
ḥāla mufāʿila
read قرأ
qaraʾa
read access key مفتاح تداول القراءة
miftāḥ tadāwul al-qirāʾa
read and restore cycle دورة القراءة وإعادة التخزين
dawrat al-qirāʾa wa iʿādat at-takhzīn
reader القارىء
al-qāriʾ

read error خطأ في القراءة
khaṭaʾ fil-qirāʾa
read head رأس القراءة
raʾs al-qirāʾa
read instruction أمر القراءة
amr al-qirāʾa
read-only memory ذاكرة تسمح بالقراءة فقط
dhākira tasmaḥ bil-qirāʾa faqaṭ
read out عرض البيانات المعالجة
ʿarḍ al-bayānāt al-muʿālaja
read time زمن القراءة
zaman al-qirāʾa
read-while-write check مراجعة القراءة أثناء الكتابة
murājaʿat al-qirāʾa athnāʾ al-kitāba
read while writing القراءة أثناء الكتابة
al-qirāʾa athnāʾ al-kitāba
read/write channel قناة القراءة/الكتابة
qanāt al-qirāʾa/al-kitāba
read-write head رأس القراءة/الكتابة
raʾs al-qirāʾa/al-kitāba
read-write memory ذاكرة تسمح بالقراءة/الكتابة
dhākira tasmaḥ bil-qirāʾa/al-kitāba
ready condition حالة الاستعداد
ḥālat al-istiʿdād
ready-for-data signal اشارة استعداد لتلقي البيانات
ishārat istiʿdād li-talaqqi al-bayānāt
ready for sending مستعد للارسال
mustaʿidd lil-irsāl
ready state حالة الاستعداد
ḥālat al-istiʿdād
real address عنوان القراءة
ʿunwān al-qirāʾa
real file ملف حقيقي
milaff ḥaqīqī
real-time clock ساعة الوقت الحقيقي
sāʿat al-waqt al-ḥaqīqī
real-time driver منظم النظام الآني
munaẓẓim an-niẓām al-ānī
real-time language لغة للنظام الآني
lugha lin-niẓām al-ānī
real-time processing معالجة آنية
muʿālaja ānīya
real-time system نظام آني
niẓām ānī
reasonableness check مراجعة المعقولية
murājaʿat al-maʿqūlīya

R

recall إستدعاء
istidʿāʾ
receive chains سلاسل إستقبال
salāsil istiqbāl
receive combining amplifier مضخم ادماجي مستقبل
muḍakhkhim idmājī mustaqbil
receive only إستقبال فقط
istiqbāl faqaṭ
receiver clock ساعة المستقبل
sāʿat al-mustaqbil
receiving aerial هوائي إستقبال
hawāʾī istiqbāl
receiving earth station محطة إستقبال أرضية
maḥaṭṭat istiqbāl arḍīya
receiving terminal طرف الاستقبال
ṭaraf al-istiqbāl
recertification إعادة التصديق على
iʿādat at-taṣdīq ʿala
recirculation path مسار إعادة الدوران
masār iʿādat ad-dawarān
recognize تعرف
taʿarruf
recompile إعادة ترجمة
iʿādat tarjama
reconciliation تسوية
taswiya
reconfiguration إعادة تشكيل
iʿādat tashkīl
reconfiguration console جهاز الاتصال بالكمبيوتر لاعادة التشكيل
jihāz al-ittiṣāl bil-kumbyūtar li-iʿādat at-tashkīl
reconfiguration switch مفتاح إعادة التشكيل
miftāḥ iʿādat at-tashkīl
reconfigure إعادة تشكيل
iʿādat tashkīl
reconstitute إعادة تكوين
iʿādat takwīn
record سجل
sijill
record access management إدارة تداول السجل
idārat tadāwul as-sijill
record access mechanism آلية تداول السجلات
ālīyat tadāwul as-sijillāt
recorded information service خدمة المعلومات المسجلة
khidmat al-maʿlūmat al-musajjala
record list قائمة السجلات
qāʾimat as-sijillāt
record management ادارة السجلات
idārat as-sijillāt
record separator فاصل السجلات
fāṣil as-sijillāt
record type specification مواصفات نوع السجلات
muwāṣafāt nawʿ as-sijillāt
recoverable error خطأ يمكن التخلص منه
khaṭaʾ yumkin at-takhalluṣ minhu
recovery نقاء
naqāʾ
recovery file ملف التنقية
milaff at-tanqiya
recovery from fallback الخلو من التراجع
al-khilū min at-tarājuʿ
recovery procedures إجراءات التصحيح
ijrāʾāt at-taṣḥīḥ
rectifier مقوم
muqawwim
recurrence تكرار
takrār
recursion تكرارية
takrārīya
recursion theorem نظرية التكرار
naẓarīyat at-takrār
recursive descent parsing إعراب نازل تكراري
iʿrāb nāzil takrārī
recursive function دالة تكرارية
dālla takrārīya
recursive list قائمة تكرارية
qāʾima takrārīya
recursively enumerable set مجموعة يمكن احصاء تكرارها
majmūʿa yumkin iḥṣāʾ takrāraha
recursive relation علاقة تكرارية
ʿalāqa takrārīya
recursive set مجموعة تكرارية
majmūʿa takrārīya
recursive subroutine روتين فرعي تكراري
rūtīn farʿī takrārī
red-tape operation تنظيم الروتين
tanẓīm ar-rūtīn
reduced type font نوع مصغر من شكل حروف
nawʿ muṣaghghar min shakl ḥurūf
reducible polynomial متعددة الحدود قابلة للأختزال
mutaʿaddidat al-ḥudūd qābila lil-ikhtizāl
reduction cascading توصيل تعاقبي اختزالي
tawṣīl taʿāqubī ikhtizālī

R

reduction machine — آلة اختزال
ālat ikhtizāl

redundancy — وفرة
wafra

redundancy check — إختبار الوفرة
ikhtibār al-wafra

redundancy option — اختيار الوفرة
ikhtiyār al-wafra

redundant computer common control — تحكم مشترك في الكمبيوتر الوفير
taḥakkum mushtarik fil-kumbyūtar al-wafīr

reed relay — مرحل بريشة
muraḥḥil bi-rīsha

reel — بكرة
bakara

re-entrant code — ترميز إعادة الادخال
tarmīz iʿādat al-idkhāl

re-entrant program — برنامج إعادة الادخال
barnāmaj iʿādat al-idkhāl

re-entry — إعادة إدخال
iʿādat idkhāl

reference — إسناد . مرجع
isnād · marjiʿ

reference carrier — موجة حاملة للمقارنة
mawja ḥāmila lil-muqārana

reference file — ملف المرجع
milaff al-marjiʿ

reference picture — صورة المقارنة
ṣūrat al-muqārana

reference store — مخزن المقارنة
makhzan al-muqārana

reference wave — موجة للمقارنة
mawja lil-muqārana

reflexive closure — إقفال إنعكاسي
iqfāl inʿikāsī

reflexive relation — علاقة إنعكاسية
ʿalāqa inʿikāsīya

reformat — يعيد الصياغة
yuʿīd aṣ-ṣiyāgha

reformatting — إعادة الصياغة
iʿādat aṣ-ṣiyāgha

refresh — تجديد
tajdīd

refurbishing — تجديد
tajdīd

regenerate — تجدد
tajaddada

regeneration unit — وحدة التجديد
wiḥdat at-tajdīd

regenerative memory — ذاكرة إسترجاعية
dhākira istirjāʿīya

regenerative read — قراءة إسترجاعية
qirāʾa istirjāʿīya

regional exchange — سنترال اقليمي
sintrāl iqlīmī

regional headquarters — مقر القيادة الاقليمي
maqarr al-qiyāda al-iqlīmī

regional processor — معالج إقليمي
muʿālij iqlīmī

regional processor bus — مدار المعالج الاقليمي
madār al-muʿālij al-iqlīmī

regional processor subsystem — نظام فرعي للمعالج الاقليمي
niẓām farʿī lil-muʿālīj al-iqlīmī

register — سجل
sijill

register access relay set — مجموعة مرحلات لتداول السجلات
majmūʿat muraḥillāt li-tadāwul as-sijillāt

register dump — إستنساخ السجل
istinsākh as-sijill

register functions — وظائف السجلات
waẓāʾif as-sijillāt

register optimization — أحسن إستخدام للسجلات
aḥsan istikhdām lis-sijillāt

register transfer language — لغة نقل السجلات
lughat naql as-sijillāt

register translator — مترجم الخانة
mutarjim al-khāna

regression analysis — تحليل التراجع
taḥlīl at-tarājuʿ

regular event — حدث دوري
ḥadath dawrī

regular expression — تعبير نظامي
taʿbīr niẓāmī

regular grammar — قواعد لغوية نظامية
qawāʾid lughawīya niẓāmīya

regular language — لغة نظامية
lugha niẓāmīya

regular operations — عمليات دورية
ʿamalīyāt dawrīya

regular representation — تمثيل نظامي
tamthīl niẓāmī

regular set — مجموعة نظامية
majmūʿa niẓāmīya

re-initialization — إعادة البدء
iʿādat al-badʾ

reject stacker — أداة تكوين المرفوضات
adāt takwīm al-marfūḍāt

related facilities وسائل متصلة
wasāʾil muttaṣila
relation علاقة
ʿalāqa
relational database قواعد البيانات النسبية
qawāʿid al-bayānat an-nisbīya
relational operator مشغل نسبي
mushaghghil nisbī
relative addressing عنونة نسبية
ʿanwana nisbīya
relative complement تكملة نسبية
takmila nisbīya
relative frequency تردد نسبي
taraddud nisbī
relatively prime أولى نسبياً
awwalī nisbīyan
relative product حاصل الضرب النسبي
ḥāṣil aḍ-ḍarb an-nisbī
relative-time clock ساعة الزمن النسبي
sāʿat az-zaman an-nisbī
release أطلق
aṭlaqa
release with howler اطلاق مع التنبيه
iṭlāq maʿat-tanbīh
reliability إعتمادية
iʿtimādīya
reliability of service إعتمادية الخدمة
iʿtimādīyat al-khidma
reliability target هدف الاعتمادية
hadaf al-iʿtimādīya
relocatable code رمز يقبل إعادة تحديد المكان
ramz yaqbal iʿādat taḥdīd al-makān
relocatable program برنامج يقبل إعادة تحديد المكان
barnāmaj yaqbal iʿādat taḥdīd al-makān
relocation constant ثابت إعادة تحديد المكان
thābit iʿādat taḥdīd al-makān
remainder باقي
bāqi
remedial maintenance صيانة علاجية
ṣiyāna ʿilājīya
remote عن بعد
ʿan buʿd
remote batch entry إدخال دفعة عن بعد
idkhāl dufʿa ʿan buʿd
remote batch printer طباعة دفعة عن بعد
ṭibāʿat dufʿa ʿan buʿd
remote batch terminal وحدة طرفية لتشغيل دفعات عن بعد
wiḥda ṭarafīya li-tashghīl dufuʿāt ʿan buʿd
remote data terminal وحدة طرفية لتشغيل البيانات عن بعد
wiḥda ṭarafīya li-tashghīl al-bayānat ʿan buʿd
remote job entry إدخال العمل عن بعد
idkhāl al-ʿamal ʿan buʿd
remote manualboard لوحة يدوية تدار عن بعد
lawḥa yadawīya tudār ʿan buʿd
remote message processing معالجة الرسالة عن بعد
muʿālajat ar-risāla ʿan buʿd
remote printer طابعة تدار عن بعد
ṭābiʿa tudār ʿan buʿd
remote sensing الاستشعار عن بعد
al-istiʿshār ʿan buʿd
remote terminal وحدة طرفية للتشغيل عن بعد
wiḥda ṭarafīya lit-tashghīl ʿan buʿd
rental equipment معدات للتأجير
muʿaddāt lit-taʾjīr
reorganisation إعادة التنظيم
iʿādat at-tanẓīm
repair cable كبل الاصلاح
kabl al-iṣlāḥ
repair time زمن الاصلاح
zaman al-iṣlāḥ
repatching إعادة الترقيع
iʿādat at-tarqīʿ
repeater معيد
muʿīd
repeater monitoring equipment معدات مراقبة المعيد
muʿaddāt murāqabat al-muʿīd
repeater station محطة المعيد
maḥaṭṭat al-muʿīd
repeat key مفتاح الاعادة
miftāḥ al-iʿāda
repeat until look أوامر حلقية مشروطة
awāmir ḥalaqīya mashrūṭa
repertoire مجموعة
majmūʿa
repetition codes رموز التكرار
rumūz at-takrār
repetition factor عامل التكرار
ʿāmil at-takrār
replenishment lead time السبق الزمني لاعادة التزود
as-sabq az-zamanī li-iʿādat at-tazawwud

R

replicated database قاعدة بيانات بها نسخ
qāʿidat bayānāt biha nusakh
replication تنسيخ
tansīkh
reply إجابة
ijāba
report generator مولد التقارير
muwallid at-taqārīr
repositioning إعادة الوضع
iʿādat al-waḍʿ
request-response unit وحدة الاستجابة للطلب
wiḥdat al-istijāba liṭ-ṭalab
request-to-send طلب بغرض الارسال
ṭalab bi-gharḍ al-irsāl
requirements analysis تحليل المتطلبات
taḥlīl al-mutaṭallabāṭ
reroute إعادة المسار
iʿādat al-masār
rerun إعادة التسيير
iʿādat at-tasyīr
rescue dump إستنساخ إنقاذ
istinsākh inqādh
reservations حجز
ḥajz
reserved word كلمة محجوزة
kalima maḥjūza
reserve link وصلة إحتياطية
waṣla iḥtiyāṭīya
reserve memory قدرة إحتياطية للذاكرة
qudra iḥtiyāṭīya lidh-dhākira
reset ضبط ثانية
ḍabṭ thāniyatan
residence file ملف إقامة
milaff iqāma
resident مقيم
muqīm
residential terminal نهاية طرفية مقيمة
nihāya ṭarafīya muqīma
resident input reader قارىء دخل مقيم
qāriʾ dakhl muqīm
residual equaliser مساو ـ متبق
musāwi mutabaqqi
residue arithmetic حساب البقية
ḥisāb al-baqīya
residue check مراجعة الباقي
murājaʿat al-bāqi
resilience المرونة
al-murūna
resist يقاوم
yuqāwim

resistor مقاوم
muqāwim
resistor-transistor logic دوائر منطقية تستخدم المقاوم ـ الترانزيستور
dawāʾir manṭiqīya tastakhdim al-muqāwim - at-trānzistūr
resite يعيد إقامة
yuʿīd iqāma
resolution تمييز
tamyīz
resource مورد . مصدر
mawrid · maṣdar
resource descriptor واصف المورد
wāṣif al-mawrid
response frames أطر الاستجابة
uṭur al-istijāba
response function دالة الاستجابة
dāllat al-istijāba
response header رأس الاستجابة
raʾs al-istijāba
response time زمن الاستجابة
zaman al-istijāba
restart إعادة البدء
iʿādat al-badʾ
restore إستعاد . خزن ثانية
istaʿāda · khazzana thāniyatan
restriction تقييد
taqyīd
retained peripheral جهاز محيطي محجوز
jihāz muḥīṭī maḥjūz
retention إحتجاز
iḥtijāz
retention period دورة الاحتجاز
dawrat al-iḥtijāz
retransmit إعادة إرسال
iʿādat irsāl
retrofit تعديل الروتين
taʿdīl ar-rūtīn
return channel قناة العودة
qanāt al-ʿawda
return instruction أمر بالعودة
amr bil-ʿawda
return path ممر العودة
mamarr al-ʿawda
reusable resource مورد يمكن إعادة استخدامه
mawrid yumkin iʿādat istikhdāmuh
reversal function دالة عكسية
dālla ʿaksīya

R

reverse bias إستقطاب عكسي
istiqṭāb ʿaksī
reverse recovery time زمن الاسترداد المعكوس
zaman al-istirdād al-maʿkūs
reverse video فيديو معكوس
fīdyū maʿkūs
reversible magnetic process عملية مغناطيسية إنعكاسية
ʿamalīya mughnāṭīsīya inʿikāsīya
revertive error checking مراجعة أخطاء عائدة
murājaʿat akhṭāʾ ʿāʾida
revolution دورة . دوران
dawra · dawarān
rewind أعاد اللف
aʿād al-laff
rewrite أعاد الكتابة
aʿād al-kitāba
rewriting system نظام إعادة الكتابة
niẓām iʿādat al-kitāba
ribbon cable كابل شريطي
kābl sharīṭī
ribbon reverse lever رافعة عكس الشريط
rāfiʿat ʿaks ash-sharīṭ
rig for load إعداد للتحميل
iʿdād lit-taḥmīl
right justify ضبط جهة اليمين
ḍabṭ jihat al-yamīn
right-linear grammar قواعد لغوية خطية يمنى
qawāʿid lughawīya khaṭṭīya yumna
right shift إزاحة إلى اليمين
izāḥat ilal-yamīn
right subtree الشجرة الفرعية اليمنى
ash-shajara al-farʿī al-yumna
rigid disc قرص صلب
qurṣ ṣulb
ring حلقة . دائرة
ḥalaqa · dāʾira
ring counter عداد دائري
ʿaddād dāʾirī
ringing رنين
ranīn
ringing tone نغمة الرنين
naghamat ar-ranīn
ring network شبكة حلقية
shabaka ḥalaqīya
ripple-carry adder عنصر الجمع بالباقي المويجي
ʿunṣur al-jamʿ bil-bāqi al-muwayjī
ripple counter عداد مويجي
ʿaddād muwayjī
rise time زمن الصعود
zaman aṣ-ṣaʿūd
RJE ادخال المهام من بعد
idkhāl al-mahāmm min buʿd
robot روبوت
rūbūt
robotics الروبوتيات
ar-rūbūtīyāt
robustness قوة . شدة
qūwa · shidda
roll back يتدحرج للوراء
yatadaḥraj lil-warāʾ
roll-call polling اختيار نداء الحضور
ikhtiyār nidāʾ al-huḍūr
roll-in roll-out لف للداخل ولف للخارج
laff lid-dākhil wa laff lil-khārij
ROM ذاكرة للقراءة فقط
dhākira lil-qirāʾa faqaṭ
romware أدوات الذاكرة للقراءة فقط
adawāt adh-dhākira lil-qirāʾa faqaṭ
root جذر ، أصل
jadhr · aṣl
rooted tree شجرة جذرية
shajara jidhrīya
root phase طور الجذر
ṭawr al-jidhr
root segment قطعة من الجذر
qiṭʿa min al-jidhr
rotational position sensing إحساس الموضع الدوراني
iḥsās al-mawḍiʿ ad-dawarānī
rotation position sensor جهاز إحساس موضع الدوران
jihāz iḥsās mawḍiʿ ad-dawarān
round cornered card بطاقة ذات أركان دورانية
biṭāqa dhāt arkān dawarānīya
rounding error خطأ في التقريب
khaṭaʾ fit-taqrīb
round off التقريب للأقل
at-taqrīb lil-aqall
roundoff error خطأ في التقريب للأقل
khaṭaʾ fit-taqrīb lil-aqall
round robin رص البيانات في حلقة دائرية
raṣṣ al-bayānāt fī ḥalaqa dāʾirīya
route مسار
masār
route analysis تحليل المسار
taḥlīl al-masār

R

route optimization أقصى تحسين للمسار
aqṣa taḥsīn lil-masār
router محدد المسار
muḥaddid al-masār
route restriction قيود المسار
quyūd al-masār
route switching تحويل المسار
taḥwīl al-masār
route survey مسح المسار
masḥ al-masār
routine روتيني . برنامج فرعي
rūtīnī · barnāmaj farʿī
routing تسيير
tasyīr
routing rules قواعد التسيير
qawāʿid at-tasyir
row binary صف ثنائي
ṣaff thunāʾī
row-major order الترتيب الرئيسي للصف
at-tartīb ar-raʾīsī liṣ-ṣaff
row-ragged صف غير مرتب
ṣaff ghayr murattab
row vector مصفوفة تتكون من صف واحد
maṣfūfa tatakawwin min ṣaff wāḥid

RPG مولد التقارير
muwallid at-taqārīr
RS232C interface نبيطة بينية للطرفيات والاتصالات الخارجية
nabīṭa baynīya liṭ-ṭarafīyat wal-ittiṣālāt al-kharijīya
rule of inference قاعدة الاستدلال
qāʿidat al-istidlāl
run تشغيل البرنامج
tashghīl al-barnāmaj
runaway هارب
hārib
runaway slewing دوران هارب
dawarān hārib
run book كتيب تشغيل
kutayb tashghīl
running تسيير
tasyīr
running accumulator سجل تراكمي عداء
sijill tarākumī ʿadāʾ
run time زمن التسيير
zaman at-tasyīr
run unit وحدة التسيير
wiḥdat at-tasyīr

R

S

safety ring حلقة الأمان
ḥalaqat al-amān
salvage إنقاذ
inqādh
sampled-data system نظام البيانات في صورة عينات
niẓām al-bayānāt fiṣ-ṣūrat ʿayyināt
sampling أخذ العينات
akhdh al-ʿayyināt
sampling rate معدل أخذ العينات
muʿaddal akhdh al-ʿayyināt
sampling rule قاعدة أخذ العينات
qāʿidat akhdh al-ʿayyināt
sanitation مراعاة أصول الصحة
murāʿāt uṣūl aṣ-ṣiḥḥa
satellite channel قناة القمر الصناعي
qanāt al-qamar aṣ-ṣināʿī
satellite computer كمبيوتر القمر الصناعي
kumbyūtar al-qamar aṣ-ṣināʿī
satellite processor معالج القمر الصناعي
muʿālij al-qamar aṣ-ṣināʿī
satellite station محطة القمر الصناعي
maḥaṭṭat al-qamar aṣ-ṣināʿī
satellite system نظام القمر الصناعي
niẓām al-qamar aṣ-ṣināʿī
satisfiability القدرة على التنفيذ
al-qudra ʿalat-tanfīdh
satisfiability problem مشكلة القدرة على التنفيذ
mushkilat al-qudra ʿalat-tanfīdh
saturation إشباع
ishbāʿ
save تخزين
takhzīn
sawtooth waveform موجة على شكل أسنان المنشار
mawja ʿala shakl asnān al-minshār
scaled down version نسخة مخفضة نسبياً
nuskha mukhaffaḍa nisbīyan
scaling تدريج
tadrīj
scanner ماسحة
māsiḥa
scanning beam حزمة مسح
ḥuzmat masḥ
scattering بعثرة
baʿthara
scatter read قراءة مبعثرة
qirāʾa mubaʿthara
scheduled engineering time زمن محدد للعمل الهندسي
zaman muḥaddad lil-ʿamal al-handasī
scheduled maintenance صيانة منظمة المواعيد
ṣiyāna munaẓẓamat al-mawāʿīd
schedule of performance جدول زمني للأداء
jadwal zamanī lil-adāʾ
scheduler القائم على تنظيم المواعيد
al-qāʾim ʿala tanẓīm al-mawāʿīd
scheduling algorithm حل قياسي لتنظيم المواعيد
ḥall qiyāsī li-tanẓīm al-mawāʿīd
schema خطة
khuṭṭa
schematic تخطيطي
takhṭīṭī
Schmitt trigger إشارة بادئة لـ « شميت »
ishāra bādiʾa li-shmit
Schottky TTL دائرة « شوتكي » المنطقية باستخدام الترانزيستور/الترانزيستور
dāʾirat shūtkī al-manṭiqīya bi-istikhdām at-trānzistūr/at-trānzistūr
scientific programmer مخطط برامج علمية
mukhaṭṭiṭ barāmij ʿilmīya

scissoring قطع عناصر عرض
qaṭ῾ ῾anāṣir ῾arḍ
scope مجال
majāl
scope attribute صفة مميزة للمجال
ṣifa mumayyiza lil-majāl
scratch كشط
kashaṭa
scratch file ملف فارغ
milaff fārigh
scratch pool مجموعة اشرطة فارغة للاستعمال المشترك
majmū῾at ashriṭa fārigha lil-isti῾māl al-mushtarik
scratch volume مجلد كشط
mujallad kashṭ
screen شاشة عرض
shāshat ῾arḍ
screen dump طبع الشاشة
ṭab῾ ash-shāsha
screened محجوب
maḥjūb
screened cable كبل مدرع
kabl mudarra῾
screen editor محرر شاشة
muḥarrir shāsha
screened transition انتقال عبر شاشة
intiqāl ῾abra shāsha
screen mode حالة الظهور على الشاشة
ḥālat aẓ-ẓuhūr ῾alash-shāsha
screen printing طباعة على الشاشة
ṭibā῾a ῾alash-shāsha
scroll يتتابع
yatatāba῾
scrolling عرض متتابع
῾arḍ mutatābi῾
search and insertion algorithm حل قياس للتحري والاضافة
ḥall qiyās lit-taḥarri wal-iḍāfa
search and replace بحث واحلال
baḥth wa iḥlāl
search cycle دورة التحري
dawrat at-taḥarri
searching تحري
taḥarri
search tree شجرة تحري
shajarat taḥarri
search word كلمة للتحري
kalima lit-taḥarri
secondary access تداول ثانوي
tadāwul thānawī
secondary centre مركز ثانوي
markaz thānawī
secondary channel قناة ثانوية
qanāh thānawiya
secondary characters حروف ثانوية
ḥurūf thānawīya
secondary file ملف ثانوي
milaff thānawī
secondary index دليل ثانوي
dalīl thānawī
secondary memory ذاكرة ثانوية
dhākira thānawīya
secondary route مسار ثانوي
masār thānawī
secondary trunk exchange سنترال ترنك ثانوي
sintrāl trank thānawī
second generation الجيل الثاني
al-jīl ath-thānī
secretarial intercept إعتراض سكرتاري
i῾tirāḍ sikritārī
section قسم . قطعة
qism · qiṭ῾a
sectored file controller حاكم الملف ذو القطاعات
ḥākim al-milaff dhū al-qiṭā῾āt
sector switching centre مركز تحويل القطاع
markaz taḥwīl al-qiṭā῾
security أمن
amn
security base plate لوحة قاعدة الأمان
lawḥat qā῾idat al-amān
security certification شهادة الأمن
shahādat al-amn
security enclosure إحاطة نطاق الأمن
iḥāṭat niṭāq al-amn
security lock قفل أمان
qufl amān
seek time زمن البحث
zaman al-baḥth
seesaw circuit دائرة متأرجحة
dā᾽ira muta᾽arjaḥa
segment قطعة
qiṭ῾a
seizing signal إشارة حجز
ishārat ḥajz
select ينتقي . يختار
yantaqi · yakhtār
selected cell خلية منتقاة
khalīya muntaqāh
selection digits أرقام الاختيار
arqām al-ikhtiyār

selection signals إشارات الاختيار
ishārāt al-ikhtiyār
selective level measuring set مجموعة قياس المنسوب الانتقائية
majmū^cat qiyās al-mansūb al-intiqā'īya
selective trace routine الروتين الانتقائي للتتبع
ar-rūtīn al-intiqā'ī lit-tatabbu^c
selector منتقي
muntaqi
selector channel قناة المنتقي
qanāt al-muntaqi
self-adapting ذاتي التكيف
dhātī at-takayyuf
self-adapting process عملية ذاتية التكيف
^camalīya dhātīyat at-takayyuf
self-checking code رمز ذاتي المراجعة
ramz dhātī al-murāja^ca
self-compiling compiler برنامج مترجم ذاتي الترجمة
barnāmaj mutarjim dhātī at-tarjama
self-defining ذاتي التعريف
dhātī at-ta^crīf
self-defining term عبارة ذاتية التعريف
^cibāra dhātīyat at-ta^crīf
self-dual ذاتي الازدواج
dhātī al-izdiwāj
self-extending ذاتي النية
dhātī an-nīya
self-learning process عملية ذاتية التعليم
^camalīya dhātīyat at-ta^clīm
self-organizing system نظام ذاتي الترتيب
nizām dhātī at-tartīb
self-referent list قائمة ذاتية الاسناد
qā'ima dhātīyat al-isnād
self-relative addressing عنونة ذاتية نسبية
^canwana dhātīya nisbīya
self-resetting loop حلقة ذاتية إعادة الضبط
ḥalaqa dhātīyat i^cadat aḍ-ḍabṭ
self-test إختبار ذاتي
ikhtibār dhātī
self-test and fault location اختبار ذاتي وتحديد العطل
ikhtibār dhātī wa taḥdīd al-^cuṭl
self-test programme برنامج اختبار ذاتي
barnāmaj ikhtibār dhātī
semantic error خطأ لفظي
khaṭa' lafẓī
semantic network شبكة لفظية
shabaka lafẓīya
semantics علم دلالة الألفاظ
^cilm dalālāt al-alfāẓ
semaphore سيمافور
sīmāfūr
semicolon فاصلة منقوطة
fāṣila manqūṭa
semiconductor شبه موصل
shibh muwaṣṣil
semiconductor memory ذاكرة من أشباه الموصلات
dhākira min ashbāh al-muwaṣṣilāt
semigroup شبه مجموعة
shibh majmū^ca
semiring شبه حلقة
shibh ḥalaqa
send channel قناة إرسال
qanāt irsāl
sender مرسل
mursil
sender-receiver terminal وحدة طرفية مرسلة - مستقبلة
wiḥda ṭarafīya mursila-mustaqbila
sense حاسة
ḥāssa
sense switch مفتاح حاس
miftāḥ ḥāss
sensing finger إصبع حاس
iṣba^c ḥāss
sensing station محطة الاحساس
maḥaṭṭat al-iḥsās
sensitivity analysis تحليل الحساسية
taḥlīl al-ḥisāsīya
sentence symbol رمز الجملة
ramz al-jumla
sentential form شكل الجملة
shakl al-jumla
sentinel حارس
ḥāris
sentry slave unit وحدة حراسة تابعة
wiḥdat ḥirāsa tābi^ca
separate channel signalling إرسال الاشارات في قنوات منفصلة
irsāl al-ishārāt fī qanawāt munfaṣila
separating blank character حرف فاصل خال
ḥarf fāṣil khāli
separator فاصل
fāṣil
sequence تتابع . تعاقب
tatābu^c · ta^cāqub

S

sequence control register — سجل التحكم في التعاقب
sijill at-taḥakkum fit-taʿāqub
sequence generator — مولد التتابع
muwallid at-tatābuʿ
sequence of events — تتابع الأحداث
tatābuʿ al-aḥdāth
sequencer — نبيطة ضبط التتابع
nabīṭat ḍabṭ at-tatābuʿ
sequencing — ضبط التتابعية
ḍabṭ at-tatābuʿīya
sequency — تتابعية
tatābuʿīya
sequential access — نقل تعاقبي للمعلومات
naql taʿāqubī lil-maʿlūmāt
sequential algorithm — حل قياسي تعاقبي
ḥall qiyāsī taʿāqubī
sequential circuit — دائرة تعاقبية
dāʾira taʿāqubīya
sequential file — ملف تعاقبي
milaff taʿāqubī
sequential file organization — ملف تعاقبي النظام
milaff taʿāqubī an-niẓām
sequential function — دالة تعاقبية . وظيفة تعاقبية
dālla taʿāqubīya · waẓīfa taʿāqubīya
sequentially organized file — ملف منظم تعاقبياً
milaff munaẓẓam taʿāqubīyan
sequential machine — ماكينة تعاقبية
mākīna taʿāqubīya
sequential processing — معالجة تعاقبية
muʿālaja taʿāqubīya
sequential search algorithm — حل قياسي للتحري التتابعي
ḥall qiyāsī lit-taḥarri at-tatābuʿī
sequential transducer — محول الطاقة التتابعي
muḥawwil aṭ-ṭāqa at-tatābuʿī
serial access — تداول متتالي
tadāwul mutatāli
serial adder — جامع متتالي
jāmiʿ mutatāli
serial arithmetic — حساب متتالي
ḥisāb mutatāli
serial attribute coding — ترميز نسبي متتالي
tarmīz nisbī mutatāli
serial bit-stream — تيار أرقام ثنائية متتالي
tayyār arqām thunāʾiya mutatāli
serial device interface — نبيطة بينية لجهاز توالي
nabīṭa baynīya li-jihāz tawāli

serial half-subtractor — نصف طارح متتالي
niṣf ṭāriḥ mutatāli
serial in parallel out — دخل متتالي خرج متوازي
dakhl mutatāli kharj mutawāzi
serial input/output — دخل/خرج متتالي
dakhl/kharj mutatāli
serial in serial out — دخل متتالي/خرج متتالي
dakhl mutatāli/kharj mutatāli
serial interface — نبيطة بينية متتالية
nabīṭa baynīya mutatālīya
serially re-usable program — برنامج يمكن إعادة استخدامه على التوالي
barnāmaj yumkin iʿādat istikhdāmuh ʿalat-tawāli
serial mode — حالة التوالي
ḥālat at-tawāli
serial organisation — تنظيم متتالي
tanẓīm mutatāli
serial-parallel — متوالي ـ متوازي
mutawāli-mutawāzi
serial printer — طابعة على التوالي
ṭābiʿa ʿalat-tawāli
serial process — عملية على التوالي
ʿamalīya ʿalat-tawāli
serial processing — المعالجة على التوالي
al-muʿālaja ʿalat-tawāli
serial programming — تخطيط برامج على التوالي
takhṭīṭ barāmij ʿalat-tawāli
serial reader — قارىء متتالي
qāriʾ mutatālī
serial transfer — نقل متتالي
naql mutalāli
serial transmission — إرسال متتالي
irsāl mutatāli
series call — مكالمة على التوالي
mukālama ʿalat-tawāli
server — مساعد معين
musāʿid · muʿīn
serviceability — الصلاحية للاستخدام
aṣ-ṣalāḥīya lil-istikhdām
service bit — عدد ثنائي للنقل
ʿadad thunāʾī lin-naql
service engineering — هندسة الخدمات
handasat al-khadamāt
service equipment — معدات خدمة
muʿaddāt khidma
service routines — برامج فرعية للخدمة
barāmij farʿīya lil-khidma
service teleprinter — طابعة للخدمة عن بعد
ṭābiʿa lil-khidma ʿan buʿd

S

servicing for relaunch خدمة لاعادة الاطلاق
khidma li-iʿādat al-iṭlāq
servomechanism آلية تحكم أوتوماتي
ālīyat taḥakkum awtūmātī
servosurface سطح مساعد
saṭḥ musāʿid
session فترة
fatra
session control layer طبقة التحكم في الفترة
ṭabaqat at-taḥakkum fil-fatra
session layer طبقة الفترة
ṭabaqat al-fatra
set مجموعة
majmūʿa
set algebra جبر المجموعات
jabr al-majmūʿāt
set difference فرق المجموعات
farq al-majmūʿāt
set location counter عداد موضع المجموعة
ʿaddād mawḍiʿ al-majmūʿa
settling time, set-up time الزمن اللازم لاستقرار الاعداد
az-zaman al-lāzim li-istiqrār al-iʿdād
seven-layer reference model نموذج إسناد من سبع طبقات
namudhaj isnād min sabʿ ṭabaqāt
seven-segment display عرض باستخدام سبع مقاطع
ʿarḍ bi-istikhdām sabʿ maqāṭiʿ
sexadecimal سداسي عشري
sudāsī ʿushrī
sextet سداسي
sudāsī
S-gate دائرة صمامية S
dāʾira ṣimāmīya is
SG bloc demodulator مزيل التضمين الكلي SG
muzīl at-taḍmīn al-kullī is jī
SG bloc modulator المضمن الكلي SG
al-muḍammin al-kullī is jī
SG receiver combining إعادة الادماج SG
iʿādat al-idmāj is jī
SG3 receiver demodulator مستقبل مزيل التضمين SG3
mustaqbil muzīl at-taḍmīn is jī thalātha
SG3 transmitter modulator مرسل مضمن SG3
mursil muḍammin is jī thalātha
SG transmitter combining إدماج عبر SG
idmāj ʿabra is jī
shadow mask tube انبوب تلفزيون بحاجز مثقب
unbūb tilifizyūn bi-ḥājiz muthaqqab
shaft position encoder أداة ترميز موضع العمود
adāt tarmīz mawḍiʿ al-ʿamūd
shake down period فترة القلق
fatrat al-qalaq
Shannon's model نموذج « شانون »
namūdhaj shānūn
shaping circuit دائرة لتشكيل الموجات
dāʾira li-tashkīl al-mawjāt
shared database قاعدة بيانات تساهمية
qāʿidat bayānāt tasāhumīya
shared logic system نظام منطقي تساهمي
niẓām manṭiqī tasāhumī
shared memory ذاكرة تساهمية
dhākira tasāhumīya
shared service خدمة تساهمية
khidma tasāhumīya
sheet feed تغذية الصفحات
taghdiyat aṣ-ṣafaḥāt
Shell's method طريقة « شيل »
ṭarīqat shīl
shellsort فرز قشري
farz qashrī
shelves أرفف
arfuf
shield حجاب واق
ḥijāb wāqi
shift ازاحة . زحزحة
izāḥa · zaḥzaḥa
shift character حرف إزاحة
ḥarf izāḥa
shift counter عداد زحزحة
ʿaddād zaḥzaḥa
shift in زحزحة للداخل
zaḥzaḥa lid-dākhil
shift instruction أمر بالازاحة
amr bil-izāḥa
shift keying تعديل الموجات الرقمية
taʿdīl al-mawjāt ar-raqmīya
shift out زحزحة للخارج
zaḥzaḥa lil-khārij
shift-reduce parsing إعراب بالزحزحة المتناقصة
iʿrāb biz-zaḥzaḥa al-mutanāqiṣa
shift register سجل إزاحة
sijill izāḥa
shipment شحنة
shaḥna

S

shipping شحن
shaḥn
shiptalk system نظام التحدث بالسفينة
niẓām at-taḥadduth bis-safīna
shooting method طريقة الاطلاق
ṭarīqat al-iṭlāq
shop days أيام عمل
ayyām ʿamal
shore end cable كبل نهاية الساحل
kabl nihāyat as-sāḥil
shore end survey مسح نهاية الساحل
masḥ nihāyat as-sāḥil
shortest-path algorithm الحل القياسي بإستخدام المسار الأقصر
al-ḥall al-qiyāsī bi-istikhdām al-masār al-aqṣar
shorthand notation التدوين الاختزالي
at-tadwīn al-ikhtizālī
short haul modem موديم الجر القصير
mūdīm al-jarr al-qaṣīr
short table جدول قصير
jadwal qaṣīr
short-term links وصلات قصيرة الأجل
waṣlāt qaṣīrat al-ajal
shrinkage allowance تجاوز الانكماش
tajāwuz al-inkimāsh
shuttle in and out يتردد للداخل والخارج
yataraddud lid-dākhil wal-khārij
sibling أخ أو اخت
akh aw ukht
sideband نطاق جانبي للتردد
niṭāq jānibī lit-taraddud
side casting تشكيل جانبي
tashkīl jānibī
sideways feeding تغذية من الجوانب
taghdhiya min al-jawānib
sifting technique وسائل التدقيق
wasāʾil at-tadqīq
sigma language لغة سيجما
lughat sīgmā
sigma tree شجرة سيجما
shajarat sīgmā
sigma word كلمة سيجما
kalimat sīgmā
sign علامة
ʿalāma
signal إشارة
ishāra
signal bandwidth عرض النطاق الترددي للاشارة
arḍ an-niṭāq at-taraddudī lil-ishāra
signal conditioning تكييف الاشارة
takyīf al-ishāra
signal conversion equipment معدات تحويل الاشارة
muʿaddāt taḥwīl al-ishāra
signal distance مسافة الاشارة
masāfat al-ishāra
signal element عنصر الاشارة
ʿunṣur al-ishāra
signalling بث الاشارات
baththal-ishārāt
signalling card بطاقة بث الاشارات
biṭāqat baththal-ishārāt
signalling equipment معدات بث الاشارات
muʿaddāt baththal-ishārāt
signalling interworking بث الاشارات بين عمليات التشغيل
baththal-ishārāt bayna ʿamalīyāt at-tashghīl
signalling oscillator مذبذب بث الاشارات
mudhabdhib baththal-ishārāt
signalling rate معدل بث الاشارات
muʿaddal baththal-ishārāt
signalling system No. 6 نظام بث الاشارات رقم ٦
niẓām baththal-ishārāt raqm sitta
signal message رسالة الاشارة
risālat al-ishāra
signal normalization تنسيق الاشارة
tansīq al-ishāra
signal operation عمل الاشارة
ʿamal al-ishāra
signal power قدرة الاشارة
qudrat al-ishāra
signal processing معالجة الاشارات
muʿālajat al-ishārāt
signal regeneration إعادة توليد الاشارة
iʿādat tawlīd al-ishāra
signals إشارات
ishārāt
signal shaping تشكيل الاشارة
tashkīl al-ishāra
signal standardisation وضع مواصفات قياسية للاشارة
waḍʿ muwāṣafāt qiyāsīya lil-ishāra
signal terminal طرف الاشارة
ṭaraf al-ishāra

S

signal-to-listener echo ratio — نسبة صدى الاشارة إلى المستمع
nisbat ṣada al-ishāra ilal-mustamiʿ

signal-to-noise ratio — نسبة الاشارة إلى الضوضاء
nisbat al-ishāra ilaḍ-ḍawḍāʾ

signal-to-quantizing noise ratio — نسبة الاشارة إلى تكمية الضوضاء
nisbat al-ishāra ila takammīyat aḍ-ḍawḍāʾ

signal unit — وحدة الاشارة
wiḥdat al-ishāra

signature analysis — تحليل التوقيع
taḥlīl at-tawqīʿ

sign bit — بت العلامة
bit al-ʿalāma

sign changer — مبدل العلامة
mubaddil al-ʿalāma

sign check indicator — مؤشر إختبار العلامة
muʾashshir ikhtibār al-ʿalāma

sign digit — الرقم الخاص بالاشارة
ar-raqm al-khāṣṣ bil-ishāra

signed field — حقل يحتوي على اشارة (+ أو −)
ḥaql yaḥtawi ʿala ishāra zāʾid aw nāqis

signed-magnitude representation — تمثيل المقدار بالاشارة
tamthīl al-miqdar bil-ishāra

significant conditions of a restitution — الشروط الهامة للارتداد
ash-shurūṭ al-hāmma lil-irtidād

significant instants — لحظات هامة
laḥaẓāt hāmma

signless — بدون علامة
bi-dūn ʿalāma

sign off — يتوقف عن العمل
yatawaqqaf ʿan al-ʿamal

sign on — يبدأ العمل
yabdaʾ al-ʿamal

sign-on procedure — اجراءات بدء العمل
ijrāʾāt badʾ al-ʿamal

sign out — يتوقف عن العمل
yatawaqqaf ʿan al-ʿamal

sign-reversing amplifier — مضخم عاكس للاشارة
muḍakhkhim ʿākis lil-ishāra

silicon chip — شريحة رقيقة من السليكون
sharīḥa raqīqa min as-sīlīkūn

silicon-gate — دائرة صمامية من السليكون
dāʾira ṣimāmīya min as-sīlīkūn

silicon-on sapphire — سليكون على صفير
sīlīkūn ʿala ṣaffīr

similar trees — أشجار مماثلة
ashjār mumāthila

simple parity check — اختبار التماثل البسيط
ikhtibār at-tamāthul al-basīṭ

simplex — مفرد
mufrad

simplex codes — الرموز المفردة
ar-rumūz al-mufrada

simplex method — الطريقة المفردة
aṭ-ṭarīqa al-mufrada

simplex transmission — نظام الارسال المفرد
niẓām al-irsal al-mufrad

simulation — محاكاة
muḥākah

simulation language — لغة محاكاة
lughat muḥākah

simulator — محاكي
muḥāki

simulator program — برنامج محاكي
barnāmaj muḥāki

simultaneity — تزامن
tazāmun

simultaneous access — آنية تداول المعلومات
ānīyat tadāwul al-maʿlūmāt

simultaneous equations — المعادلات الآنية
al-muʿādalāt al-ānīya

single-address instruction — أمر احادي العنوان
amr uḥādī al-ʿunwān

single armoured cable — كبل احادي التدريع
kabl uḥādī at-tadrīʿ

single-assignment languages — لغات احادية التخصيص
lughāt uḥādīyat at-takhṣīṣ

single bit error — خطأ أحادي البت
khaṭaʾ uḥādī al-bit

single channel per carrier — قناة واحدة لكل موجة حاملة
qanāh wāḥida li-kull mawja ḥāmila

single current circuit — دائرة أحادية التيار
dāʾira uḥādīyat at-tayyār

single lag — أحادي التأخير
uḥādī at-taʾkhīr

single length — طول وحيد
ṭūl waḥīd

S

single oscillator مذبذب مفرد
mudhabdhib mufrad
single part set مجموعة من جزء واحد
majmūʿa min juzʾ wāḥid
single ply طبقة واحدة
ṭabaqa wāḥida
single precision دقة أحادية
diqqa uḥādīya
single sideband modulation تضمين نطاق جانبي مفرد
taḍmīn niṭāq jānibī mufrad
single space فراغ وحيد
farāgh waḥīd
single spacing بفراغ واحد
bi-farāgh wāḥid
single-step operation تشغيل بالخطوة الواحدة
tashghīl bil-khuṭwa al-wāḥida
single threading احادي الخط
uḥādī al-khaṭṭ
single way طريق وحيد
ṭarīq waḥīd
singly بمفرده
bi-mufradih
singly linked list قائمة أحادية الوصل
qāʾima uḥādīyat al-waṣl
singular matrix مصفوفة مفردة
maṣfūfa mufrada
sink current تيار الهبوط
tayyār al-hubūṭ
sinking technique وسائل الهبوط
wasāʾil al-hubūṭ
sintering تلبيد
talbīd
S
sinusoidal جيبي
jaybī
sister أخت
ukht
sizing تقييم
taqyīm
skeleton coding ترميز هيكلي
tarmīz haykalī
sketchpad دفتر تخطيطي
daftar takhṭīṭī
skew إنحراف
inḥirāf
skewed tree شجرة منحرفة
shajara munḥarifa
skew-symmetric matrix مصفوفة ذات تماثل مائل
maṣfūfa dhāt tamāthul māʾil

skip sequential access method طريقة التداول بتخطي تعاقبي
ṭarīqat at-tadāwul bi-takhaṭṭiī taʿāqubi
sky-waves موجات سماوية
mawjāt samāwīya
slant ميل
mayl
slash mark علامة شق (/)
ʿalāmat shaqq
slave application تطبيق تابع
taṭbīq tābiʿ
slave machine آلة تابعة
āla tābiʿa
slave unit وحدة تابعة
wiḥda tābiʿa
sleeping sickness عطل ترانزستور
ʿuṭl trānzistūr
slew control brush فرشاة تحكم في تجاوب الاشارة
furshāt taḥakkum fī tajāwub al-ishāra
slew hole فتحة تجاوب الاشارة
fatḥat tajāwub al-ishāra
slew rate معدل تجاوب الاشارة
muʿaddal tajāwub al-ishāra
slice architecture بناء شريحة
bināʾ sharīḥa
slider مزلقة
mizlaqa
slot number رقم شق
raqm shaqq
slot reader قارىء الشقوق
qāriʾ ash-shuqūq
slotted hole فتحة مشقوقة
fatḥa mashqūqa
slotting punch ثقابة الشقوق
thaqqābat ash-shuqūq
slow device جهاز بطيء
jihāz baṭīʾ
slow moving يتحرك ببطء
yataḥarrak bi-buṭʾ
small dish satellite system نظام القمر الصناعي ذات الطبق الصغير
niẓām al-qamar aṣ-ṣināʿī dhāt aṭ-ṭabaq aṣ-ṣaghīr
small dish service خدمة الطبق الصغير
khidmat aṭ-ṭabaq aṣ-ṣaghīr
small letter حرف صغير
ḥarf ṣaghīr
small-scale integration التكامل على نطاق ضيق
at-takāmul ʿala niṭāq ḍayyiq

smart card بطاقة ذكية
biṭāqa dhakīya
smart terminal نهاية تشغيل طرفية ذكية
nihāyat tashghīl ṭarafīya dhakīya
smoke test إختبار الدخان
ikhtibār ad-dukhān
smoothing توهين التموج
tawhīn at-tamawwuj
snapshot debug تصحيح البرامج باللقطات
taṣḥīḥ al-baramij bil-laqṭāt
snapshot dump استنساخ لحظي
istinsākh laḥẓī
snapshot printout طباعة لحظية
ṭibāʿa laḥẓīya
sneak feed تغذية مفاجئة
taghdhiya mufājiʾa
SNOBOL برنامج مساعد « سنوبول »
barnāmaj musāʿid snūbūl
socket مقبس . مأخذ
miqbas · maʾkhadh
soft لين
layyin
soft copy نسخة لينة
nuskha layyina
soft error خطأ لين
khaṭaʾ layinn
soft keyboard لوحة مفاتيح لينة
lawḥat mafaṭīḥ layyina
soft-sectored disk اسطوانة مقسمة إلى قطاعات لينة
usṭuwāna muqassama ila qiṭāʿāt layyina
software انظمة البرامج
anẓimat al-barāmij
software development تطوير انظمة البرامج
taṭwīr anẓimat al-barāmij
software engineering هندسة انظمة البرامج
handasat anẓimat al-barāmij
software engineering environment بيئة هندسة انظمة البرامج
bīʾat handasat anẓimat al-barāmij
software house بيت خبرة لأنظمة البرامج
bayt khibra li-anẓimat al-barāmij
software interface نبيطة بينية لأنظمة البرامج
nabīṭa baynīya li-anẓimat al-barāmij
software life-cycle دورة حياة انظمة البرامج
dawrat ḥayāt anẓimat al-barāmij
software package حزمة من انظمة البرامج
ḥuzma min anẓimat al-barāmij
software prototyping نموذج مبدئي لانظمة البرامج
namūdhaj mabdaʾī li-anẓimat al-barāmij
software quality assurance تحقيق جودة انظمة البرامج
taḥqīq jawdat anẓimat al-barāmij
software reliability إعتمادية انظمة البرامج
iʿtimādīyat anẓimat al-barāmij
software specification مواصفات انظمة البرامج
muwāṣafāt anẓimat al-barāmij
software tool وسيلة مساعدة لانظمة البرامج
wasīla musāʿida li-anẓimat al-barāmij
software writer كاتب انظمة برامج
kātib anẓimat al-barāmij
solar drum قرص شمسي
qurṣ shamsī
solar panel لوحة مراقبة شمسية
lawḥat murāqaba shamsīya
solder remover مزيل لحام
muzīl liḥām
solenoid ملف لولبي
milaff lawlabī
solid-font printer طابعة بحروف صماء
ṭābiʿa bi-ḥurūf ṣammāʾ
solid-state حالة الصلابة
ḥālat aṣ-ṣalāba
solid state diffusion الانتشار في حالة الصلابة
al-intishār fī ḥālat aṣ-ṣalāba
solid-state memory ذاكرة مصنوعة من المادة الصلبة
dhākira maṣnūʿa min al-mādda aṣ-ṣaliba
solidus فاصل
fāṣil
solvable قابل الحل
qābil lil-ḥall
son إبن
ibn
sonar interface جهاز سونار بيني
jihāz sūnār baynī
sonar slave unit وحدة سونار تابعة
wiḥdat sūnār tābiʿa
son file الملف الابن
al-milaff al-ibn
sonic delay line خط تاخير صوتي
khaṭṭ taʾkhīr ṣawtī

S

son tape — الشريط الابن
ash-sharīṭ al-ibn

sophistication — تعقيد
taʿqīd

sort — يفرز
yafriz

sorter pocket — جيب الفارز
jayb al-fāriz

sort generator — مولد برنامج فرز
muwallid barnāmaj farz

sorting — فرز
farz

sorting rod — ذراع الفرز
dhirāʿ al-farz

sorting routine — روتين خاص بالفرز
rūtīn khāṣṣ bil-farz

sortkey — مفتاح الفرز
miftāḥ al-farz

sort merge — الفرز والدمج
al-farz wal-damj

sound bandwidth — عرض نطاق التردد الصوتي
ʿarḍ niṭāq at-taraddud aṣ-ṣawtī

sound carrier — موجة حاملة للصوت
mawja ḥāmila liṣ-ṣawt

sound-program — برنامج صوتي
barnāmaj ṣawtī

sound-program circuit — دائرة برنامج صوتي
dāʾirat barnāmaj ṣawtī

sound signal — إشارة صوتية
ishāra ṣawtīya

sound waves — الموجات الصوتية
al-mawjāt aṣ-ṣawtīya

source — مصدر . منبع . أصل . منشأ
maṣdar · manbaʿ · aṣl · manshaʾ

source address field — حقل عنوان المنشأ
haql ʿunwān al-manshaʾ

source alphabet — أبجدية الأصل
abjadīyat al-aṣl

source and message manager — برنامج إداري لبرامج المصدر والرسائل
barnāmaj idārī lil-barāmij al-maṣdar war-rasāʾil

source block — كتلة برامج المصدر
kutlat barāmij al-maṣdar

source code — رمز برنامج المصدر
ramz barnāmaj al-maṣdar

source coding — ترميز برنامج المصدر
tarmīz barnāmaj al-maṣdar

source coding theorem — نظرية تشفير برنامج المصدر
naẓarīyat tashfīr barnāmaj al-maṣdar

source compression coding — ترميز كبس برنامج المصدر
tarmīz kabs barnāmaj al-maṣdar

source compression factor — معامل كبس برنامج المصدر
muʿāmil kabs barnāmaj al-maṣdar

source converter — محول برنامج المصدر
muḥawwil barnāmaj al-maṣdar

source deck — مجموعة بطاقات مرمزة لبرنامج المصدر
majmūʿat biṭāqāt murammaza li-barnāmaj al-maṣdar

source documents — وثائق برنامج المصدر
wathāʾiq barnamaj al-maṣdar

source language — لغة برنامج المصدر
lughat barnāmaj al-maṣdar

source listing — قائمة برنامج المصدر
qāʾimat barnāmaj al-maṣdar

source machine — الآلة الأصلية
al-āla al-aṣlīya

source module — وحدة تجزيء برنامج المصدر
wiḥdat tajziʾ barnāmaj al-maṣdar

source program — برنامج المصدر
barnāmaj al-maṣdar

source set — المجموعة الأصلية
al-majmūʿa al-aṣlīya

space — فراغ . فضاء
farāgh · faḍāʾ

space character — حرف الفراغ
ḥarf al-farāgh

space complexity — تعقيد الفراغ
taʿqīd al-farāgh

spacecraft contractor — مقاول سفينة فضاء
muqāwil safīnat faḍāʾ

spaced diversity — إستقبال بهوائيات متباعدة
istiqbāl bi-hawāʾīyāt mutabāʿida

space-division switch — مفتاح تقسيم الفراغ
miftāḥ taqsīm al-farāgh

space domain — مجال الفضاء
majāl al-faḍāʾ

space quantization — تكمية الفضاء
takammīyat al-faḍāʾ

space pad — دفتر الفراغ
daftar al-farāgh

space shuttle مكوك فضاء
makūk faḍā'
space suppression منع الفراغ
man' al-farāgh
space switching module وحدة قياس تحويل الفراغ
wiḥdat qiyās taḥwīl al-farāgh
space time زمن فراغ
zaman-farāgh
space network شبكة فضائية
shabaka faḍā'īya
space tansportation system نظام نقل فضائي
niẓām naql faḍā'ī
space waves موجات فضائية
mawjāt faḍā'īya
spanned record سجل ممتد
sijill mumtadd
spanning subgraph تخطيط فرعي ممتد
takhṭīṭ far'ī mumtadd
spanning tree شجرة ممتدة
shajara mumtadda
spare إحتياطي
iḥtiyāṭī
spare cable كبل إحتياطي
kabl iḥtiyāṭī
spare units وحدات إحتياطية
wiḥdāt iḥtiyāṭīya
sparse matrix مصفوفة متفرقة
maṣfūfa mutafarriqa
spawn تفريخ
tafrīkh
speaker channels equipment معدات قنوات المتكلم
mu'addāt qanawāt al-mutakallim
special character حرف خاص
ḥarf khāṣṣ
special purpose غرض خاص
gharaḍ khāṣṣ
special purpose character حرف لغرض خاص
ḥarf li-gharaḍ khāṣṣ
special purpose computer كمبيوتر لغرض خاص
kumbyūtar li-gharaḍ khāṣṣ
special sign علامة خاصة
'alāma khāṣṣa
special subscriber equipment معدات خاصة للمشترك
mu'addāt khaṣṣa lil-mushtarik
specification مواصفات
muwāṣafāt
specification language لغة المواصفات
lughat al-muwāṣafāt
specification sheet ورقة المواصفات
waraqat al-muwāṣafāt
spectral analysis تحليل طيفي
tāḥlīl ṭayfī
spectral colours ألوان طيفية
alwān ṭayfīya
spectral response إستجابة طيفية
istijāba ṭayfīya
spectrum envelope غلاف الطيف
ghilāf aṭ-ṭayf
speech channel قناة كلامية
qanāh kalāmīya
speech circuit دائرة صوتية
dā'ira ṣawtīya
speech communication إتصالات صوتية
ittiṣālāt ṣawtīya
speech from calling station كلام من المحطة المستدعية
kalām min al-maḥaṭṭa al-mustad'īya
speech line خط الكلام
khaṭṭ al-kalām
speech path مسار الكلام
masār al-kalām
speech signal إشارة كلامية
ishāra kalāmīya
speech to calling station كلام إلى المحطة الطالبة
kalām ilal-maḥaṭṭa aṭ-ṭāliba
speech traffic حركة مرور الكلام
ḥarakat murūr al-kalām
speed سرعة
sur'a
speedup theorem نظرية الاسراع
naẓarīyat al-isrā'
sphere-packing bound حد التغليف الكروي
ḥadd at-taghlīf al-kurawī
spill file ملف الفائض
milaff al-fā'iḍ
spill-over traffic حركة المرور الزائدة
ḥarakat al-murūr az-zā'ida
splicer مدمج
mudammij
splicing block كتلة التزاوج
kutlat at-tazāwuj
spline حزة
ḥazza
split إنفصال
infiṣāl
split platen سطح الانفصال المستوي
saṭḥ al-infiṣāl al-mustawi

S

split screen شاشة مجزئة
shāsha mujazzaʾa
split work area مساحة تشغيل مجزئة
misāḥat tashghīl mujazzaʾa
spool تخزين على ملف . بكرة
takhzīn ʿala milaff · bakara
spooling كتابة التقارير على ملف
kitābat at-taqārīr ʿala milaff
spot carbon ورق كربون موضعي
waraq karbūn mawḍiʿī
spread إنتشار
intishār
spread-spectrum modulation تضمين الطيف الانتشاري
taḍmīn aṭ-ṭayf al-intishārī
sprocket hole channel قناة ثقوب التسنين
qanāt thuqūb at-tasnīn
sprocket hole margin حد ثقوب التسنين
ḥadd thuqūb at-tasnīn
sprocket margin حد العجلة المسننة
ḥadd al-ʿajala al-musannana
sprocket pulse نبضة العجلة المسننة
nabḍat al-ʿajala al-musannana
sprocket punching تثقيب العجلة المسننة
tathqīb al-ʿajala al-musannana
sprocket wheel العجلة المسننة
al-ʿajala al-musannana
spurious زائف . كاذب
zāʾif · kādhib
square matrix مصفوفة مربعة
maṣfūfa murabbaʿa
squid رخوى
rakhawī
SR flip-flop مذبذب نطاط SR
mudhabdhib naṭṭāṭ is ār
stabiliser محول استقرار
muḥawwil istiqrār
stability استقرار
istiqrār
stable sorting algorithm حل قياسي للفرز المستقر
ḥall qiyāsī lil-farz al-mustaqirr
stack رصيصة
raṣīṣa
stack algorithm حل قياسي بالرصيصة
ḥall qiyāsī bir-raṣīṣa
stack architecture بناء بالرصيصة
bināʾ bir-raṣīṣa

stack frame هيكل الرصيصة
haykal ar-raṣīṣa
stack front pointer مؤشر الرصيصة الامامي
muʾashshir ar-raṣīṣa al-amāmī
stacking platform منصة الرص
minaṣṣat ar-raṣṣ
stack manipulation معالجة بالرصيصة
muʿālaja bir-raṣīṣa
stack pointers مؤشرات الرصيصة
muʾashshirāt ar-raṣīṣa
stack processing معالجة بالرصيصة
muʿālaja bir-raṣīṣa
stack segment عضو من الرصيصة
ʿuḍū min ar-raṣīṣa
stack switching وصل ـ قطع الرصيصة
waṣl-qaṭʿ ar-raṣīṣa
staff هيئة الادارة
hayʾat al-idāra
staircase waveform موجة على شكل سلم
mawja ʿala shakl sullam
stand-alone مستقل
mustaqill
stand-alone unit وحدة مستقلة
wiḥda mustaqilla
standard عياري . قياسي
ʿiyārī · qiyāsī
standard code sets مجموعات ذات رموز قياسية
majmūʿāt dhāt rumūz qiyāsīya
standard deviation الانحراف العياري
al-inḥirāf al-ʿiyārī
standard error خطأ قياسي
khaṭaʾ qiyāsī
standard interface نبيطة بينية قياسية
nabīṭa baynīya qiyāsīya
standard paragraph فقرة قياسية
fiqra qiyāsīya
standard text كتابة عيارية
kitāba ʿiyārīya
standardization توحيد المقاييس
tawḥīd al-maqāyīs
standard product of sums حاصل ضرب لناتج الجمع القياسي
ḥāṣil ḍarb li-nātij al-jamʿ al-qiyāsī
standard product term حد حاصل الضرب القياسي
ḥadd ḥāṣil aḍ-ḍarb al-qiyāsī
standard subroutine روتين فرعي قياسي
rūtīn farʿī qiyāsī

S

standard sum of products ناتج لحاصل الضرب القياسي
nātij li-ḥāsil aḍ-ḍarb al-qiyāsī
standard sum term حد ناتج الجمع القياسي
ḥadd nātij al-jamᶜ al-qiyāsī
standby احتياطي
iḥtiyāṭī
standby application تطبيق إحتياطي
taṭbīq iḥtiyāṭī
standby system نظام إحتياطي
niẓam iḥtiyāṭī
standing charge الشحنة الثابتة
ash-shaḥna ath-thābita
star closure اقفال النجم
iqfāl an-najm
star-height إرتفاع النجم
irtifāᶜ an-najm
star network شبكة نجمية
shabaka najmīya
start code رمز البدء
ramz al-badʾ
start of heading بدء العنوان
badʾ al-ᶜunwān
start pulse نبضة البدء
nabḍat al-badʾ
start-stop بدء ـ إيقاف
badʾ-īqāf
start-stop apparatus جهاز البدء والايقاف
jihāz al-badʾ wal-īqāf
start-stop signals إشارات البدء والايقاف
ishārāt al-badʾ wal-īqāf
start-stop transmission إرسال بدء ـ إيقاف
irsāl badʾ-īqāf
start symbol رمز البدء
ramz al-badʾ
start time زمن البدء
zaman al-badʾ
start-up بدء
badʾ
state assignment تخصيص الحالة
takhṣīṣ al-ḥāla
state diagram رسم بياني للحالة
rasm bayānī lil-ḥāla
statement جملة
jumla
statement label دليل الجملة
dalīl al-jumla
statement number رقم الجملة
raqm al-jumla
statement of requirements جملة المتطلبات
jumlat al-mutaṭallabāt
statement of work جملة العمل
jumlat al-ᶜamal
state table جدول الحالة
jadwal al-ḥāla
state transition diagram رسم بياني لتحول الحالة
rasm bayānī li-taḥawwul al-ḥāla
state transition function دالة لتحول الحالة
dālla bayānī li-taḥawwul al-ḥāla
state transition table جدول لتحول الحالة
jadwal li-taḥawwul al-ḥāla
state variable متغير الحالة
mutaghayyir al-ḥāla
static استاتيكي
istātīkī
static allocation تخصيص إستاتيكي
takhṣīṣ istātīkī
static data structure هيكل بيانات إستاتيكي
haykal bayānāt istātīkī
static dump إستنساخ بيانات إستاتيكي
istinsākh bayānāt istātīkī
station محطة
maḥaṭṭa
statistical analysis تحليل إحصائي
taḥlīl iḥṣāʾī
statistical methods طرق إحصائية
ṭuruq iḥṣāʾīya
statistical multiplexing إرسال إحصائي متعدد التقابل
irsāl iḥṣāʾī mutaᶜaddid at-taqābul
statistical prediction تنبؤ إحصائي
tanabbuʾ iḥṣāʾī
statistics إحصائيات
iḥṣāʾīyāt
status حالة ـ وضع
ḥāla · waḍᶜ
status register سجل الحالة
sijill al-ḥāla
status updating تحديث الحالة
taḥdīth al-ḥāla
steady state error خطأ في وضع الاستقرار
khaṭaʾ fī waḍᶜ al-istiqrār
step by step خطوة بخطوة
khuṭwa bi-khuṭwa
stepped start-stop system نظام البدء ـ الايقاف المتدرج
niẓām al-badʾ al-īqāf al-mutadarrij
stepper أداة التدرج
adāt at-tadarruj

S

stepper motor محرك أداة التدرج
muḥarrik adāt at-tadarruj
stepping motor محرك تدريج
muḥarrik tadrīj
stepsize مقاس الدرجة
maqās ad-daraja
stiff equations معادلات جامدة
muʿādalāt jāmida
stochastic matrix مصفوفة عشوائية
maṣfūfa ʿashwāʾīya
stochastic process عملية عشوائية
ʿamalīya ʿashwāʾīya
stock issue card بطاقة صرف المخزون
biṭāqat ṣarf al-makhzūn
stock receipt card بطاقة إستلام المخزون
biṭāqat istilām al-makhzūn
stock status report بيان بحالة المخزون
bayān bi-ḥālat al-makhzūn
stop acknowledge قبول الوقف
qubūl al-waqf
stop bit عدد ثنائي الايقاف
ʿadad thunāʾī al-īqāf
stop code رمز التوقف
ramz at-tawaqquf
stop pulse نبضة التوقف
nabḍat at-tawaqquf
storability قابلية التخزين
qābilīyat at-takhzīn
storage تخزين
takhzīn
storage allocation تخصيص أماكن التخزين
takhṣīṣ amākin at-takhzīn
storage device جهاز التخزين
jihāz at-takhzīn
storage element عنصر التخزين
ʿunṣur at-takhzīn
storage hierarchy هيكل التخزين
haykal at-takhzīn
storage matrix مصفوفة التخزين
maṣfūfat at-takhzīn
storage oscilloscope اوسيلسكوب بذاكرة
ūsilskūb bi-dhākira
storage pool مساحة التخزين
misāḥat at-takhzīn
storage protection حماية المخزون
ḥimāyat al-makhzūn
storage requirement متطلبات التخزين
mutaṭallabāt at-takhzīn
storage structure بناء المخزون
bināʾ al-makhzūn

storage tube صمام إختزان
ṣimām ikhtizān
storage vault قنطرة تخزين
qanṭarat takhzīn
store يخزن
yakhzin
store and forward خزن وتقدم
khazn wa taqaddum
stored program برنامج مخزن
barnāmaj mukhazzan
store core قلب المخزن
qalb al-makhzan
stored programme control تحكم في برنامج مخزن
taḥakkum fī barnāmaj mukhazzan
straight insertion sort فرز الادخال المباشر
farz al-idkhāl al-mubāshir
straight line depreciation إستهلاك بخط مستقيم
istihlāk bi-khaṭṭ mustaqīm
straight selection sort فرز الاختيار المباشر
farz al-ikhtiyar al-mubāshir
strapping قمط كابت
qamṭ kābit
Strassen algorithm الحل القياسي لـ « شتراسن »
al-ḥall al-qiyāsī li-shtrāsan
strays شرود
shurūd
stream مجرى . تيار
majrā · tayyār
streamer اداة بث التيار
adāt bathth at-tayyār
streaming إنسياب
insiyāb
streaming tape transport نقل الشريط المنساب
naql ash-sharīṭ al-munsāb
stride خطوة واسعة
khuṭwa wāsiʿa
string صف
ṣaff
stringency level مستوى التشديد
mustawa at-tashdīd
string manipulation معالجة الصف
muʿālajat aṣ-ṣaff
string matching تلاؤم الصف
talāʾum aṣ-ṣaff
string merging phase طور إدماج الصفوف
ṭawr idmāj aṣ-ṣufūf
string segment جزء من الصف
juzʾ min aṣ-ṣaff
strip window نافذة شريطية
nāfidha sharīṭīya

S

stroke analysis تحليل الشوط
taḥlīl ash-shawṭ
stroke width عرض الشوط
ʿarḍ ash-shawṭ
stroke written مكتوب بالطرق
maktūb biṭ-ṭarq
strongly connected مرتبط بمتانة
murtabiṭ bi-matāna
structural induction حث هيكلي
ḥathth haykalī
structure هيكل
haykal
structured analysis تحليل هيكلي
taḥlīl haykalī
structured coding ترميز هيكلي
tarmīz haykalī
structured programming تخطيط برامج هيكلي
takhṭīṭ barāmij haykalī
structured systems analysis تحليل نظم هيكلي
taḥlīl nuẓum haykalī
structured variable متغير هيكلي
mutaghayyir haykalī
stub عقب
ʿuqb
stub edge حافة عقبية
ḥāffa ʿuqbīya
stylus printer طابعة إبرية
ṭābiʿa ibrīya
sub-address عنوان فرعي
ʿunwān farʿī
subgraph رسم بياني فرعي
rasm bayānī farʿī
subgroup مجموعة فرعية
majmūʿa farʿīya
sublist قائمة فرعية
qāʾima farʿīya
sublot حصة فرعية
ḥiṣṣa farʿīya
submarine cable كبل بحري
kabl baḥrī
submarine cable system نظام الكبل البحري
niẓām al-kabl al-baḥrī
submatrix مصفوفة فرعية
maṣfūfa farʿīya
submersible equaliser معدل قابل للتشغيل المغمور
muʿaddil qābil lit-tashghīl al-maghmūr
submersible plant وحدة للتشغيل المغمور
wiḥda lit-tashghīl al-maghmūr
submersible repeater معيد قابل للتشغيل المغمور
muʿīd qabil lit-tashghīl al-maghmūr
subnet شبكة فرعية
shabaka farʿīya
subpool مساحة فرعية
misāḥa farʿīya
subprogram برنامج فرعي
barnāmaj farʿī
subrecursive hierarchy هيكل ثانوي التكرارية
haykal thānawī at-takrārīya
subroutine روتين فرعي
rūtīn farʿī
subschema خطة فرعية
khuṭṭa farʿīya
subscriber مشترك
mushtarik
subscriber category analysis تحليل فئات المشتركين
taḥlīl fiʾāt al-mushtarikīn
subscriber instrument جهاز المشترك
jihāz al-mushtarik
subscriber line خط المشترك
khaṭṭ al-mushtarik
subscriber line circuit دائرة خط المشترك
dāʾirat khaṭṭ al-mushtarik
subscriber line interface نبيطة بينية لخط المشترك
nabīṭa baynīya li-khaṭṭ al-mushtarik
subscriber service centre مركز خدمة المشتركين
markaz khidmat al-mushtarikīn
subscriber services subsystem الأنظمة الفرعية لخدمات المشتركين
al-anẓima al-farʿīya li-khidmāt al-mushtarikīn
subscriber's line خط المشترك
khaṭṭ al-mushtarik
subscriber switching تحويل المشتركين
taḥwīl al-mushtarikīn
subscriber switching module الدائرة الجزئية لتحويل المشتركين
ad-dāʾira al-juzʾīya li-taḥwīl al-mushtarikīn
subscriber switching network شبكة تحويل المشتركين
shabakat taḥwīl al-mushtarikīn
subscriber switching subsystem نظام فرعي لتحويل المشتركين
niẓām farʿī li-taḥwīl al-mushtarikīn

S

subscriber switch interface نبيطة بينية لتحويل المشترك
nabīṭa baynīya li-taḥwīl al-mushtarik
subscriber trunk dialling إستدعاء ترانك للمشترك
istidʿāʾ trānk lil-mushtarik
subscript رمز سفلي دليلي
ramz suflī dalīlī
subscripted variable متغير له رمز سفلي دليلي
mutaghayyir lahu ramz suflī dalīlī
subsemigroup شبه مجموعة فرعية
shibh majmuʿa farʿīya
subsequence تتابع جزئي
tatābuʿ juzʾī
subsequent signal unit وحدة إشارة لاحقة
wiḥdat ishāra lāḥiqa
subset مجموعة فرعية
majmūʿa farʿīya
substitution إبدال . إستبدال
ibdāl · istibdāl
substring جزء من الصف
juzʾ min aṣ-ṣaff
substring identifier معين هوية الجزء من الصف
muʿayyin hūwīyat al-juzʾ min aṣ-ṣaff
subtotal مجموع جزئي
majmuʿ juzʾī
subtotal key مفتاح المجموع الجزئي
miftāḥ al-majmūʿ al-juzʾī
subtractor الطارح
aṭ-ṭāriḥ
subtree شجرة فرعية
shajara farʿīya
S
successful tenderer مقدم عطاء ناجح
muqaddim ʿaṭāʾ nājiḥ
successive approximation converter محول التقريب المتتالي
muḥawwil at-taqrīb al-mutatalī
successor event حدث لاحق
ḥadath lāḥiq
successor function وظيفة لاحقة
waẓīfa lāḥiqa
suffix لاحقة
lāḥiqa
suffix notation التدوين باستخدام اللاحقة
at-tadwīn bi-istikhdām al-lāḥiqa
suite مجموعة
majmūʿa
suite of runs مجموعة من تشغيلات البرنامج
majmūʿa min tashghīlāt al-barnāmaj
sumcheck مراجعة الجمع
murājaʿat al-jamʿ
sumless بدون جمع
bi-dūn jamʿ
summarized explosion تكسير مجمل
taksīr mujmal
summer أداة حساب المجموع
adāt ḥisāb al-majmūʿ
summing point نقطة التجمع
nuqṭat at-tajammuʿ
sum of products expression تعبير : ناتج جمع حواصل الضرب
taʿbīr nātij jamʿ ḥawāṣil aḍ-ḍarb
sum term حد المجموع
ḥadd al-majmūʿ
supercomputer كمبيوتر فائق
kumbyūtar fāʾiq
superconducting memory ذاكرة عالية التوصيل
dhākira ʿālīyat at-tawṣīl
superconducting technology تقنية عالية التوصيل
taqnīya ʿālīyat at-tawṣīl
supergroup level مستوى المجموعة المتفوقة
mustawa al-majmūʿa al-mutafawwiqa
supergroup link وصلة المجموعة المتفوقة
waṣlat al-majmūʿa al-mutafawwiqa
supergroup translating equipment معدات ترجمة المجموعة المتفوقة
muʿaddāt tarjamat al-majmūʿa al-mutafawwiqa
super high frequency ترددات فائقة
taraddudāt fāʾiqa
superscript رمز علوي
ramz ʿulwī
supervisor مشرف
mushrif
supervisor call البرنامج المشرف
al-barnāmaj al-mushrif
supervisor state حالة المشرف
ḥālat al-mushrif
supervisory control language لغة إشرافية
lugha ishrāfīya
supervisory terminal جهاز طرفي إشرافي
jihāz ṭarafī ishrāfī

supplementary costs تكاليف إضافية
takālīf iḍāfīya
support chip رقيقة سند
raqīqat sanad
support programs برامج مساندة
barāmij musānida
suppress يزيل
yuzīl
surface analysis تحليل للسطح
taḥlīl lis-saṭḥ
surface waves موجات سطحية
mawjāt saṭḥīya
surveillance program برنامج مراقبة
barnāmaj murāqaba
suspended معلق
muʿallaq
swap back and forth تبادل
tabādul
swapping تبادل
tabādul
swapping routine برنامج مساعد للتبادل
barnāmaj musāʿid lit-tabādul
swipe reader جهاز فائق للقراءة
jihāz fāʾiq lil-qirāʾa
switch تحول . مفتاح
taḥawwul · miftāḥ
switched circuits دوائر متحولة
dawāʾir mutaḥawwila
switched connection وصلة متحولة
waṣla mutaḥawwila
switched message network شبكة الرسائل المتحولة
shabakat ar-rasāʾil al-mutaḥawwila
switched telecommunication system نظام الاتصال المتحول
niẓām al-ittiṣāl al-mutaḥawwil
switched telephone exchange سنترال متحول
sintrāl mutaḥawwil
switch hook حامل السماعة
ḥāmil as-sammāʿa
switching الاتصال
al-ittiṣāl
switching algebra علم جبر الاتصالات
ʿilm jabr al-ittiṣālāt
switching circuit دائرة اتصالات
dāʾirat ittiṣālāt
switching equipment جهاز اتصال
jihāz ittiṣāl
switching highway network شبكة إتصال الطرق الرئيسية
shabakat ittiṣāl aṭ-ṭuruq ar-raʾīsīya
switching speed سرعة الاتصال
surʿat al-ittiṣāl
switching system نظام الاتصال
niẓām al-ittiṣāl
switching theory نظرية الاتصال
naẓarīyat al-ittiṣāl
switching waveform شكل موجة الاتصال
shakl mawjat al-ittiṣāl
switchstream تيار الاتصال
tayyār al-ittiṣāl
syllable مقطع لفظي
maqṭaʿ lafẓī
symbolic addressing عنونة رمزية
ʿanwana ramzīya
symbolic assembly system نظام تجميع رمزي
niẓām tajmīʿ ramzī
symbolic language لغة رمزية
lugha ramzīya
symbolic logic منطق رمزي
manṭiq ramzī
symbolic notation تدوين رمزي
tadwīn ramzī
symbol manipulation معالجة الرموز
muʿālajat ar-rumūz
symbol table جدول الرموز
jadwal ar-rumūz
symmetric difference فرق متماثل
farq mutamāthil
symmetric difference gate دائرة صمامية للفروق المتماثلة
dāʾira ṣimāmīya lil-furūq al-mutamāthila
symmetric function دالة متماثلة
dālla mutamāthila
symmetric group مجموعة متماثلة
majmūʿa mutamāthila
symmetric list قائمة متماثلة
qāʾima mutamāthila
symmetric matrix مصفوفة متماثلة
maṣfūfa mutamāthila
symmetric order traversal مستعرض ترتيب متماثل
mustaʿriḍ tartīb mutamāthil
symmetric relation علاقة متماثلة
ʿalāqa mutamāthila
symmetry group مجموعة تماثل
majmūʿat tamāthul
sync bytes رموز تزامنية
rumūz tazāmunīya

S

synchronization — مزامنة
muzāmana

synchronization pulses — نبضات المزامنة
nabaḍāt al-muzāmana

synchronization signal unit — وحدة إشارة التزامن
wiḥdat ishārat at-tazāmun

synchronized network — شبكة متزامنة
shabaka mutazāmina

synchronizer — مزامن
muzāmin

synchronizing pilot — دليل متزامن
dalīl mutazāmin

synchronous — تزامني
tazāmunī

synchronous circuit — دائرة متزامنة
dā'ira mutazāmina

synchronous counter — عداد متزامن
ʿaddād mutazāmin

synchronous data transmission — نقل بيانات متزامن
naql bayānāt mutazāmin

synchronous detection — كشف متزامن
kashf mutazāmin

synchronous digital system — نظام رقمي متزامن
niẓām raqmī mutazāmin

synchronous idle — عطل متزامن
ʿaṭal mutazāmin

synchronous operation — تشغيل متزامن . عملية متزامنة
tashghīl mutazāmin · ʿamalīya mutazāmina

synchronous TDM — إرسال متعدد التقابل لتقسيم الوقت المتزامن
irsāl mutaʿaddid at-taqābul li-taqsīm al-waqt al-mutazāmin

synchronous transmission — إرسال متزامن
irsāl mutazāmin

synchronous working — عمل بتزامن
ʿamal bi-tazāmun

sync pulse separator — فاصل نبضات تزامني
fāṣil nabaḍāt tazāmunī

syndrome — لزمة
luzma

synergy — حركة مشتركة
ḥaraka mushtaraka

syntactical — طبقاً لقواعد تركيب الجملة
ṭibqan li-qawā'id tarkīb al-jumla

syntactic errors — أخطاء في تركيب الجملة
akhṭā' fī tarkīb al-jumla

syntactic monoid — قواعد أحادية لتطبيق قواعد تركيب الجملة
qawāʿid uḥādīya li-taṭbīq qawāʿid tarkīb al-jumla

syntax — تركيب الجملة
tarkīb al-jumla

syntax analysis — تحليل تركيب الجملة
taḥlīl tarkīb al-jumla

syntax analyzer — محلل تركيب الجملة
muḥallil tarkīb al-jumla

syntax diagram — شكل بياني لتركيب الجملة
shakl bayānī li-tarkīb al-jumla

syntax-directed compiler — مصحح خاص بتركيب الجمل
muṣaḥḥiḥ khāṣṣ bi-tarkīb al-jumal

syntax tree — شجرة تركيب الجملة
shajarat tarkīb al-jumla

sysgen — توليد النظام
tawlīd an-niẓām

system — نظام
niẓām

system accounting — حسابات النظام
ḥisābāt an-niẓām

system alarm — إشارة تنبيه للنظام
ishārat tanbīh lin-niẓām

system amplifier — مضخم النظام
muḍakhkhim al-niẓām

systematic code — ترميز نظامي
tarmīz niẓāmī

system boundary — حدود النظام
ḥudūd an-niẓām

system control language — لغة التحكم في النظام
lughat at-taḥakkum fin-niẓam

system control signal unit — وحدة إشارة التحكم في النظام
wiḥdat ishārat at-taḥakkum fin-niẓām

system crash — عطل النظام
ʿuṭl an-niẓām

system definition — تعريف النظام
taʿrīf an-niẓām

system design — تصميم النظام
taṣmīm an-niẓām

system failure — عطل النظام
ʿuṭl an-niẓām

system forwarding — تقديم النظام
taqdīm an-niẓām

system generation — توليد النظام
tawlīd an-niẓām

system journal — يومية النظام
yawmīyat an-niẓām

system library مكتبة النظام
maktabat an-niẓām
system life cycle دورة حياة النظام
dawrat ḥayāt an-niẓām
system noise ضوضاء النظام
ḍawḍā᾽ an-niẓām
system option إختيار النظام
ikhtiyār an-niẓām
systems analysis تحليل نظم
taḥlīl nuẓum
systems description توصيف النظم
tawṣīf an-nuẓum
systems design تصميم النظم
taṣmīm an-nuẓum
system security تأمين النظام
ta᾽mīn an-niẓām
systems network architecture هندسة بناء شبكة النظم
handasat binā᾽ shabakat an-nuẓum
system software برامج النظام
barāmij an-niẓām
system specification مواصفات النظام
muwāṣafāt an-niẓām
systems programmer مخطط برامج نظم
mukhaṭṭiṭ barāmij nuẓum
systems programming تخطيط برامج نظم
takhṭīṭ barāmij nuẓum
systems software برامج نظم
barāmij nuẓum
system start-up بدء تشغيل نظام
bad᾽ tashghīl niẓām
system status حالة النظام
ḥālat an-niẓām
systems theory نظرية النظم
naẓarīyat an-nuẓum
system tables جداول النظام
jadāwil an-niẓām
system testing إختبار النظام
ikhtibār an-niẓām

S

T

tab جدول
jadwal
tabbing الجدولة
al-jadwala
tab-card box صندوق بطاقات الجدولة
ṣundūq biṭāqāt al-jadwala
tab-card check إختبار بطاقات الجدولة
ikhtibār biṭāqāt al-jadwala
tab-card set مجموعة بطاقات الجدولة
majmūʿat biṭāqāt al-jadwala
tab-card storage تخزين بطاقات الجدولة
takhzīn biṭāqāt al-jadwala
tab equipment معدات تنظيم الجداول
muʿaddāt tanẓīm al-jadāwil
table جدول
jadwal
table-driven algorithm حل قياسي مستخلص من الجداول
ḥall qiyāsī mustakhlaṣ min al-jadāwil
table look-up تفتيش في الجداول
taftīsh fil-jadāwil
table look-up instruction أمر بالتفتيش في الجداول
amr bit-taftīsh fil-jadāwil
tablet قرص
qurṣ
table top debugging تفقد أخطاء رأس الجدول
tafaqqud akhṭāʾ raʾs al-jadwal
tab rack رف جدولي
raff jadwalī
tabular language لغة مجدولة
lughat mujadwala
tag بطاقة بيانية
biṭāqa bayānīya
tag format صيغة بطاقة بيانية
ṣīghat biṭāqa bayānīya
tagged architecture البناء المرقوم
al-bināʾ al-marqūm
tag punch machine آلة تثقيب البطاقات البيانية
ālat tathqīb al-biṭāqāt al-bayānīya
tail دليل مؤخرة
dalīl muʾakhkhara
tailoring صياغة
ṣiyāgha
take-up reel بكرة رفع
bakarat rafʿ
tally مسجل
musajjil
tally reader قارىء سجل
qāriʾ sijill
tally roll كشف مسجل
kashf musajjil
tally roll reader قارىء كشف مسجل
qāriʾ kashf musajjil
tally up حساب متزايد
ḥisāb mutazāyid
tandem exchange سنترال ترادفي
sintrāl tarādufī
tandem point نقطة ترادفية
nuqṭa tarādufīya
tank separation فصل صهريجي
faṣl ṣihrījī
tape شريط
sharīṭ
tape break sensor جهاز إحساس بانقطاع الشريط
jihāz iḥsās bi-inqiṭāʿ ash-sharīṭ
tape cartridge كارتردج الشريط
kārtrij ash-sharīṭ
tape cleaner منظف الشريط
munaẓẓif ash-sharīṭ
tape cluster مجموعة شرائط
majmūʿat sharāʾiṭ
tape-controlled تحكم عن طريق شريط
taḥakkum ʿan ṭarīq sharīṭ

tape copy نسخة من الشريط
nuskha min ash-sharīṭ
tape deck جهاز تشغيل الشريط
jihāz tashghīl ash-sharīṭ
tape drive وسيلة تدوير الشريط
wasīlat tadwīr ash-sharīṭ
tape encoder أداة ترميز الشريط
adāt tarmīz ash-sharīṭ
tape file ملف على شريط
milaff ʿala sharīṭ
tape format صيغة الشريط
ṣīghat ash-sharīṭ
tape frame إطار الشريط
iṭār ash-sharīṭ
tape guide دليل الشريط
dalīl ash-sharīṭ
tape header مقدمة الشريط
muqaddimat ash-sharīṭ
tape label علامة مميزة للشريط
ʿalāma mumayyiza lish-sharīṭ
tape library مكتبة الشرائط
maktabat ash-sharāʾiṭ
tape limited شريط محدود
sharīṭ maḥdūd
tape loadpoint نقطة تحميل الشريط
nuqṭat taḥmīl ash-sharīṭ
tape mark علامة الشريط
ʿalāmat ash-sharīṭ
tape marker مميز الشريط
mumayyiz ash-sharīṭ
tape mechanism آلية الشريط
ālīyat ash-sharīṭ
tape motion حركة الشريط
ḥarakat ash-sharīṭ
tape movement تحريك الشريط
taḥrīk ash-sharīṭ
tape punch آلة تثقيب الشريط
ālat tathqīb ash-sharīṭ
tape reader قارىء الشريط
qāriʾ ash-sharīṭ
tape reel cabinet خزانة بكرة الشريط
khizānat bakarat ash-sharīṭ
tape spooler جهاز لف الشريط على بكرة
jihāz laff ash-sharīṭ ʿala bakara
tape thickness سمك الشريط
sumk ash-sharīṭ
tape threading عدد مسارات التسجيل على الشريط
ʿadad masārāt at-tasjīl ʿalash-sharīṭ

tape transport نقل الشرائط
naql ash-sharaʾiṭ
tape unit وحدة الشرائط
wiḥdat ash-sharāʾiṭ
target alphabet أبجدية الهدف
abjadīyat al-hadaf
target computer كمبيوتر الهدف
kumbyūtar al-hadaf
target configuration تكوين الهدف
takwīn al-hadaf
target probability of service إحتمال خدمة الهدف
iḥtimāl khidmat al-hadaf
target program البرنامج المقصود
al-barnāmaj al-maqṣūd
target user population تعداد مستخدمي الهدف
taʿdād mustakhdimay al-hadaf
tariff تعريفة
taʿrīfa
tariff structure هيكل التعريفة
haykal at-taʿrīfa
task مهمة
muhimma
task management إدارة المهمات
idārat al-muhimmāt
task queue طابور المهام
ṭābūr al-mahāmm
tautology تكرار نفس الشيء بكلمات مختلفة
takrār nafs ash-shayʾ bi-kalimāt mukhtalifa
TDM network control تحكم شبكي بالارسال المتعدد التقابل بالتقسيم الزمني
taḥakkum shabakī bil-irsāl al-mutaʿaddid at-taqābul bit-taqsīm az-zamanī
telecommunication الاتصال عن بعد
al-ittiṣāl ʿan buʿd
teleconferencing الاجتماع عن بعد
al-ijtimāʿ ʿan buʿd
telegram retransmission centre مركز إعادة إرسال التلغراف
markaz iʿādat irsāl at-tilghrāf
telegraph codes رموز تلغرافية
rumūz tilghrāfīya
telegraph connection وصلة تلغرافية
waṣla tilghrāfīya
telegraph distortion تشويه تلغرافي
tashwīh tilghrāfī
telegraph exchange سنترال تلغرافي
sintrāl tilghrāfī

T

telegraph network شبكة تلغرافية
shabaka tilghrāfīya
telegraph service مصلحة التلغراف
maṣlaḥat at-tilghrāf
telegraph system النظام التلغرافي
an-niẓām at-tilghrāfī
telegraphy التلغرافية
at-tilghrāfīya
telemeter جهاز قياس عن بعد
jihāz qiyās ʿan buʿd
telemetering transmitter مرسل القياس عن بعد
mursil al-qiyās ʿan buʿd
telemetry علم القياس عن بعد
ʿilm al-qiyās ʿan buʿd
Telenet شبكة اتصال عن بعد
shabakat ittiṣāl ʿan buʿd
telephone تليفون
tilīfūn
telephone channel قناة تليفونية
qanāh tilīfūnīya
telephone coupler رابط تليفوني
rābiṭ tilīfūnī
telephone data set مجموعة بيانات تليفونية
majmūʿat bayānāt tilīfūnīya
telephone exchange سنترال تليفوني
sintrāl tilīfūnī
telephone system نظام تليفوني
niẓām tilīfūnī
telephone-telegraph circuit دائرة تليفونية - تلغرافية
dāʾira tilīfūnīya-tilghrāfīya
telephony التلفنة
at-talfana
teleprinter الطابعة عن بعد
aṭ-ṭābiʿa ʿan buʿd
teleprocess يشغل عن بعد
yushaghghil ʿan buʿd
teleprocessing المعالجة عن بعد
al-muʿālaja ʿan buʿd
teleprocessing monitor مراقب المعالجة عن بعد
murāqib al-muʿālaja ʿan buʿd
teletex إرسال البيانات عن بعد
irsāl al-bayanāt ʿan buʿd
teletext إرسال نص عن بعد
irsāl naṣṣ ʿan buʿd
teletext decoder أداة فك الترميز لنص مرسل عن بعد
adāt fakk at-tarmīz li-naṣṣ mursal ʿan buʿd
teletext editing terminal نهاية طرفية لتحرير نص مرسل عن بعد
nihaya ṭarafīya li-taḥrīr naṣṣ mursal ʿan buʿd
teletype grade رتبة الطابعة عن بعد
rutba aṭ-ṭābiʿa ʿan buʿd
teletype paper ورق طابعة عن بعد
waraq ṭābiʿa ʿan buʿd
teletypewriter الطابعة عن بعد
aṭ-ṭābiʿa ʿan buʿd
television channel قناة تلفزيونية
qanāh tilifizyūnīya
television circuit دائرة تلفزيونية
dāʾira tilifizyūnīya
television receiver جهاز تلفزيون
jihāz tilifizyūn
television transmission signal إشارة إرسال تلفزيوني
ishārat irsāl tilifizyūnī
television transmitter مرسل تلفزيوني
mursil tilifizyūnī
telex تلكس
tiliks
telex traffic حركة مرور التلكس
ḥarakat murūr at-tiliks
template طبعة رسم منحنيات
ṭabʿa rasm munḥanīyāt
temporary fix تثبيت مؤقت
tathbīt muʾaqqat
tenderer مقدم عطاء
muqaddim ʿaṭāʾ
ten's complement تكملة بالعشرة
takmila bil-ʿashara
terminal طرف . نهاية
ṭaraf · nihāya
terminal block كتلة طرفية
kutla ṭarafīya
terminal equipment معدات طرفية
muʿaddāt ṭarafīya
terminal impedance معاوقة طرفية
muʿāwaqa ṭarafīya
terminal node نقطة طرفية
nuqṭa ṭarafīya
terminal session دورة وحدة اتصال طرفية
dawrat wiḥdat ittiṣāl ṭarafīya
terminal station محطة طرفية
maḥaṭṭa ṭarafīya
terminal symbol رمز طرفي
ramz ṭarafī
terminal transmission equipment معدات إرسال طرفية
muʿaddāt irsāl ṭarafīya
terminated tail مؤخرة منتهية
muʾakhkhara muntahīya

T

terminating traffic حركة مرور منتهية
ḥarakat murūr muntahīya
termination إنهاء . إنتهاء
inhā᾿ · intihā᾿
termination confirmation تأكيد الانتهاء
ta᾿kīd al-intihā᾿
termination rack كابينة النهاية
kābīnat an-nihāya
term language لغة المصطلحات
lughat al-muṣṭalaḥāt
ternary logic منطق ثلاثي
manṭiq thulāthī
ternary selector gate دائرة صمامية ثلاثية الانتقاء
dā᾿ira ṣimāmīya thulāthīyat al-intiqā᾿
ternary threshold gate دائرة صمامية ثلاثية المشرف
dā᾿ira ṣimāmīya thulāthīyat al-mashrif
terrestrial interface unit وحدة جهاز بيني أرضي
wiḥdat jihāz baynī arḍī
terrestrial microwave system نظام الموجات المتناهية الصغر الأرضي
niẓām al-mawjāt al-mutanāhīyat aṣ-ṣighar al-arḍī
terrestrial network شبكة أرضية
shabaka arḍīya
tertiary trunk exchange سنترال ترانك ثلاثي
sintrāl trānk thulāthī
test and set إختبر وركب
ikhtabir wa rakkib
test bed فرشة إختبار
farshat ikhtibār
test cords أسلاك الاختبار
aslāk al-ikhtibār
test data بيانات الاختبار
bayānāt al-ikhtibār
test data dispersion تشتت بيانات الاختبار
tashattut bayānāt al-ikhtibār
test-data generator مولد بيانات الاختبار
muwallid bayānāt al-ikhtibār
test equipment جهاز الاختبار
jihāz al-ikhtibār
test for blanks اختبار الفراغات
ikhtibār al-farāghāt
testing اختبار
ikhtibār
testing envelope الغلاف المختبر
al-ghilāf al-mukhtabir
test lead قيادة الاختبار
qiyādat al-ikhtibār
test probe مسبر إختبار
misbar ikhtibār
test run إجراء الاختبار
ijrā᾿ al-ikhtibār
test shot إطلاق الاختبار
iṭlāq al-ikhtibār
test tone نغمة الاختبار
naghamat al-ikhtibār
tetrode صمام رباعي القطب
ṣimām rubā῾ī al-quṭb
text نص
naṣṣ
text editing تحرير النص
taḥrīr an-naṣṣ
text editor محرر النص
muḥarrir an-naṣṣ
text file ملف النص
milaff an-naṣṣ
text formatter اداة صياغة النص
adāt ṣiyāghat an-naṣṣ
text processing معالجة النصوص
mu῾ālajat an-nuṣūṣ
textural information معلومات بنائية
ma῾lūmāt binā᾿īya
T flip-flop مذبذب نطاط T
mudhabdhib naṭṭāṭ tī
T-gate دائرة صمامية على شكل T
dā᾿ira ṣimāmīya ῾ala shakl tī
theorem proving برهنة النظرية
barhanat an-naẓarīya
theoretical final route المسار النهائي النظري
al-masār an-nihā᾿ī an-naẓarī
theory of types نظرية الأنواع
naẓarīyat al-anwā῾
thermal noise ضوضاء حرارية
ḍawḍā᾿ ḥarārīya
thermal printer طابعة حرارية
ṭābi῾a ḥarārīya
thermal transfer printer طابعة الانتقال الحراري
ṭābi῾at al-intiqāl al-ḥarārī
thermionic relay مرحل ثرميوني
muraḥḥil tharmiyūnī
thermistor ثرمستور
tharmistūr
thick-film طبقة سميكة
ṭabaqa samīka
thin-film طبقة رقيقة
ṭabaqa raqīqa
thin-film memory ذاكرة ذات طبقة رقيقة
dhākira dhāt ṭabaqa raqīqa

T

thinking machine آلة مفكرة
āla mufakkira
third generation الجيل الثالث
al-jīl ath-thālith
thrashing ضرب . دق
ḍarb · daqq
threat تهديد
tahdīd
three-address instruction أمر ذو ثلاثة عناوين
amr dhū thalāthat ʿanawīn
three-dimensional array صف في ثلاثة ابعاد
ṣaff fī thalāthat abʿād
three-input subtractor طارحة ذات ثلاث مداخل
ṭāriḥa dhāt thalāth madākhil
three-row keyboard لوحة مفاتيح من ثلاثة صفوف
lawḥat mafātīḥ min thalāthat ṣufūf
three-state output stage مرحلة الخرج ذات ثلاث حالات
marḥalat al-kharj dhāt thalāth ḥālāt
three-way handshake استعلام واستجابة بثلاث طرق
istiʿlām wa istijāba bi-thalāth ṭuruq
threshold element عنصر المدخل
ʿunṣur al-madkhal
throat مجاز ضيق . عنق
majāz ḍayyiq · ʿunq
thyristor ثايرستور
thāyrīstūr
ticker tape شريط التلغراف الكاتب
sharīṭ at-tilghrāf al-kātib
ticket converter محول التذكرة
muḥawwil at-tadhkira
ticket issuing machine آلة استصدار التذاكر
ālat istiṣdār at-tadhākir
ticket roll لفة التذاكر
laffat at-tadhākir
tie line خط توصيل
khaṭṭ tawṣīl
tie-line cable كبل خط توصيل
kabl khaṭṭ tawṣīl
tightly coupled متقارن بشدة
mutaqārin bi-shidda
tilt and rotate code ترميز الانحدار والدوران
tarmīz al-inḥidār wad-dawarān
time وقت . زمن
waqt · zaman
time assignment speech interpolation تخصيص الوقت لاستكمال الكلام
takhṣīṣ al-waqt li-istikmāl al-kalām
time base قاعدة زمن
qāʿidat zaman
time complexity تعقد الوقت
taʿaqqud al-waqt
time consuming إستهلاك وقت
istihlāk waqt
time division multiple access تقسيم زمني متعدد التداول
taqsīm zamanī mutaʿaddid at-tadāwul
time division multiplexing الارسال المتعدد التقابل بالتقسيم الزمني
al-irsāl al-mutaʿaddid at-taqābul bit-taqsīm az-zamanī
time division switch مفتاح للتقسيم الزمني
miftāḥ lit-taqsīm az-zamanī
time domain مجال الزمن
majāl az-zaman
time interval فاصل زمني
fāṣil zamanī
time-of-day clock ساعة لتحديد وقت اليوم
sāʿa li-taḥdīd waqt al-yawm
timeout إنتهاء الوقت
intihāʾ al-waqt
time quantization تكمية الوقت
takammīyat al-waqt
time quantum زمن كمي
zaman kammī
timer أداة توقيت
adāt tawqīt
timer clock ساعة توقيت
sāʿat tawqīt
time response إستجابة الزمن
istijābat az-zaman
time series متسلسلة زمنية
mutasalsila zamanīya
time-shared digital crosspoint نقطة عبور رقمية مشتركة في الوقت
nuqṭat ʿubūr raqmīya mushtaraka fil-waqt
time-shared system نظام الوقت المشترك
niẓām al-waqt al-mushtarak
time sharing المشاركة في الوقت
al-mushāraka fil-waqt
time sharing customer عميل مشارك في الوقت
ʿamīl mushārik fil-waqt

time sharing firm شركة مشتركة في الوقت
sharika mushtaraka fil-waqt
time sharing link وصلة مشتركة في الوقت
waṣla mushtaraka fil-waqt
time shifting إزاحة زمنية
izāḥa zamanīya
time slicing المشاركة في الوقت
al-mushāraka fil-waqt
time slot فترة زمنية
fatra zamanīya
time switch مفتاح زمني
miftāḥ zamanī
time switch bus مدار مفتاح زمني
maḍār miftāḥ zamanī
time switched systems أنظمة الوقت المحول
anẓimat al-waqt al-muḥawwal
time switching module وحدة جزئية لتحويل الوقت
wiḥda juzʾīya li-taḥwīl al-waqt
time zone metering قياس نطاق الوقت
qiyās niṭāq al-waqt
timing considerations إعتبارات التوقيت
iʿtibārāt at-tawqīt
timing diagram رسم بياني للتوقيت
rasm bayānī lit-tawqīt
timing track مسار التوقيت
masār at-tawqīt
tip node نقطة إتصال
nuqṭāt ittiṣāl
TLU وحدة تحميل من بعد
wiḥdat taḥmil min buʿd
toggling speed سرعة التغيير بين حالتين
surʿat at-taghyīr bayna ḥālatayn
token ring حلقة العلامة
ḥalaqat al-ʿalāma
toll centre مركز التحصيل
markaz at-taḥṣīl
toll charge رسوم التحصيل
rusūm at-taḥṣīl
toll circuit دائرة تحصيل
dāʾirat taḥṣīl
toll ticketing اصدار تذاكر التحصيل
isḍār tadhākir at-taḥṣīl
tone ringing رنين النغمة
ranīn an-naghama
top-down development تطوير من القمة إلى القاعدة
taṭwīr min al-qimma ilal-qāʿida
top-down parsing إعراب من القمة إلى القاعدة
iʿrāb min al-qimma ilal-qāʿida
topology الطوبولوجية
aṭ-ṭūbūlūjīya
torn-out size حجم التمزق
ḥajm at-tamazzuq
torn tape centre مركز الشريط المزق
markaz ash-sharīṭ al-mumazzaq
torn tape switching centre مركز تغيير الشريط المزق
markaz taghyīr ash-sharīṭ al-mumazzaq
total correctness صحة كلية
ṣiḥḥa kullīya
total costs التكاليف الكلية
at-takālīf al-kullīya
total error count عد كلي للأخطاء
ʿadd kullī lil-akhṭāʾ
total function دالة كلية
dālla kullīya
totally ordered structure هيكل مرتب كلية
hakyal murattab kullīyatan
total ordering ترتيب كلي
tartīb kullī
total user machine كمبيوتر كلي للمستعملين
kumbyūtar kullī lil-mustaʿmilīn
TP معاملة عن بعد
muʿāmala ʿan buʿd
trace تتبع
tatabbuʿ
trace program برنامج تتبع
barnāmaj tatabbuʿ
track مسار
masār
tractor feed تغذية بالجرار
taghdhiya bil-jarrār
trade secrets أسرار المهنة
asrār al-mihna
traffic حركة مرور
ḥarakat murūr
traffic analysis تحليل حركة المرور
taḥlīl ḥarakat al-murūr
traffic and feature usage table جدول الاستخدام الخاص بالمعاملات والملامح
jadwal al-istikhdām al-khāṣṣ bil-muʿāmalat wal-malāmiḥ
traffic control توجيه حركة المرور
tawjīh ḥarakat al-murūr

T

traffic overload فائض تحميل المرور
fā'iḍ taḥmīl al-murūr
traffic pattern نمط حركة المرور
namaṭ ḥarakat al-murūr
traffic pressure ضغط حركة المرور
ḍaghṭ ḥarakat al-murūr
traffic recorder مسجل حركة المرور
musajjil ḥarakat al-murūr
traffic routing and control subsystem نظام فرعي لتسيير حركة المرور والتحكم فيها
niẓām farʿī li-tasyīr ḥarakat al-murūr wat-taḥakkum fīha
traffic statistics إحصائيات حركة المرور
iḥṣā'īyat ḥarakat al-murūr
traffic theory نظرية حركة المرور
naẓarīyat ḥarakat al-murūr
traffic unit وحدة حركة المرور
wiḥdāt ḥarakat al-murūr
traffic volume حجم حركة المرور
ḥajm ḥarakat al-murūr
trailer end نهاية المؤخرة
nihāyat al-mu'akhkhara
trailer label علامة المؤخرة
ʿalāmat al-mu'akhkhara
trailer record سجل المؤخرة
sijill al-mu'akhkhara
training time وقت التدريب
waqt at-tadrīb
transaction معاملة
muʿāmala
transaction file ملف المعاملات
milaff al-muʿāmalāt
transaction processing معالجة المعاملات
muʿālajat al-muʿāmalāt
transatlantic cable كبل عبر المحيط الأطلنطي
kabl ʿabr al-muḥīṭ al-aṭlanṭī
transborder dataflow سريان البيانات عبر الحدود
sarayān al-bayānāt ʿabr al-ḥudūd
transceiver مرسل مستقبل
mursil mustaqbil
transceiver cable كبل المرسل المستقبل
kabl al-mursil al-mustaqbil
transconductance المواصلة التبادلية
al-muwāṣala at-tabādulīya
transcription error خطأ في نقل حرف مطبعي
khaṭa' fī naql ḥarf maṭbaʿī
transducer محول طاقة
muḥawwil ṭāqa
transfer نقل
naql
transfer characteristic خاصية النقل
khāṣṣīyat an-naql
transfer instruction أمر بالنقل
amr bin-naql
transfer interpreter مفسر للنقل
mufassir lin-naql
transfer of calls نقل المكالمات التليفونية
naql al-mukālamāt at-tilīfūnīya
transfer rate معدل النقل
muʿaddal an-naql
transformation تحويل . تغيير
taḥwīl · taghyīr
transformational semantics دلالات لفظية تحويلية
dalālāt lafẓīya taḥwīlīya
transformation matrix مصفوفة التحويل
maṣfūfat at-taḥwīl
transformation semigroup شبه مجموعة التحويل
shibh majmūʿat at-taḥwīl
transform domain مجال التحول
majāl at-taḥawwul
transient copy نسخة مؤقتة
nuskha mu'aqqata
transient error خطأ مؤقت
khaṭa' mu'aqqat
transient reader قارىء مؤقت
qāri' mu'aqqat
transistor ترانزستور
trānzistūr
transistor-transistor logic دوائر منطق تستخدم عناصر الترانزيستور
dawā'ir manṭiq tastakhdim ʿanāṣir at-trānzistūr
transit exchange سنترال انتقالي
sintrāl intiqālī
transitive closure إغلاق إنتقالي
ighlāq intiqālī
transitive relation علاقة إنتقالية
ʿalāqa intiqālīya
transit network شبكة إنتقالية
shabaka intiqālīya
transit switching centre مركز تحويل انتقالي
markaz taḥwīl intiqālī
translation ترجمة . نقل
tarjama · naql
translation table جدول ترجمة
jadwal tarjama
translator مترجم
mutarjim
translator writing system نظام كتابة المترجم
niẓām kitābat al-mutarjim

T

transliterate *yaktub lugha bi-ḥurūf lugha ukhra*	يكتب لغة بحروف لغة أخرى
transmission channel *qanāt irsāl*	قناة إرسال
transmission control *taḥakkum fil-irsāl*	تحكم في الارسال
transmission control code *ramz at-taḥakkum fil-irsāl*	رمز التحكم في الارسال
transmission control unit *wiḥdat at-taḥakkum fil-irsāl*	وحدة التحكم في الارسال
transmission errors *akhṭā' al-irsāl*	أخطاء الارسال
transmission header *muqadimmat al-irsāl*	مقدمة الارسال
transmission line *khaṭṭ naql*	خط نقل
transmission links *waṣlāt naql*	وصلات نقل
transmission loss *faqd an-naql*	فقد النقل
transmission medium *wasaṭ al-irsāl*	وسط الارسال
transmission outrigger *bādi' al-irsāl*	بادىء الارسال
transmission path *masār al-irsāl*	مسار الارسال
transmission rate *muʿaddal al-irsāl*	معدل الارسال
transmission systems *anẓimat al-irsāl*	أنظمة الارسال
transmit combining amplifier *mukabbir irsāl idmājī*	مكبر إرسال إدماجي
transmittal batch *dufʿa lil-irsāl*	دفعة للأرسال
transmitter clock *sāʿat al-mursil*	ساعة المرسل
transmitting aerial *hawā'ī al-irsāl*	هوائي الارسال
transmitting earth station *maḥaṭṭat irsāl arḍīya*	محطة إرسال أرضية
transmitting station *maḥaṭṭat irsāl*	محطة إرسال
transmitting terminal *ṭaraf irsāl*	طرف إرسال
transmit-to-receive crosstalk *ḥadīth tadākhulī min al-irsāl ilal-istiqbāl*	حديث تداخلي من الارسال إلى الاستقبال
transparency *shaffāfīya*	شفافية
transparent *shaffāf*	شفاف
transport *naql · intiqāl*	نقل . إنتقال
transportable *qābil lin-naql*	قابل للنقل
transport layer *ṭabaqat an-naql*	طبقة النقل
transpose *tabdīl al-waḍʿ*	تبديل الوضع
transposition error *khaṭa' ʿind al-ibdal*	خطأ عند الابدال
trap door *bāb ufuqī*	باب أفقي
trapezium rule *qāʿidat al-muʿayyan al-munḥarif*	قاعدة المعين المنحرف
trapezoidal rule *qāʿidat shibh al-muʿayyan al-munḥarif*	قاعدة شبه المعين المنحرف
travel *safar*	سفر
traveller card *biṭāqat al-musāfir*	بطاقة المسافر
travel past *safar munqaḍa*	سفر منقضي
traversal *mustaʿriḍ*	مستعرض
traverse the head *yaʿtariḍ ar-ra's*	يعترض الرأس
tray truck *shāḥinat ṣawānī*	شاحنة صواني
tree *shajara*	شجرة
tree automation *ālīyat al-haykal ash-shajarī*	آلية الهيكل الشجري
tree grammar *qawāʿid al-lugha dhāt al-haykal ash-shajarī*	قواعد اللغة ذات الهيكل الشجري
tree language *lugha laha haykal shajarī*	لغة لها هيكل شجري
tree search *baḥth al-haykal ash-shajarī*	بحث الهيكل الشجري
tree selection sort *farz li-ikhtiyār haykal shajarī*	فرز لاختيار هيكل شجري
tree walking *as-sayr tabʿan lil-haykal ash-shajarī*	السير تبعاً للهيكل الشجري

trenches خنادق
khanādiq
triad ثالوث
thālūth
trial function دالة الاختبار
dāllat al-ikhtibār
triangular matrix مصفوفة مثلثية
maṣfūfa muthallathīya
triangular waveform موجة مثلثة الشكل
mawja muthallathat ash-shakl
tributary station محطة خط فرعي
maḥaṭṭat khaṭṭ farʿī
tridiagonal matrix مصفوفة ثلاثية القطر
maṣfūfa thulāthīyat al-quṭr
trigger دخل الاستجابة
dakhl al-istijāba
trigger level منسوب دخل الاستجابة
mansūb dakhl al-istijāba
trim تهذيب
tahdhīb
trim erase التهذيب عن طريق المسح
at-tahdhīb ʿan ṭarīq al-masḥ
trimmed size مقاس مهذب
maqās muhadhdhab
trim-pot مقاوم ضبط يدوي
muqāwim ḍabt yadawī
trip computer كمبيوتر إعتاق
kumbyūtar iʿtāq
triple-length working عمل بثلاثة أضعاف الطول
ʿamal bi-thalāthat aḍʿāf aṭ-ṭūl
triple precision دقة ثلاثية
diqqa thulāthīya
tri search تحري ثلاثي
taḥarri thulāthī
tri-state output خرج ذو ثلاثة حالات
kharj dhū thalāthat ḥālāt
trivial graph رسم بياني عديم الأهمية
rasm bayānī ʿadīm al-ahammīya
Trojan horse حصان « تروجان »
ḥiṣān trūjān
tropology التفسير المجازي
at-tafsīr al-majāzi
trouble shooting تحري الخلل و إصلاحه
taḥarri al-khalal wa iṣlāḥuh
true complement تكملة حقيقية
takmila ḥaqīqīya
truncation قطع
qaṭʿ
truncation error خطأ عند القطع
khaṭaʾ ʿind al-qaṭʿ
trunk ترانك . خط رئيسي
trānk · khaṭṭ raʾīsī
trunk and signalling subsystem نظام فرعي للترانك و إرسال الاشارات
niẓām farʿī lit-trānk wa irsāl al-ishārāt
trunk circuit دائرة رئيسية
dāʾira raʾīsīya
trunk exchange سنترال رئيسي
sintrāl raʾīsī
trunk group centre مركز مجموعة رئيسية
markaz majmūʿa raʾīsīya
trunk line خط رئيسي
khaṭṭ raʾīsī
trunk link وصلة رئيسية
waṣla raʾīsīya
trunk network شبكة تليفونية رئيسية
shabaka tilīfūnīya raʾīsīya
trunk-to-trunk connection الربط بين ترانك وترانك
ar-rabṭ bayna trānk wa trānk
truth table جدول الحقيقة
jadwal al-ḥaqīqa
T-type flip-flop مذبذب نطاط من طراز T
mudhabdhib naṭṭāṭ min ṭirāz tī
tuned circuit دائرة موالفة
dāʾira muʾālafa
tuner مؤالف
muʾallif
tunnel erase محو نفقي
maḥū nafaqī
turnaround documents وثائق الاعداد للدورة التالية
wathāʾiq al-iʿdād lid-dawra at-tālīya
turnaround time زمن الاعداد للدورة التالية
zaman al-iʿdād lid-dawra at-tālīya
turnkey جاهز للاستعمال
jāhiz lil-istiʿmāl
turnkey operation عملية جاهزة للاستعمال
ʿamalīya jāhiza lil-istiʿmāl
TV cable system نظام كبل التلفزيون
niẓām kabl at-tilifizyūn
twisted wire pairs أزواج أسلاك مجدولة
azwāj aslāk mujadwala
two-address instruction أمر له عنوانين
amr lahu ʿunwānayn
two-condition code رمز لحالتين
ramz li-ḥālatayn

two-dimensional array مصفوفة ثنائية البعد
maṣfūfa thunāʾīyat al-buʿd
two-dimensional memory ذاكرة ثنائية البعد
dhākira thunāʾīyat al-buʿd
two-gap head رأس ذات ثغرتين
raʾs dhāt thughratayn
two-level grammars قواعد لغوية من مستويين
qawāʿid lughawīya min mustawiyayn
two-level memory ذاكرة من مستويين
dhākira min mustawiyayn
two-plus-one address عنوان إثنين -زائد - واحد
ʿunwān ithnayn zāʾid wāḥid
two's complement التكملة الثنائية
at-takmila ath-thunāʾīya
two-state signalling إرسال إشارات من حالتين
irsāl ishārāt min ḥālatayn
two-valued variable متغير ذو قيمتين
mutaghayyir dhū qīmatayn
two-way alternate تناوب في إتجاهين
tanāwub fī ittijāhayn
two-way call مكالمة تليفونية في إتجاهين
mukālama tiliīfūnīya fī ittijāhayn
two-way linked list قائمة متصل من اتجاهين
qāʾima muttaṣil min ittijāhayn
two-way merge إدماج في إتجاهين
idmāj fī ittijāhayn
two-way simultaneous تزامن إتجاهين
tazāmun ittijāhayn
two-wire channel قناة بسلكين
qanāh bi-silkayn
two-wire circuit دائرة بسلكين
dāʾira bi-silkayn
type طراز
ṭirāz
type O طراز "O"
ṭirāz aw
type of run طراز التشغيل
ṭirāz at-tashghīl
typewriter terminal نهاية طرفية للآلة الكاتبة
nihāya ṭarafīya lil-āla al-kātiba
typing reperforator آلة إعادة التثقيب الطابعة
ālat iʿādat at-tathqīb aṭ-ṭābiʿa

T

U

ultra high frequency — تردد فوق العالي
taraddud fawq al-ʿālī

ultraviolet erasing — المحو باستخدام الأشعة فوق البنفسجية
al-maḥū bi-istikhdām al-ashiʿʿa fawq al-banafsajī

unary operation — عملية أحادية المركبة
ʿamalīya uḥādīyat al-murakkaba

unattended answering — إجابة غير حاضرة
ijāba ghayr ḥāḍira

unavailable time — وقت غير متاح
waqt ghayr mutāḥ

unbalanced double-current interchange circuit — دائرة تبادل التيار الغير متزن
dāʾirat tabādul at-tayyār al-ghayr muttazin

unbounded medium — وسط غير محدود
wasaṭ ghayr maḥdūd

unbundling — فك الحزم
fakk al-ḥuzam

uncertainty — عدم التأكد
ʿadam at-taʾakkud

uncharged time — وقت غير مدفوع الثمن
waqt ghayr madfūʿ ath-thaman

uncommitted logic — منطق غير ملتزم
manṭiq ghayr multazim

uncompressed — غير مضغوط
ghayr maḍghūṭ

unconditional branch — تفرع غير مشروط
tafarruʿ ghayr mashrūṭ

unconditional branch instruction — أمر بالتفرع الغير مشروط
amr bit-tafarruʿ al-ghayr mashrūṭ

unconditional control field — حقل تحكم غير مشروط
ḥaql taḥakkum ghayr mashrūṭ

undecidable — غير قابل للتحديد
ghayr qābil lit-taḥdīd

undefined — غير معروف
ghayr muʿarraf

underscoring — تخطيط تحت الكتابة
takhṭīṭ taḥt al-kitāba

under the floor cabling — توصيل الكبل أسفل الأرضية
tawṣīl al-kabl asfal al-arḍīya

undetected error — خطأ غير مكتشف
khaṭaʾ ghayr muktashaf

undirected graph — تخطيط غير موجه
takhṭīṭ ghayr muwajjah

undisturbed response voltage — إستجابة ڤولتية غير مشوشة
istijāba vūltīya ghayr mushawwasha

unexpected halt — توقف غير متوقع
tawaqquf ghayr mutawaqqaʿ

uni-directional trunk — خط رئيسي أحادي الاتجاه
khaṭṭ raʾīsī uḥādī al-ittijāh

uniform earnings — إيرادات منتظمة
īrādāt muntaẓima

uniform quantization — تكمية منتظمة
takammīya muntaẓima

unilaterally connected graph — تخطيط متصل في إتجاه أحادي
takhṭīṭ muttaṣil fī ittijāh uḥādī

unintelligible crosstalk — حديث تداخلي غير مفهوم
ḥadīth tadākhulī ghayr mafhūm

union — إتحاد
ittiḥād

union gate — دائرة صمامية إتحادية
dāʾira ṣimāmīya ittiḥādīya

unipolar signal — إشارة أحادية القطب
ishāra uḥādīyat al-quṭb

uniquely decodable قابل للترميز بطريقة فريدة
qābil lit-tarmīz bi-ṭarīqa farīda
unitary semiring شبه الحلقة الوحيدة
shibh al-ḥalaqa al-waḥīda
unit down time وقت تعطيل الوحدة
waqt taᶜṭīl al-wiḥda
uniterm system نظام أحادي الحد
niẓām uḥādī al-ḥadd
unit matrix وحدة المصفوفة
wiḥdat al-maṣfūfa
unit of measure وحدة القياس
wiḥdat al-qiyās
unit-record device نبيطة تعامل مع وحدة السجل
nabīṭat taᶜāmul maᶜa wiḥdat as-sijill
unit separator وحدة الفاصل
wiḥdat al-fāṣil
unit signal element وحدة عنصر الاشارة
wiḥdat ᶜunṣur al-ishāra
unit testing إختبار الوحدة
ikhtibār al-wiḥda
universal flip-flop مذبذب نطاط شامل
mudhabdhib naṭṭāṭ shāmil
universal forward cancellation إلغاء أمامي شامل
ilghā᾽ amāmī shāmil
universal quantifier جهاز شامل لقياس الكمية
jihāz shāmil li-qiyās al-kammīya
universal set مجموعة شاملة
majmūᶜa shāmila
UNIX يونيكس : نظام تشغيل عام للكمبيوترات لا يعتمد على نوع الكمبيوتر
yūnīks: niẓām tashghīl ᶜāmm lil-kumbyūtarāt lā yaᶜtamid ᶜala nawᶜ al-kumbyūtar
unlock فتح القفل
fatḥ al-qufl
unmatched غير ملاءم
ghayr mulā᾽im
unmodified instruction أمر غير معدل
amr ghayr muᶜaddal
unobtainable tone نغمة لايمكن الحصول على الرقم
naghama lā yumkin al-ḥuṣūl ᶜalar-raqm
unordered tree شجرة غير مرتبة
shajara ghayr murattaba
unpack فك
fakk
unpaged segment قطاع غير مقسم إلى صفحات
qiṭāᶜ ghayr muqassam ila ṣafaḥāt
unprotected record سجل غير محمي
sijill ghayr maḥmī
unrounded غير مقرب
ghayr muqarrab
unsave يلغي من الذاكرة
yalghi min adh-dhākira
unscaled غير مدرج
ghayr mudarraj
unscreened cable كبل غير محجوب
kabl ghayr maḥjūb
unsolvable غير قابل للحل
ghayr qābil lil-ḥall
unsprocketted غير مسنن
ghayr musannan
unwind حل اللف
ḥall al-laff
update log سجل التحديث
sijill at-taḥdīth
updating تحديث البيانات
taḥdīth al-bayānāt
updating and file maintenance تحديث وصيانة البيانات في الملفات
taḥdīth wa ṣiyānat al-bayānāt fil-milaffāt
upline خط عامل
khaṭṭ ᶜāmil
up-link وصلة عاملة
waṣla ᶜāmila
up operation عملية القيام
ᶜamalīyat al-qiyām
upper bound الحد العلوي
al-ḥadd al-ᶜulwī
upper sideband نطاق التردد الجانبي العلوي
niṭaq at-taraddud al-jānibī al-ᶜulwī
uptime الزمن العامل
az-zaman al-ᶜāmil
upward compatibility ملاءمة متصاعدة
mulā᾽ama mutaṣāᶜida
usage charge تكاليف الاستعمال
takālīf al-istiᶜmāl
usage time وقت الاستعمال
waqt al-istiᶜmāl
user مستعمل
mustaᶜmil
user application تطبيق خاص بالمستعمل
taṭbīq khāṣṣ bil-mustaᶜmil

U

user area مساحة المستعمل
misāḥat al-mustaʿmil
user characteristics خصائص المستعمل
khaṣāʾiṣ al-mustaʿmil
usercode رمز المستعمل
ramz al-mustaʿmil
user data بيانات المستعمل
bayānāt al-mustaʿmil
user data independence إستقلال بيانات المستعمل
istiqlāl bayānāt al-mustaʿmil
user data packet رزمة بيانات المستعمل
rizmat bayānat al-mustaʿmil
user data signalling rate معدل إرسال إشارات بيانات المستعمل
muʿaddal irsāl ishārāt bayānāt al-mustaʿmil
user-defined معرف بالمستعمل
muʿarraf bil-mustaʿmil
user dialling state حالة إستدعاء المستعمل
ḥālat istidʿāʾ al-mustaʿmil
user hook موصل للمستعمل
muwaṣṣil lil-mustaʿmil
user ID هوية المستعمل
hūwīya al-mustaʿmil
user name إسم المستعمل
ism al-mustaʿmil
user node أداة تقاطع المستعمل
adāt taqāṭuʿ al-mustaʿmil
user program برنامج المستعمل
barnāmaj al-mustaʿmil
users' association تجمع المستعملين
tajammuʿ al-mustaʿmilīn
user state حالة المستعمل
ḥālat al-mustaʿmil
user supplied مزود به المستعمل
muzawwad bihi al-mustaʿmil
utility programs برامج مساعدة
barāmij musāʿida
utility software أنظمة برامج انتفاعية
anẓimat barāmij intifāʿīya

U

V

vacuum — فراغ
farāgh

vacuum actuated switch — مفتاح منشط في الفراغ
miftāḥ munashshiṭ fil-farāgh

vacuum bin — صندوق مفرغ
ṣundūq mufarragh

vacuum column — عمود فارغ
ʿamūd fārigh

vacuum tube — صمام مفرغ
ṣimām mufarragh

validate — يفحص صحة البيانات
yafḥaṣ ṣiḥḥat al-bayānāt

validation — فحص صحة البيانات
faḥṣ ṣiḥḥat al-bayānāt

validity check — مراجعة صحة البيانات
murājaʿat ṣiḥḥat al-bayānāt

value — قيمة
qīma

value added network — شبكة متزايدة القيمة
shabaka mutazāyidat al-qīma

value returned — القيمة العائدة
al-qīma al-ʿāʾida

VAN — شبكة معلومات معززة القيمة
shabakat maʿlūmāt muʿazzazat al-qīma

van-mounted computer centre — مركز كمبيوتر محمل على شاحنة
markaz kumbyūtar muḥammal ʿala shāḥina

variable — متغير
mutaghayyir

variable address — عنوان متغير
ʿunwān mutaghayyir

variable amplitude modulation — تضمين سعة الموجة المتغير
taḍmīn saʿat al-mawja al-mutaghayyir

variable-length code — ترميز متغير الطول
tarmīz mutaghayyir aṭ-ṭūl

variable-length vector — متجه متغير الطول
muttajah mutaghayyir aṭ-ṭūl

variable point representation — تمثيل متغير النقطة
tamthīl mutaghayyir an-nuqṭa

variable word length computer — كمبيوتر متغير في طول الكلمة
kumbyūtar mutaghayyir fī ṭūl al-kalima

variance — تغير
taghayyur

variant field — حقل متغاير
ḥaql mutaghāyir

variation — تغير
taghayyur

variational method — طريقة متغيرة
ṭarīqa mutaghayyira

variation of insertion loss — تغير فقد الادخال
taghayyur faqd al-idkhāl

variation scale — مقياس التغير
miqyās at-taghayyur

VDT — نهاية طرفية مرئية
nihāya ṭarafīya marʾīya

VDU — وحدة عرض
wiḥdat arḍ

vector — متجه
muttajah

vectored interrupts — إعاقات متجهة
iʿāqāt muttajaha

vector-mode graphic display — عرض تخطيطي باستخدام المتجهات
ʿarḍ takhṭīṭī bi-istikhdām al-muttajahāt

vector norm — المستوى العياري للمتجه
al-mustawa al-ʿiyārī lil-muttajah

V

vector processing معالجة المتجه
muʿālajat al-muttajah
vector transfer نقل المتجه
naql al-muttajah
verification تحقيق
taḥqīq
verification and validation تحقيق و إثبات صحة البيانات
taḥqīq wa ithbāt ṣiḥḥat al-bayānāt
verification condition شرط التحقيق
sharṭ at-taḥqīq
verified failure عطل محقق
ʿuṭl muḥaqqaq
verifier محقق
muḥaqqiq
version number رقم النسخة المعدلة
raqm an-nuskha al-muʿaddala
vertex رأس
raʾs
vertical check مراجعة رأسية
murājaʿa raʾsīya
vertical format control unit وحدة تحكم في الصيغة الرأسية
wiḥdat taḥakkum fīṣ-ṣīgha ar-raʾsīya
vertical format unit وحدة الصياغة الرأسية
wiḥdat aṣ-ṣiyāgha ar-raʾsīya
vertical microinstruction أمر رأسي مصغر جداً
amr raʾsī muṣaghghar jiddan
vertical pitch الخطوة الرأسية
al-khuṭwa ar-raʾsīya
vertical recording تسجيل رأسي
tasjīl raʾsī
vertical redundancy check مراجعة الوفرة رأسياً
murājaʿat al-wafra raʾsīyan
vertical resolution تمييز رأسي
tamyīz raʾsī
vertical tabulation جدولة رأسية
jadwala raʾsīya
vertical tabulation character حرف جدولة رأسية
ḥarf jadwala raʾsīya
very high frequency ترددات عالية جدا
taraddudāt ʿālīya jiddan
very large-scale integration التكامل على نطاق واسع جداً
at-takāmul ʿala niṭāq wāsiʿ jiddan
vestigial sideband تردد جانبي أثري
taraddud jānibī atharī

V

vestigial sideband modulation تضمين التردد الجانبي الأثري
taḍmīn at-taraddud al-jānibī al-atharī
vet يفحص
yafḥaṣ
video bandwidth عرض نطاق تردد الاشارات الحاملة للصورة
ʿarḍ niṭāq taraddud al-ishārāt al-ḥamila liṣ-ṣūra
videoconference إجتماع بالصورة المرئية
ijtimāʿ biṣ-ṣūra al-marʾīya
video disc قرص ڤيديو
qurṣ vīdyū
video display وحدة العرض المرئي
wiḥdat al-ʿarḍ al-marʾī
video tape شريط ڤيديو
sharīṭ vīdyū
video terminal طرفية العرض المرئي
ṭarafīyat al-ʿarḍ al-marʾī
videotex الارسال المعلوماتي
al-irsāl al-maʿlūmātī
videotex adaptor مهايىء للارسال المعلوماتي
muhāyiʾ lil-irsāl al-maʿlūmātī
videotex decoder أداة فك رموز الارسال المعلوماتي
adāt fakk rumūz al-irsāl al-maʿlūmātī
videotex standards قياسية الارسال المعلوماتي
qiyāsīyat al-irsāl al-maʿlūmātī
videotex system نظام الارسال المعلوماتي
niẓām al-irsāl al-maʿlūmātī
videotex terminal نهاية طرفية للارسال المعلوماتي
nihāya ṭarafīya lil-irsāl al-maʿlūmātī
videotex traffic حركة مرور الارسال المعلوماتي
ḥarakat murūr al-irsāl al-maʿlūmātī
video traffic حركة مرور العرض المرئي
ḥarakat murūr al-ʿarḍ al-marʾī
viewdata بيانات مرئية
bayānāt marʾīya
viewing window نافذة إبصار
nāfidhat ibṣār
virgin medium الوسط الأصلي
al-wasaṭ al-aṣlī
virgule فصلة مائلة
faṣla māʾila

virtual افتراضي
iftirāḍī
virtual address عنوان إفتراضي
ʿunwān iftirāḍī
virtual call service خدمة نداء إفتراضية
khidmat nidāʾ iftirāḍīya
virtual configuration شكل إفتراضي
shakl iftirāḍī
virtual connection وصلة إفتراضية
waṣla iftirāḍīya
virtual file ملف إفتراضي
milaff iftirāḍī
virtual machine environment البيئة الافتراضية بالآلة
al-bīʾa al-iftirāḍīya bil-āla
virtual memory ذاكرة إفتراضية
dhākira iftirāḍīya
virtual storage access method الطريقة الافتراضية لمعالجة المعلومات بالمخزن
aṭ-ṭarīqa al-iftirāḍīya li-muʿālajat al-maʿlūmāt bil-makhzan
virtual store مخزن إفتراضي
makhzan iftirāḍī
virtual terminal وحدة طرفية إفتراضية
wiḥda ṭarafīya iftirāḍīya
visible colour spectrum طيف الالوان المرئي
ṭayf al-alwān al-marʾī
visible light spectrum نطاق ترددات الضوء المرئي
niṭāq taraddudāt aḍ-ḍawʾ al-marʾī
vision منظر
manẓar
vision carrier الموجة الحاملة للنظر
al-mawja al-ḥāmila lin-naẓar
visual acuity حدة بصرية
ḥidda baṣarīya
visual display terminal طرفية العرض المرئي
ṭarafīyat al-ʿarḍ al-marʾī
visual display unit وحدة العرض المرئي
wiḥdat al-ʿarḍ al-marʾī
visual message signal إشارة رسالة بصرية
ishārat risāla baṣarīya
visual scanner نبيطة مسح بصرية
nabīṭat masḥ baṣarīya
voice صوت
ṣawt
voice analog signal إشارة صوتية نسبية
ishāra ṣawtīya nisbīya
voiceband نطاق الصوت
niṭāq aṣ-ṣawt
voiceband frequency نطاق ترددات الصوت
niṭāq taraddudāt aṣ-ṣawt
voice channel قناة صوتية
qanāh ṣawtīya
voice circuit دائرة صوتية
dāʾira ṣawtīya
voice coil ملف صوتي
milaff ṣawtī
voice digitization ترميز رقمي للصوت
tarmīz raqmī liṣ-ṣawt
voice frequency ترددات الصوت
taraddudāt aṣ-ṣawt
voice frequency telegraph تلغراف ترددات صوتية
tilghrāf taraddudāt ṣawtīya
voicegram رسالة صوتية
risāla ṣawtīya
voice packet switching تحويل حزمة صوتية
taḥwīl ḥuzma ṣawtīya
voice response تجاوب صوتي
tajāwub ṣawtī
voice signal إشارة صوتية
ishāra ṣawtīya
voice telephony الارسال التليفوني الصوتي
al-irsāl at-tilīfūnī aṣ-ṣawtī
voice traffic حركة مرور الصوت
ḥarakat murūr aṣ-ṣawt
void set مجموعة فارغة
majmūʿa fārigha
volatile memory ذاكرة غير مستقرة
dhākira ghayr mustaqirra
volatile storage تخزين غير مستقر
takhzīn ghayr mustaqirr
voltage controlled crystal oscillator مذبذب بللوري تحت تحكم الڤولتية
mudhabdhib ballūrī taḥta taḥakkum al-vultīya
voltage surge تغير مفاجىء في الڤولت
taghayyur mufājiʾ fil-vūlt
volume حجم . مجلد
ḥajm · mujallad
volume label بطاقة مجلد
biṭāqat mujallad
volume manufacturing تصنيع بحجم كبير
taṣnīʿ bi-ḥajm kabīr
volume sensitive tariff تعرفة تتأثر بالحجم
taʿrifa tataʾathar bil-ḥajm

V

volume set — مجموعة المجلدات
majmūʿat al-mujalladāt

volume table of contents — جدول محتويات المجلد
jadwal muḥtawayāt al-mujallad

von Neumann machine — آلة « ڤون نويمان »
ālat vūn nuwīmān

V operation — عملية "V"
ʿamalīyat vī

V series — متوالية "V"
mutawālīyat vī

V

W

wad حشوة
ḥashwa
wafer رقاقة
ruqāqa
waiting loop حلقة إنتظار
ḥalaqat intiẓār
wait list قائمة إنتظار
qā'imat intiẓār
wait operation عملية إنتظار
ʿamalīyat intiẓār
wait state حالة إنتظار
ḥālat intiẓār
wait time زمن الانتظار
zaman al-intiẓār
walk through يسير عبر
yasīr ʿabra
Walsh functions دوال « والش »
dawāl wālsh
wand عصا التحكم
ʿaṣa at-taḥakkum
warm-up time زمن التسخين تأهباً للتشغيل
zaman at-taskhīn ta'ahhuban lit-tashghil
waterproof مسدود للماء
masdūd lil-mā'
watertight مسدود للماء
masdūd lil-mā'
watt وات
wat
waveguide دليل موجي
dalīl mawjī
way out مخرج
makhraj
weakest precondition أضعف شروط سابق
aḍʿaf shurūṭ sābiq
weakly connected graph تخطيط ضعيف التوصيل
takhṭīṭ ḍaʿīf at-tawṣīl
wear resistance مقاومة البلي
muqāwamat al-balī
weighted average متوسط موزون
mutawassiṭ mawzūn
weighted code رمز موزون
ramz mawzūn
weighted graph تخطيط موزون
takhṭīṭ mawzūn
weighted least squares أقل مربعات موزونة
aqall murabbaʿāt mawzūna
weighted mean متوسط موزون
mutawassiṭ mawzūn
well-formed formula صيغة جيدة التشكيل
ṣīgha jayyidat at-tashkīl
well-ordered set مجموعة مرتبة ترتيباً جيداً
majmūʿa murattaba tartīban jayyidan
while loop حلقة « في أثناء »
ḥalaqa fī athnā'
white noise الضوضاء البيضاء
aḍ-ḍawḍā' al-bayḍā'
white noise test set مجموعة إختبار الضوضاء البيضاء
majmūʿat ikhtibār aḍ-ḍawḍā' al-bayḍā'
wide area network شبكة واسعة المساحة
shabaka wāsiʿat al-misāḥa
wideband نطاق ترددي عريض
niṭāq taraddudī ʿarīḍ
wideband circuit دائرة ذات نطاق ترددي عريض
dā'ira dhāt niṭāq taraddudī ʿarīḍ
width عرض
ʿarḍ
Wien bridge قنطرة « فين »
qanṭarat vīn
Wilkinson tables جداول « ويلكينسون »
jadāwil wīlkīnsūn
William's store tube مخزن أنبوبة « ويليامز »
makhzan unbūba wilyamz
Winchester disc قرص ونشستر
qurṣ wintshistar

Winchester technology	*taqniyat wīntshīstar*	تقنية « وينشيستر »
window	*nāfidha*	نافذة
windowing	*ʿamal nāfidha*	عمل نافذة
window machine	*ālat min ṭirāz dhāt nāfidha*	آلة من طراز ذات نافذة
wired logic	*dawāʾir manṭiq muttaṣila bil-aslāk*	دوائر منطق متصلة بالأسلاك
wired-program computer	*kumbyūtar barāmijuh muttaṣila bi-aslāk*	كمبيوتر برامجه متصلة بأسلاك
wire printer	*ṭābiʿa silkīya*	طابعة سلكية
wire wrap board	*lawḥa dhāt waṣlāt silkīya malfūfa*	لوحة ذات وصلات سلكية ملفوفة
wire wrapping	*al-laff bil-aslāk*	اللف بالأسلاك
wobble	*tarāwuḥ*	تراوح
womp	*suṭūʿ mufājiʾ*	سطوع مفاجىء
word	*kalima*	كلمة
word length	*ṭūl al-kalima*	طول الكلمة
word processing	*muʿālajat an-nuṣūṣ*	معالجة النصوص
word processor	*jihāz muʿāmil al-kalimāt*	جهاز معامل الكلمات
word size	*maqās al-kalima*	مقاس الكلمة
words per second	*ʿadad al-kalimāt fith-thāniya*	عدد الكلمات في الثانية
work area	*minṭaqat tashghīl*	منطقة تشغيل
work file	*milaff tashghīl*	ملف تشغيل
work function	*dāllat ash-shughl*	دالة الشغل
working program	*al-barnāmaj al-ʿāmil*	البرنامج العامل
working set	*al-majmūʿa al-ʿāmila*	المجموعة العاملة
workspace	*misāḥat ash-shughl*	مساحة الشغل
work station	*maḥaṭṭat ʿamal*	محطة عمل
work station start-up	*badʾ maḥaṭṭat al-ʿamal*	بدء محطة العمل
worst-case analysis	*taḥlīl ʿala asās aswaʾ al-ḥālāt*	تحليل على أساس أسوأ الحالات
worst-case print speed	*aswaʾ ḥālāt surʿat aṭ-ṭibāʿa*	أسوأ حالات سرعة الطباعة
WP	*jihāz muʿāmil al-kalimāt*	جهاز معامل الكلمات
wrap around	*yaluff ḥawla*	يلف حول
write	*yaktub*	يكتب
writeable control store	*makhzan qābil lit-taḥakkum fīhi ʿan ṭariq al-kitāba*	مخزن قابل للتحكم فيه عن طريق الكتابة
writeable store	*makhzan yaqbal al-kitāba ʿalayhi*	مخزن يقبل الكتابة عليه
write access key	*miftāḥ at-tadāwul al-kitābī*	مفتاح التداول الكتابي
write authorisation	*tafwīḍ bil-kitāba*	تفويض بالكتابة
write enable ring	*ḥalaqat at-tamkīn al-kitabīya*	حلقة التمكين الكتابية
write error	*khaṭaʾ kitābī*	خطأ كتابي
write head	*raʾs al-kitāba*	رأس الكتابة
write instruction	*amr al-kitāba*	أمر الكتابة
write ring	*ḥalaqat al-kitāba*	حلقة الكتابة
write time	*zaman al-kitāba*	زمن الكتابة
wry	*maftūl*	مفتول

X

X position — الوضع X
al-waḍᶜ iks

X series — متتالية X
mutatālīyat iks

XS3 code — ترميز بطريقة XS3
tarmīz bi-ṭarīqat ik is thalātha

xy plotter — راسمة بمتغيرين س ، ص
rāsima bi-mutaghayyirayn sīn ṣād

xy recorder — مسجل بمتغيرين س ، ص
musajjil bi-mutaghayyirayn sīn ṣād

Y

yearly سنوي
sanawī
yearly earnings report تقرير سنوي عن الدخل
taqrīr sanawī ʿan ad-dakhl
yield خضوع
khuḍūʿ
yoke مقرن لفائف المغنطة
miqran lafāʾif al-mughnaṭa

Y

Z

zero balance إتزان صفري
ittizān ṣifrī
zero condition حالة الصفر
ḥālat aṣ-ṣifr
zero elimination إستبعاد الصفر
istibʿād aṣ-ṣifr
zero fill الملأ بالأصفار
al-milaʾ bil-aṣfār
zero function دالة صفرية
dālla ṣifrīya
zeroise المساواة بالصفر
al-musāwāh biṣ-ṣifr
zero loss فقد صفري
faqd ṣifrī
zero matrix مصفوفة صفرية
maṣfūfa ṣifrīya
zero suppression منع الصفر
manʿ aṣ-ṣifr
zero-trip loop حلقة ثابتة
ḥalaqa thābita
zero word كلمة صفرية
kalima ṣifrīya
Z fold paper طي الورق على شكل Z
ṭayy al-waraq ʿala shakl zid
zip code رمز بريدي
ramz barīdī
zone نطاق . منطقة
niṭaq · minṭaqa
zone centre مركز النطاق
markaz an-niṭāq
zoned decimal منطق عشرياً
munaṭṭaq ʿushrīyan
zone portion قسم من النطاق
qism min an-niṭāq

Z

قاموس الكمبيوتر العربي

عربي - انكليزي

انكليزي - عربي

إعداد : شركة إم إل أي بي
محرر عام : السيد ارنست كيه

محتويات المعجم

تمهيد

تم تجميع المصطلحات العلمية والفنية التي يضمها هذا المعجم ليستعملها مستخدمو الكمبيوتر وجميع المرتبطين بتقنية الكمبيوتر، سواءً بصورة مباشرة أو غير مباشرة. إنه معجم عملي في المقام الأول، يضم المصطلحات المستخدمة في التعامل اليومي ويتحاشى التعريفات الايضاحية، على افتراض أن هؤلاء الذين يستعملون المصطلح يعرفون معناه.

وتمتد التغطية الفنية للمعجم لتشمل جميع فروع علوم الكمبيوتر والمعالجة الدقيقة ومعالجة البيانات، بما في ذلك أنظمة الكمبيوتر، والكمبيوتر الصغير، ولغات الكمبيوتر، وتقنيات الكمبيوتر، وأنظمة الميكروبروسيسور، والمواصلات السلكية واللاسلكية، وتكنولوجيا المعلومات العامة، والتدريب.

إنه أول معجم من نوعه لمصطلحات الكمبيوتر، ولذا فهو يعتبر سلاحا ضروريا لجميع المرتبطين بجميع فروع الكمبيوتر وتطبيقاتها، بما في ذلك تنضيد الحروف وتقنية المواصلات الالكترونية، ومعالجة البيانات. ونظراً لتغطيته الشاملة للموضوع، فسوف يجده جميع المرتبطين بتصنيع الكمبيوتر وتركيبه واستعماله معجماً قيماً. كما سيجده العاملون بتدريس تقنية الكمبيوتر وتقنية الالكترونيات معيناً لابد منه. وفي الواقع سوف يجد جميع العاملين بالأعمال التجارية وإدارة الأعمال وتطوير البرامج وتوريد الأجهزة والمعدات هذا المعجم مرجعاً لا غنى عنه. كما سيستفيد المعلمون وطلاب الكمبيوتر بالمعاهد والكليات الفنية والجامعات والموظفون العاملون «بالمكاتب الالكترونية» المتطورة بسرعة من هذا المعجم القيم. إنه سلاح لا غنى عنه للمترجمين وجميع المضطلعين بمسؤولية توفير المصطلحات العربية المعادلة للمصطلحات الانكليزية.

لقد تم انتقاء المصطلحات بعناية بغرض الاحتفاظ بالمعجم في حجم مناسب، وفي عديد من الحالات تم إدراج المصطلح كجزء من عبارة أو جملة يتكرر استعمالها بكثرة. هذا وقد تم حذف بعض المصطلحات عن عمد لأنها شائعة الاستعمال ومدرجة بالمعاجم العامة، وإذا سهونا عن بعضها الآخر فنحن نرحب بالانتقادات البناءة التي من شأنها رفع مستوى الطبعات التالية.

عربي ـ انكليزي

ARABIC - ENGLISH

أ

ابجدي	alphabetic
ابجدية ٢ العالمية	International Alphabet 2
ابجدية ٢ للتلغراف الدولي	International Telegraph Alphabet 2
ابجدية الأصل	source alphabet
ابجدية ٥ العالمية	International Alphabet 5
ابجدية رقم ٢ العالمية	IA2
ابجدية رقم ٥ العالمية	IA5
ابجدية الهدف	target alphabet
إبدال	substitution
الابراق الألف بائي	alphabetic telegraphy
أبعد مؤثر الطاقة	deenergize
إبن	son
ابهام	ambiguity
إتاحية	availability
إتاحية الخدمة	availability of service
إتبعني	follow-me
إتجاه الآلة	machine direction
إتجاه أمامي	forward direction
إتجاه التدفق	flow direction
اتجاه مضاد	backward direction
إتجاه الوضع	lay direction
إتحاد	union
إتزان صفري	zero balance
اتزن	balance
اتصال	conjunction
الاتصال	switching
اتصال بين قناة وقناة	channel-to-channel connection
اتصال بين القنوات	channel switching
اتصال تتابعي اوتوماتيكي	automatic sequential connection
اتصال تعاقبي	concatenation
اتصال ثنائي الاتجاه	bi-directional communication
اتصال خطي رقمي	digital line signalling
إتصال داخل المصنع	in-plant communication
اتصال رقمي	digital switching
الاتصال عن بعد	telecommunication
اتصال غير مرتد	bounceless contact
اتصال في الاتجاهين	both-way communication
اتصال القنوات المترابطة	channel associated signalling
اتصال مباشر بمجرد إدارة القرص المدرج	direct dialling in
اتصال متعدد إلى متعدد	many-to-many call
اتصالات	communications
اتصالات البيانات	data communications
اتصالات تزامنية ثنائية	binary synchronous communications
إتصالات صوتية	speech communication
إتصالات ما بين الانسان والآلة	man-machine communications
إثبات صحة البرنامج	program correctness proof
إثبات صحيح	correctness proof
إثبات متوسط	intermediate assertion
إجابة	reply
اجابة تلقائية	automatic answering
إجابة غير حاضرة	unattended answering

اجابة يدوية	manual answer, manual answering
اجتماع	assembly
إجتماع بالصورة المرئية	videoconference
الاجتماع عن بعد	teleconferencing
اجتمع	assemble
إجراء	procedure
إجراء الاختبار	test run
إجراء مثار	invoked procedure
إجراء مصحح	corrective action
إجراءات التصحيح	recovery procedures
إجراءات التوصيل	link access procedure
إجراءات بدء العمل	sign-on procedure
إجراءات القيمة الكبرى والقيمة الصغرى	minimax procedures
إجمالي البيانات	data aggregate
إجمالي توجيه	control total
إجمالي متراكم	accumulated total
إجمالي مجموعة	batch total
إجمالي معدل انتقال البيانات في القنوات	aggregate channel data rate
إجماليات توجيه	control totals
أجهزة اتصال البيانات	data communication equipment
أجهزة اتصالات	communications equipment
أجهزة قابلة للبرمجة	programmable devices
أجهزة قياس الضوضاء	noise measuring set
أجيال	generations
أحادي التأخير	single lag
أحادي البناء	monolithic
أحادي الخط	single threading
احادية الشكل	monomorphism
إحاطة نطاق الأمن	security enclosure
إحتجاز	retention
إحتجاز البيانات	data capture
احتذى	boot
إحتمال تأخير متزايد	probability of excessive delay.
إحتمال التعطيل	probability of failure
إحتمال خدمة الهدف	target probability of service
احتمالية	likelihood, probability
إحتمالية منع المكالمة	probability of call blocking
إحتواء بلورة للأخرى	endomorphism
احتياطي	backup, fallback, spare, standby
احد رموز القرص المدرج	diallable symbol
إحساس الموضع الدوراني	rotational position sensing
احسن إستخدام للسجلات	register optimization
إحصاء فعال	effective enumeration
إحصائيات	statistics
إحصائيات الترتيب	order statistics
إحصائيات حركة المرور	traffic statistics
الاحلال الكلي	global exchange
أخ	brother
أخ أو أخت	sibling
أخت	sister
اختبار	testing
اختبار الاتصال المفصلي	articulation test
إختبار الاستقطاب العالي والمنخفض	high-low bias test
اختبار اسم الشرط	condition name test
إختبار افقي	horizontal check
اختبار الانشغال	busy test
اختبار البدء	initialization
إختبار برنامج	program proving, program testing
اختبار برنامج بدون الكمبيوتر	dry running
اختبار برنامج يدويا	dry run
إختبار بطاقات الجدولة	tab-card check
الاختبار بمساعدة الكمبيوتر	computer-aided testing
اختبار تشخيصي	diagnostic test
إختبار التكامل	integration testing
إختبار التماثل	parity check
اختبار التماثل البسيط	simple parity check
إختبار التماثل الزوجي	even parity check

اختبار التماثل الفردي	odd parity check
إختبار الجزء	module testing
إختبار الحد	limit test
إختبار حلقة الخط	line loop test
إختبار الخط والدائرة	line and circuit test
إختبار الدخان	smoke test
إختبار ذاتي	self-test
إختبار ذاتي وتحديد العطل	self-test and fault location
إختبار العمر الباقي	life test
اختبار العمر الباقي المعجل	accelerated life test
اختبار الفراغات	test for blanks
اختبار القبول	acceptance testing
اختبار النسبة « إن »	modulo-n check
إختبار النظام	system testing
إختبار الوحدة	unit testing
اختبار وحدة التشغيل	processor test
إختبار الوصلة	link testing
إختبار وظيفي	functional test
إختبار الوفرة	redundancy check
اختبار الوفرة الطولية	longitudinal redundancy check
إختبارات الاستماع	listening tests
إختبر وركب	test and set
إختراق	penetration
اختزال البيانات	data reduction
إختزان متعدد الأغراض	general-purpose storage
اختصار البيانات	data summarization
اختلاف	contrast, discrepancy
اختيار	option, polling
إختيار ترانك الحلقة	loop trunk selection
إختيار السنترال	exchange selection
اختيار شريحة رقيقة	chip select
إختيار القالب	hub polling
اختيار قبول العميل	customer acceptance test
اختيار مباشر للخط الرئيسي	direct trunk select
الاختيار المجاني	no charge option

إختيار مجموعة	group polling
اختيار نداء الحضور	roll-call polling
إختيار النظام	system option
إختيار وحدة مكبر الصوت	loudspeaker unit selection
اختيار الوظيفة	function polling
اختيار الوفرة	redundancy option
أخذ العينات	sampling
اخذ عينات عشوائياً	random sampling
أخذ العينات واختبارها بطريقة « نيكويست »	Nyquist sampling
أخطاء الارسال	transmission errors
اخطاء في تركيب الجملة	syntactic errors
إخفاء المعلومات	information hiding
إخلاء جماعة النداء	calling party clear
إخلاء المجموعة الأولى	first party clearing
الاخلال ببديل الدليل المقلوب	alternate mark inversion violation
إخواء	deflation
اداة اتصال لعرض الرسائل	message display console
أداة اختيار الأرقام	digit selector
أداة الاستشعار الضوئي الفيلمية	film optical sensing device
اداة انتقال	bridge
اداة بث التيار	streamer
اداة تأخير الارقام	digit delay element
اداة تحديد	delimiter
اداة تحكم	controller
اداة التحكم في ملف بالاسطوانة الممغنطة	disk file controller
أداة التدرج	stepper
أداة الترميز	encoder
اداة ترميز الأولوية	priority encoder
أداة ترميز الشريط	tape encoder
أداة ترميز موضع العمود	shaft position encoder
أداة التعزيز	consolidator
أداة تفاضلية	differentiator
أداة تفقد	debug tool

أداة تقاطع المستعمل	user node
أداة التكمي	quantizer
أداة تكويم المرفوضات	reject stacker
أداة توصيف	descriptor
أداة توقيت	timer
أداة حساب المجموع	summer
أداة خارجية	external device
أداة الديناميكية	dynamicizer
أداة الشبكة	network performance
أداة صياغة النص	text formatter
أداة طرح رقمي	digital subtractor
أداة فرز الوثائق	document sorter
أداة فصل موجات مجمعة	demultiplexer
أداة فك الترميز	decoder
أداة فك الترميز/التوجيه	decoder/driver
أداة فك التضمين	demodulator
أداة فك التعديل	demodifier
اداة فك رموز الارسال المعلوماتي	videotex decoder
أداة فك الترميز لنص مرسل عن بعد	teletext decoder
أداة وصل	coupler
إدارة	command
الادارة بالاستثناء	management by exception
ادارة البيانات	data management
إدارة تداول السجل	record access management
إدارة الخطأ	error management
إدارة الذاكرة	memory management
إدارة السجلات	record management
إدارة الشبكة	network management
إدارة الصف	queue management
إدارة الصيانة	maintenance administration
إدارة قرص مدرج	dialling
إدارة قرص مدرج مباشرة إلى الخارج	direct outward dialling
إدارة محادثة ثنائية	dialogue management
إدارة المخازن الوسيطة	buffering
إدارة الملف	file management
إدارة المهمات	task management
إداري	managerial
إدخال البيانات	data entry
إدخال دفعة عن بعد	remote batch entry
إدخال العمل عن بعد	remote job entry
إدخال مباشر للبيانات	direct data entry
إدخال المهام من بعد	RJE
أدرج	insert, intercalate
إدماج عبر SG	SG transmitter combining
إدماج في إتجاهين	two-way merge
إدماج المجموعة	group combining
أدنى حد للآلة	minimal machine
أدوات انتقال الملفات من كمبيوتر إلى كمبيوتر	bridgeware
أدوات تحويل	conversion kits
أدوات ذات حقل قابل للبرمجة	field-programmable devices
أدوات الذاكرة للقراءة فقط	romware
أدوات ربط للطوارىء	emergency jointing kit
اذاع	broadcast, broadcasting
الاذاعة بطريقة تضمين التردد	FM broadcast
الاذاعة الرئيسية	main broadcast
إذاعة محدودة	limited broadcast
اذن اصطناعية	artificial ear
ارتباط الرتب	rank correlation
إرتباك البطاقات	muddle of cards
الارتداد	flyback
ارتداد بالتلامس	contact bounce
إرتداد الحقل	field flyback
إرتداد الخط	line flyback
إرتداد مزيج الاحتراق	blowback
إرتفاع	height
إرتفاع الصوت	loudness
إرتفاع النجم	star-height
أرجحة طولية	longitudinal judder

إرجع إلى إن	go back to N
ارجونوميك	ergonomics
إرساء	anchorage
إرسال إحصائي متعدد التقابل	statistical multiplexing
إرسال أرقام ثنائية متسلسل	bit serial transmission
إرسال أرقام ثنائية متوازي	bit parallel transmission
إرسال اشارات تحكم لامركزية	decentralized control signalling
إرسال الاشارات في قنوات منفصلة	separate channel signalling
إرسال اشارات القنوات المترافقة	association channel signalling
إرسال اشارات القنوات المشتركة	common channel signalling
إرسال إشارات متعدد المستويات	multilevel signalling
إرسال إشارات من حالتين	two-state signalling
إرسال إشارات نغمية متعددة الترددات	multifrequency tone signalling
إرسال إشارة إدخال البيانات	input data signalling
إرسال إشارة خارج الفتحة	out-slot signalling
إرسال إشارة خارج النطاق	out-band signalling
إرسال الاشارة خلال ثقب	in-slot signalling
إرسال الاشارة داخل النطاق	in-band signalling
إرسال إشارة غير مصحوبة	nonassociated signalling
إرسال إشارة فصل الحلقة	loop-disconnect signalling
إرسال إشارة متعدد الحالات	multi-state signalling
إرسال اقحامي بيني	interleaving
الارسال إلى عنوان مطلق	absolute addressing
إرسال انفجاري متساوي الزمن	burst isochronous transmission

الارسال بازاحة الطور	phase shift keying
إرسال بايتات متسلسل	byte-serial transmission
إرسال بدء ـ إيقاف	start-stop transmission
إرسال برقي متطابق	facsimile telegraph
إرسال بريدي متطابق	facsimile posting
إرسال البيانات	data transmission
إرسال البيانات الرقمية	digital data transmission
إرسال البيانات عن بعد	teletex
الارسال التليفوني الصوتي	voice telephony
إرسال جزئي	partial transmission
إرسال رقمي	digital transmission
إرسال رموز	code sending
إرسال على التوازي	parallel transmission
إرسال في كلا الاتجاهين	duplex transmission
إرسال لا تزامني	asynchronous transmission
إرسال لا تزامني متعدد متقابل بتقسيم الوقت	asynchronous TDM
إرسال لاسلكي	radio transmission
إرسال لغة بسيطة	plain language transmission
إرسال متتابع للحروف	character-serial transmission
إرسال متتالي	serial transmission
إرسال متزامن	synchronous transmission
الارسال المتطابق	facsimile transmission
الارسال المتعدد التقابل بالتقسيم الزمني	time division multiplexing
إرسال متعدد التقابل لتقسيم الوقت المتزامن	synchronous TDM
إرسال مزدوج	duplex
إرسال مزدوج القطب	bipolar transmission
الارسال المزدوج اللاتماثلي	asymmetrical duplex transmission
الارسال المعلوماتي	videotex
الارسال من نقطة إلى نقط متعددة	point-to-multipoint transmission
الارسال المعلوماتي الخاص	private videotex
إرسال الموجات النسبية	analogue transmission
إرسال موجة القائمة	list directed transmission

اسطوانة مرنة صغيرة	minifloppy
اسطوانة مرنة ممغنطة	diskette
اسطوانة معدنية	metallic disk
أسطوانة مغناطيسية	magnetic drum
اسطوانة مقسمة إلى قطاعات حقيقية	hard-sectored disk
أسطوانة مقسمة إلى قطاعات لينة	soft-sectored disk
أسطوانة ممغنطة	magnetic disk
أسطوانة نقل الصفحات	paging drum
أسعار الأساس	base prices
اسقاط	drop-in
إسقاط الخط	omit line
أسلاك الاختبار	test cords
اسلاك قضبان الكتروليتية	electrolytic wire bars
أسلوب	mode, procedure
أسلوب اتخاذ القرار	decision procedure
أسلوب أساس	basic mode
أسلوب بارامتري	parametric technique
أسلوب تحكم في النداء	call control procedure
أسلوب تداول للبيانات تتابعي مفتاحي	keyed sequential access method
أسلوب تداول معلومات	access method
اسلوب تنقيبي	heuristic approach
أسلوب الصندوق الأسود	black box approach
أسلوب كسيح	crippled mode
أسلوب مختلط	mixed mode
أسلوب مختلط لخدمة ليلية	mixed mode night service
إسم	name
إسم بياني	data name
إسم المستعمل	user name
إسم المشغل	operator name
إسم الملف	file name
إسناد	reference
الاسناد إلى الدخل/الخرج	input/output referencing
أسوأ حالات سرعة الطباعة	worst-case print speed
إشارات	signals
إشارات الاختيار	selection signals
إشارات إدارة الشبكة	network management signals
إشارات البدء والايقاف	start-stop signals
إشارات تبادل	interchange signals
إشارات تحكم في النداء	call control signals
إشارات ربط بين المكاتب	inter-office signals
إشارات صيانة الشبكة	network maintenance signals
إشارات محلية	local signals
إشارات النداء	calling signals
الاشارات الوسطى	mesochronous signals
إشارة	signal
إشارة الاجابة	answer signal
إشارة إجابة بدون القيمة	answer signal: no charge
إشارة إجابة بالقيمة	answer signal: charge
إشارة أحادية القطب	unipolar signal
إشارة إرسال تلفزيوني	television transmission signal
إشارة ازدحام مجموعة دوائر	circuit group congestion signal
إشارة استعداد لتلقي البيانات	ready-for-data signal
إشارة استعداد مجموعة البيانات	data set ready
إشارة اضطراب	confusion signal
إشارة إلى جهاز محيطي	peripheral prompt
إشارة انتظار نداء	call waiting signal
إشارة انشغال نهاية طرفية مناداة	called terminal engaged signal
إشارة بادئة لـ « شميت »	Schmitt trigger
إشارة بالتقدم للارسال	proceed-to-send signal
إشارة تحرر نهاية طرفية مناداة	called terminal free signal
إشارة تداول محتجزة	access-barred signal

إشارة تردد لاسلكي	radio frequency signal
إشارة ترددية	AC signal
إشارة تعطل الاستمرارية	continuity-failure signal
إشارة تعليق	hang-up signal
إشارة تقدم النداء	call progress signal
إشارة تلفزيونية مركبة	composite video signal
إشارة تنبيه للنظام	system alarm
إشارة تنقية أمامية	clear-forward signal
إشارة تنقية خلفية	clear back signal
إشارة تنقية عكسية	clear-backward signal
إشارة توقيت ثمانية المجموعة	octet timing signal
إشارة ثنائية	binary signal
إشارة جواب مجانية	no charge answer signal
إشارة جواب النداء	call answered signal
إشارة حاملة	carrier signal
إشارة حجز	seizing signal
إشارة حرف	character signal
إشارة الحس بالموجة الحاملة	carrier sense signal
إشارة حصر	blocking signal
إشارة الخرج الصفرية	nought output signal
إشارة خط خارج الخدمة	line-out-of-service signal
إشارة رد نهاية طرفية مناداة	called terminal answered signal
إشارة رسالة بصرية	visual message signal
إشارة الرقم المتغير	changed-number signal
إشارة رقمية	digital signal
إشارة رقمية ثنائية	binary digital signal
إشارة سمعية	audio signal, aural sign
إشارة صوتية	sound signal, voice signal
إشارة صوتية نسبية	voice analog signal
إشارة طلب انتقال البيانات	data transfer requested signal
إشارة طلب النداء	call request signal
إشارة عدم قبول نداء	call-not-accepted signal
إشارة العنوان	address signal
إشارة عنوان غير كامل	address-incomplete signal
إشارة العنوان الكامل	address-complete signal
إشارة فشل نداء	call failure signal
الاشارة الفعالة	enabling signal
إشارة كلامية	speech signal
إشارة كهربية	electrical signal
إشارة كهربية نسبية	analog electrical signal
إشارة لحمل البيانات	data signal
إشارة مؤشر النداء	calling indicator signal
إشارة محاذاة الاطار	frame alignment signal
إشارة مرسلة بفعالية	effectively transmitted signal
إشارة مزدوجة القطب	bipolar signal
إشارة مستمرة	continuous signal
إشارة مشوشة	out-of-order signal
إشارة مشوهة	distorted signal
إشارة مكتشف الموجة الحاملة	carrier detector signal
إشارة منفصلة	discrete signal
إشارة موجة نسبية	analog signal
إشارة نداء مقبول	call accepted signal
إشارة نداء موصول	call connected signal
إشارة نقل كامل	carry-complete signal
إشارة نهاية العنوان	end-of-address signal
إشارة نهاية كتلة	end-of-block signal
إشارة نهاية النبض	end-of-pulsing signal
إشارة الوصل	connect signal
إشباع	saturation
إشتراك موجه	controlled sharing
اشتقاقي	derivative
أشجار مماثلة	similar trees
اشراف على ردود معوقة	delayed answer supervision
اشعاع كهرومغناطيسي	electromagnetic radiation
أشعة ألفا	alpha rays
أشعة أنودية	anode rays
إصبع حاس	sensing finger
اصبع التغذية	feed finger
اصدار تذاكر التحصيل	toll ticketing

اصطفاف الأولويات	priority queue
اصطفاف الرسائل	message queueing
أصغر	min
الأصل	mother
أصل	origin, root, source
إصلاح عطل الكهرباء	power-fail recovery
اصلاح العيوب	debug
الأصولية	cardinality
إضافة	addition
إضافة غير مدمرة	nondestructive addition
اضعف شروط سابق	weakest precondition
اضمحلال متسع الذبذبة	amplitude fading
إطار	frame
إطار بعداد حاكم	do loop
إطار التوزيع الرئيسي	main distribution frame
إطار شرطي حاكم	do-while loop
إطار الشريط	tape frame
إطار الصفحة	page frame
إطالة	outrigger
إطالة النبضة	pulse stretcher
أطر الاستجابة	response frames
إطلاق الاختبار	test shot
إطلاق المطارق	hammer firing
إطلاق مع التنبيه	release with howler
إطلاق النبضة عند الحافة السالبة	negative-edge triggered
أطلق	release
أعاد الكتابة	rewrite
أعاد اللف	rewind
إعادة إدخال	re-entry
إعادة الادماج SG	SG receiver combining
إعادة إرسال	retransmit
إعادة البدء	re-initialization, restart
إعادة البدء اوتوماتيكيا	automatic restart
إعادة بدء طارىء	emergency restart
إعادة بدء مؤجلة	deferred restart
إعادة ترجمة	recompile
إعادة الترقيع	repatching
إعادة التسيير	rerun
إعادة تشكيل	reconfigure, reconfiguration
إعادة التصديق على	recertification
إعادة تكوين	reconstitute
إعادة تكوين الملف	file reconstitution
إعادة التنظيم	reorganisation
إعادة توليد الاشارة	signal regeneration
إعادة الدورة إلى وضع معين	cycle reset
إعادة الصياغة	reformatting
إعادة المسار	reroute
إعادة الوضع	repositioning
إعاقات الخطأ	error interrupts
إعاقات متجهة	vectored interrupts
إعاقة	interrupt
إعاقة الارسال ثابت المدة	interrupted isochronous transmission
إعاقة الخطأ	error interrupt
إعتبارات التوقيت	timing considerations
إعتراض سكرتاري	secretarial intercept
إعتراف إيجابي	positive acknowledgement
إعترض	intercept
إعتمادية	reliability
إعتمادية أنظمة البرامج	software reliability
إعتمادية الخدمة	reliability of service
إعتمادية معدات الكمبيوتر	hardware reliability
إعداد البيانات	data preparation
إعداد للتحميل	rig for load
إعداد متقدم	advanced preparation
إعراب	parsing
إعراب بالزحزحة المتناقصة	shift-reduce parsing
الاعراب بطريقة LL	LL parsing
إعراب من اسفل إلى أعلى	bottom-up parsing
إعراب من القمة إلى القاعدة	top-down parsing
إعراب من اليسار إلى اليمين	LR parsing

إعراب نازل تكراري	recursive descent parsing
إعطاء بيانات للكمبيوتر	log in, logging-in, log-on, logging-on
اعطال الاجهزة	equipment failure
إعلان	declaration
إعلانات ذاتية	automatic announcements
أعلى درجة حرارة للوصلة	maximum junction temperature
أعلى معدل للضبط	maximum justification rate
أعمال التركيب	installation work
أعمى	blind
اغلاق	closure
إغلاق إنتقالي	transitive closure
افتراضي	default, virtual
إفساح	back-off
أفومتر	Avo test meter
اقتراع أوتوماتيكي	autopolling
إقرار	declaration
الاقراص المرنة	floppy disks
أقصى احتمال لحل الرموز	maximum-likelihood decoding
أقصى تبديد للقدرة	maximum power dissipation
أقصى تحسين للمسار	route optimization
أقصى خطأ في التردد	maximum frequency error
أقصى طول للتتابع	maximum-length sequence
اقفال	lockout
إقفال إنعكاسي	reflexive closure
اقفال النجم	star closure
اقفال ومفاتيح	locks and keys
أقل تكلفة	minimum-cost
أقل حرف معنوي	least significant character
أقل مربعات موزونة	weighted least squares
الأقمار الصنعية « ماريكس »	MARECS satellites
إكتسب	acquire
اكتشاف	detection
إكتشاف الخطأ	error detection
إكتشاف الخطأ وتصحيحه	error detection and correction
إكتشاف العيب	fault detection
الأكثر مناسب	best fit
إكمال جزئي	partial completion
اكواد خطية	linear codes
اكواد « هادامارد »	Hadamard codes
آلة اختزال	reduction machine
آلة استصدار التذاكر	ticket issuing machine
الآلة الأصلية	source machine
آلة إعادة التثقيب الطابعة	typing reperforator
آلة تابعة	slave machine
آلة تتابعية معممة	generalized sequential machine
آلة تحزيز	grooving machine
آلة التداول العشوائي للبرامج المخزنة	random-access stored-program machine
آلة تستخدم الحروف	character machine
آلة تثقيب البطاقات البيانية	tag punch machine
آلة تثقيب الشريط	tape punch
آلة التثقيب للحاسبة الالكترونية	electronic calculating punch
آلة تثقيب يدوية	hand punch
آلة حسابات باستخدام بطاقات التثقيب	punch card accounting machine
آلة رقيقة	mealy machine
آلة طابعة برأس دوارة	daisywheel printer
آلة طابعة تسلسلية	chain printer
آلة طباعة تصادمية	impact printer
آلة طباعة غير تصادمية	impactless printer
آلة « فون نويمان »	von Neumann machine
آلة كاتبة إستجوابية	interrogating typewriter
آلة كاتبة الكترونية	electronic typewriter
آلة مشتركة الهدف	common target machine
آلة مفكرة	thinking machine
آلة من طراز ذات نافدة	window machine
آلة « مور »	Moore machine
إلتصاق التضمين	modulation coherence
التصق	attach
إلزامي	mandatory

إلغاء	cancellation
إلغاء اشارة عدم التشويش	do-not-disturb cancellation
إلغاء أمامي شامل	universal forward cancellation
إلغاء المقاومة	off-resistance
ألغى	cancel
ألف امر في الثانية	kips
الألفباء	alphabet
ألف بائي رقمي	alphanumeric
الكترود معجل	accelerating electrode
الكترومتر مطلق	absolute electrometer
الكتروني	electronic
النيكو	Alnico
الألوان الأولية	primary colours
الوان طيفية	spectral colours
ألوان غير طيفية	nonspectral colours
الومنيوم	aluminium
الومينا	alumina
آليات رقمية	digital techniques
ألياف دليلية مدرجة	graded index fibres
ألياف ضوئية	optical fibre
آلية تحكم أوتوماتي	servomechanism
آلية تداول السجلات	record access mechanism
آلية الدفع الأسفل	pushdown automaton
آلية الشريط	tape mechanism
آلية مؤازرة مطمورة	embedded servo
آلية الهيكل الشجري	tree automation
أمبير	amp, ampere
أمبير لكل متر	ampere per metre
أمبير مطلق	absolute ampere
إمتّد	extend, extension
إمتداد الملف	file extent
إمتصاص	absorption
امتلاء بالحروف	character fill
إمتلاء الذاكرة	memory fill
إمتياز	privilege
امدادات الطاقة	power supplies

أمر	command, instruction
أمر احادي العنوان	single-address instruction
أمر الادخال	entry instruction
امر إسناد للذاكرة	memory reference instruction
أمر الايقاف	halt instruction
أمر إيقاف اختياري	optional halt instruction
أمر بالازاحة	shift instruction
أمر بالايقاف	HALT
أمر بالتخطي	jump instruction
أمر بالترجمة	lexicographic order
أمر بالتعديل	modification instruction
أمر بالتفتيش في الجداول	table look-up instruction
أمر بالتفرع الغير مشروط	unconditional branch instruction
أمر بالعودة	return instruction
أمر بالنقل	transfer instruction
أمر بوصف الصورة	picture description instruction
الأمر التالي الجانبي	postorder traversal
أمر تفرع	branch instruction
أمر تفريع مشروط	conditional branch instruction
أمر توجيهي	directive
أمر توقيف مشروط	conditional stop instruction
أمر خاص بالقرارات	decision instruction
أمر الدخل / الخرج	I/O instruction
أمر دقيق جدا	microinstruction
أمر ذو أربعة عناوين	four-address instruction
أمر ذو ثلاثة عناوين	three-address instruction
أمر ذو عنوان واحد	one-address instruction
أمر رأسي مصغر جداً	vertical microinstruction
أمر : (رقم « و » يتحرك)	number f moves
أمر زائف	pseudoinstruction
أمر سابق جانبي	preorder traversal
أمر عنوانه (إن + ١)	n-plus-one address instruction
أمر عنوانه واحد زائد واحد	one-plus-one address instruction

أمر غير مرتبط بالذاكرة	nonmemory reference instruction
أمر غير مسموح به	illegal instruction
أمر غير معدل	unmodified instruction
أمر فارغ	blank instruction
أمر فعال	effective instruction
أمر فعلي	actual instruction
أمر القراءة	read instruction
أمر الكتابة	write instruction
أمر لا عنوان له	no-address instruction
أمر لا فعلي	do nothing instruction
أمر اللانقر	non notching instruction
أمر لا يحتوي على عملية	nonop instruction
أمر له عنوانين	two-address instruction
أمر مباشر	direct instruction
أمر المرور	pass instruction
أمر مساعدة من الكمبيوتر	computer-aided instruction
أمر مكبر	macro-instruction
أمر من الذاكرة للذاكرة	memory-to-memory instruction
أمر منطقي	logic instruction
أمر منظم عن طريق الكمبيوتر	computer-managed instruction
أمر نداء	call instruction
أمر نقطة انكسار	breakpoint instruction
أمر نقطة قطع مشروط	conditional breakpoint instruction
أمر وهمي	dummy instruction
أمن	security
أمن متعدد المستويات	multilevel security
أميتر	ammeter
انبوب تلفزيون بحاجز مثقب	shadow mask tube
أنبوبة اشعة كاثود	cathode-ray tube
أنبوبة أشعة المهبط	CRT
انبوبة متحدة المحور	co-axial tube
انتاج	production
إنتروبيا	entropy

إنتشار	spread
إنتشار انحداري	mesa diffusion
إنتشار الحاسب	machine population
إنتشار الخطأ	error propagation
الانتشار في حالة الصلابة	solid state diffusion
إنتشار المادة	material dispersion
إنتشار متعدد الممرات	multipath dispersion
إنتقال	transport
إنتقال الاعطال النكبية	catastrophic error propagation
انتقال الانحراف	drift flow
انتقال البيانات	data transfer
انتقال التحكم	control transfer
انتقال عبر شاشة	screened transition
انتقال كتلة	block transfer
انتقال مشروط	conditional transfer
انتقال مشروط لنقطة التحكم	conditional transfer of control
انتقال الملفات	bridging
انتقال الورق	paper throw
إنتهاء	termination
إنتهاء الوقت	timeout
انتيمونيد الألومنيوم	aluminium antimonide
أنجستروم	angstrom
انحراف	aberration, drift, skew
انحراف التوقيت	clock skew
الانحراف العياري	standard deviation
انحلال	decomposition, degradation
إنحلال LU	LU decomposition
إنحلال البرنامج	program decomposition
إنحياز	bias
إنحياز أمامي	forward bias
انسب برمجة	optimum programming
انسب شجرة بحث ثنائي	optimal binary search tree
أنسجة أحادية الأسلوب	monomode fibres
إنسياب	streaming

انسياب سفلي مميز	characteristic underflow
انسياب علوي مميز	characteristic overflow
إنضباط نظام الخط	line discipline
إنضغاط الحبر للخارج	ink squeezeout
إنطلاق	launch
أنظمة الارسال	transmission systems
أنظمة إستعلام وإتصالات	inquiry and communications systems
انظمة البرامج	software
أنظمة برامج انتفاعية	utility software
أنظمة التشغيل والصيانة الفرعية	operation and maintenance subsystem
الأنظمة الفرعية لخدمات المشتركين	subscriber services subsystem
الأنظمة المتخصصة	expert systems
أنظمة الوقت المحول	time switched systems
انفجار	blast, burst
إنفجار الاجزاء	parts explosion
إنفصال	split
إنقاذ	salvage
انقطاع أوتوماتيكي	automatic interrupt
انقطاع البيانات	data break
انقطاع عملية التوجيه	control break
انقلاب المصفوفة	matrix inversion
انكسار	break
إنهاء	termination
إنهاء التعامل مع الكمبيوتر	log-off, log-out, logging-off, logging-out
إنهاء غير عادي	abnormal termination
إنهاء العمل بالترتيب	orderly close-down
إنهيار آمن	fail safe
إنهيار ناعم	fail soft
أنود	anode
آني	on-line
آنية تداول المعلومات	simultaneous access

أنيون	anion
أوامر تشغيل طويلة حتمية	imperative macro instructions
أوامر حلقية مشروطة	repeat until look
اوتوماتون	automaton
اوتوماتيكيات	automatics
اوتوماتيكية	automation
اوتوماتيكية حالة محدودة	finite-state automation
أوتوماتيكية خطية الحد	linear-bound automaton
اوتوماتيكية محدودة	finite automation
اوتوماتيكية المكتب	office automation
أودع	deposit
أوساط معيبة في معدات الكمبيوتر	faulty hardware media
أوساط مغناطيسية	magnetic media
أوسيلسكوب بذاكرة	storage oscilloscope
أوقات تعطيل الطابعة	print holidays
أولوية	priority
أولوية الاعراب	precedence parsing
أولوية الاعاقة	interrupt priority
أولوية من اليسار إلى اليمين	left-to-right precedence
أولى نسبياً	relatively prime
أوم مطلق	absolute ohm
أومض	blink
أيام عمل	shop days
ايجابي عكسي	contrapositive
إيرادات منتظمة	uniform earnings
إيقاف حركة إطار الطباعة	form stop
إيقاف المشغل	operator hold
إيلاج مداري	orbital insertion
الأيونوسفير	ionosphere

ب

باب أفقي	trap door
بادىء الارسال	transmission outrigger
بادىء تحميل	kernel
بادىء الدائرة الصمامية و إزاحة الطور	gate trigger and phase shift
بادئة	prefix
بارامتر	parameter
بارامتر كلمة دليلية	keyword parameter
باعث	emitter
باعث رقمي	digital emitter
باق	carry
باق حول النهاية	end-around-carry
باقي	remainder
باقي حسابي	arithmetic overflow
باقي عالي السرعة	high speed carry
بالوعة البيانات	data sink
بانحراف	askew
بايت	bite, byte
بت	bit
بت الترقيم بالنقطة	punctuation bit
بت الخطأ	error bit
بت العلامة	sign bit
بتات فوقية	overhead bits
بتات المعدل	modifier bits
بتة السماح بالتنفيذ	execute permission bit
بالتخزين الديناميكي التخصيص	dynamic storage allocation
بث الاشارات	signalling
بث الاشارات بين عمليات التشغيل	signalling interworking
بالجملة	in bulk
بحث بدءاً من العمق	depth-first search
البحث الثنائي	dichotomizing search
البحث الضام	hash search
بحث كلمة مفتاحية	keyword search
بحث متسلسل	chaining search
بحث منطقي	area search
بحث الهيكل الشجري	tree search
بحث و احلال	search and replace
بحوث العمليات	operational research, operations research
بدء	start-up
بدء الاشارة من الحافة الموجبة	positive-edge triggered
بدء ـ إيقاف	start-stop
بدء تشغيل نظام	system start-up
بدء العنوان	start of heading
بدء محطة العمل	work station start-up
بدائي	primitive
بداية الرموز	prefix codes
بداية العنوان	address base
بدون اسلاك	leadless
بدون جمع	sumless
بدون علامة	signless
بديل الدليل المقلوب	alternate mark inversion
بديل الرقم المقلوب	alternate digit inversion
بديل النفي	alternative denial
براءة الاختراع	patent
برامج التطبيق	application software
برامج تنظيم المعلومات	housekeeping routines

ب

البرامج الصلبة	firmware
برامج فرعية للخدمة	service routines
برامج مساعدة	utility programs
برامج مساندة	support programs
برامج النظام	system software
برامج نظم	systems software
برمجة أوتوماتيكية	automatic programming
برمجة بإستخدام الأرقام الصحيحة	integer programming
برمجة تجزيئية	modular programming
برمجة تنقيبية	heuristic programming
برمجة خطية	linear programming
البرمجة الدقيقة	microprogramming
برمجة ديناميكية	dynamic programming
برمجة رياضية	mathematical programming
برنامج	program
برنامج اختبار ذاتي	self-test programme
برنامج إداري لبرامج المصدر والرسائل	source and message manager
برنامج إعادة الادخال	re-entrant program
برنامج أمامي	foreground program
برنامج أوامر القيادة	command control program
برنامج بحذاء مع	in-line program
برنامج بعملية الاعراب	parser
برنامج بلغة الآلة	object program
برنامج تتبع	trace program
برنامج تتبعي مفسر	interpretive trace program
برنامج التجميع	assembler, assembly program
برنامج تجميع مكبر	macro-assembler
برنامج التحكم الرئيسي	master control program
برنامج التحكم الوظيفي	job-control program
برنامج التحميل	loader
برنامج تحميل البطاقات	card loader
برنامج تحويلي	conversion program
برنامج التدقيق في البيانات	data-vet program
برنامج ترجمة عكسي	decompiler
برنامج تشخيصي	diagnostic programme

برنامج التطبيق	applications program
برنامج تنقيبي	heuristic program
برنامج توجيه	driver
برنامج توصيل أجزاء مبرمجة بلغة الآلة	link editor
برنامج توليد برنامج ترجمة	compiler-compiler
برنامج جلب	fetch program
برنامج خدمة مكتبة الأوامر المكبرة	macro-library service program
برنامج الخروج	checkout routine
برنامج ذو ممر واحد	one-pass program
البرنامج الرئيسي	main program
برنامج الرقابة والاشراف الآلي	automonitor
برنامج الشريط الازرق	blue ribbon program
برنامج صوتي	sound-program
البرنامج العامل	working program
برنامج فرعي	routine
برنامج فرعي	subprogram
برنامج فك لغة الآلة إلى لغة التجميع	disassembler
برنامج قياس ومقارنة أداء أجهزة الكمبيوتر	benchmark
برنامج مترجم	compiler
برنامج مترجم تبادلي	cross compiler
برنامج مترجم تخاطبي	conversational compiler
برنامج مترجم ذاتي الترجمة	self-compiling compiler
برنامج متعدد الأغراض	general-purpose program
برنامج متكرر	iterative program
برنامج محاكي	simulator program
برنامج مخزن	stored program
برنامج مخزن داخلياً	internally stored program
برنامج المراجعة	checking program
برنامج مراقبة	surveillance program
برنامج مساعد خاص بالقسمة	division subroutine
برنامج مساعد ديناميكي	dynamic subroutine

برنامج مساعد « سنوبول »	SNOBOL
برنامج مساعد للتبادل	swapping routine
برنامج مساعد للتفقد	debugging aid routine
برنامج مساعد مغلق	closed subroutine
برنامج مساعد يمكن ادراجه مباشرة	direct insert subroutine
برنامج مساند	coroutine
برنامج المستعمل	user program
برنامج المستوى الخلفي	backlevel program
البرنامج المشرف	supervisor call
برنامج المصدر	source program
البرنامج المقصود	target program
برنامج المكتبة	library program
برنامج منفذ	executive program
برنامج نظام الأجور والمرتبات	payroll program
برنامج نظام التشغيل	operating system programme
برنامج يقبل إعادة تحديد المكان	relocatable program
برنامج يمكن إعادة استخدامه على التوالي	serially re-usable program
برهنة النظرية	theorem proving
بروتوكول	protocol
بروتوكو الاتصالات المتقدم	advanced data communication protocol
بروتوكول الخط	line protocol
بروتوكول الخطأ	error protocol
بروتوكول داخلي	internal protocol
بروتوكول لا يعتمد على المسار	path independent protocol
بروتوكول لتنفيذ طريقة تشفير نهاية إلى نهاية	end-to-end protocol
بروتوكول المسار الثابت	fixed-patch protocol
بروتوكولات مستوى الاطار	frame level protocols
بريد الكتروني	electronic mail
بريد الكمبيوتر	computer mail
بريد متعدد الأوساط	multimedia mail
بطارية	battery, cell
بطاقة	card, label
بطاقة إستلام المخزون	stock receipt card
بطاقة بث الاشارات	signalling card
بطاقة بحافة	edge card
بطاقة بحافة مثقوبة	edge-punched card
بطاقة بحافة محززة	edge-notched card
بطاقة بيانية	tag
بطاقة بيانية مثقبة	punched tag
بطاقة التوجيه	control card
بطاقة خارجية	exterior label
بطاقة الدائرة	circuit card
بطاقة داخلة	interior label
بطاقة دفتر الاستاذ المغناطيسية	magnetic ledger card
بطاقة ذات أركان دورانية	round cornered card
بطاقة ذكية	smart card
بطاقة صرف المخزون	stock issue card
بطاقة « كيمبل »	Kimball tag
بطاقة للتثقيب	punch card
بطاقة مثقبة	punched card
بطاقة مجلد	volume label
بطاقة المسافر	traveller card
بطاقة مستقبلية	future labels
بطاقة مغناطيسية	magnetic card
بطاقة المقدمة	header label
بطاقة الملف	file label
بطاقة منطقية	logic card
بطاقة نهاية التشغيل	end-of-job card
بطن الموجة	antinode
بعثرة	scattering
بعد	dimension
بقاء قابل للشحن	chargeable duration
بقاء الفراغ	conservation of space
بقايا التثقيب	chad
بفراغ واحد	single spacing

ب

بكرة	reel, spool
بكرة رفع	take-up reel
بكرة صغيرة	mini reel
بكرة الملف	file reel
بل	Bel
بللورة الكوارتز	quartz crystal
بمفرده	singly
بناء بالرصيصة	stack architecture
بناء التوجيه والتحكم	control structure
بناء ديناميكي للبيانات	dynamic data structure
بناء الذاكرة المتسلسل	hierarchical memory structure
بناء الشبكة	network architecture
بناء شريحة	slice architecture
بناء المخزون	storage structure
البناء المرقوم	tagged architecture
بناء المقدرة	capability architecture
بناء منفصل	discrete structure
بناء النظم المفتوحة	open systems architecture
بند	item
بند عددي	numeric item
بنك البيانات	databank
بنى	construct
بنية متجاورة	adjacency structure
بوابة	port
بوابة التناوب	alternation gate
بوابة الدخل/الخرج	I/O port
بوابة غير مكافئة	nonequivalence gate
بوابة القرار	decision gate
البوابة المكافئة	equivalence gate
بود	baud
بودو	Baudot
بيئة اعتماد تخطيط البرامج	programming support environment
البيئة الافتراضية بالآلة	virtual machine environment
بيئة هندسة انظمة البرامج	software engineering environment
بياض	blank
بيان	list
بيان بحالة المخزون	stock status report
بيانات	data
بيانات الاختبار	test data
بيانات بدائية النوع	primitive data type
بيانات تسجيل النداءات	call information logging
بيانات التوجيه	control data
بيانات خام	raw data
البيانات العاطلة	idle bytes
بيانات في صورة ثنائية	binary picture data
بيانات لامعنى لها	garbage
بيانات مرئية	viewdata
بيانات المستعمل	user data
بيانات ملاحظة	perception data
بياني صرة لوحة التحكم	control panel hub chart
بيب (إشارة صوتية)	beep
بيت خبرة لأنظمة البرامج	software house
بيكو (١٠-١٢)	pico-

ت

ت

تابع خطيا	linearly dependent
تابع كاثودي	cathode follower
تابع نشط	active satellite
تاثير المجال	field-effect
تاجيل	deference
تاخير بسيط	low delay
تاخير الرزمة	packet delay
تاخير الشبكة	network delay
تارجح	judder
تاريخ التنظيف	purge date
تاريخ القطع	cut-off date
تاكيد الانتماء	termination confirmation
تاكيد التسليم	delivery confirmation
تاكيد الخرج	output assertion
تال	post
تام الرسم البياني	holographic
تامين	deposit
تامين البيانات	data assurance, data security
تامين شيك	cheque protection
تامين معدات الكمبيوتر	hardware security
تامين المعلومات	information security
تامين النظام	system security
تبادل	alternation, exchange, swapping, swap back and forth
تبادل الاتصال	intercom
تبادل متعدد الأطوار	multiphase transaction
تبادل متوسط	intermediate exchange

تَبادُلي	interactive
تباديل	permutations
تباين	contrast
تبديل	alteration
تبديل تلقائي للمسار	automatic alternative routing
تبديل عكسي	changeback
تبديل في التحكم	change of control
تبديل الوضع	transpose
تبويق الايقاف	hoot stop
تبييت مشترك	joint housing
تتابع	sequence
تتابع PN	PN sequence
تتابع الأحداث	sequence of events
تتابع « إم »	m-sequence
تتابع تمهيدي	preamble sequence
تتابع التوجيه	control sequence
تتابع ثنائي	binary sequence
تتابع جزئي	subsequence
تتابع دقيق جدا	microsequence
تتابع الرزمة	packet sequence
تتابع الضوضاء	noise sequence
تتابع ضوضائي كاذب	pseudonoise sequence
تتابع محدود	finite sequence
تتابع مختلط	mixed sequencing
تتابع مُرتّب	marshalling sequence
تتابع النداء	calling sequence
تتابعية	sequency
تتابعية الأوامر	instruction sequencing

ت

تتبع	trace
تتبع عكسي	backtracking
تتمة	complement
تتمة أحادية	one's complement
تتمة الصفر	noughts complement
التتميم	complementing
تثبيت	anchorage
تثبيت مؤقت	temporary fix
تثبيت مؤقت لتخطيط البرامج	programming temporary fix
تثقيب البطاقات	card punching
تثقيب بين المراحل	interstage punching
تثقيب جماعي	gang punching
تثقيب زائد	overpunch
تثقيب الشريط	lace punching
تثقيب العجلة المسننة	sprocket punching
تثقيب مزدوج	double punching
تجاوب صوتي	voice response
تجاوز الانكماش	shrinkage allowance
تجاوز الفلطية	overvoltage
تجدد	regenerate
تجديد	refresh, refurbishing
تجريد إجرائي	procedural abstraction
تجريد البيانات	data abstraction
تجريد تلقائي	auto-abstract
تجزيء	partition
تجزيء التردد التقابلي المتعدد	frequency division multiplexing (FDM)
تجزيء الطلبات	demand paging
تجزيء نسبي	modularization
تجزيء وظيفي	functional partitioning
تجمع المستعملين	users' association
تجميد الخرج	freeze-out
تجميع	assembly
التجميع	grouping
تجميع البيانات	data acquisition, data collection
تجميع الدوائر المطبوعة	printed-circuit assembly
تجميع المراجعة	check totalling
تجهيزات خارجة	outgoing preparation
تحديث برنامج	program maintenance
تحديث البيانات	updating
تحديث الحالة	status updating
تحديث عكسي	de-updating
تحديث معوق	delayed updating
تحديث الملفات	file updating
تحديث وصيانة البيانات في الملفات	updating and file maintenance
تحديد ديناميكي	dynamic relocation
تحديد ديناميكي لمواقع التخزين بالذاكرة	dynamic memory relocation
تحديد الكم الخاص بسعة الذبذبة	amplitude quantization
تحري	searching
تحري أولي عرضي	breadth-first search
تحري ثلاثي	tri search
تحري الخلل وإصلاحه	trouble shooting
تحرير	editing
تحرير داخل السطر	edit into a line
تحرير النص	text editing
تحريك الشريط	tape movement
تحريم	interdiction
تحطيم الرأس القارىء	head crash
تحقيق	verification
تحقيق آلي	autoverification
تحقيق البرنامج	program verification
تحقيق البطاقات	card verifying
تحقيق الجودة	quality assurance
تحقيق جودة انظمة البرامج	software quality assurance
تحقيق وإثبات صحة البيانات	verification and validation
تحكم	control
تحكم اوتوماتيكي في الكسب	automatic gain control
تحكم تحويلي	changeover control

ت

تحكم تعاقبي	cascade control
تحكم ثنائي الاتجاه	bilateral control
تحكم الخط	line control
تحكم رقمي مستمر	direct digital control
تحكم شبكي بالارسال المتعدد التقابل بالتقسيم الزمني	TDM network control
تحكم عالي المستوى في موصل البيانات	high-level data link control
تحكم عام	common control
تحكم عددي	numerical control
تحكم عمومي بأجهزة الكمبيوتر	computer common control
تحكم عن طريق شريط	tape-controlled
تحكم غير مباشر	indirect control
التحكم في الاتصالات	communications control
تحكم في الارسال	transmission control
التحكم في البرنامج	program control
تحكم في برنامج مخزن	stored programme control
التحكم في تداول المعلومات	access control
التحكم في التدفق	flow control
التحكم في الخطأ	error control
التحكم في الدخل والخرج	I/O control
التحكم في دليل الشاشة	cursor control
التحكم في شاشة العرض	display control
تحكم في الشبكة	network control
تحكم في العمليات	process control
تحكم في كل من الطرفين	double ended control
تحكم في مجموعات	batch control
تحكم في مسار	path control
التحكم في مسار تداول المعلومات	access path control
تحكم مباشر	direct control
تحكم متوسط	intermediate control
تحكم مخزني	inventory control
تحكم مشترك في الكمبيوتر الوفير	redundant computer common control

تحكم يدوي	manual control
تحلل	decomposition
تحليل	analysis
تحليل إحصائي	statistical analysis
تحليل إستكشافي للبيانات	exploratory data analysis
تحليل التقاء الأعمدة	orthonormal analysis
تحليل اوتوماتيكي للبيانات	automatic data processing
تحليل التباين	analysis of variance
تحليل التحميل	charging analysis
تحليل تدفق المعلومات	information flow analysis
تحليل التراجع	regression analysis
تحليل تركيب الجملة	syntax analysis
تحليل التكاليف	cost analysis
تحليل التوقيع	signature analysis
تحليل لحالة متوسطة	average-case analysis
تحليل حركة المرور	traffic analysis
تحليل الحساسية	sensitivity analysis
تحليل الخطأ	error analysis
تحليل رياضي	mathematical analysis
تحليل الشبكة	network analysis
تحليل الشفرة	cryptanalysis
تحليل الشوط	stroke analysis
تحليل طيفي	spectral analysis
تحليل العامل	factor analysis
تحليل عددي	numerical analysis
تحليل عكسي للأخطاء	backward error analysis
تحليل على أساس أسوأ الحالات	worst-case analysis
تحليل عمودي	orthogonal analysis
تحليل عنقودي	cluster analysis
تحليل غير هيكلي عنقودي	nonhierarchical cluster analysis
تحليل فئات المشتركين	subscriber category analysis
تحليل للسطح	surface analysis
تحليل متسلسل عنقودي	hierarchical cluster analysis
تحليل المتطلبات	requirements analysis

ت

التدوين بالأساس المختلط	mixed-radix notation
التدوين باستخدام البدايات	prefix notation
التدوين باستخدام اللاحقة	suffix notation
التدوين باستبعاد الأقواس	parenthesis-free notation
التدوين بطريق "O"	O notation
التدوين بطريقة الأساس الثابت	fixed-radix notation
التدوين بطريقة العلامة الثابتة	fixed-point notation
التدوين الثماني	octal notation
تدوين ثنائي	binary notation
تدوين رمزي	symbolic notation
التدوين « زائد -إن »	excess-n notation
التدوين سابق الضبط	postfix notation
تدوين سداسي عشري	hexadecimal notation
تدوين عشري	decimal notation
تدوين العلامة المتحركة	floating-point notation
ترابط	bonding
الترابط	connectedness
ترابط منقاد	dirigible linkage
تراجع	back-off
تراجع آلي	autoregression
تراجع متعدد	multiple regression
تراص الكتلة	block compaction
تراكب	overlap
ترانزستور	transistor
ترانزيستور ضوئي	phototransistor
ترانزستور مزدوج القطب	bipolar transistor
ترانزستور مصنوع من اشباه موصلات المعدنية	MOS transistor
ترانزيستور يعمل تحت تأثير المجال	field-effect transistor
ترانك	trunk
ترانك خارج	outgoing trunk
ترانك منفرد	individual trunk
ترانك وارد	incoming trunk
تراوح	wobble
تربيع	quadrature
ترتيب ارسال الحروف	character-order of transmission
ترتيب جزئي	partial ordering
الترتيب الحرفي للمعلومات بالفرز الهجائي الرقمي	collating sequence
الترتيب الرئيسي للصف	row-major order
ترتيب الظهور	order of appearance
ترتيب كلي	total ordering
ترتيب متوالي مباشر للملف	direct serial file organization
ترتيب الملف	file tidying
ترتيب نداء	call set-up
ترجم برنامج	compile
ترجمة	translation
ترجمة برنامج	compilation
ترجمة البروتوكول	protocol translation
ترجمة البيانات	data translation
ترجمة الحل القياسي	algorithm translation
ترجمة العنوان	address translation
ترحل إلى القطب الموجب	anaphoresis
تردد	frequency, hesitation
تردد أشعة الضوء	light frequency
تردد جانبي أثري	vestigial sideband
تردد الخط	line frequency
تردد زاوي	angular frequency
تردد سمعي	audio frequency
تردد صوتي متعدد القنوات	multichannel voice frequency
تردد الصورة	picture frequency
التردد العالي	high frequency
التردد القاطع لأشعة ألفا	alpha cut-off frequency
تردد فوق العالي	ultra high frequency
تردد منخفض	low frequency

تردد الموجة الحاملة	carrier frequency
تردد نسبي	relative frequency
ترددات الصوت	voice frequency
ترددات عالية جدا	very high frequency
ترددات فائقة	super high frequency
ترددات اللاسلكية	radio frequencies
ترشيح	filtering
ترشيح رقمي	digital filtering
ترقيم باستخدام الرموز الرقمية	all figure numbering
ترقيم « جودل »	Gödel numbering
تركيب	composition, installation
تركيب الأجهزة بالحوامل	racking
تركيب بلغة الآلة	object architecture
تركيب جدولي	list structure
تركيب الجملة	syntax
تركيب خطي	linear structure
تركيب الكمبيوتر	computer architecture
تركيب الكمبيوترات	installation of computers
تركيب اللغة	language construction
تركيب و إختبار	installation and testing
تركيب يميل إلى لغة الآلة	object-oriented architecture
تركيز الخط	line concentration
ترميز	cipher, coding, encoding
ترميز ٨٤٢١	8421 code
ترميز اتصال البيانات	data communication code
ترميز إعادة الادخال	re-entrant code
ترميز لاكتشاف الخطأ	error detecting code
ترميز ألفي هندسي	alphageometric coding
ترميز الانحدار والدوران	tilt and rotate code
ترميز بالحاسب	machine code
ترميز برنامج المصدر	source coding
ترميز بطريقة XS3	XS3 code
الترميز بطريقة الغرز	infix notation
ترميز بطول ثابت	fixed-length code
الترميز بقانون ميو	mu-law encoding
ترميز بلغة الآلة	object code
ترميز باللغة الخاصة بالحاسب	machine language code
ترميز البيانات	data encoding
ترميز تخييري	alternative coding
ترميز التداول الأصغر	minimum-access code
ترميز تركيبي	composition coding
ترميز جوبا	Goppa codes
ترميز جولاي	Golay codes
ترميز الحروف	character encoding
ترميز خالي من الضوضاء	noiseless coding
ترميز دوراني	cyclic code
ترميز ذاتي	automatic coding
ترميز رقمي	digitization
ترميز رقمي للصوت	voice digitization
ترميز زائف	pseudocode
ترميز ضغط	compression coding
الترميز الضمي	hash coding
ترميز قناة الاتصال	channel coding
ترميز كبس برنامج المصدر	source compression coding
ترميز لتصحيح الخطأ	error-correcting code
ترميز « مانشستر »	Manchester coded
ترميز مباشر	direct coding
الترميز المتردد	alternating code
ترميز متعدد الترددات	multifrequency code
ترميز متغير الطول	variable-length code
الترميز المصغر	microcode
ترميز مطلق	absolute coding
ترميز مغناطيسي	magnetic encoding
ترميز مكبر	macro-code
الترميز المنطقي	logical encoding
ترميز نسبي متتالي	serial attribute coding
ترميز نظامي	systematic code
ترميز هيكلي	skeleton coding, structured coding
ترميز يعزى إلى التوازي	parallel attribute coding

ت

الترنك الرئيسي	main trunk
ترنكات خارجة	outgoing trunks
الترنكات المستقبلة / المرسلة	input/output trunks
تزامن	concurrency, simultaneity
تزامن إتجاهين	two-way simultaneous
تزامن أرقام ثنائية	bit synchronization
تزامن حرف	character synchronization
تزامني	synchronous
تساؤل	query
تسجيل الاعطال	failure logging
تسجيل أفقي	horizontal recording
تسجيل بكثافة مزدوجة	double-density recording
تسجيل البيانات	data logging
تسجيل التغيرات لملف المعلومات	after-look journalising
تسجيل الحزمة الالكترونية	electron beam recording
تسجيل رأسي	vertical recording
تسجيل كود المجموعة	group code recording
تسجيل متعدد	multiple recording
تسجيل مزدوج	dual recording
تسجيل المعلومات قبل تغيرها	before-look journalising
تسكين امتداد المجموعة	group extension haunting
تسلسل البيانات	data chaining, data hierarchy
تسلسل مراجعة الاطار	frame check sequence
تسلسل المنشأ	derivation sequence
تسلسل الوظائف	hierarchy of functions
تسهيلات اختيارية	optional facilities
تسهيلات الاقفال	lockout facilities
تسهيلات الشبكة	network facilities
تسوية	reconciliation
تسوية الحمل	load smoothing
تسيير	routing, running
تسيير البرامج على التوازي	parallel running
تسيير شئون المعالجة الداخلية	housekeeping run
تسيير فوقي	overrun
تسيير ما بين نقطة إتصال	intranode routing
تشابك	interlace
تشاكُلية	isomorphism
تشتت	dispersion
تشتت بيانات الاختبار	test data dispersion
تشخيص	postmortem
تشخيص اخطاء الترجمة	compiler diagnostics
تشخيص الخطأ	error diagnostics
تشخيص العيب	fault diagnosis
تشريعات حماية البيانات	data protection legislation
تشعب	bifurcation
تشغيل	operation
تشغيل البرنامج	run
تشغيل بالخطوة الواحدة	single-step operation
تشغيل بوحدات اتصال متعددة	multiple console operation
تشغيل بيني	interworking
تشغيل دالة النقل	actuating transfer function
تشغيل دليلي للبرامج	pilot running
تشغيل سابق التعريف	predefined process
تشغيل سماعة الرأس	headset operation
تشغيل متزامن	synchronous operation
تشغيل محدود الخرج	output-limited process
تشغيل المكان المفتوح	open shop operation
تشفير	cipher, coding, encryption
التشفير بطريقة نهاية إلى نهاية	end-to-end encryption
تشفير ثنائي	binary encoding
تشفير الوصلة	link encryption
تشكيل الاشارة	signal shaping
تشكيل أمر غير معنون	addressless instruction format
تشكيل جانبي	side casting
تشكيل الجانبية	profiling
تشكيل حرفي	character framing

ت

تشكيل النبضات	pulse shaping
تشوه	distortion
تشوه التعوق	delay distortion
تشوه التكمي	quantization distortion
تشوه توافقي	harmonic distortion
تشويه عرضي	fortuitous distortion
تشوه غير خطي	nonlinearity distortion
تشوه متسع الذبذبة	amplitude distortion
تشوه المسح	aperture distortion
تشويش تيار الاظلام	dark-current noise
تشويه	mutilation
تشويه تلغرافي	telegraph distortion
تصادم	collision
تصادم الرأس	head-on collision
تصحيح أمامي للخطأ	forward error correction
تصحيح البرامج باللقطات	snapshot debug
التصحيح التالي	postedit
تصحيح تلقائي	autocorrection
تصحيح تلقائي للخطأ	automatic error correction
تصحيح الخطأ	error correction
تصحيح عكسي لأخطاء	backward error correction
تصديق نقي	clear confirmation
تصريح	declaration
تصريح خاص بأمر مركب	declarative macro instruction
تصميم	design
تصميم البرامج	program design
تصميم بمساعدة الكمبيوتر	CAD
التصميم بمساعدة الكمبيوتر	computer-aided design
تصميم تجريبي	experimental design
تصميم التحكم	control design
تصميم الدائرة	circuit design
تصميم الدوائر الرقمية	digital design
تصميم عالي المستوى	high-level design
تصميم معماري	architectural design
تصميم منطقي	logic design

تصميم النظام	system design
تصميم النظم	systems design
تصميم النموذج	form design
تصميم وظيفي	functional design
تصميمات عاملية مضروبة	factorial designs
تصنيع بحجم كبير	volume manufacturing
تصنيع بمساعدة الكمبيوتر	CAM
التصنيع بمساعدة الكمبيوتر	computer-aided manufacturing
تصنيف داخلي	internal sorting
تصنيف سطحي	facetted classification
تصنيف الكوم	heapsort
تصويب الأخطاء	bug shooting
تصوير	image
تصوير البطاقة	card image
تصوير ثنائي	binary image
تضاؤل	damping, decay
تضاعف	duplication
تضخيم	amplification
التضمين	modulation
تضمين الارسال بازاحة الطور	phase shift keying modulation
تضمين بترميز النبضة	PCM
تضمين التردد الجانبي الأثري	vestigial sideband modulation
تضمين ترددي	frequency modulation
تضمين الزاوية	angle modulation
تضمين متعدد الأطوار	multiphase modulation
تضمين السعة متعدد المستويات	multilevel amplitude modulation
تضمين السعة المربع	quadrative amplitude modulation
تضمين سعة الموجة المتغير	variable amplitude modulation
تضمين الطور	phase modulation
تضمين الطيف الانتشاري	spread-spectrum modulation
تضمين للطور ذو إسناد ثابت	fixed reference phase modulation

ت

التضمين المتوقع لشفرة النبضة	predictive PCM
التضمين المزدوج النطاق	double sideband modulation
تضمين منخفض المستوى	low-level modulation
تضمين نطاق جانبي مفرد	single sideband modulation
تطبيق	application
تطبيق إحتياطي	standby application
تطبيق تابع	slave application
تطبيق خاص بالمستعمل	user application
تطبيق سابق التخطيط	preplanned application
تطبيقات تبادلية	interactive applications
تطوير انظمة البرامج	software development
تطوير البرنامج آنياً	on-line program development
تطوير من اسفل إلى اعلى	bottom-up development
تطوير من القمة إلى القاعدة	top-down development
تعارض	discrepancy
تعاقب	alternation sequence
تعاقب الطور للخط	phase alternation by line
التعامل التخاطبي بالرسوم البيانية	interactive graphics
التعامل مع الخطأ	error handling
تعبير رياضي لحاصل ضرب مجموعات	product of sums expression
التعبير عن المتطلبات	express of requirements
التعبير عن معلومة بكناية معينة	aliasing
تعبير منطقي	logical expression
تعبير : ناتج جمع حواصل الضرب	sum of products expression
تعبير نظامي	regular expression
تعتيق	ageing
تعداد مستخدمي الهدف	target user population
تعدد البرمجة	multiprogramming
تعدد تداول تجزىء التردد	frequency division multiple access
تعدد الحدود البدائي	primitive polynomial
تعدد الخيوط	multithreading
تعدد الدقة	multiprecision
تعدد العنوان	multiaddress
تعدد المجموعة	multiset
تعدد المحطات	multistation
تعدد المحطات DLC	multistation DLC
تعدد المهمات	multitasking
تعديل	adjustment
تعديل الأمر	instruction modification
تعديل الروتين	patch, retrofit
تعديل سعة الذبذبة	amplitude modulation
تعديل الطور التفاضلي	differential phase modulation
تعديل العنوان	address modification
تعديل الموجات برمز النبضة	pulse code modulation
تعديل الموجات بزمن النبضة	pulse duration modulation
تعديل الموجات بطول النبضة	pulse amplitude modulation
تعديل الموجات الرقمية	shift keying
تعرف	recognize
تعرف ضوئي على الحروف	optical character recognition
التعرف على الأنماط	pattern recognition
التعرف على حرف الحبر المغناطيسي	magnetic-ink character recognition
التعرف على الملف	file identification
التعرف على نهاية الرسالة	end-of-message identification
تعرفة تتأثر بالحجم	volume sensitive tariff
تعريف أمر مكبر	macro definition
تعريف عشري ثنائي الترميز	binary-coded decimal notation
تعريف المشكلة	problem definition
تعريف النظام	system definition
تعريفة	tariff
تعزيز	enhancement
تعشيق	interlock
تعقيد	complexity, sophistication

ت

تعقيد الفراغ	space complexity
تعقد الوقت	time complexity
تعليق	comment
تعليق خلفي	back mounted
تعلم بمساعدة الكمبيوتر	CAL
تعليم بمساعدة الكمبيوتر	CAT
التعليم بمساعدة الكمبيوتر	computer-based learning
تعليم الحاسب	machine learning
تعليم مبرمج	programmed learning
تعليمات أولية	basic instructions
تعليمات حسابية	arithmetic instructions
تعليمات لها امتياز	privileged instructions
تغاضي عن حرف	ignore character
تغذية	feed
تغذية إطار الطباعة	form feed
تغذية أفقية	horizontal feed
تغذية أمامية	feed-forward
تغذية بالجرار	tractor feed
تغذية تواتر الأصوات	feed pitch
تغذية الخط	line feed
تغذية الصفحات	sheet feed
تغذية صناعية	acrylic feeding
تغذية عكسية صوتية	acoustic feedback
التغذية في إتجاه سفلي للوجه	face-down feed
التغذية في إتجاه علوي للوجه	face-up feed
تغذية مفاجئة	sneak feed
تغذية من الجوانب	sideways feeding
التغذية من النهاية	endwise feed
تغطية	covering
تغطية إطار الطباعة	form overlay
تغليف البيانات	data encapsulation
تغير	variance, variation
تغير فقد الادخال	variation of insertion loss
تغير متوسط في التحكم	intermediate control change
تغير مفاجيء في الفولت	voltage surge
تغيير	alteration
تفاضل عددي	numerical differentiation
تفاعل الند للند	peer interaction
تفتت خارجي	external fragmentation
تفتيت	fragmentation
تفتيت داخلي	internal fragmentation
تفتيش في الجداول	table look-up
تفريخ	spawn
تفرع	bifurcation, branching
تفرع غير مشروط	unconditional branch
تفريغ	deflation, dumping
تفريغ آلي لمحتوى الكمبيوتر	automatic hardware dump
تفريغ ثنائي	binary dump
تفريغ من التيار المتردد	AC dump
تفسخ	degradation
التفسير المجازي	tropology
تفقد	debugging
تفقد أخطاء رأس الجدول	table top debugging
تفقد آني	debug on-line
تفويت العيب	defect skipping
تفويض	authorization
تفويض بالكتابة	write authorization
تقارب	convergence
تقاطع	intersection
تقاطع خارجي	external node
التقبض المغناطيسي	magnetostriction
تَقَدُّم صنف	item advance
تقدم عملية الربط	connection in progress
تقدم للاختيار	proceed-to-select
تقدير الخطأ	error estimate
تقديرات	estimates
تقديم	presentation
تقديم الأولوية	prioritize
تقديم ايجابي	positive presentation
تقديم النظام	system forwarding

ت

تنفيذ	implementation
تنفيذ شبكات واسعة النطاق الترددي	broadband networking
تنفيذ الشبكة	network implementation
تنفيذ مشروع	project implementation
تنفيذ نداء	call establishment
تنقلية	mobility
تنقيبي	heuristic
تنقية	clearing
تنقية البيانات	data purification
تنقية الخطأ	error recovery
تنقية عالية المستوى	high-level recovery
تنقية منخفضة المستوى	low-level recovery
تنقية نداء	call clearing
تهجين	hybridization
تهديد	threat
تهذيب	trim
التهذيب عن طريق المسح	trim erase
تهميش	margination
التواصل	connectedness
توافر كامل للابدال	full availability transposition
توافق	combination, compatibility, combination of punches
توافق دائرة وسيطة	interface compatibility
توافق المعدات لبعضها	equipment compatibility
توافق وظيفي	functional compatibility
توافقيات	harmonics
توثيق	authentication, documentation
توثيق البرامج	documentation programming
توثيق نظم المعلومات	documentation systems
توجيه	control
توجيه بالقائمة	menu-driven
توجيه تدفق البيانات	data flow control
توجيه حركة المرور	traffic control
توجيه موصل البيانات	data link control
توحيد المقاييس	standardization
توريد متأخر	delayed delivery
توزيع	distribution
توزيع اوتوماتيكي للمكالمات	automatic call distribution
توزيع « بواسون »	poisson distribution
توزيع التردد	frequency distribution
توزيع جاوسي	normal distribution
توزيع الحروف	letter distribution
توزيع ذو حدين	binomial distribution
توزيع القدرة	power distribution
توزيعات الاحتمالات	probability distributions
توصيف معدات الكمبيوتر	hardware description
توصيف النظم	systems description
توصيل	junction, link
توصيل اوتوماتيكي للمكالمات الداخلية	automatic connection of internal calls
توصيل بارامتري	parameter passing
توصيل البيانات	data connection
توصيل تعاقبي اختزالي	reduction cascading
توصيل خاص للدائرة	private circuit connection
توصيل دائم	permanent connection
توصيل الكبل أسفل الأرضية	under the floor cabling
توصيل متعدد المجموعات	multiparty connection
توصيلات المجموعة	group connections
توقع	anticipation, expectation
توقف اوتوماتيكي	automatic stop
التوقف بغرض الاستعلام	hold for enquiry
توقف غير متوقع	unexpected halt
توقيت رقمي ثنائي	bit clocking
توقيف جهاز حتى لا يعمل إلا بعملية تحضيرية	disarm
توكيد	assertion
توليد الاشارات بالتحكم المركزي	centralized control signalling

ت

توليد المنتج	product generation
توليد الموجة الحاملة وتوزيعها	carrier generation and distribution
توليد النظام	sysgen, system generation
توهين	attenuation
التوهين الإجمالي الاسمي	nominal total attenuation
توهين الالياف الضوئية	optical fibre attenuation
توهين التموج	smoothing
تيار	stream
تيار الاتصال	switchstream
تيار أرقام ثنائية	bit stream
تيار أرقام ثنائية متتالي	serial bit-stream
تيار الأنود	anode current
تيار الأوامر	instruction stream
تيار البيانات	data stream
تيار تحويل الرزمة	packet switch stream
تيار فعال	active current
تيار فعلي	action current
تيار الكهروضوئية	photocurrent
تيار متردد	alternating current
تيار مستمر	direct current
تيار الهبوط	sink current
تيار هوائي	aerial current

ث

ثابت	constant
ثابت إعادة تحديد المكان	relocation constant
ثابت رمزي	figurative constant
ثاقب شريط الورق	paper tape punch
ثاقب لوحة مفاتيح الطباعة	printing keyboard perforator
ثالوث	triad
ثايرستور	thyristor
ثبوت التجزىء	module invariant
ثرمستور	thermistor
ثغرة بين مجموعات	interblock gap
ثغرة الرأس	head gap
ثغرة السماح	admittance gap
ثقابة الشقوق	slotting punch
ثقوب التغذية	feed holes
ثقب تغيير الصفحة	page change hole
ثماني	octal
ثماني ثنائي الترميز	binary-coded octal
ثنائي	binary, dual, dyadic
ثنائي الاتجاه	bi-directional
ثنائي الاستقرار	bistable
ثنائي الحالة	biconditional
ثنائي خماسي	biquinary
ثنائي القطب	bipolar
ثنائية	duality
ثوابت	constants

ج

ج

الجامع	adder
جامع عشري ثنائي الترميز	BCD adder
جامع كامل	full adder
جامع متتالي	serial adder
جامع متوازي	parallel adder
الجامع النسبي	analog adder
جاهز للاستعمال	turnkey
« جاوس » للضوضاء	gaussian noise
الجبر	algebra
الجبر الأولي	initial algebra
الجبر البولياني	Boolean algebra
جبر المجموعات	set algebra
جداول النظام	system tables
جداول « ويلكينسون »	Wilkinson tables
جدول	list, tab, table
جدول اتخاذ القرار	decision table
جدول الاستخدام الخاص بالمعاملات والملامح	traffic and feature usage table
جدول الاسعار	price schedule
جدول إضافي	additional table
جدول أعمال	agenda
جدول ترجمة	translation table
جدول تركيبي	composition table
جدول تغير أسعار الكبلات	cable price variation schedule
جدول تفتيش	look-up table
جدول توجيه الحساب	accounting control table
جدول التوريد	delivery schedule
جدول الحالة	state table
جدول الحقيقة	truth table
جدول الدالة	function table
جدول الربط بين الاجراءات	procedure linkage table
جدول الرموز	symbol table
جدول زمني للأداء	schedule of performance
جدول سنوي لتقديرات الدوائر	annual schedule of circuit estimates
جدول الشكل العام	configuration table
جدول صفحات	page table
جدول الضم	hash table
جدول العمليات	operation table
جدول قصير	short table
جدول لتحول الحالة	state transition table
جدول محتويات المجلد	volume table of contents
جدول المقطع المحلي	local segment table
جدول وضع حالة القناة	channel status table
الجدولة	tabbing
جدولة افقية	horizontal tabulation
جدولة تقاطعية	cross tabulation
جدولة رأسية	vertical tabulation
جدولة العمل	job scheduling
جذر	root
جرار خارجي التغذية	outfeed tractor
جَرْد	inventory
جرد النماذج	pattern inventory
جرس الخدمة الليلية	night service bell
جريدة العمل	job journal
جريدة المهندس	engineer's journal

ج

جزء أرضي مُرَكب	installed land section
الجزء العشري من اللوغاريتم	mantissa
جزء العلامة الثابتة	fixed-point part
جزء عنواني	address part
جزء كسري	fractional part
جزء من ألف مليون من الثانية	nanosecond
جزء من الرمز	code segment
جزء من الصف	string segment, substring
جزء من الملف	file section
جزء من وسط	media strip
جزء وحدة قياس للنسبة	module
جس التصادم	collision detection
جسيم ألفا	alpha particle
جعل عياريا	normalize
جماعة المنادي	called party
جماعة النداء	calling party
جمع	addition, assemble
جمع مدمر	destructive addition
جُمَل إلزامية	imperative statements
الجمل الخاصة بالبيانات	data statements
جمل معالجة	manipulative statements
جمل المقدمة	header statements
جملة	statement
جملة « إذهب إلى »	GOTO statement
جملة تخصيصية	assignment statement
جملة توجيه	control statement
الجملة الشرطية	if then else statement
جملة العمل	statement of work
جملة : فقط وفقط إذا	if and only if statement
جملة المتطلبات	statement of requirements
جهاز	device
جهاز اتصال	switching equipment
جهاز الاتصال بالكمبيوتر لاعادة التشكيل	reconfiguration console
جهاز اثبات الشخصية	PID
جهاز إحساس بانقطاع الشريط	tape break sensor
جهاز إحساس موضع الدوران	rotation position sensor
جهاز الاختبار	test equipment
جهاز اختبار رقمي	digital test meter
جهاز ارسال صور متطابقة رفيع التمييز	high resolution facsimile
جهاز الارسال المتطابق	facsimile apparatus
جهاز إرسال متعدد التقابل	multiplexer
جهاز ارسال و استقبال اوتوماتيكي	automatic send-receive set
جهاز الارسال والاستقبال المتطابق	facsimile transceiver
جهاز استقبال كود مجموعة مفاتيح	key-set code receiver device
جهاز استقبال موجات معدلة بسعة الذبذبة	AM receiver
جهاز استقبال موجات معدلة السعة / التردد	AM/FM receiver
جهاز اعادة تثقيب البطاقات	card reproducer
جهاز إنهاء كابل	cable terminating equipment
جهاز البدء و الايقاف	start-stop apparatus
جهاز بطيء	slow device
جهاز تثقيب أوتوماتيكي	automatic punch
جهاز تثقيب البطاقات	card punch
جهاز تثقيب تلقائي التغذية	automatic feed punch
جهاز تثقيب شرائط اوتوماتيكي	automatic tape punch
جهاز تثقيب شرائط ورقية اوتوماتيكي	automatic paper tape punch
جهاز التحكم بالقيادة	cruise control
جهاز التحكم في الاتصالات	communications controller
جهاز التحكم في خط إتصالات	communications link controller
جهاز التحكم في القنوات	channel controller

ج

جهاز تحكم محيطي للملف	file peripheral controller
جهاز تحويل	conversion equipment
جهاز التخزين	storage device
جهاز تخزين البرامج على الذاكرة المقروءة المبرمجة	PROM programmer
جهاز تداول عشوائي	random-access device
جهاز ترجمة القنوات	channel translating equipment
جهاز الترميز	coder
جهاز ترميز ـ حل ترميز	codec
جهاز الترميز ـ حل الترميز	coder-decoder
جهاز تشغيل شرائط كارتريدج	cartridge tape deck
جهاز تشغيل الشريط	tape deck
جهاز تشغيل كارتريدج	cartridge drive
جهاز التكامل الرقمي	digital integrator
جهاز تلفزيون	television receiver
جهاز تنضيد حروف تصويريا	phototypesetter
جهاز توجيه الشريط	deck
جهاز حاسب	accounting equipment
جهاز الحساب	arithmetic organ
جهاز خدمة اتصالات	communication server
جهاز الدخل	input device
جهاز الرسم الاسطواني	drum plotter
جهاز الرسم البياني التزايدي الرقمي	digital incremental plotter
جهاز سونار بيني	sonar interface
جهاز شامل لقياس الكمية	universal quantifier
جهاز طباعة أسطواني	barrel printer
جهاز طباعة الكتروني فوتوغرافي	electrophotographic printer
جهاز الطباعة بالاسطوانة	drum printer
جهاز طباعة بمصفوفة نقطية	dot matrix printer
جهاز طباعة البيانات	data printer

جهاز طباعة حرفاً بحرف	character-at-a-time printer
جهاز طباعة حساس الكترونياً	electrosensitive printer
جهاز طباعة شريطي	band printer, belt printer
جهاز طباعة كهروستاتيكي	electrostatic printer
جهاز طباعة ورسمي كهربية	electrographic printer
جهاز طرفي إشرافي	supervisory terminal
جهاز طرفي بطريقة رزم	packet mode terminal
جهاز طرفي تنفيذي	executive terminal
جهاز عرض الميكروفيلم	microfilm viewer
جهاز فائق للقراءة	swipe reader
جهاز فصل نسخ الأوراق والكربون	decollator
جهاز قراءة البطاقات	card reader
جهاز قراءة البطاقات المثقبة	punched card reader
جهاز قارىء للحروف	character reader
جهاز قياس	measuring instrument
جهاز قياس عن بعد	telemeter
جهاز قياس الكمية	quantifier
جهاز لف الشريط على بكرة	tape spooler
جهاز مبرمج قابل للمحو	erasable programmable device
جهاز متعدد التقابل لقنوات البيانات	data channel multiplexor
جهاز متعدد الطبقات	multilayer device
جهاز متعدد الوصلات	multijunctor device
جهاز محيطي	peripheral
جهاز محيطي محجوز	retained peripheral
جهاز المشترك	subscriber instrument
جهاز معامل الكلمات	word processor, WP
جهاز مفتوح المجمع	open collector device
جهاز منتخب البيانات	data selector
جهاز موجات صوتية	acoustic wave device
جودة الخدمة	quality of service
جودة الدائرة	quality of a circuit
جيب الفارز	sorter pocket

جيبي	sinusoidal
جيجا (ألف مليون)	giga
جيجا هرتز (ألف مليون هرتز)	gigahertz
الجيل الأول	first generation
الجيل الثالث	third generation
الجيل الثاني	second generation
الجيل الرابع	fourth generation
جيوديسي	geodesic

ح

ح

حادث	converse
حادثة	event, incident
حارس	sentinel
حاسب	machine
حاسب تورنج متعدد الشرائط	multitape Turing machine
حاسب رئيسي	mainframe
حاسب نوڤا	Nova
حاسبة	calculator
حاسبة نسبية	analog computer
حاسة	sense
حاشية تفسيرية	annotation
حاصل ضرب لناتج الجمع القياسي	standard product of sums
حاصل الضرب النسبي	relative product
حافة	edge
حافة دليلية	guide edge
حافة عقبية	stub edge
الحافة اللاحقة للبطاقة	card trailing edge
الحافة الموجهة للبطاقة	card leading edge
حاكم الملف ذو القطاعات	sectored file controller
الحال الضجيجي	noisy mode
حالات التنفيذ	execution states
حالة	case, status
حالة إستدعاء المستعمل	user dialling state
حالة الاستعداد	ready condition, ready state
حالة الاطلاق	launching condition
حالة إنتظار	wait state
حالة انتهاء الشريط	low tape condition
حالة تخاطب	conversation state
حالة تنفيذية	executive state
حالة التوالي	serial mode
حالة حركة	move mode
حالة الخرج مفتوح المجمع	open collector output state
حالة الرقم المتوقعة	awaiting digits state
حالة سكون	dormant state, quiesced state
حالة الشكل العام	configuration state
حالة الصدى المحلي	local-echo mode
حالة الصفر	zero condition
حالة الصلابة	solid-state
حالة طبيعية	native mode
حالة الظهور على الشاشة	screen mode
حالة العملية	process state
الحالة المتعطلة	idle state
الحالة المحلية	local mode
حالة المستعمل	user state
حالة المشرف	supervisor state
حالة مفاعلة	reactive mode
حالة النظام	system status
حالة نفاذ الورق من الطابعة	low paper condition
حامل اسطوانة ممغنطة	disk carriage
حامل البطاقات	card hopper
حامل البيانات	data carrier
حامل السماعة	switch hook

ح

حبر غير عاكس	nonreflective ink
الحبيبية	granularity
الحث	induction
الحث المغناطيسي	magnetic induction
حث هيكلي	structural induction
حجاب أنودي	anode shield
حجاب واق	shield
حجب	masking
حجز	reservations
حجز أوتوماتيكي بالتلكس عبر القارات	intercontinental telex automatic ticketing
حجز مقدما	book
حجم	volume
الحجم الأقصى	peak volume
حجم التمزق	torn-out size
حجم حركة المرور	traffic volume
حد	boundary
الحد الادنى لمستوى الاشارة	minimum signal level
الحد الاصغر	minterm
الحد الأكبر	maxterm
حد التغليف الكروي	sphere-packing bound
حد ثقوب التسنين	sprocket hole margin
حد حاصل الضرب	product term
حد حاصل الضرب القياسي	standard product term
حد الحماية	boundary protection
حد الخطأ	error bound
الحد السفلي	lower bound
حد الضوضاء	noise margin
حد العجلة المسننة	sprocket margin
الحد العلوي	upper bound
حد المجموع	sum term
الحد المحيطي	peripheral bound
حد ناتج الجمع القياسي	standard sum term
حدّ « هامينج »	Hamming bound
حدة بصرية	visual acuity
حدث دوري	regular event
حدث ذو دلالة	flag event
حدث لاحق	successor event
حدود الاسطوانة	drum bound
حدود الترميز	coding bounds
حدود المعالج	processor bound
حدود النظام	system boundary
حديث تداخلي	crosstalk
حديث تداخلي غير مفهوم	unintelligible crosstalk
حديث تداخلي محتمل	possible crosstalk
حديث تداخلي مفهوم	intelligible crosstalk
حديث تداخلي من الارسال إلى الاستقبال	transmit-to-receive crosstalk
حذف	delete
حذف	deletion, elimination
حذف الصفر الأمامي	leading zero suppression
حراري ذكي	intelligent thermal
حراسة الذاكرة	memory guard
حرر	edit
حرف	character, letter
حرف الاختبار الطولي	longitudinal check character
حرف إزاحة	shift character
الحرف الأكثر وزناً	most significant character
حرف بياني	graphic character
حرف التحكم في الجهاز	device control character
حرف التوجيه	control character
حرف ثنائي الترميز	binary coded character
حرف جدولة رأسية	vertical tabulation character
حرف خاص	special character
حرف صغير	small letter
حرف الصفر	null character
حرف عاطل	idle character
حرف غير مسموح به	illegal character
حرف فاصل خال	separating blank character
حرف الفراغ	space character
حرف في الثانية	CPS
حرف للتحكم في تغيير شكل حروف الطباعة	fount-change character

ح

حرف لغرض خاص	special purpose character
حرف له تعريف ديناميكي	dynamically redefinable character
الحرف المالىء	fill character
حرف المراجعة	check character
الحرف المسؤول عن تحريك إطار الطباعة	form feed character
حرف الهروب	escape character
حرفي	literal
حرفي عددي	numerical literal
حرق	burn
حركة سير البيانات	data traffic
حركة الشريط	tape motion
حركة مرور	traffic
حركة مرور الارسال المعلوماتي	videotex traffic
حركة مرور انفجاري	bursty traffic
حركة مرور التلكس	telex traffic
حركة المرور الزائدة	spill-over traffic
حركة مرور ساعة الانشغال	busy hour traffic
حركة المرور الصادر	originating traffic
حركة مرور الصوت	voice traffic
حركة مرور العرض المرئي	video traffic
حركة مرور الكلام	speech traffic
حركة مرور لحظي	instantaneous traffic
حركة مرور متعددة التقابل	multiplexed traffic
حركة مرور معروضة	offered traffic
حركة مرور منتهية	terminating traffic
حركة مشتركة	synergy
حروف تخطيطية	graphics characters
حروف توجيه الرموز	code-directing characters
حروف ثانوية	secondary characters
الحروف المرفوعة	raised letters
حرية تداول المعلومات	freedom of information
حزام معاون	auxiliary hopper
حزة	spline

حزمة	pack
حزمة اعادة النداء	call repeat packet
حزمة الكترونية	electron beam
حزمة برامج	package
حزمة برامج تستخدم العلامة المتحركة	floating-point package
حزمة توصيل	conducive pencil
حزمة طلب تنقية	clear request packet
حزمة مزدوجة على خط مستقيم	dual in-line package
حزمة مسح	scanning beam
حزمة من انظمة البرامج	software package
حزمة موجية بتردد سمعي	audio frequency waveband
حزمة نداء مقبول	call accepted packet
حزمة نداءات متصلة	call connected packet
الحساب باستخدام الكلمة مزدوجة الطول	double-length arithmetic
الحساب بطريقة العلامة المتحركة	floating-point arithmetic
الحساب بالطول الثابت	fixed-length arithmetic
الحساب بالعلامة الثابتة	fixed-point arithmetic
حساب البقية	residue arithmetic
حساب التباديل والتوافيق	combinatorics
حساب التفاضل والتكامل البولياني	Boolean calculus
حساب التكامل والتفاضل الافتراضي	propositional calculus
حساب التكامل والتفاضل المؤكد	predicate calculus
الحساب الثنائي بطريقة العلامة المتحركة	floating-point binary
حساب ذات طول محدود	finite-length arithmetic
الحساب الشخصي	personal computing
الحساب العشري بعلامة طليقة	floating-decimal arithmetic
حساب متتالي	serial arithmetic

ح

حساب متزايد	tally up
حساب متعدد الدقة	multi-precision arithmetic
حساب متوازي	parallel arithmetic
الحساب مزدوج الدقة	double-precision arithmetic
حساب المسافات النسبية	proportional spacing
الحسابات	accounts
حسابات النظام	system accounting
حساس للالكترونات	electrosensitive
حسب	count
حشوة	padding, wad
حشوة التفجير	burster
حشو بأرقام ثنائية	bit stuffing
حصان « تروجان »	Trojan horse
حصة	allocation
حصة غير سابقة التفريغ	nonpre-emptive allocation
حصة فرعية	sublot
حصة المخزن الرئيسي	main store quota
حصة معدل المحاسبة	accounting rate quota
حصر	blocking
حصل	acquire
حضيرة نداء	call park
حفظ	archiving
حفظ منفصل للملفات	archival storage
حق تداول المعلومات	access right
حقل	field
حقل أساسي	base field
حقل بالبطاقة	card field
حقل تحكم غير مشروط	unconditional control field
حقل التحويل	extension field
حقل التوجيه	control field
حقل ثابت	fixed field
حقل خالي	free field
حقول رئيسية مزدوجة	duplicate keys
حقل العنوان	address field
حقل العنوان المقصود	destination address field
حقل عنوان المنشأ	source address field
حقل في صفحة البيانات	data sheet field
حقل متغاير	variant field
حقل محدود	finite field
حقل يحتوي على اشارة (+ أو −)	signed field
حَقْن	injection
حقيبة	bag
حقيقي	physical
حل الازدحام	contention resolution
حل تخطيطي	graphic solution
حل التصادم	collision resolution
حل قياسي	algorithm
حل قياسي إقليدي	Euclid's algorithm
الحل القياسي بإستخدام المسار الأقصر	shortest-path algorithm
حل قياسي بالرصيصة	stack algorithm
حل قياسي تعاقبي	sequential algorithm
حل قياسي ذو سطر مستتر	hidden-line algorithm
حل قياسي فعَّال	effective algorithm
حل قياسي للتحري التتابعي	sequential search algorithm
حل قياس للتحري والاضافة	search and insertion algorithm
حل قياسي للتقصي الثنائي	binary search algorithm
حل قياسي للتقصي اللوغاريتمي	logarithmic search algorithm
حل قياسي لتنظيم المواعيد	scheduling algorithm
الحل القياسي لـ « شتراسن »	Strassen algorithm
الحل القياسي للضم	hashing algorithm
حل قياسي للفرز المستقر	stable sorting algorithm
حل قياسي متعدد الحدود	polynomially bounded algorithm
حل قياسي متوازي	parallel algorithm
حل قياسي محدود أسياً	exponentially bounded algorithm
حل قياسي مستخلص من الجداول	table-driven algorithm

ح

حل اللف	unwind
حلال المعادلات	equation solver
حلقة	loop, ring
حلقة الأمان	safety ring
حلقة إنتظار	waiting loop
حلقة تبادلية	commutative ring
حلقة التداول المغير	raid-access loop
حلقة التمكين الكتابية	write enable ring
حلقة ثابتة	zero-trip loop
حلقة حماية الملفات	file protection ring
حلقة ذاتية إعادة الضبط	self-resetting loop
حلقة شريط الورق	paper tape loop
حلقة العلامة	token ring
حلقة العميل	customer's loop
حلقة غير متغيرة	loop invariant
حلقة « في أثناء »	while loop
حلقة الكبل	cable loop
حلقة الكتابة	write ring
حلقة المراجعة	check loop
حلقة من الأوامر	for loop
حلقة موضعية	local loop
حلول قياسية عشوائية	random algorithms
حماية الذاكرة	memory protection
حماية عملية الجلب	fetch protect
حماية المخزون	storage protection
حماية معمارية	architectural protection
حماية الملف	file protection
حماية من العلامة النجمية	asterisk protection
حمل	carry
الحمل الأقصى	peak load
الحمل التلقائي	autoload
حمل نشط	active load
حَمِّل وإذهب	load and go
حَمِّل وخزِّن	load and store
حواجز من نوع تبادلي	interchangeable type bars
حوامل	racks
حوض شرائح رقيقة	chip tray
حي	alive
الحيد المتوسط	mean deviation

خ

خارج الدار	out of house
خارج القسمة	quotient
خاصية البادئة	prefix property
خاصية توجيه مباشر	direct control feature
خاصية متقدمة	advanced feature
خاصية النقل	transfer characteristic
الخامس	quintet
خدمة الاتصالات البحرية	maritime communications service
خدمة الاستدعاء المختزل	abbreviated dialling service
خدمة أوتوماتيكية	automatic service
خدمة البيانات بالرزم المحولة	packet switched data service
خدمة التحويل بالحزم الكهربية الدولي	international packet switching service
خدمة تحويل الرسائل التلغرافية المؤجرة دولياً	international leased telegraph message switching service
خدمة تساهمية	shared service
خدمة خط إتصالات	communications line service
خدمة الطبق الصغير	small dish service
خدمة لاعادة الاطلاق	servicing for relaunch
خدمة ليلية	night service
خدمة ليلية لاجابة المكالمات	dial answer night service
خدمة ليلية ممتدة خصيصاً	designated extension night service
خدمة المعلومات المسجلة	recorded information service
خدمة نداء إفتراضية	virtual call service
خدمة نقل المعلومات العمومية	public data transmission service
خرج	output
خرج ذو ثلاثة حالات	tri-state output
خرج كمبيوتر مصور على ميكروفيش	COM
خرج محلي	local output
خرج مصفوفة	matrix output
خرزة	bead
خرزة فريت	ferrite bead
خروج	checkout
خريطة	map
خريطة تدفقية لأوامر مكبرة	macro flowchart
خريطة الذاكرة	memory map
خريطة « كارنوف »	Karnaugh map
خريطة منطقية	flowchart
خزانة بكرة الشريط	tape reel cabinet
خزانة المعدات	equipment cabinet
خزن ثانية	restore
خزن وتقدم	store and forward
خزن فيلمية	film magazine
خصائص المستعمل	user characteristics
خصص	allocate, assign
خضوع	yield
خط اتصال	communication link
خط البصر	line of sight
خط بيني رقمي	digital line interface
خط تأخير زئبقي	mercury delay line

خ

خط تأخير صوتي	acoustic delay line, sonic delay line
خط تأخير صوتي ذو تقبض مغناطيسي	magnetostrictive acoustic delay line
خط تأخير في الحالة الطولية	longitudinal-mode delay line
خط تأخير من الكوارتز	quartz delay line
خط تأخير من النيكل	nickel delay line
خط التدفق	flowline
خط تعويق	delay line
خط تعويق موجات نسبية	analog delay line
خط التوجيه	control line
خط توصيل	tie line
خط خارج المنطقة	out-of-area line
خط خاص	private line
خط رئيسي	trunk, trunk line
خط رئيسي أحادي الاتجاه	uni-directional trunk
خط رئيسي رقمي بالاتجاهين	both-way trunk digital
خط رئيسي مباشر	direct-in trunk
خط الرمز	code line
خط عامل	upline
خط غير سمعي	nonaudio line
خط في الثانية	LPM
خط الكلام	speech line
خط متعدد النقاط	multipoint line
خط متعدد الهبوط	multidrop line
خط المشترك	subscriber line, subscriber's line
خط المنتصف للطبع الأمثل	ideal print centre line
خط موصل بين نقطتين	point-to-point line
خط نازل	downline
خط نقل	transmission line
خطأ أحادي البت	single bit error
خطأ أداة فك الترميز	decoder error
خطأ الانحراف	drift error
خطأ انفجار	burst error
خطأ التردد	frequency error
خطأ الترميز	miscoding
خطأ التكمي	quantization error
خطأ خاص بالحاسب	machine error
خطأ دائم	permanent error
خطأ ديناميكي	dynamic error
خطأ رقم ثنائي	bit error
خطأ رقمي	digital error
خطأ عند الابدال	transposition error
خطأ عند القطع	truncation error
خطأ غير مقصود	graunch
خطأ غير مكتشف	undetected error
خطأ الفصل	discretization error
خطأ في برنامج	bug error
خطأ في الترقيم	misnumber
خطأ في التقريب	rounding error
خطأ في التقريب للأقل	roundoff error
خطأ في العد	miscount
خطأ في القراءة	read error
خطأ في نقل حرف مطبعي	transcription error
خطأ في وضع الاستقرار	steady state error
خطأ قياسي	standard error
خطأ كاذب	false error
خطأ كتابي	write error
خطأ لا يمكن التخلص منه	irrecoverable error
خطأ لفظي	semantic error
خطأ لين	soft error
خطأ مؤقت	transient error
خطأ مبهم	ambiguity error
خطأ متزن	balanced error
خطأ المحاذاة	misalignment
خطأ المركبة	component error
خط مستثنى	exception line
خطأ مطلق	absolute error
خطأ مكتشف	detected error

د

دائرة ذات نطاق ترددي عريض	wideband circuit
دائرة رئيسية	trunk circuit
دائرة رقمية	digital circuit
دائرة رقمية مؤجرة	digital leased circuit
دائرة سريعة التحويل	fast circuit switching circuit
دائرة سمعية	audio circuit
دائرة « شوتكي » المنطقية باستخدام الترانزيستور/الترانزيستور	Schottky TTL
دائرة صمامية	gate
دائرة صمامية S	S-gate
دائرة صمامية إتحادية	union gate
دائرة صمامية ثلاثية الانتقاء	ternary selector gate
دائرة صمامية ثلاثية المشرف	ternary threshold gate
دائرة صمامية على شكل T	T-gate
دائرة صمامية غير مكافئة	not-equivalence gate
دائرة صمامية للجمع المنطقي (أو)	inclusive-OR gate
دائرة صمامية للجمع المنفرد المنطقي	exclusive-OR gate
دائرة صمامية للضرب المنطقي	AND gate
دائرة صمامية للفروق المتماثلة	symmetric difference gate
دائرة صمامية للموجات النسبية	analog gate
دائرة صمامية لنفي الجمع المنفرد المنطقي	exclusive-NOR gate
دائرة صمامية لنفي الضرب المنطقي	NAND gate
دائرة صمامية لنفي عملية الجمع المنطقي	NOR gate
دائرة صمامية من السليكون	silicon-gate
دائرة صمامية منطقية	logic gate
دائرة صوتية	speech circuit, voice circuit
دائرة الضرب الرقمي	digital multiplier
دائرة طولية	long circuit
دائرة غير رنانة	antiresonant circuit
دائرة غير قناصة	antihunting circuit
دائرة غير متطابقة	anticoincidence circuit
دائرة قارية	continental circuit
دائرة القسمة الرقمية	digital divider
دائرة قفل	latch
دائرة قومية	national circuit
دائرة لا تزامنية	asynchronous circuit
دائرة لا دورية	aperiodic circuit
دائرة لتشكيل الموجات	shaping circuit
دائرة للموجات النسبية	analog circuit
دائرة مؤجرة خصوصية	private leased circuit
دائرة مؤجرة دولياً	international leased circuit
دائرة موالفة	tuned circuit
دائرة متأرجحة	seesaw circuit
دائرة متزامنة	synchronous circuit
دائرة متصلة رقمياً	digital switched circuit
دائرة متكاملة	integrated circuit
دائرة متكاملة أحادية البناء	monolithic integrated circuit
دائرة متكاملة ثنائية القطب	bipolar integrated circuit
دائرة متكاملة مكوناتها من أشباه موصلات الاكاسيد المعدنية	MOS integrated circuit
دائرة متكاملة هجينية	hybrid integrated circuit
دائرة محفوظات	archive
دائرة محلية	local circuit
دائرة مصغرة	miniaturized circuit
دائرة منطقية	logic circuit
دائرة منطقية مرتبطة الباعث	emitter-coupled logic
دائرة موسيقية	music circuit
دائرة الموصل	junctor circuit
دائرة نبيطة بينية بمدار توزيع	bus interface circuit
دائرة نقل ثنائية التماثل	binary symmetric channel
الدائرة النهائية للسنترال	exchange terminal circuit

دائرة وسيطة ذات طبقة بينية	inter-layer interface
دائرة وسيطة متوازية	parallel interface
دائرة وهمية	phantom circuit
دايود	diode
دايود باعث للضوء	light-emitting diode, LED
دايود ضوئي	photodiode
دايود يتأثر بالأشعة دون الحمراء	infra-red LED
دَخْل	input
دخل الاستجابة	trigger
دخل تحكم	control input
دَخْل/خَرْج	input/output, I/O
دخل/خرج الاعاقة	interrupt I/O
دخل/خرج بمخزن وسيط	buffered input/output
دخل ـ خرج العملية	operation input/output
دخل/خرج متتالي	serial input/output
دخل/خرج متوازي	parallel input/output
دخل مؤكد	input assertion
دخل مبهم خرج مبهم	garbage in garbage out, GIGO
دخل متتالي/خرج متتالي	serial in serial out
دخل متتالي خرج متوازي	serial in parallel out
دخل متوازي خرج متسلسل	parallel in serial out
دخل متوازي خرج متوازي	parallel in parallel out
دخيل	exotic
دراسة الجدوى	feasibility study
دراسة الطريقة	method study
درجة	degree, rank
الدرجة الخارجية	outdegree
درجة الخدمة	grade of service
درجة الصفر المطلق	absolute zero
درجة عالية	high order
دفتر تخطيطي	sketchpad
دفتر الترميز	codebook
دفتر التوثيق	documentation book
دفتر الفراغ	space pad
دفتر اليومية	journal
دفعة	batch
دفعة للارسال	transmittal batch
دفن	burying
دق	thrashing
دقة	accuracy, precision
دقة أحادية	single precision
دقة أداء عالية	high fidelity
دقة ثلاثية	triple precision
دقة متعددة	multiple precision
دقق	audit
دقيق جدا	micro
دلالات لفظية بديهية	axiomatic semantics
دلالات لفظية تحويلية	transformational semantics
دلالة بيانات	data mark
دلفين ضغط	pressure roller
دلو بيانات	bucket
دليل	dictionary, directory, index
دليل إجمالي	gross index
دليل استرشادي	prompt
دليل ثانوي	secondary index
دليل الجملة	statement label
دليل دقيق	fine index
دليل الشاشة	cursor
دليل شاشة شبحي	ghost cursor
دليل الشريط	tape guide
دليل مؤخرة	tail
دليل متزامن	synchronizing pilot
دليل المجموعة	group indication
دليل الملفات	file directory
دليل الموجات الضوئي	optical waveguide
دليل موجي	waveguide
دليل نظام الاستدعاء المختزل	abbreviated dialling system directory
الدمج	compactness, merge
دموج البيانات	data compaction
دن ـ نظام التوحيد القياسي الألماني	DIN

د

دوائر تبادل	interchange circuits
دوائر التحكم	control circuitry
الدوائر بمعدات الكمبيوتر	hardware circuitry
دوائر مؤجرة	leased circuits
دوائر متحولة	switched circuits
دوائر منطق تستخدم عناصر الترانزيستور	transistor-transistor logic
دوائر منطق متصلة بالأسلاك	wired logic
دوائر منطقية بصمامات ثنائية وترانزستور	diode-transistor logic
دوائر منطقية تستخدم المقاوم ـ الترانزيستور	resistor-transistor logic
دوائر منطقية مجهزة بالترانزيستور مدموجة	merged transistor logic
دواة المصباح	lampholder
دوال التقاء الأعمدة	orthonormal functions
دوال ذات مستوى تحكم عال	high-level control functions
دوال عمودية	orthogonal functions
دوال الموصل	junctor functions
دوال « والش »	Walsh functions
دوران	revolution
دوران هارب	runaway slewing
دوران الورق	paper slew
دورة	cycle, revolution
دورة الاحتجاز	retention period
دورة الأمر	instruction cycle
دورة أويلر	Euler cycle
دورة التحري	search cycle
دورة تحضيرية	preparatory period
دورة التحكم	control cycle
دورة التحكم العظمى	major control cycle
دورة التشغيل	duty cycle
دورة الجلب التنفيذية	fetch-executive cycle
دورة الحاسب	machine cycle
دورة الحياة	life-cycle
دورة حياة أنظمة البرامج	software life-cycle
دورة حياة النظام	system life cycle
دورة الخط	line period
دورة الذاكرة	memory cycle
دورة ساعية	clock cycle
دورة العملية	operation cycle
دورة القراءة وإعادة التخزين	read and restore cycle
دورة وحدة اتصال طرفية	terminal session
دورة الوصل على التوالي	line-up period
دوس ـ نظام تشغيل للميكروكمبيوتر	DOS
دول المسار الأقل	minor route countries
دول المسار الرئيسي	major route countries
دَوَّن	inscribe
ديسيبيل	decibel
ديناميكي	dynamic

ذ

ذات حل قياسي	algorithmic
ذاتي الازدواج	self-dual
ذاتي التعريف	self-defining
ذاتي التكيف	self-adapting
ذاتي النية	self-extending
ذاتية الأوجه	automorphism
ذاكرة	memory
ذاكرة إسترجاعية	regenerative memory
ذاكرة إفتراضية	virtual memory
ذاكرة بمنفذ مزدوج	dual port memory
ذاكرة تحكم	control memory
ذاكرة تداول عشوائية	random-access memory
ذاكرة ترافقية	associative memory
ذاكرة تراكمية بالدفع لأسفل	pushdown stack
ذاكرة تراكمية بالدفع لأعلى	pushup stack
ذاكرة تساهمية	shared memory
ذاكرة تسمح بالقراءة فقط	read-only memory
ذاكرة تسمح بالقراءة/الكتابة	read-write memory
ذاكرة ثانوية	secondary memory
ذاكرة ثنائية البعد	two-dimensional memory
الذاكرة الحاجبة	cache memory
ذاكرة ديناميكية	dynamic memory
ذاكرة ذات رسم بياني كامل	holographic memory
ذاكرة ذات طبقة رقيقة	thin-film memory
الذاكرة الرئيسية	core memory
الذاكرة الرئيسية	core store
ذاكرة رئيسية	main memory
الذاكرة الرئيسية	primary memory
ذاكرة صوتية	acoustic memory
ذاكرة عالية التوصيل	superconducting memory
ذاكرة عمودية	orthogonal memory
ذاكرة غير مستقرة	volatile memory
ذاكرة فقاعية	bubble memory
ذاكرة فقاعية مغناطيسية	magnetic bubble memory
ذاكرة للتعامل العشوائي	RAM
ذاكرة للقراءة فقط	ROM
ذاكرة متعددة المستويات	multilevel memory
ذاكرة مستقرة	nonvolative memory
ذاكرة مصنوعة من المادة الصلبة	solid-state memory
ذاكرة معاونة	auxiliary memory
ذاكرة معنونة خطيا	linearly addressed memory
ذاكرة معنونة المحتوى	content-addressable memory
ذاكرة مغناطيسية	magnetic memory
ذاكرة مقروءة قابلة للبرمجة	programmable read only memory
ذاكرة من أشباه الموصلات	semiconductor memory
ذاكرة من مستويين	two-level memory
ذراع	arm
ذراع ضبط آلية الكتابة والقراءة	access arm
ذراع الفرز	sorting rod

ذرة	atom
ذروة الخطأ	error peak
ذروة فلتيات النبضة	pulse height
الذرية	atomicity
الذكاء الاصطناعي	artificial intelligence
ذكاء الحاسب	machine intelligence
الذكاء الصناعية	AI
ذكاء مقسم	distributed intelligence
ذكاء موزع	dispersed intelligence
ذو رقمين ثنائيين	dibit
ذيل الطباعة	footprint
ذيل مدرع	armoured tail

ذ

ر

رابط	connective
رابط تليفوني	telephone coupler
رابطة غير انعكاسية	irreflexive relation
رادار	radar
رأس	head, vertex
رأس الاستجابة	response header
رأس تسجيل مغناطيسية	magnetic recording head
رأس ثابت	fixed head
رأس ذات ثغرتين	two-gap head
رأس الطبع	print head
رأس القائمة	list head
رأس القراءة	read head
رأس القراءة/الكتابة	read-write head
رأس القطع	cut vertex
رأس الكتابة	write head
رأس متجاورة	adjacent vertex
رأس المحو	erase head
رأس المصباح	lamp cap
رأس مغناطيسية	magnetic head
راسم بياني تزايدي	incremental plotter
راسم مسطح	flatbed plotter
راسمة بمتغيرين س ، ص	xy plotter
راص البطاقات	card stacker
رافد	confluent
رافعة استشعار البطاقة	card sensor lever
رافعة عكس الشريط	ribbon reverse lever
رباعي	quad
ربط	attach
ربط	connection
الربط بين ترانك وترانك	trunk-to-trunk connection
الربط بين الشبكات	inter-networking
رتّب	collate, marshal
رتب التعقيد	complexity classes
رتبة	rank
رتبة الطابعة عن بعد	teletype grade
رجوع إلى جو الأرض	atmospheric re-entry
رجوع الناقل	carriage return
رحوية	capstan
رخوي	squid
رزمة	packet
رزمة بيانات المستعمل	user data packet
رسالة	message
رسالة إستعلام واستجابة	handshake message
رسالة الاشارة	signal message
رسالة الخطأ	error message
رسالة صوتية	voicegram
رسالة عنوانية	address message
رسالة من وحدة واحدة	one-unit message
رسم	plot
رسم إيضاحي وظيفي	functional diagram
رسم بياني	graph
رسم بياني سهمي	arrow diagram
رسم بياني عديم الأهمية	trivial graph
رسم بياني غير متصل	disconnected graph

رسم بياني فرعي	subgraph
رسم بياني لتحول الحالة	state transition diagram
رسم بياني للتوقيت	timing diagram
رسم بياني للحالة	state diagram
رسم بياني للمجموعة	group graph
رسم بياني مشطور	bipartite graph
رسم بياني منطقي	logic diagram
رسم تحليلي للدخل/للخرج	I/O mapping
رسم تخطيطي فرعي مناسب	proper subgraph
رسم تخطيطي للمراحل	block diagram
رسم لشكل جدول تخطيطي	planar graph
الرسوم البيانية بالكمبيوتر	computer graphics
رسوم بيانية رفيعة التمييز	high resolution graphics
رسوم التحصيل	toll charge
رسومات	graphics
رص البيانات في حلقة دائرية	round robin
رصيصة	stack
رصيصة التحكم	control stack
رصيف قاري	continental shelf
رطوبة	humidity
رف جدولي	tab rack
رفع الأيدي عن	hands off
رفع للأس	exponentiation
رقابة	control
رقابة سريان العمل	job flow control
رقاقة	wafer
رقم اثبات الشخصية	PIN
رقم اثنى عشري	duodecimal number
رقم الأساس	base number
الرقم الأكثر وزناً	most significant digit
رقم التحويل	extension number
رقم ثنائي	binary digit, bit
رقم ثنائي الترميز	binary-coded digit
رقم ثنائي التصحيح	correct bit
رقم ثنائي توقع الخطأ	erroneous bit
الرقم الثنائي الخاص بالمراجعة	check bit
الرقم الثنائي الدال على امتياز	privilege bit
الرقم الثنائي للتماثل	parity bit
رقم ثنائي لكل ثانية	bits per second
رقم ثنائي منخفض الدرجة	low order bit
رقم الجملة	statement number
رقم الجيل	generation number
الرقم الخاص بالاشارة	sign digit
الرقم الدال على فراغ	gap digit
رقم دليلي	pilot number
رقم دولي	international number
رقم ذو علامة متحركة	floating-point number
رقم الشرط	condition number
رقم شريط التركيب	installation tape number
رقم شق	slot number
رقم صفحة البداية	beginning page number
الرقم الضابط	justifying digit
رقم عشري	decimal numeral
رقم عشري طبيعي ثنائي الترميز	natural binary-coded decimal
رقم عشري منضغط	packed decimal
رقم القناة	channel number
رقم قومي ذو أهمية	national significant number
رقم متعدد الأطوال	multilength number
رقم متعدد الحدود	polynomial number
رقم محلي	local number
رقم مختزل	abbreviated number
رقم مرجعي للعميل	customer reference number
رقم مزدوج الطول	double-length number
الرقم المنطقي لقادوس البيانات	logical bucket number
رقم مولد	generating number
رقم النسخة المعدلة	version number
رقمي	digital

ر

رقيقة سند	support chip
ركب	assemble
رمز	character, code
رمز اتجاه النداء	call direction code
رمز إختبار التماثل	parity-check code
رمز أساس	base code
رمز التفاف	convolutional code
رمز ألف بائي	alphabetic code
رمز ألف بائي رقمي	alphanumeric code
رمز اهمال الكتلة	block ignore character
رمز البدء	start code, start symbol
رمز البرنامج	application code
رمز برنامج المصدر	source code
رمز بريدي	zip code
رمز بطاقة	card code
رمز التحكم في الارسال	transmission control code
رمز تداول المعلومات	access code
رمز الترتيب	order code
رمز التعرف على البرنامج	program identification code
رمز تلقائي	autocode code
رمز توثيق	authentication code
رمز التوقف	stop code
رمز ثنائي	binary code
رمز ثنائي خماسي	biquinary code
رمز الجملة	sentence symbol
رمز الحرف	character code
رمز حقيقي	actual code
الرمز الخارجي	outer code
رمز ذاتي المراجعة	self-checking code
رمز رقمياً	digitize
رمز سفلي دليلي	subscript
رمز سلسلي	chain code
رمز الشرط	condition code
رمز طرفي	terminal symbol
رمز عددي	numerical code
رمز عدم التكافؤ الزوجي	paired-disparity code
رمز علوي	superscript
رمز عملية	op-code
رمز العملية	operation code
رمز غير معتمد على الموضع	position-independent code
رمز فاصل	pad character
رمز فراغ	blank character
رمز قابل للتحليل إلى عوامل	factorable code
رمز قضيبي	bar code
رمز الكتلة	block code
رمز لحالتين	two-condition code
رمز متصل تعاقبياً	concatenated code
رمز المراجعة	check symbol
رمز : مسافة للخلف	backspace character
رمز المستعمل	usercode
رمز موجز	mnemonic code
رمز موزون	weighted code
رمز نقطة انكسار	breakpoint symbol
رمز يقبل إعادة تحديد المكان	relocatable code
رموز ١١	code 11
رموز ١٢	code 12
رموز إضافية	additional characters
رموز التحويل	extension codes
رموز تزامنية	sync bytes
رموز التكرار	repetition codes
رموز تلغرافية	telegraph codes
رموز الخريطة المنطقية	flowchart symbols
رموز سليمة	perfect codes
رموز متعددة الحدود	polynomial codes
رموز مغناطيسية خاصة بالسلع التجارية	bar coded document
الرموز المفردة	simplex codes
رموز منطقية	logic symbols
رموز نكبية	catastrophic code
رموز « هامينج »	Hamming codes
رنين	ringing
رنين انشغال	busy tone
رنين مميز	distinctive ringing

رنين النغمة	tone ringing
روبوت	robot
الروبوتيات	robotics
روتين الازالة الأولى	first remove routine
الروتين الانتقائي للتتبع	selective trace routine
روتين التجميع	assembly routine
روتين التخصيص	allocation routine
روتين التشخيص	postmortem routine
روتين تشخيصي	diagnostic routine
روتين خاص بالجدولة الرئيسية	master scheduling routine
روتين خاص بالفرز	sorting routine
روتين الخطأ	error routine
روتين فرعي	subroutine
روتين فرعي تكراري	recursive subroutine
روتين فرعي قياسي	standard subroutine
روتين فرعي مفتوح	open subroutine
روتين كامل	complete routine
روتين للتكثيف	condensing routine
روتين للمراقبة	monitor routine
روتين نهاية تسيير البرنامج	end of run routine
روتين نهاية الشريط	end-of-tape routine
روتين نهاية الملف	end-of-file routine
روتيني	routine

ر

ز

زائد خمسين	excess fifty
زائف	spurious
زاوية التدفق	angle of flow
زاوية القبول	acceptance angle
زحزحة	shift
زحزحة للخارج	shift out
زحزحة للداخل	shift in
زر البدء	initiate button
زر التحكم	control button
زر ضاغط	pushbutton
زمن	time
زمن الاجابة	answering time
زمن الادخال	entry time
زمن الاستجابة	response time
زمن استخدام الحاسب	machine time usage
زمن الاسترداد المعكوس	reverse recovery time
زمن الاصلاح	repair time
زمن إطلاق النداء	call release time
زمن الاعداد للدورة التالية	turnaround time
زمن الانتظار	wait time
زمن الايقاف	hold time
زمن البحث	seek time
زمن البدء	start time
زمن التباطؤ	deceleration time
زمن التجميع	assembly time
زمن تداول المعلومات	access time
زمن ترتيب نداء	call set-up time
زمن التركيب	installation time
زمن التسخين تأهباً للتشغيل	warm-up time
زمن التسيير	run time
زمن التصليح المتوقع	awaiting repair time
زمن التضاؤل	decay time
زمن التعجيل	acceleration time
زمن التعويق	delay time
زمن التنفيذ	execution time
زمن الجمع	add time
زمن الجمع أو الطرح	add-subtract time
زمن حجز الخط للمكالمة	holding time
زمن الحدوث	incidentals time
زمن الدورة	cycle time
زمن الصعود	rise time
الزمن العامل	uptime
زمن عملية الضرب	multiplication time
زمن العيب	fault time
زمن الفتح	aperture time
زمن ـ فراغ	space-time
الزمن الفعال	effective time
زمن قابل للحساب	accountable time
زمن القراءة	read time
زمن الكتابة	write time
زمن كمي	time quantum
الزمن اللازم لاستقرار الاعداد	settling time, set-up time
الزمن المتاح	available time
زمن متاح بالكمبيوتر	available machine time
زمن متعدد الحدود	polynomial time

زمن محدد للعمل الهندسي scheduled engineering time
زمن المعالج processor time
زوال التمغنط الادياباتي adiabatic demagnetization
زوج ثنائي binary pair
زوج مرتب ordered pair
زيادة increment
زيغ aberration

ز

س

سابق الاستئذان	pre-billing
ساعات وقتية	clock hours
ساعة	clock
ساعة الانشغال	busy hour
ساعة توقيت	timer clock
ساعة توقيت داخلية	internal timer
ساعة توقيت فواصل زمنية	interval timer
ساعة رقمية	digital clock
ساعة الزمن النسبي	relative-time clock
ساعة كمية	quantum clock
ساعة لتحديد وقت اليوم	time-of-day clock
ساعة المرسل	transmitter clock
ساعة المستقبل	receiver clock
ساعة الوقت الحقيقي	real-time clock
ساكن	quiesce
السبرنطيقا	cybernetics
السبق الزمني لاعادة التزود	replenishment lead time
سبيل لجهاز معاون	auxiliary equipment access
ستة	hex
سجل	book, record, register
سجل إزاحة	shift register
سجل أساس	base register
سجل أساس جدول المقطع المحلي	local segment table base register
سجل الأمر الحالي	current instruction register
سجل الأوامر	instruction register
سجل بحجم تراكمي	accumulator size register
سجل بي	B-register, B-store
سجل بيانات	data record
سجل بيانات بالذاكرة	memory data register
سجل التحديث	update log
سجل التحكم في تداول المعلومات	access control register
سجل التحكم في التعاقب	sequence control register
سجل تحويل	change record
سجل تراكمي عداء	running accumulator
سجل تعديل	amendment record
سجل التغذية العكسية	feedback register
سجل تفصيلي	detail record
سجل تمييز البرنامج	program status register
سجل توصيف	descriptor register
سجل الحالة	status register
سجل حد الأساس	base-bound register
سجل حد مرجع الاسناد	datum-limit register
سجل الحذف	deletion record
سجل حسابي	arithmetic register
سجل خط التعويق	delay line register
سجل دائم الدوران	circulating register
سجل داخلي	home record
سجل دخل	input record
سجل الدخل / الخرج	I/O register
سجل دولي	international register
سجل ذات طول ثابت	fixed-length record
سجل رئيسي	master record
سجل سلسلي	chained record

سجل شاشة وحدة الاتصال بالكمبيوتر	console display register
سجل العمل اليومي	daily work log
سجل العملية	operation register
سجل العنوان	address register
سجل العنوان الحالي	current address register
سجل غير محمي	unprotected record
سجل الفهرس	index register
سجل القياس	measurement record
سجل المؤخرة	trailer record
سجلات مجمعة	grouped records
سجل محدد الأساس	base-limit register
سجل المدخلات	input log
سجل المراجعة	check register
سجل مزدوج	duplicate record
سجل ممتد	spanned record
سجل منطقي	logical record
سجل وسيط	buffer register
سجلات الحدود	bounds registers
سجلات غير مرئية	invisible registers
سجلات مزدوجة	duplicated records
سد	blocking
سد النداءات	call blocking
سداسي	sextet
سداسي عشري	sexadecimal
سرداب	cellar
سرعة	speed
سرعة الاتصال	switching speed
سرعة التغيير بين حالتين	toggling speed
سرعة الجري الطليق	free running speed
السرعة المقدرة	rated speed
السرعة القصوى	peak speed
سريان الانتاج	production run
سريان البيانات عبر الحدود	transborder dataflow
سطح الانفصال المستوي	split platen
سطح بيني حقيقي	physical interface
سطح بيني كهربي	electrical interface
سطح مائل	cabinet skin
سطح مساعد	servosurface
سطوع مفاجيء	womp
سعة	capacitance, capacity
سعة القناة	channel capacity
سعة متناهية الصغر	infinite capacity
سفر	travel
سفر منقضي	travel past
سفينة مد الكبلات	laying ship
سقف كاذب	false ceiling
سقوط	crash
سكينة التثقيب	punch knife
سلاسل إستقبال	receive chains
سلامة معدات الكمبيوتر	hardware recovery
سلسلة	catena, chain
سلسلة إدارة	driving chain
سلسلة أرقام ثنائية	bit string
سلسلة بين أقواس	quoted string
سلسلة ثنائي	binary chain
سلسلة حرفية	character string
سلسلة حلقة	daisychain
سلسلة الرموز	code string
سلسلة قيادية	command chain
سلسلة متعددة	multiple chain
سلسلة نبضات	pulse train
السلف الحقيقي	proper ancestor
سلك فحص الحسابات	audit trail
سليكون أحادي التبلور	monocrystalline silicon
سليكون على صفير	silicon-on sapphire
سليكون متعدد البللورات	polycrystalline silicon
سمات اختيارية	optional features
سماح بالدخول	admittance
سماحية تداول المعلومات	access permission
سمة	characteristic
سمعي	audio

س

سمك الشريط	tape thickness
سنترال	exchange
سنترال اتصال البيانات.	data switching exchange
سنترال اتصال البيانات	data communication exchange
السنترال الأخير	last exchange
سنترال الاستدلال	director exchange
سنترال اقليمي	regional exchange
سنترال الكتروني	electronic exchange
سنترال انتقالي	transit exchange
سنترال انتقالي دو لي	international transit exchange
سنترال اوتوماتيكي	automatic exchange
سنترال بدائرة وصل وقطع	circuit switched exchange
سنترال تحويل الرزمة	packet switching exchange
سنترال ترادفي	tandem exchange
سنترال ترانك ثلاثي	tertiary trunk exchange
سنترال الترنك الأصلي	primary trunk exchange
سنترال ترنك ثانو ي	secondary trunk exchange
سنترال ترنك رباعي	quaternary trunk exchange
سنترال تلغرافي	telegraph exchange
سنترال تليفوني	telephone exchange
سنترال تليفوني دو لي	international telephone exchange
سنترال توصيل تصالبي	crossbar exchange
سنترال دو لي	international exchange
سنترال رئيسي	trunk exchange
سنترال الرسائل المحولة	message switched exchange
سنترال رقم ٦	number 6 exchange
سنترال رقمي	digital exchange
سنترال رقمي خاص	private digital exchange
سنترال رقمي متكامل	integrated digital exchange
سنترال فرعي آلي خاص	private automatic branch exchange
سنترال فرعي خاص	private branch exchange
سنترال القنوات المشتركة	common-channel exchange
سنترال متحكم	controlling exchange
سنترال متحول	switched telephone exchange
سنترال محلي	local exchange, local telephone exchange
سنوي	yearly
سهم « بيرس »	Pierce arrow
سهولة العنونة	addressing flexibility
سوء التعامل مع الملف	misfile
سؤال/إجابة	question/answer
سي بي/إم . نظام تشغيل للميكروكمبيوتر	CPM
السير تبعاً للهيكل الشجري	tree walking
سيليكا منصهرة	fused silica
سيمافور	semaphore

س

شجرة المنشأ	derivation tree
شجرة موجهة	directed tree
شحن	shipping
شحنة	shipment
شحنة اشارة الجواب	charge answer signal
الشحنة الثابتة	standing charge
شحنة الوصل	connection charge
شخصية	characteristic
شدة	robustness
شدة مغناطيسية	magnetic intensity
شرط الادخال	entry condition
شرط إعتماد مالي غير مسجل	nonrecord fund condition
الشرط التالي	postcondition
شرط التحقيق	verification condition
الشرط السابق	precondition
شرط السباق	race condition
شرط اللاصدمة	nonhit condition
شرط الملاءمة	match condition
شركة مشتركة في الوقت	time sharing firm
شركة موتورولا	Motorola
شرود	strays
الشروط الهامة للارتداد	significant conditions of a restitution
شريحة أرقام ثنائية	bit slice
شريحة رقيقة	chip
شريحة رقيقة من السليكون	silicon chip
شريط	tape
الشريط الابن	son tape
الشريط الأساسي	father tape
شريط آلية تسجيل النقد	cash register tape
شريط بتغذية مركزية	centre-feed tape
شريط التحكم في الناقل	carriage-control tape
شريط التعديلات	amendment tape
شريط التعليمات الرئيسي	master instruction tape
شريط تغذية تقدم	advance-feed tape
شريط التلغراف الكاتب	ticker tape
شريط توجيه	control tape
شريط الجد	grandfather tape
شريط الحبر	ink ribbon
شريط رئيسي	master tape
شريط فيديو	video tape
شريط كارتريدج	cartridge tape
شريط للتثقيب	punch tape
شريط مثقب	punched tape
شريط مثقب بالكامل	fully-perforated tape
شريط محدود	tape limited
شريط مغناطيسي	magnetic tape
شريط المكتبة الرئيسي	master library tape
شريط ممغنط	mag tape
شريط النسخ	copy tape
شريط ورق	paper tape
شريط ورق دخل/خرج	paper tape I/O
شريط اليومية	journal tape
شطر حل قياسي	bisection algorithm
شطط	hunting
شعاع الايقاف	holding beam
شفاف	transparent
شفافية	transparency
شفافية البيانات	data transparency
شفرة	cryptography
شق مركزي	centre slitting
شكل	form
شكل أساسي ممتد	extended basic mode
شكل إفتراضي	virtual configuration
شكل ألف بائي رقمي	alphanumeric character
شكل انفجار	burst mode
الشكل الايضاحي للملف	file layout
الشكل البنائي للمعلومات	information structure
شكل بياني ثنائي الاتصال	biconnected graph
شكل بياني لتركيب الجملة	syntax diagram

ش

شكل بياني موجه	directed graph
شكل تخاطبي	conversational mode
الشكل الثابت للترميز	fixed form coding
شكل الجملة	sentential form
شكل حرفي	character format
شكل حسابي	compute mode
شكل الربط	connect graph
شكل الطابعة	printer format
شكل طبيعي	normal form
شكل عام	configuration
الشكل العام للبهو	lobby configuration
شكل عددي	numeric format
شكل العنوان	address format
شكل قابل للمعالجة بالحاسب	machine processable form
شكل كامل	complete graph
شكل لا متراكب	non overlap mode
شكل متوازي	parallel mode
شكل مدار توزيع	bus topology
الشكل المعتاد لـ« جرايباخ »	Greibach normal form
الشكل المعين	lozenge
شكل موجة الاتصال	switching waveform
شكل موجي أسي	exponential waveform
شهادة الأمن	security certification
شوط مائل	oblique stroke
شيفرة بودو	baudot code

ش

ص

صانع الأجهزة الأصلية	OEM
صائغ	formatter
صحة جزئية	partial correctness
صحة كلية	total correctness
صف	array, bank, queue, string
صف البطاقة	card row
صف ثنائي	row binary
صف صفري	null string
صف صمامي	q-value
صف عمل الدخل	input work queue
صف غير مرتب	row-ragged
صف فارغ	empty string
صف في ثلاثة أبعاد	three-dimensional array
صف المراجعة	check row
صفة المصفوفة	matrix norm
صفة مميزة	attribute
صفة مميزة للمجال	scope attribute
صفحة	page
صفحة البيانات	data sheet
صفرية	nullity
الصلاحية للاستخدام	serviceability
صلب	hard
صمام إختزان	storage tube
صمام ثنائي	diode
صمام ثنائي ضوئي إنهياري	avalanche photodiode
صمام رباعي القطب	tetrode
صمام الشبكة المستقيمة	aligned-grid valve
صمام كاميرا ذو قلطية انودية مستقرة	anode-voltage-stabilized camera tube
صمام مفرغ	vacuum tube
صناعة الألياف	fibre fabrication
صناعة طبقات من أشباه الموصلات على أسطح البللورات	epitaxial growth
صندوق	box
صندوق اتخاذ القرار	decision box
صندوق أسود	black box
صندوق إنهاء كابل	cable terminating box
صندوق البريد	mail box
صندوق البريد الالكتروني	electronic mail box
صندوق بطاقات الجدولة	tab-card box
صندوق توزيع الموصلات الأرضية	earth distribution box
صندوق الربط	connection box
صندوق مفرغ	vacuum bin
صنف	item
صهريج زئبقي	mercury tank
صوت	voice
صورة	image, picture
صورة تبادلية	interactive picture
صورة متطابقة	facsimile
صورة متماثلة الشكل	homomorphic image
صورة المقارنة	reference picture
صورة مقلوبة متماثلة الشكل	inverse homomorphic image
صياغة	format, tailoring
صياغة البطاقة	card format
صياغة البيانات	data format

صياغة جزء مترجم	compiled module format
صيانة	maintenance
صيانة تصحيحية	corrective maintenance
صيانة علاجية	remedial maintenance
صيانة الملف	file maintenance
صيانة منظمة المواعيد	scheduled maintenance
صيانة موجهة	controlled maintenance
صيانة وقائية	preventive maintenance
صيغة الأسطوانة الممغنطة	disk format
صيغة الاطار	frame format
صيغة الأمر	instruction format
الصيغة الانفصالية الطبيعية	disjunctive normal form
صيغة باكوس الطبيعية	Backus normal form, BNF
صيغة باكوس القياسية المعدلة	extended BNF
صيغة بطاقة بيانية	tag format
صيغة الترميز	encoding format
صيغة جيدة التشكيل	well-formed formula
صيغة الشريط	tape format
صيغة كتابة الأمر	format write command
صيغة للحساب	computational format

ص

ض

ضبط	adjustment, check
ضبط التتابعية	sequencing
ضبط تيار الأنود	anode modulation
ضبط ثانية	reset
ضبط جهة اليمين	right justify
ضبط سالب	negative justification
ضبط السطر الموجب	positive justification
ضبط طول الأسطر المطبوعة	justify
ضبط فقد الاطارات	loss-of-frame alignment
ضبط الكتلة	block check
ضبط مبيت	built-in check
ضبط الوقت	clocking
ضخم	amplify
ضخم	macro
ضرب	thrashing
الضرب	multiplication
الضرب على السطر	hit on the line
ضرب المصفوفة	matrix multiplication
الضرب المنطقي	AND logical
ضرب وقسمة الأعداد الصحيحة	integer multiplication and division
ضربة	hit
ضغط	push
ضغط الأرقام	digit compression
ضغط حركة المرور	traffic pressure
ضغط على حرف	keystroke
ضم	bind
ضم	hashing
الضم بطريقة 'K'	k-connectivity
ضم عشوائي	hashed random
ضم كلي	hash total
الضوء دون الأحمر	infra-red light
ضوء العرض	display light
ضوء منسجم	coherent light
ضوئيات الخيوط	fibre optics
ضوضاء	noise
الضوضاء الأساسية	fundamental noise
الضوضاء البيضاء	white noise
ضوضاء التكمي	quantization noise
ضوضاء حرارية	thermal noise
ضوضاء عشوائية	random noise
ضوضاء كمية	quantum noise
ضوضاء النبضة	impulse noise
ضوضاء نبضية	impulsive noise
ضوضاء النظام	system noise

ط

طابع خطي	LP
طابع لا صدمية	nonimpact printer
طابعة	printer
طابعة ابرية	matrix printer, stylus printer
طابعة الانتقال الحراري	thermal transfer printer
طابعة بحروف صماء	solid-font printer
الطابعة بالليزر	laser printer
طابعة تدار عن بعد	remote printer
طابعة تزويقية	mosaic printer
طابعة تويجية	petal printer
طابعة الحاجز المتزايد	incremental bar printer
طابعة حرارية	thermal printer
طابعة دقيقة وقوية	pretty printer
طابعة ذات مرسمة للتغيرات المغناطيسية	magnetographic printer
طابعة سطرية	line printer
طابعة سلكية	wire printer
طابعة الصدم عند التحليق	hit-on-the-fly printer
طابعة الصفحات	page printer
طابعة ضخ الحبر	ink jet printer
طابعة على التوالي	serial printer
الطابعة عن بعد	teleprinter, teletypewriter
طابعة كرة الجولف	golfball printer
طابعة للخدمة عن بعد	service teleprinter
طابعة النسخة الورقية	hard copy printer
طابور	queue
طابور التغذية العكسية	feedback queue
طابور ثنائي الطرفين	deque
طابور الطبع	print queue
طابور المهام	task queue
طاحن الرقم	number cruncher
الطارح	subtractor
طارح كامل	full subtractor
طارحة ذات ثلاث مداخل	three-input subtractor
طبّاعة دفعة عن بعد	remote batch printer
طباعة صالحة للمراسلات	correspondence quality
طباعة على الشاشة	screen printing
طباعة لحظية	snapshot printout
طباعة المجموعة	group printing
طباعة الملف	file print
طبّاعة نقطية	dot printer
طبع الشاشة	screen dump
طبعة رسم منحنيات	diagramming template, template
طبقاً لقواعد تركيب الجملة	syntactical
طبقة	category
طبقة التحكم في الشبكة	network control layer
طبقة التحكم في الفترة	session control layer
طبقة التقديم	presentation layer
طبقة التوصيل	link layer
طبقة حقيقية	physical layer
طبقة رقيقة	thin-film
طبقة سميكة	thick-film
طبقة الشبكة	network layer
طبقة العميل	client layer
طبقة الفترة	session layer

ط

ط

طبقة من الأقراص الممغنطة	platter
طبقة موصل البيانات	data link layer
طبقة الموصل الحقيقي	physical link layer
طبقة النقل	transport layer
طبقة نهاية إلى نهاية	end-to-end layer
طبقة واحدة	single ply
طحن الرقم	number crunching
طراز	type
طراز "O"	type O
طراز التشغيل	type of run
طرف	terminal
طرف إرسال	transmitting terminal
طرف الاستقبال	receiving terminal
طرف الاشارة	signal terminal
طرف إفتراضي للشبكة	network virtual terminal
طرف أمامي	leading end
الطرف الأمامي للشبكة	network front end
طرف الرأس	headend
طرفية العرض المرئي	video terminal, visual display terminal
طرق إحصائية	statistical methods
طرق تحديث المصفوف	matrix-updating methods
طرق عددية	numerical methods
طرق المتوسط المتحرك	moving-average methods
طريق وحيد	single way
طريقة	procedure
طريقة استعمال مركزين للتخزين المؤقت	double buffering
طريقة الاطلاق	shooting method
طريقة الاطلاق المتوازي	parallel shooting method
الطريقة الافتراضية لمعالجة المعلومات بالمخزن	virtual storage access method
طريقة أقصى احتمال	method of maximum likelihood
طريقة أقل المربعات	least squares, method of
طريقة أويلر	Euler's method
طريقة بنج ـ بونج لمعالجة الملفات	ping-pong
طريقة التحكم	control procedure
طريقة التداول بتخطي تعاقبي	skip sequential access method
طريقة تداول عشوائية	random-access method
طريقة ترميز بوز/شاندوري/هوكينهام	BCH code
طريقة جشعة	greedy method
طريقة الخريطة	map method
طريقة « رايلاى ـ ريتز »	Rayleigh-Ritz method
طريقة « شيل »	Shell's method
طريقة العنصر المحدود	finite-element method
طريقة الفرق المحدود	finite-difference method
طريقة فعالة	effective procedure
طريقة متغيرة	variational method
طريقة المزج	alloy method
طريقة المسار الحرج	critical path method
الطريقة المفردة	simplex method
طقم فرعي مناسب	proper subset
طلب بغرض الارسال	request-to-send
طلب تكرار أوتوماتيكي	automatic repeat request
طلب تسهيلات	facility request
طلب تنقية	clear request
طلب خدمة دولي	international demand service
طلب نداء	call request
طلبات قراءة	demand reading
طلبات كتابة	demand writing
طنين	hum
طنين التقاط الخط	dial tone
الطوبولوجية	topology
طوبولوجية الشبكة	network topology
طور	phase
طور إدماج الصفوف	string merging phase
طور انتقال البيانات	data transfer phase
طور البيانات	data phase
طور تحكم في الشبكة	network control phase
طور التنفيذ	execute phase
طور التنقية	clearing phase

طور الجذر — root phase
طور ساكن — quiescent phase
طول — length
طول الحقل — field length
طول الرمز — code length
طول الكتلة — block length
طول الكلمة — word length
طول مزدوج — double length
طول المسار — path length
طول الممر الخارجي — external path length
طول الممر الداخلي — interior path length
طول وحيد — single length
طيّ — folding
طي الورق على شكل Z — Z fold paper
طيف الألوان المرئي — visible colour spectrum

ط

ظ

ظاهرة الارتعاش flicker effect
ظهر البطاقة card back

ظهور الخطأ error burst

ظ

ع

عاجز	disable
عازل الخط	line isolator
عازل ضوئي	optoisolator
عاكس	inverter
عامل	factor
عامل تحديد الموضع	location operator
عامل التقابل	meet operator
عامل التكرار	repetition factor
عامل شق المكالمة	operator call splitting
عامل كثافة البيانات	packing factor
عامل الكمية	quantity factor
عامل منطقي	logical operator
عامل « ميو »	mu operator
عامل وصل	join operator
العاملون بأجهزة الكمبيوتر	computer personnel
عائلة من أجهزة الكمبيوتر	computer family
عائلة منطقية	logic family
عبارة ذاتية التعريف	self-defining term
عبور مرتب	inorder traversal
عجلة الترميز	code wheel
عجلة الطبع	print wheel
عجلة العداد	counter wheel
العجلة المسننة	sprocket wheel
عجلة نرجسية	daisywheel
عد	count, enumeration
عد خطوط المسح	raster count
عد الدورة	cycle count
عد كلي للأخطاء	total error count
عداد	counter, meter
عدّاد الأمر	instruction counter
عداد البرنامج	program counter
العداد التجزيئي	modular counter
عداد تعاقبي	cascadable counter
عداد ثنائي	binary counter
عداد دائري	ring counter
عداد دليل الدورة	cycle index counter
عداد زحزحة	shift counter
عداد عشري	decade counter
عداد متزامن	synchronous counter
عداد متعدد الأشكال	multimode counter
عداد موضع المجموعة	set location counter
عداد مويجي	ripple counter
عدة تثقيب جماعية	gang punch
عدد ثنائي	binary number, binary numeral
عدد ثنائي الايقاف	stop bit
عدد ثنائي للنقل	service bit
عدد خطوط خارجة	fan-out
عدد خطوط داخلة	fan-in
عدد الكلمات في الثانية	words per second
عدد مسارات التسجيل على الشريط	tape threading
عدم التأكد	uncertainty
عدم تنفيذ نداء	call disestablishment
عدم توافق	mismatch
عدم الرجوع للصفر	nonreturn to zero

عدم رسمية	informality
عدم مساواة	inequality
عرض	display, width
عرض باستخدام سبع مقاطع	seven-segment display
عرض ببللورة سائلة	LCD
عرض بالبللورات السائلة	liquid-crystal display
عرض البوابة	port width
عرض البيانات المعالجة	read out
عرض تخطيطي	graphical display
عرض تخطيطي باستخدام المتجهات	vector-mode graphic display
عرض تخطيطي لحالة عد خطوط المسح	raster-mode graphic display
عرض تزايدي	incremental display
عرض دايود باعث للضوء	LED display
عرض رسالة التوجيه	control-message display
عرض الشوط	stroke width
عرض صفحة كاملة	full page display
عرض متتابع	scrolling
عرض مدار التوزيع	highway width
عرض مستمر	direct display
عرض النبضة	pulse width
عرض نطاق تردد الاشارات الحاملة للصورة	video bandwidth
عرض نطاق التردد الصوتي	sound bandwidth
عرض النطاق الترددي	bandwidth
عرض نطاق ترددي فسيح	broad bandwidth
عرض النطاق الترددي للاشارة	signal bandwidth
عرض النطاق الترددي للمكبر	amplifier bandwidth
عروة بكبل متحد المحور	co-axial cable loop
عروة مغلقة	closed loop
عزز	augment
عزل	isolation
عزل الاكسيد	oxide isolation
عشري	decimal
عشري ثنائي الترميز	BCD, binary-coded decimal
عشرى مرمز	coded decimal
عشوائية كاذبة	pseudorandom
عصا التحكم	wand
عصا التوصيل بالأرض	earthing stick
عضو	member
عضو تفريغ	dump segment
عضو من الرصيصة	stack segment
عطل	failure
عطل بقناة الاتصال	channel error
عطل بالمعدات	hard error
عطل ترانزستور	sleeping sickness
عطل كهربي بالتليفون	power fail telephone
عطل متزامن	synchronous idle
عطل محقق	verified failure
عطل منبع التيار الرئيسي	mains failure
عطل النظام	system crash, system failure
عطل وظيفي	malfunction
عقب	stub
عُقْدَة	knot, node
عقدة داخلية	interior node
عقدة لا طرفية	nonterminal node
عقل الكتروني	electronic brain
عكس	converse
عكسي	inverse
علاقة	relation
علاقة إنتقالية	transitive relation
علاقة إنعكاسية	reflexive relation
علاقة تطابق	congruence relation
علاقة تكرارية	recursive relation
علاقة ثنائية	binary relation
علاقة الترتيب	ordering relation
علاقة غير متماثلة	antisymmetric relation

ع

علاقة لا تماثلية	asymmetric relation
علاقة متبادلة	correlation
علاقة متماثلة	symmetric relation
العلاقة المكافئة	equivalence relation
علامة	mark, marker, sign
علامة الأسطوانة	drum mark
علامة حسابية	arithmetic operator
علامة خاصة	special sign
علامة خاصة بالعنوان	address mark
علامة الشريط	tape mark
علامة شريط مزدوج	double tape mark
علامة شق (/)	slash mark
علامة عشرية	decimal point
علامة عشرية افتراضية	assumed decimal point
علامة عشرية حقيقية	actual decimal point
علامة كتلة	block mark
علامة المؤخرة	trailer label
علامة المجموعة	group mark
علامة الملف	file mark
علامة مميزة للشريط	tape label
علامة النهاية	end mark
علامة نهاية أول جزء من الملف	end-of-first file section label
علامة نهاية السجل	EOR
علامة نهاية الملف	EOF
علبة	case
علبة أسطوانة ممغنطة	disk pack
علم الالكترونيات الدقيقة	microelectronics
علم الألكترونيات الضوئي	optoelectronics
علم جبر الاتصالات	switching algebra
علم الجبر الخطي العددي	numerical linear algebra
علم حساب الاحتمالات	probability calculus
علم الحساب التجزيئي	modular arithmetic
علم دلالة الألفاظ	semantics
علم دلالة الألفاظ التشغيلي	operational semantics
علم قياس الضوضاء	psophometry
علم القياس عن بعد	telemetry
علم الكمبيوتر	computer science
علم المعلومات	information science
علم مقياس الاشعاع	radiometry
على شكل أسطوانة	drummed
على مرة واحدة	one-shot
عمارة على هيئة طبقات	layered architecture
عمق	depth
عَمْل	job
عمل الاشارة	signal operation
عمل بأطوال متعددة	multilength working
عمل بتزامن	synchronous working
عمل بثلاثة أضعاف الطول	triple-length working
العمل بورشة مغلقة	closed shop operation
عمل خريطة تدفقية أفقية	horizontal flowcharting
عمل دفعة تشغيل تخاطبية	interactive batch job
عمل شبكة	networking
عمل شبكة نطاق أساسي	baseband networking
عمل عمودي	columnar working
عمل لا تزامني	asynchronous working
عمل نافذة	windowing
عملة	currency
عملة محلية	local currency
عمليات دورية	regular operations
عمليات على مجموعات	operations on sets
عمليات مدارية	orbital operations
عملية	operation, process
عملية "V"	V operation
عملية أحادية المركبة	unary operation
عملية إختيار الحلقة	loop select operation
عملية اختيارية	either-or operation
عملية إرسال متعدد التقابل	multiplexing
عملية إنتشار تخطيطية	planar diffusion process
عملية إنتظار	wait operation

ع

عملية بوليانية	Boolean operation
عملية بوليانية ثنائية	binary Boolean operation
عملية تبادلية	commutative operation
عملية تدبير شئون المعالجة الداخلية	housekeeping operation
عملية ترافقية	associative operation
عملية التركيب	installation operation
عملية تضام	involution operation
عملية تقابل	meet operation
عملية تلميح مشروط	conditional implication operation
عملية تهيئة	adaptive process
عملية توليد العنوان	address generation
عملية ثنائية	binary operation, dual operation, dyadic operation
عملية جاهزة للاستعمال	turnkey operation
عملية الجمع	add operation
عملية الجمع بدون باق	addition without carry
عملية الجمع المنطقي	OR operation
عملية الجمع المنطقي (أو)	inclusive-OR operation
عملية جمع المنفرد المنطقي	exclusive-OR operation
عملية حساب عنوان	address computation
عملية حسابية	arithmetic operation
عملية حسابية ثنائية	binary arithmetic operation
عملية ذات علامة متحركة	floating-point operation
عملية ذاتية التحكم	operation autonomous
عملية ذاتية التعليم	self-learning process
عملية ذاتية التكيّف	self-adapting process
عملية الضرب المنطقي	AND operation
عملية عشوائية	stochastic process
عملية على التوالي	serial process
عملية غير قابلة للتجزىء	monadic operation
عملية غير متطابقة	anticoincidence operation
عملية غير متكافئة	nonequivalence operation

ع

عملية فصل موجات مجمعة	demultiplexing
عملية فك الترميز	decoding
عملية القيام	up operation
عملية كاملة	complete operation
عملية لا تزامنية	asynchronous operation
عملية متممة	complementary operation
عملية محاصرة	blocked process
عملية مغناطيسية إنعاكسية	reversible magnetic process
عملية مغناطيسية غير قابلة للعكس	irreversible magnetic process
العملية المكافئة	equivalence operation
عملية من خطوة واحدة	one-step operation
عملية منطقية	logic operation, logical operation
عملية نازلة	down operation
عملية النفي	NOT operation
عملية نفي الجمع المنطقي	NOR operation
عملية نفي الضرب المنطقي	NAND operation
عمود بالبطاقة	card column
عمود ثنائي	column binary
عمود ساند للأسطوانة	disk support shaft
عمود فارغ	vacuum column
عمودي التركيب	columnwise
عمولة	commission
عمومية	commonality
عميل مشارك في الوقت	time sharing customer
عن بعد	remote
عناصر الترميز	code elements
عناصر العلامة المتحركة	floating-point items
عناصر مستهلكة	consumable items
عنصر	element
عنصر الاشارة	signal element
عنصر ألف بائي	alphabetical item
عنصر أولي	elementary item
عنصر بدائي	primitive element

عنصر بيانات	data element, data item
عنصر التخزين	storage element
عنصر التضمين	modulation element
عنصر التطابق	identity element
عنصر الجمع بالباقي المويجي	ripple-carry adder
عنصر الذاكرة	memory element
عنصر الصورة	picture element
عنصر الغالبية	majority element
عنصر غير متطابق	anticoincidence element
عنصر فعال	active element
عنصر للجمع المنفرد المنطقي	exclusive-OR element
عنصر للضرب المنطقي	AND element
عنصر المدخل	threshold element
عنصر مقاومة الاجهاد	piezoresistive element
العنصر المكافىء	equivalence element
العنصر المنطقي	logical element
عنصر منطقي	logic element
عنصر نفي	negation element
عنق	throat
عنقود	cluster
عنوان إثنين ـزائد ـ واحد	two-plus-one address
عنوان أطول	larger address
عنوان إفتراضي	virtual address
عنوان بأجهزة الحاسب	address hardware
عنوان بالذاكرة	address
عنوان بذاكرة الحاسب	machine address
عنوان حسابي	arithmetic address
عنوان حقيقي	actual address
العنوان الحقيقي	physical address
عنوان غير صحيح	invalid address
عنوان فرعي	sub-address
العنوان الفعَّال	effective address
عنوان القراءة	real address
عنوان مباشر	direct address
عنوان متغير	variable address
عنوان مستعمل الشبكة	network user address
عنوان المستوى الأول	first-level address
عنوان مطلق	absolute address
العنوان المقصود	destination address
عنوان مولود	generated address
عنوان واحد زائد واحد	one-plus-one address
العنونة	addressing
عنونة أساسية	base addressing
عنونة بناء المقدرة	capability-based addressing
عنونة تسلسلية	hierarchical addressing
عنونة ذاتية نسبية	self-relative addressing
عنونة ذاكرة ترافقية	associative addressing
عنونة رمزية	address symbolic, symbolic addressing
العنونة الشجرية	address tree
عنونة غير مباشرة	indirect addressing
عنونة فورية	immediate addressing
عنونة في داخل نقطة إتصال	intranode addressing
عنونة قابلة للمدّ	extensible addressing
عنونة مؤجلة	deferred addressing
عنونة مباشرة	direct addressing
عنونة متأصلة	inherent addressing
عنونة مذكورة ضمنياً	implied addressing
عنونة مسطحة	flat addressing
عنونة معززة	augmented addressing
عنونة ممتدة	extended addressing
عنونة نسبية	relative addressing
عهد	epoch
عوامل التاثير على الصياغة	format effectors
عياري	standard
عيارية	normalisation
عيب	defect, fault
عين	allocate, assign

ع

فرز جيبي pocket sorting
فرز خارجي external sorting
فرز خاص بالترجمة lexicogaphic sort
فرز دلو بيانات bucket sort
فرز الدمج التبادلي merge exchange sort
فرز رقمي digital sort, digital sorting
فرز الزيادة المتناقصة diminishing increment sort
فرز سريع quicksort
فرز عمليات حساب العناوين address calculation sorting
فرز قشري shellsort
فرز فقاعي bubble sort
فرز لاختيار هيكل شجري tree selection sort
فرز متزن balanced sort
فرز متعدد الطور polyphase sort
فرز مفتاحي key sorting
الفرز والدمج soft merge
فرز ودمج متزن balanced merge sort
فرشاة تحكم في تجاوب الاشارة slew control brush
فرشة إختبار test bed
فرشة التحكم control brush
فرضيات مساعدة خاصة بالضخ pumping lemmas
فرع branch
فرق difference
فرق متماثل symmetric difference
فرق المجموعات set difference
الفرق المنطقي logical difference
فرّيت ferrite
فريق رئيس المبرمجين chief programmer team
فساد corruption
فسحة bay
فسفورية phosphorescence
فشل غير مَرئي invisible failure
فصل disjoint
فصل chapter, disjunction, discretization
فصل الأخطاء محليا local discretization error
فصل تعزيز booster separation
فصل الرزمة packet disassembly
فصل شامل للخطأ global discretization error
فصل الصف queue-disconnect
فصل صهريجي tank separation
الفصل المكافىء equivalence class
فصلة مائلة virgule
فضاء space
فعل إجراءات التفريع procedure branching verb
فقد loss
الفقد الاجمالي overall loss
الفقد الاجمالي الاسمي nominal overall loss
فقد الادخال insertion loss
فقد الأرقام المعنوية loss of significant digits
فقد إشعاعي radiation loss
فقد امتصاصي absorption loss
فقد صفري zero loss
الفقد في الثني الدقيق جدا microbending loss
فقد النقل transmission loss
فقرة قياسية standard paragraph
فك unpack
فك الترميز السري decryption
فك التضمين demodulation
فك الحزم de-packetizing, unbundling
فك رموز المعلومات المفرغة لمعرفة الخطأ dump cracking
فك القبض declutch
فك لغة الآلة إلى لغة التجميع disassembly
فلط ـ أمبير فعال active volt-ampere
فلط التعجيل acceleration voltage
فلطية فعالة active voltage
فلط مطلق absolute volt, abvolt
الفلورية fluorescence
فهرس index
فهرس أولي primary index
فهرسة indexing

ف

فواصل المعلومات	information separators
في صورة تشغيل	in runnable form
في نفس الوقت	concurrently
فيديو معكوس	reverse video
فيش	fiche
فيض إتصال ثنائي الاتجاه	overflow bid

ف

ق

قابس	plug
قابس كوابل الاتصالات	BNC plug
قابس مستقطب	polarized plug
قابس ملائم	plug compatible
قابض فصل التعشيق	clutch disengaging
قابل للتحديد	deterministic
قابل للترميز بطريقة فريدة	uniquely decodable
قابل للترميز لحظياً	instananeously decodable
قابل للتشغيل على الحاسب	machinable
قابل للتغطية	overlayable
قابل للحسم	decidable
قابل للحل	solvable
قابل للطي	accordion
قابل للمغنطة	magnetizable
قابل للنقل	portable, transportable
قابلية التخزين	storability
قابلية فعالة للحساب	effective computability
القابلية للامتداد	extensibility
قابلية النقل	portability
قادوس الادخال	input hopper
القارىء	reader
قارىء الحروف الضوئية	OCR
قارىء الخط المغناطيسي	magnetic stripe reader
قارىء دخل مقيم	resident input reader
قارىء الرموز الضوئية	OMR
قارىء سجل	tally reader
قارىء شارات	badge reader
قارىء الشريط	tape reader
قارىء شريط الورق	paper tape reader
قارىء الشقوق	slot reader
قارىء الفيلم	film reader
قارىء كشف مسجل	tally roll reader
قارىء مؤقت	transient reader
قارىء متتالي	serial reader
قارىء مغناطيسي للوثائق	magnetic document reader
قارىء الوثائق	document reader
قارئة ضوئية لرقم الهوية الشخصية	PIN photodiode
قارن	compare
قاسم مشترك أعظم	greatest common divisor
قاعدة	base, criterion
قاعدة أخذ العينات	sampling rule
قاعدة الاستدلال	rule of inference
قاعدة البيانات	database
قاعدة بيانات بها نسخ	replicated database
قاعدة بيانات تساهمية	shared database
قاعدة بيانات مجزأة	partitioned database
قاعدة زمن	time base
قاعدة شبه المعين المنحرف	trapezoidal rule
قاعدة المعين المنحرف	trapezium rule
قالب وظيفي في النظام الفرعي (CHS)	function block in subsystem CHS
قالب وظيفي في النظام الفرعي (TSS)	function block in subsystem TSS

قاموس	onomasticon
قانوم أمبير	Ampere's law
قانون أمبير ـ لابلاس	Ampere-Laplace law
قانون التبادل	commutative law
قانون « جروش »	Grosh's law
قانون جمع الحدود الجبرية	associate law
القائم بالوظيفة	functor
القائم على تقدير الكمية	existential quantifier
القائم على تنظيم المواعيد	scheduler
قائمة	list
قائمة أحادية الوصل	singly linked list
قائمة إنتظار	wait list
قائمة البرنامج	listing
قائمة برنامج المصدر	source listing
قائمة التجاور	adjacency list
قائمة التجميع	assembly list
قائمة تكرارية	recursive list
قائمة خالية	empty list, free list
قائمة خطية	linear list
قائمة دائرية	circular list
قائمة الدفع لأسفل	pushdown list
قائمة الدفع لأعلى	pushup list
قائمة ذات حيز فارغ	free-space list
قائمة ذاتية الاسناد	self-referent list
قائمة السجلات	record list
قائمة صفرية	null list
قائمة عملية الارسال	operation dispatch list
قائمة عمودية	orthogonal list
قائمة فرعية	sublist
قائمة الكتلة	block list
قائمة للبرنامج	program listing
قائمة متاحة	available list
قائمة متسلسلة	chained list
قائمة متصل من اتجاهين	two-way linked list
قائمة متصلة وحيدة الاتجاه	one-way linked list
قائمة متماثلة	symmetric list
قائمة متواصلة	linked list
قائمة مزدوجة الاتصال	double linked list
قائمة المقدرة	capability list
قائمة الموجودات المتاحة	on hand inventory
قبل	accept
قبول	acknowledgement
قبول سلبي	negative acknowledgement
قبول الوقف	stop acknowledge
قدرة إحتياطية للذاكرة	reserve memory
قدرة الاشارة	signal power
القدرة الأولية	primary power
قدرة تشوه التكمي	quantization distortion power
قدرة الخرج	output power
قدرة السلسلة المتصلة	power of the continuum
قدرة شدة الضوء	photometric power
القدرة الظاهرة	apparent power
القدرة على التنفيذ	satisfiability
القدرة على المحافظة على	maintainability
القدرة على الوصل	connectivity, reachability
قدم عرضاً	bid
قرأ	read
القراءة أثناء الكتابة	read while writing
قراءة إسترجاعية	regenerative read
قراءة بنبض مزدوج	double-pulse reading
قراءة العداد	meter reading
قراءة العلامة	mark reading
قراءة العلامة ضوئياً	optical mark reading
قراءة غير مدمرة	nondestructive read-out
قراءة مبعثرة	scatter read
قراءة مدمرة	destructive reading, destructive read-out
قرار	decision
قرار منطقي	logical decision
قرص	disc, disk, tablet
قرص شمسي	solar drum

ق

قرص صلب	rigid disc
قرص ڤيديو	video disc
قرص من البيانات	data tablet
قرص ونشستر	Winchester disc
قرص يمكن تبديله	EDS
قسَّامة	divider
قسم	division, section
قسم إعداد البيانات	data preparation section
قسم متعدد المنافذ	division multiple access
قسم من النطاق	zone portion
القصد	meaning
قضيب التوصيل	busbar
قطاع حرج	critical section
قطاع غير مقسم إلى صفحات	unpaged segment
قطاع موجات	chopper
قطع	drop-out, truncation
قطع ثنائي	binary chop
قطع خارجي	external interrupt
قطع زاوي	corner cut
قطع عناصر عرض	scissoring
قطعة	section, segment
قطعة شاملة	global segment
قطعة عامة	public segment
قطعة محلية	local segment
قطعة مقسمة إلى صفحات	paged segment
قطعة من البيانات	data segment
قطعة من الجذر	root segment
قفل	lock
قفل أمان	security lock
قلب ثابت	fast core
قلب ثنائي	binary core
قلم ضوئي	light pen
قلب الطور	phase inversion
قلب فرّيت	ferrite core
قلب الكثافة	population inversion
قلب المخزن	store core
قمر الاتصالات الأوروبي	European communication satellite
قمر صناعي للاتصالات	communications satellite
قمر صناعي للاختبار المداري	orbital test satellite
قمط كابت	strapping
قناة	channel
قناة اتصال	communication channel
قناة اتصال منفصلة	discrete channel
قناة اتصال واسعة النطاق الترددي	broadband channel
قناة إرسال	send channel, transmission channel
قناة إرسال مزدوج	duplex channel
قناة إرسال نصف مزدوج	half-duplex channel
قناة إرسال واسعة النطاق الترددي	broadband transmission channel
قناة أمامية	forward channel
قناة بسلكين	two-wire channel
قناة ثقوب التسنين	sprocket hole channel
قناة تلفزيونية	television channel
قناة تليفونية	telephone channel
قناة ثانوية	secondary channel
قناة جهاز إرسال متعدد التقابل	multiplexer channel
القناة الحاملة للمعلومات	information bearer channel
قناة حقيقية	physical channel
قناة خاصة بالموجات النسبية	anolog channel
قناة خطية	linear channel
قناة خلفية	backward channel
قناة الدخل	input channel
قناة الدخل/الخرج	I/O channel
قناة ذات أربعة أسلاك	four-wire channel
قناة صوتية	voice channel
قناة العودة	return channel
قناة القراءة/الكتابة	read/write channel
قناة القمر الصناعي	satellite channel

ق

قناة كلامية	speech channel
قناة لنقل بيانات الموجات النسبية	analog data channel
قناة محدودة القدرة	power-limited channel
قناة محدودة النطاق	band-limited channel
قناة المسح	erasure channel
قناة المنتقي	selector channel
قناة نقل بيانات	data channel
قناة واحدة لكل موجة حاملة	single channel per carrier
قناع الاعاقة	interrupt mask
قنطرة أندرسون	Anderson bridge
قنطرة تخزين	storage vault
قنطرة « ڤين »	Wien bridge
قنطرة المداولة	conference bridge
قنوات اتصال متعددة التقابل واسعة النطاق الترددي	broadband multiplexing channels
قواعد أحادية لتطبيق قواعد تركيب الجملة	syntactic monoid
قواعد بيانات مقسمة	distributed database
قواعد البيانات النسبية	relational database
قواعد التسيير	routing rules
قواعد القدرات الأمامية	forward capability standards
قواعد اللغة	grammar
قواعد اللغة ذات الهيكل الشجري	tree grammar
قواعد لغوية خطية	linear grammar
قواعد لغوية خطية في اتجاه اليسار	left-linear grammar
قواعد لغوية خطية يمنى	right-linear grammar

قواعد لغوية غامضة	ambiguous grammar
قواعد لغوية متزايدة الطول	length-increasing grammar
قواعد لغوية مميزة	attribute grammar
قواعد لغوية من مستويين	two-level grammars
قواعد لغوية نظامية	regular grammar
قوانين التوزيع	distributive laws
قوة	force, robustness
قوة دافعة كهربية	electro-motive force
قوة الكمبيوتر	computer power
قوس	arc
قيادة	command
قيادة الاختبار	test lead
قياس توليد النبضة	metering pulse generation
قياس نطاق الوقت	time zone metering
قياسي	standard
قياسيات تشفير البيانات	Data Encryption Standard
قياسيات معالجة البيانات	data processing standards
قياسيات النبيطة البينية للاتصال	communication interface standard
قياسية الارسال المعلوماتي	videotex standards
قيمة	value
قيمة بوليانية	Boolean value
قيم الضم	hash value
القيمة العائدة	value returned
قيمة عددية	numerical value
قيمة منطقية	logical value
قيود المسار	route restriction

ق

ك

كابل شريطي	ribbon cable
كابينة النهاية	termination rack
كاتب أنظمة برامج	software writer
كاتب الخرج	output writer
كاتم الصدى التفاضلي	differential echo suppressor
كاثود منشط	activated cathode
كاذب	spurious
كارتريدج	cartridge
كارتريدج البيانات	data cartridge
كارتريدج التحميل التلقائي	autoload cartridge
كارتريدج الشريط	tape cartridge
كارتريدج للأسطوانة المرنة	flexible disk cartridge
كاسيت	cassette
كاسيت لتخزين بيانات رقمية	digital cassette
كباش الاطار	frame grabber
كبر	amplify
كبس البيانات	data compression
كبس الترميز	code compression
كبس الذاكرة	memory compaction
كبل ORC	ORC cable
كبل أحادي التدريع	single armoured cable
كبل احتياطي	spare cable
كبل أرضي ومصنع	land cable and plant
كبل الاصلاح	repair cable
كبل أعماق بحري	deep sea cable
كبل امتداد طويل الخط	long-line extension cable
كبل بحري	submarine cable

كبل خط توصيل	tie-line cable
كبل خطي للسنترال	exchange line cable
كبل خفيف الوزن	lighweight cable
كبل رباعي	quadded cable
كبل عبر المحيط الأطلنطي	transatlantic cable
كبل غير محجوب	unscreened cable
كبل متحد المحور	co-axial cable
كبل مدرع	armoured cable, screened cable
كبل المرسل المستقبل	transceiver cable
كبل مزدوج الدرع	double armoured cable
كبل نهاية الساحل	shore end cable
كبير	macro
كتاب	book
كتابة التجميع	gather writing
كتابة التقارير على ملف	spooling
كتابة عيارية	standard text
كتالوج	catalogue
كتل الخطأ	error blocks
كتل متداخلة	nested block
كتلة	block
كتلة الادخال	entry block
كتلة برامج المصدر	source block
كتلة التزاوج	splicing block
كتلة توقع الخطأ	erroneous block
كتلة الخرج	block output
كتلة ذات طول ثابت	fixed block length
كتلة سريعة الوصل	quick-connect block
كتلة الشكل العام	configuration block

كتلة طرفية	terminal block
كتلة متجمعة	pooling block
كتلة مصغرة	blockette
كتلة نهاية الارسال	end-of-transmission block
كتيب تشغيل	run book
كثافة	density
كثافة الأرقام الثنائي	bit density
كثافة حركة المرور المنقول	amount of traffic carried
كثافة الحروف	character density
كثافة الرزمة	packet density
كثافة السكان	population
الكسب	gain
كسب المكبر	amplifier gain
كسب نظام العروة المغلقة	closed loop system gain
كسب هوائي	ariel gain
كشط	scratch
كشف	list
كشف الترميز	coding sheet
كشف متزامن	synchronous detection
كشف مسجل	tally roll
كشف منسجم	coherent detection
كشف الهوية	identity burst
كفاءة الحساب	computing efficiency
كفاءة الكمبيوتر	computer efficiency
كفاية هوائية	aerial efficiency
كل	each
كل أداة كتم	each suppressor
كل تأثير	each effect
كل توهين	each attenuation
كل مراجعة	each check
كل من الاثنين	both
كلام إلى المحطة الطالبة	speech to calling station
كلام من المحطة المستدعية	speech from calling station
كلمة	word
كلمة أكثر طولا	larger word length
كلمة الأمر	instruction word
كلمة بيانات	data word
كلمة تحكم	control word
كلمة تمييز البرنامج	program status word
كلمة تمييز وحدة التشغيل	processor status word
كلمة خاصة بالكمبيوتر	computer word
كلمة خالية	all blank word
كلمة دليلية	keyword
كلمة دليلية خارج السياق	keyword out of context
كلمة ذات طول ثابت	fixed-length word
كلمة رمزية	codeword
كلمة السر	password
كلمة سيجما	sigma word
كلمة صفرية	zero word
كلمة غير ضرورية	noise word
كلمة قيادة القناة	channel command word
كلمة للتحري	search word
كلمة محجوزة	reserved word
كلمة مراجعة	check word
كلمة من ذاكرة الحاسب	machine word
كم	quantum
كم تخزين	bulk storage
كم ذاكرة	bulk memory
كم من المعلومات	bulk of information
كمال	integrity
كمبيوتر	computer
كمبيوتر « أبل »	Apple
كمبيوتر اتلاس	Atlas
كمبيوتر إعتاق	trip computer
كمبيوتر بذاكرة ترافقية	associative computer
كمبيوتر برامجه متصلة بأسلاك	wired-programme computer
كمبيوتر به مخازن وسيطة	buffer computer
كمبيوتر التحكم	control computer
كمبيوتر تزايدي	incremental computer

ك

كمبيوتر تطبيقات ذو سعة افتراضية	application virtual machine
كمبيوتر ذو طول كلمة ثابت	fixed-word-length computer
الكمبيوتر الرئيسي	host computer
كمبيوتر رقمي	computer digital, digital computer
كمبيوتر شخصي	personal computer
كمبيوتر فائق	supercomputer
كمبيوتر القمر الصناعي	satellite computer
كمبيوتر قياس	computer analogue
كمبيوتر القيمة المطلقة	absolute value computer
كمبيوتر كلي للمستعملين	total user machine
كمبيوتر لا تزامني	asynchronous computer
كمبيوتر للجيل الأول	first generation computer
كمبيوتر لغرض ترجمة البرامج	compiler target machine
كمبيوتر لغرض خاص	special purpose computer
كمبيوتر لكل الأغراض	all-purpose computer
كمبيوتر مبني على أساس وحدة بايت	byte machine
كمبيوتر متعدد العنوان	multiple-address machine
كمبيوتر متعدد الأغراض	general-purpose computer
كمبيوتر متغير في طول الكلمة	variable word length computer
كمبيوتر متوازي	parallel computer
كمبيوتر مكتبي	desktop computer
كمبيوتر هجيني	hybrid computer
كمبيوتر الهدف	target computer
كمية حركة المرور المحمولة	carried traffic
كمية مضافة	addend
كنية	alias
كهربي نسبي	electrical analog
كود الاستدعاء الدولي	international dialling prefix
كود إضافي	extracode
كود « جريه »	Gray code
كود الحرف الممنوع	forbidden character code
الكود الداخلي	inner code
الكود الدولي	international prefix
كود الكمال	integrity code
كود مجموعة	group code
كود الهروب	escape code
كود الوظيفة	function code
كولوم	coulomb (Q)
كوم	heap
كومة بيانات قابلة للدمج	mergeable heap
كيفية تداول المعلومات	access mode
كيلو	kilo
كيلوبتات	kilobits
كيلوتيار	kilostream
كيلوميجا	kilomega
كيلوهرتز	kilohertz
كينونة	entity

ك

ل

لا تحديد	nondeterminism
لا تشويش	do-not-disturb
لا صفري	nonzero
لا طرفي	nonterminal
لا متزامن	asynchronous
لا متغير	invariant
لا يقبل التجزىء	monadic
لاحقة	suffix
لائحة خيارات	menu
اللجنة الاستشارية الدولية للتليفون والتلغراف	CCITT
اللجنة الأمريكية لقياسية تبادل المعلومات	ASCII
لحظات هامة	significant instants
لزمة	syndrome
لطخة حبر	ink smudge
لغات أحادية التخصيص	single-assignment languages
لغات إلزامية	imperative languages
لغات برمجة منطقية	logic programming languages
لغات تقريرية	declarative languages
لغات الحروف المكافئة	letter-equivalent languages
لغات قالبية للبناء	block-structured languages
لغات وظيفية	functional languages
لغة	language
لغة أبل	APL
لغة إجرائية	procedural language
لغة إشرافية	supervisory control language
لغة أقرب إلى الحاسب	machine-oriented language
لغة الآلة	object language
لغة الجول	Algol
لغة أوامر قيادية	command language
لغة أيدا	ADA
لغة بابيج	Babbage
لغة باسكال	Pascal
لغة باسكال المتقدمة	Pascal-Plus
لغة بايسيك	BASIC
لغة « برت »	PERT
لغة برمجة للسنترالات	program language for exchanges
لغة برنامج المصدر	source language
لغة « برولوج »	PROLOG
لغة « بي إل ـ ١ »	PL/I
لغة تتأثر بالسياق	context-sensitive language
لغة تجارية	commercial language
لغة التجميع	assembly language
لغة تحديدية	deterministic language
لغة التحكم في النظام	system control language
لغة التحكم الوظيفي	job-control language
لغة تحويل البيانات	data conversion language
لغة تخطيط برامج	programming language
لغة تساؤل	query language
لغة تستخدم في الحلول القياسية	algorithmic language
لغة تصميم البرامج	program design language

ل

لغة التصميمات الرقمية	digital design language
لغة تطبيقية	applicative language
لغة تعريف البيانات	data definition language
لغة تميل إلى لغة الآلة	object-oriented language
لغة تميل إلى معالجة المشاكل	problem-oriented language
لغة تميل إلى نظام الاجراءات	procedure-oriented language
لغة تنظيم المهام	JCL
لغة توجيه	control language
لغة جبرية	algebraic language
لغة جبرية عالمية	international algebraic language
لغة حرة السياق	context-free language
اللغة الخاصة بالحاسب	machine language
لغة ذات مستوى منخفض	low-level language
لغة رسمية	formal language, symbolic language
لغة زائفة	pseudolanguage
لغة سيجما	sigma language
لغة عالية الدرجة	high-order language
لغة عالية المستوى	high-level language
لغة عامة	common language
اللغة العامة لنظم العمل (كوبول)	common business oriented language
لغة فعالة	effective language
لغة فورتران	FORTRAN
لغة فورث	Forth
لغة قابلة للامتداد	extensible language
لغة قواعد البيانات	database language
لغة كوبول	COBOL
لغة كورال	CORAL
لغة كومال	COMAL
لغة لا إجرائية	nonprocedural language
لغة لا تخصيصية	assignment-free language
لغة لبناء البيانات	data structure language
لغة للنظام الآني	real-time language
لغة لها هيكل شجري	tree language
لغة لوجو	LOGO
لغة ليسب	LISP
لغة مبهمة أصلاً	inherently ambiguous language
لغة مجدولة	tabular language
لغة محاكاة	simulation language
لغة المصطلحات	term language
لغة معالجة بيانات	data manipulation language
لغة مُفسرة	interpretive language
اللغة المنطقية	rational language
لغة المواصفات	specification language
لغة نظامية	regular language
لغة نقل السجلات	register transfer language
لغة وصف البيانات	data description language
لغة وضع الفهارس	DDL
لف	convolution
اللف بالأسلاك	wire wrapping
لف للداخل ولف للخارج	roll-in roll-out
لفة التذاكر	ticket roll
لم يتم لها مراجعة الاحتياطي	marginally unchecked
لوح ذو فتحة	aperture plate
لوح مقابس التوصيل المؤقت	patchboard
لوحة	board
اللوحة الأصلية	mother board
لوحة بحافة	edge board
لوحة التحكم	control panel
لوحة تلكس دولي نصف آلية	international telex automanual board
لوحة الدائرة	circuit board
لوحة دائرة مطبوعة	printed circuit
لوحة ذات وصلات سلكية ملفوفة	wire wrap board
لوحة ذاكرة مغناطيسية	magnetic memory plate
لوحة شرائح رقيقة	chip card
لوحة قابسة قابلة للفصل	detachable plugboard

ل

لوحة قاعدة الأمان	security base plate
لوحة قوابيس	plugboard
لوحة مراقبة شمسية	solar panel
لوحة مسك الورق	paper hold down plate
لوحة المفاتيح	keyboard, keypad
لوحة مفاتيح لينة	soft keyboard
لوحة مفاتيح من ثلاثة صفوف	three-row keyboard
لوحة مقابس	jack panel
لوحة هزازة	joggling plate
لوحة وليدة	daughter board
لوحة يدوية تدار عن بعد	remote manualboard
اللوغاريتمات الطبيعية	natural logarithm, naperian logarithm
لولبة آلية	autothread
ليزر	laser
ليّن	soft

ل

م

ما وراء برنامج التجميع	meta-assembler
ما وراء برنامج الترجمة	metacompiler
ما وراء عملية الترجمة	metacompilation
ما وراء اللغة	metalanguage
ماجوا	append
مأخذ	socket
الماسح	eraser
ماسحة	scanner
ماسك	clamp
ماكينات متصلة مباشرة	direct-coupled machines
ماكينة تدفق البيانات	dataflow machine
ماكينة تعاقبية	sequential machine
ماكينة المحاسبة الكهربية	electrical accounting machine
ماكينة معالجة الكترونية للبيانات	electronic data processing machine
مالك	owner
مانع أنودي	anode stopper
مانع تام للصدى	full echo suppressor
مانع للتشويش	antijamming
مبدل العلامة	sign changer
مبين المسار التخييري	alternative routing indicator
متابع ببرنامج دقيق جدا	microprogram sequencer
متباين الخواص	anisotropic
متتابعة باركر	Barker sequence
متتالية X	X series
متجه	vector
متجه الاعاقة	interrupt vector

متجه تداول المعلومات	access vector
متجه العمود	column vector
متجه متغير الطول	variable-length vector
متجه مخدر	dope vector
متجه مميز	characteristic vector
متحكم بجهاز محيطي عام	general peripheral controller
متحكم دقيق	microcontroller
متحكم ذكي	intelligent controller
متحد المحور	co-ax
المتخصص في المنطق	logician
مُتَدَخِّل	intervening
مُترجم	interpreter, translator
مترجم تزايدي	incremental compiler
مترجم الخانة	register translator
متزن	balanced
متساوي الجهد	equipotent
متسع الذبذبة	amplitude
متسلسلة زمنية	time series
متصلة بأسلاك	hardwired
المتضمن	implicant
متطابق مع آي . بي . إم	IBM compatible
متطلبات التخزين	storage requirement
متطلبات المعلومات	information requirements
متعدد الترددات	multifrequency
متعدد التقابل الكتلي	block multiplexor
متعدد التوافقيات اللامستقر	astable multivibrator
متعدد التوافقيات الثنائي بالاستقرار	bistable multivibrator

م

متعدد الحدود	polynomial
متعدد الشرائح الرقيقة	multichip
متعدد القوالب	multicasting
متعدد النوافذ	multiwindow
متعدد الواجبات	multijob
متعدد الوصلات	multilinked
مُتعددة الحدود الغير قابلة للاختزال	irreducible polynomial
متعددة الحدود قابلة للاختزال	reducible polynomial
متعددة الحدود المولدة	generating polynomial
متغير	argument, variable
متغير ثنائي	binary variable
متغير الحالة	state variable
متغير حرفي	character variable
متغير ذو قيمتين	two-valued variable
متغير شامل	global variable
متغير عشوائي	random variable
متغير له رمز سفلي دليلي	subscripted variable
متغير هيكلي	structured variable
متقارن بشدة	tightly coupled
متقاصر	curtate
مُتقبل	acceptor
متوازن الارتفاع	height-balanced
متوالي ـ متوازي	serial-parallel
متوالية "V"	V series
متوالية فورييه	Fourier series
متوالية فيبوناتشي	Fibonacci series
متوسط	mean, medium
متوسط حركة المرور	average traffic
متوسط حركة المرور ساعة الانشغال	busy hour average traffic
متوسط زمن الاصلاح	MTTR - mean time to repair
متوسط الزمن بين الأعطال	MTBF - mean time between failures
متوسط زمن التوقف	mean down time
متوسط زمن الوقوف	mean holding time
المتوسط الزمني بين الأعطال	mean time between failures

المتوسط الزمني بين المكالمات	mean time between calls
متوسط ساعة الانشغال	mean busy hour
متوسط فترة التشغيل	average operating time
متوسط مدة المكالمة	average call duration
متوسط موزون	weighted average, weighted mean
مثقاب يدوي	manual perforator
مجاز ضيق	throat
مجال	domain, field, scope
مجال إبتدائي	elementary field
مجال التحول	transform domain
مجال التكامل	integral domain
مجال الزمن	time domain
مجال الفضاء	space domain
مجال الوقاية	protection domain
مجالات متداخلة	nested scopes
مجدول الأولويات	priority scheduler
مجدول عالي المستوى	high-level scheduler
مجدول منخفض المستوى	low-level scheduler
مجرى	stream
مجرى العمل	job stream
مجزىء التردد	frequency divider
مجزىء الزمن متعدد التقابل الذكي	intelligent time division multiplexor
مجس منطقي	logic probe
مجلد	volume
مجلد كشط	scratch volume
مجمع	collector
مجمع بطاقات	card collator
مُجمَّع باليد	handset
مجمّع ثنائي	binary adder
مجمع الرزمة	packet assembler
مجمل	compendium
مجموع جزئي	subtotal
مجموع رقمي	digital sum
مجموع غير مفهوم	gibberish total
مجموع المراجعة	check sum

م

مجموعات ذات رموز قياسية	standard code sets
مجموعة	array, assembly, bank, batch, suite, set, repertoire, group
مجموعة اختبار ديناميكي	dynamic test set
مجموعة إختبار الضوضاء البيضاء	white noise test set
مجموعة إختبار كابل	cable test set
مجموعة أشرطة فارغة للاستعمال المشترك	scratch pool
المجموعة الأصلية	source set
مجموعة إمتداد طويلة الخط	long-line extension group
مجموعة الأمر	instruction set
مجموعة انتاجية	product group
مجموعة الأوامر	instruction repertoire
مجموعة أولية	basic group
مجموعة بطاقات الجدولة	tab-card set
مجموعة بطاقات مرمزة لبرنامج المصدر	source deck
مجموعة بيانات	data set
مجموعة بيانات تليفونية	telephone data set
مجموعة تبادلية	commutative group
مجموعة تباديل	permutation group
مجموعة تحكم ممتدة	extended control set
مجموعة تروس تفاضلية	differential gear
مجموعة التشغيل	operation group
مجموعة تطبيقية	application package
مجموعة تكرارية	recursive set
مجموعة تماثل	symmetry group
مجموعة التوزيع	distribution group
مجموعة ثمانية	octet
مجموعة جزئية حرفية	character subset
مجموعة حرفية	character set
مجموعة الحروف	character repertoire
مجموعة حروف عددية	numeric character subset
مجموعة الحقل	group field
مجموعة خالية	empty set
مجموعة دوائر	circuit group
مجموعة رسومات تزويقية	mosaic graphics set
مجموعة رموز G1	G1 code set
مجموعة رموز G2	G2 code set
مجموعة رياضية	math set
مجموعة شاملة	universal set
مجموعة شرائح رقيقة	chip set
مجموعة شرائط	tape cluster
مجموعة الشريط المغناطيسي	magnetic tape group
مجموعة صفرية	null set
مجموعة الطاقة	power set
المجموعة العاملة	working set
مجموعة غير رقمية	denumerable set
مجموعة فارغة	void set
مجموعة فرعية	subgroup, subset
مجموعة فرعية رديئة	normal subgroup
مجمعة فرعية للمكبر	amplifier sub-assembly
مجموعة فرعية مناسبة	proper subgroup
مجموعة فوقية	hypergroup
مجموعة قابلة للعد	countable set
مجموعة القطع	cut set
مجموعة قياس المستوى	level measuring set
مجموعة قياس المنسوب الانتقائية	selective level measuring set
مجموعة كربونية للارسال الاقحامي البيني	interleaved carbon set
مجموعة لم يتم لها مراجعة الاحتياطي	marginally unchecked set
مجموعة متماثلة	symmetric group
مجموعة المجلدات	volume set
مجموعة محدودة	finite set
مجموعة مرتبة ترتيباً جيداً	well-ordered set

م

مجموعة مرتبة جزئياً	partial ordered set
مجموعة مرتبة خطية	linear array
مجموعة مرتبة متعددة الاتجاهات	multidimensional array
مجموعة مرحلات الخط	line relay group
مجموعة مرحلات لتداول السجلات	register access relay set
مجموعة مغلقة للمستخدمين	closed user group
مجموعة من تشغيلات البرنامج	suite of runs
مجموعة من جزء واحد	single part set
مجموعة من الرموز الثنائية	binary string
مجموعة موجهة	directed set
مجموعة نظامية	regular set
مجموعة يمكن احصاء تكرارها	recursively enumerable set
مجهز للعميل	customer provided
مُحَاثة	inductance
محادثة ثنائية	dialogue
محاذاة الاطار	frame alignment
المحاسبة بدفتر اليومية	journal accounting
محاكاة	simulation
محاكاة الحاسب	machine simulation
محاكي	simulator
محاكي الاجابة العكسية	answer back simulator
محاكي بواسطة الكمبيوتر	computer simulated
محاكي شبكة اتصالات	communications network simulator
محاكي الكبل	cable simulator
محاولة تكرار اوتوماتيكي	automatic repeat attempt
محتوى	content
محتوى المعلومات	information content
محجوب	screened
محدِّد	determinant
محدد قياس أسلاك أمريكي	American wire gauge

محدد محيطياً	peripheral limited
محدد المسار	router
محدود الدخل / الخرج	input/output limited, I/O-limited
المحرر	editor
محرر شاشة	screen editor
محرر النص	text editor
محرك أداة التدرج	stepper motor
محرك الأسطوانة الثابت	fixed disk drive
محرك تدريج	stepping motor
محركة خلية البيانات	data cell drive
محزز البطاقة	card groover
محطات تقوية لاستعادة نفس القوة	equalizing repeaters
محطة	station
محطة الاحساس	sensing station
محطة إرسال	transmitting station
محطة إرسال أرضية	transmitting earth station
محطة أرضية	earth station
محطة أساس	base station
محطة أساسية	key station
محطة إستعلام	inquiry station
محطة إستقبال أرضية	receiving earth station
محطة بيانات	data station
محطة خط فرعي	tributary station
محطة دخول	in-station
محطة رئيسية	master station
محطة طرفية	terminal station
محطة عاملة	operating station
محطة عمل	work station
محطة القمر الصناعي	satellite station
محطة متعددة الأدوار	multifunctional workstation
محطة مسح ضوئي	optical scanning station
محطة المعيد	repeater station
محطة نقطة البيع	point-of-sale terminal
محقق	verifier
محقق اوتوماتيكي	automatic verifier

م

محقق البطاقات	card verifier
محقق ميكانيكي	mechanical verifier
مُحلل	analyzer
محلل تبايني	differential analyzer
محلل تركيب الجملة	syntax analyzer
محلل الترميز	operation decoder
محلل تفاضلي الكتروني	electronic differential analyzer
محلل تفاضلي رقمي	digital differential analyzer
محلل لغوي	lexical analyzer
محلل منطقي	logic analyzer
محلل ميكانيكي تفاضلي	mechanical differential analyzer
محلي	local
محمل البرامج الأوتوماتيكي	automatic programme loader
محمل الوصلة	link loader
المحو باستخدام الأشعة فوق البنفسجية	ultraviolet erasing
محو نفقي	tunnel erase
محور تلامس	contact pin
محول استقرار	stabiliser
محول برنامج المصدر	source converter
محول البطاقات إلى شريط	card-to-tape converter
محول البطاقات إلى شريط ممغنط	card-to-magnetic-tape converter
محول تابع	follower converter
محول التذكرة	ticket converter
محول ترميز	code converter
محول التقريب المتتالي	successive approximation converter
محول طاقة	transducer
محول الطاقة التتابعي	sequential transducer
محول طاقة فعال	active transducer
محول الطاقة مستقيم الشكل	ortho-mode transducer
محول مسند	predicate transformer
محول من توازي إلى توالي	parallel-to-serial converter
محول موجات رقمية إلى نسبية	D/A converter
محول من موجات رقمية إلى نسبية	digital/analog converter
محول موجات نسبية إلى رقمية	A/D converter, analog/digital converter
مختبر الشريط المغناطيسي	magnetic tape tester
مخرج	way out
مخزن إفتراضي	virtual store
مخزن أنبوبة « ويليامز »	William's store tube
مخزن برنامج	program store
مخزن برنامج دقيق جدا	microprogram store
المخزن التابع لعملية ترجمة العنوان	address translation slave store
مخزن تحري متوازي	parallel search storage
مخزن التحكم في الكلام	control store for speech
مخزن ترافقية	associative store
مخزن ثانوي	auxiliary store
مخزن جزء من ألف مليون من برنامج	nanoprogram store
مخزن حامل للبيانات	data carrier store
مخزن خط التعويق	delay line store
مخزن دائري	cyclic store
مخزن ديناميكي	dynamic store
مخزن رئيسي	main store
مخزن شعاعي	beam store
مخزن صوتي	acoustic store
مخزن عام لملف	public filestore
مخزن فوري التداول	immediate access store
مخزن قابل للتحكم فيه عن طريق الكتابة	writeable control store
مخزن كلام خارج	outgoing speech store
مخزن كمي	bulk store
مخزن متداخل	nesting store
مخزن متوسط	intermediate storage
مخزن مساعد	backing store
مخزن المعدل	modifier register
مخزن المقارنة	reference store

م

مخزن المكالمة الواردة	incoming speech store
مخزن مكثفات	capacitor store
مخزن الملفات	filestore
مخزن من مستوى واحد	one-level store
مخزن وسيط	buffer store
مخزن وسيط للبيانات	buffer
مخزن وسيط لبيانات البطاقة المثقبة	card punch buffer
مخزن يقبل الكتابة عليه	writeable store
المخزون الفعلي	actual stock
مخزون مقدماً	prestore
مخطط	plotter
مخطط برامج علمية	scientific programmer
مخطط برامج نظم	systems programmer
مخطط بياني صناعي	acrylic graph
مخطط بياني مبين	indicator chart
مخطط توزيع التواتر	histogram
مخطط الشكل البياني	graph plotter
مد	outrigger
مد أسلاك الاتصال	communication wiring
مدار الكتروني إبتدائي	A-bus
مدار بيانات	data bus
مدار التحكم	control bus
مدار توزيع	bus, highway
مدار توزيع ذو إرسال متعدد التقابل	multiplexed bus
مدار ثابت فوق الكرة الأرضية	geostationary orbit
مدار الدخل/الخرج	I/O bus
مدار رقمي	digital bus
مدار لاختبار وحدة التشغيل	processor test bus
مدار المعالج الاقليمي	regional processor bus
مدار مفتاح زمني	time switch bus
مدار نقل العناوين	address bus
مدار وسيط متعدد الأغراض	general-purpose interface bus
مداولة	conference
مدة الرقم	digit time

مدة فعلية	action period
مدة النداء	call duration, duration of a call
مدخل	entry
مدفعة الكترونات	electron gun
مدفعة الايقاف	holding gun
مدمج	splicer
مدور الأسطوانات المرنة الممغنطة	diskette drive
مدور الأسطوانات الممغنطة	disk drive
مدور خطي متزن	balanced line driver
مدور رحوي مزدوج	dual capstan drive
مدور مدار توزيع	bus driver
مدى	range
المدى بين الرُبعي	interquartile range
مدى الخطأ	error range
مدى ديناميكي	dynamic range
مدير	director
مدير الاتصالات	communications manager
مدير البرنامج المترجم	compiler manager
مدير البيانات	data administrator
مدير خدمات الكمبيوتر	computer-services manager
مدير الشبكة	network manager
مدير قواعد البيانات	database administrator
مدير الكمبيوتر	computer manager
مدير مركز قسم المعاملة الآلية للمعلومات	EDPM
مدير معالجة البيانات	data processing manager
مدير الملف الحقيقي	physical file manager
مذبذب	oscillator
مذبذب بث الاشارات	signalling oscillator
مذبذب بللوري تحت تحكم القولتية	voltage controlled crystal oscillator
مذبذب تراخ	multivibrator
مذبذب رئيسي	master oscillator
مذبذب مزدوج	double oscillator
مذبذب مفرد	single oscillator
مذبذب نطاط	flip-flop

مذبذب نطاط D	D flip-flop
مذبذب نطاط JK	JK flip-flop
مذبذب نطاط SR	SR flip-flop
مذبذب نطاط T	T flip-flop
مذبذب نطاط بالتوقيت	clocked flip-flop
مذبذب نطاط « الرئيس والتابع »	master-slave flip-flop
مذبذب نطاط شامل	universal flip-flop
مذبذب نطاط يعمل بإشارة نبضية	pulse-triggered flip-flop
مرآة مغناطيسية	magnetic mirror
مراجعة	check
مراجعة الاحتياطي	marginal check
مراجعة أخطاء عائدة	revertive error checking
مراجعة الاستمرارية	continuity check
مراجعة أمر غير مناسب	improper command check
مراجعة أنظمة الحاسب	audit of computer systems
مراجعة الباقي	residue check
مراجعة تبادلية	cross-check
مراجعة الترميز	coding check
مراجعة التماسك	consistency check
مراجعة الجمع	sumcheck
مراجعة حروف	character check
مراجعة حسابية	arithmetic check
مراجعة الخطأ	error checking
مراجعة خطأ غير عائدة	nonrevertive error checking
مراجعة ديناميكية	dynamic check
مراجعة رأسية	vertical check
مراجعة صحة البيانات	validity check
مراجعة فائض الدورة	cyclic redundancy check
مراجعة الفردي والزوجي	odd-even check
مراجعة القراءة أثناء الكتابة	read-while-write check
المراجعة اللامنطقية	absurdity check
مراجعة مضاعفة	duplication check
مراجعة المعلومات المفرغة	dump check
مراجعة المعقولية	reasonableness check
مراجعة نقطية	check pointing
مراجعة الوفرة رأسياً	vertical redundancy check
مراسلة مبرمجة	programmed correspondence
مراسم مستوى الرزمة	packet level protocols
مراعاة أصول الصحة	sanitation
مراقب البناء العنقودي	cluster controller
مراقب توكيد	assertion checker
مراقب جهاز محيطي	peripheral controller
مُراقب الدخل/الخرج	I/O supervisor
مراقب لتشخيص أعطال الشبكة	network diagnostic controller
مراقب المعالجة عن بعد	teleprocessing monitor
مراقبة	monitoring
مراقبة الأداء	performance monitoring
مراقبة التجهيز للتشغيل	installation processing control
مراقبة الجودة	quality control
مراقبة العمل	job monitoring
مرتبط بدون احكام	loosely coupled
مرتبط بمتانة	strongly connected
مرجع	reference
مرجع اسناد	datum
مرحل بريشة	reed relay
مرحل ثرميوني	thermionic relay
مرحلة تعديل متوسطة	intermediate modulation stage
مرحلة تكبير	amplifier stage
مرحلة الخرج ذات ثلاث حالات	three-state output stage
مرحلة القبول	accepting stage
مُرتب	collator
مرسل	dispatcher, emitter, sender
مرسل تلفزيوني	television transmitter
مرسل الحروف	character emitter
مرسل القياس عن بعد	telemetering transmitter
مرسل لاسلكي	radio transmitter
مرسل مستقبل	transceiver

م

مرسل مضمن SG3	SG3 transmitter modulator
مرسمة تذبذبات	oscilloscope
مرسوم بالكمبيوتر	computer drawn
مرشح	filter
مرشح الأشعة دون الحمراء	IF filter
مرشح إمرار الترددات العالية	high pass filter
مرشح إمرار الترددات المنخفضة	low-pass filter
مرشح إمرار نطاقي	band-pass filter
مرشح حزي	notch filter
مرشح رقمي	digit filter
مرشح نبذ نطاقي	band-reject filter
مرشح نشط	active filter
مرشح وقفي شريطي	band-stop filter
المرقّمة	digitizer
مركبة إطلاق	launch vehicle
مركّبة فعالة	active component
مركز	centre
مركز اتصال خاص بمنطقة	district switching centre
مركز إدارة الشبكة	network management centre
مركز إعادة إرسال التلغراف	telegram retransmission centre
مركز برنامج صوتي دولي	international sound programme centre
مركز التحصيل	toll centre
مركز تحكم دولي	international control centre
مركز تحويل انتقالي	transit switching centre
مركز تحويل اوتوماتيكي	automatic switching centre
مركز تحويل اوتوماتيكي للرسائل	automatic message switching centre
مركز تحويل دولي	international switching centre
مركز التحويل الرئيسي للشبكة	main network switching centre
مركز تحويل القطاع	sector switching centre
مركز تحويل المجموعات	group switching centre
مركز تغيير الشريط الممزق	torn tape switching centre
مركز التلفزيون الدولي	international television centre
مركز ثانوي	secondary centre
مركز خاص آلي للاتصالات الهاتفية الفرعية	PABX
مركز خاص للاتصالات الهاتفية الفرعية	PBX
مركز خدمة المشتركين	subscriber service centre
المركز الرئيسي	primary centre
مركز الشريط الممزق	torn tape centre
مركز الفرشاة	brush station
مركز كمبيوتر محمل على شاحنة	van-mounted computer centre
مركز المجموعة	group centre
مركز مجموعة رئيسية	trunk group centre
مركز مرحل الرسائل	message relay centre
مركز معالجة بيانات	data processing centre
مركز المعلومات	information centre
مركز النطاق	zone centre
مركِّز	concentrator
مركز إشارات الخطر	alarm centraliser
مركِّز البيانات	data concentrator
المركم	accumulator
مركم دليلي	index accumulator
مرمَّز عن طريق الطور	phase-encoded
مرور	pass
المرونة	resilience
مرونة تخصيص أماكن الأرقام	flexible number allocation
مرونة تشغيلية	operational flexibility
مزامن	synchronizer
مزامنة	synchronization
مزحزح الطور	phase shifter
مزدحم	overcrowded
مزدوج	dual

م

مزدوج الدقة	double precision
مزلقة	slider
مزود به المستعمل	user supplied
مُزود المعلومات	information provider
مزيل تضمين دليلي	pilot demodulator
مزيل التضمين الكلي SG	SG bloc demodulator
مزيل لحام	solder remover
مسألة خاصة بأداء أجهزة الكمبيوتر	benchmark problem
مسألة محاسبة	counting problem
مساحة	area
مساحة التاريخ الأولي	prime date area
مساحة التخزين	storage pool
مساحة تشغيل مجزئة	split work area
مساحة ثابتة	constant area
مساحة الخرج	output area
مساحة الشغل	workspace
مساحة عامة	common area
مساحة فرعية	subpool
مساحة المستعمل	user area
مسار	path, route, track
مسار : إذهب	go path
مسار الارسال	transmission path
مسار أساس	basic routing
المسار الأصلي	primary route
مسار إعادة الدوران	recirculation path
مسار بديل	alternate routing
مسار البطاقة	card track
مسار البيانات	data path
مسار تخزين وقراءة أرقام ثنائية	bit track
مسار تخييري	alternative routing
مسار تداول المعلومات	access path
مسار التغذية	feed track
مسار التماثل الجانبي	lateral parity track
مسار التوقيت	clock track, timing track
مسار ثانوي	secondary route
مسار حقيقي	physical track
مسار رئيسي	backbone routing
مسار راديو للموجات الرقمية	digital radio path
مسار الطاقة	power routing
مسار عالي الاستخدام	high-usage route
مسار عنواني	address path
مسار الكلام	speech path
مسار مزود بالكامل	fully provided route
مسار منطقي	logical track
المسار النهائي	final route
المسار النهائي الفعلي	actual final route
المسار النهائي النظري	theoretical final route
مسارات الطوارىء	emergency routes
مساعد	server
مساعد الملف	file server
مسافة الاشارة	signal distance
المسافة الآمنة	lee distance
مسافة للخلف	backspace
مسافة « هامينج »	Hamming distance
مساو ـ متبق	residual equaliser
المساواة	equalization
المساواة بالصفر	make null
مساواة بالصفر	nullification
المساواة بالصفر	zeroise
مسبر	probe
مسبر اختبار	test probe
مستخدم الكمبيوتر المنافس	hostile user
مستعد للارسال	ready for sending
مستعرض	traversal
مستعرض ترتيب متماثل	symmetric order traversal
مستعمل	user
مستعمل جديد للكمبيوتر	new computer user
المستعمل النهائي	end user
مستقبل لاسلكي	radio receiver
مستقبل مزيل التضمين SG3	SG3 receiver demodulator

م

مستقبل مستمر	continuous receiver
مستقل	stand-alone
مستقل عن الحاسب	machine-independent
مستودع الذاكرة	memory bank
مستوى	level
مستوى ـ J	J-level
مستوى بدائي	primitive level
مستوى البيانات	data level
مستوى تخزين القلب المغناطيسي	magnetic core storage plane
مستوى تداول المعلومات	access level
مستوى التشديد	stringency level
مستوى التطبيق	application layer
مستوى التكمي	quantization level
المستوى الحقيقي للسطح البيني	physical level interface
مستوى الخلفي	backplane
مستوى الرقم	digit plane
مستوى ضوضاء دائرة	circuit noise level
المستوى العياري للمتجه	vector norm
مستوى القلب المغناطيسي	magnetic core plane
مستوى المتقبل	acceptor level
مستوى المجموعة المتفوقة	supergroup level
مستوى منطقي	logic level
مسجل	tally
مسجل بمتغيرين س ، ص	xy recorder
مسجل حركة المرور	traffic recorder
مسجل الفيلم	film recorder
مسح بحري رئيسي	main sea survey
مسح الحقل	field scan
المسح الخطي	line scan
مسح العلامة	mark scanning
مسح لعد خطوط المسح	raster scan
مسح المسار	route survey
مسح المسار الارضي	land route survey
مسح نهاية الساحل	shore end survey
مسدود للماء	waterproof, watertight
مسلك	duct
مسلك سقوط	crash course
مسلك العنوان	address track
مسند	bolster
مسند الترميز الرقمي	digitizing pad
مسيطر	dominator
المشاركة في الوقت	time sharing, time slicing
مشترك	subscriber
المشترك المنادي	called subscriber
مشترك النداء	calling subscriber
مشتقة	derivative
مشرف	supervisor
مشروط	conditional
مُشغل	actuator
مشغل الأسطوانة المرنة	floppy-disk drive
مشغل الدائرة	operator circuit
مشغل الشبكة	network operator
مشغل الكمبيوتر	computer operator
مشغل نسبي	relational operator
مشغول	busy
مشكلة الحمل على الظهر	knapsack problem
مشكلة خاصة بإيقاف التشغيل	halting problem
مشكلة خاصة بالقرارات	decision problem
مشكلة القدرة على التنفيذ	satisfiability problem
مشكلة القيمة الأولية	initial-value problem
مشكلة القيمة المحدودة	boundary-value problem
مشكلة مراجعة	check problem
مص	absorption
المصادات الواردة	incoming buffers
مصاريف الوصل	connect charge
مصب حراري	heat sink
مصباح	lamp

م

مصحح خاص بتركيب الجمل	syntax-directed compiler
مصدر	origin, resource, source
مصدر البيانات	data source
مصدر الرسائل	message source
مصدر الضوضاء	noise source
مصدر مستقل يقوم بخدمات نظم الكمبيوتر	bureau service
مصدر المعلومات	information source
مصفوفات « هادامارد »	Hadamard matrices
مصفوفة	array, matrix
مصفوفة اختبار التماثل	parity-check matrix
مصفوفة بوليانية	Boolean matrix
مصفوفة بيانات	data matrix
مصفوفة تباديل	permutation matrix
مصفوفة تتكون من صف واحد	row vector
مصفوفة التجاور	adjacency matrix
مصفوفة التحويل	transformation matrix
مصفوفة التخزين	storage matrix
مصفوفة تداول المعلومات	access matrix
مصفوفة التطابق	identity matrix
مصفوفة التفويض	authorization matrix
مصفوفة ثلاثية القطر	tridiagonal matrix
مصفوفة ثنائية	bit matrix
مصفوفة ثنائية البعد	two-dimensional array
مصفوفة الحدوث	incidence matrix
مصفوفة ذات تماثل مائل	skew-symmetric matrix
مصفوفة شريطية	band matrix
مصفوفة صفرية	null matrix, zero matrix
مصفوفة عشوائية	stochastic matrix
مصفوفة عكسية	inverse matrix
مصفوفة غير مرتبة	ragged array
مصفوفة غير مفردة	nonsingular matrix
مصفوفة فرعية	submatrix
مصفوفة قابلة للعكس	invertible matrix
مصفوفة قطرية	diagonal matrix
مصفوفة متفرقة	sparse matrix
المصفوفة المتقدمة	enhanced matrix
مصفوفة متماثلة	symmetric matrix
مصفوفة مثلثية	triangular matrix
مصفوفة مراقبة	observation matrix
مصفوفة مربعة	square matrix
مصفوفة المرونة	flexibility array
مصفوفة مفردة	singular matrix
مصفوفة منطقية قابلة للبرمجة	programmable logic array
مصفوفة منطقية مبرمجة	programmed logic array
مصفوفة المولِّد	generator matrix
المصفوفة النقطية	dot matrix
مصفوفة الوصل	connectivity matrix
مصلحة التلغراف	telegraph service
مصمم الشكل للوسيط القياسي في الصناعة	industry standard formatter interface
مصمم الملف	file designer
مصيدة الاعاقة	interrupt trap
مضاد لاتجاه الطور	antiphase
مضاعف ضوئي	photomultiplier
المضاعف المشترك الأصغر	least common multiple
مضخم	amplifier
مضخم ادماجي مستقبل	receive combining amplifier
مضخم تشغيلي	op-amp, operational amplifier
مضخم دفعي جذبي	push pull amplifier
مضخم سمعي	audio amplifier
مضخم عاكس للاشارة	sign-reversing amplifier
مضخم ميكروفوني	microphone amplifier
مضخم النظام	system amplifier
المضروب فيه	multiplier
مضروب مباشر	direct product
مضمد	binding, modulator
المضمن الكلي SG	SG bloc modulator
المضوائية	photometry
مُعادل اوتوماتيكي	automatic equalizer
معادل التعوق	delay equalizer

م

المعادل المهائي	adaptive equalizer
المعادلات الآنية	simultaneous equations
معادلات تفاضلية	differential equations
المعادلات التفاضلية بالتجزىء	partial differential equations
معادلات تفاضلية عادية	ordinary differential equations
معادلات جامدة	stiff equations
معادلات جبرية خطية	linear algebraic equations
معادلات غير خطية	nonlinear equations
معادلات فرقية	difference equations
معادلة أسية	exponential equation
معادلة تكاملية	integral equation
معادلة تكاملية ـ تفاضلية	integro-differential equation
معادلة ذرية	atomic formula
معادلة متعددة الحدود	polynomial equation
معادلة المصفوفة	matrix equation
المعالج	processor
معالج MIMD	MIMD processor
معالج أسبق	preprocessor
معالج إقليمي	regional processor
المعالج الأمامي	front-end processor
معالج بيانات مساند	coprocessor
المعالج التالي	postprocessor
معالج الدخل/الخرج	IOP, I/O processor
المعالج الرئيسي	host processor
معالج القمر الصناعي	satellite processor
معالج متعدد الوحدات	multiunit processor
معالج محيطي	peripheral processor
معالجة أرقام ثنائية	bit handling
معالجة الاشارات	signal processing
معالجة الاشارات الرقمية	digital signal processing
معالجة الأعطال	failure recovery
معالجة الكترونية للبيانات	electronic data processing
معالجة أمامية	foreground processing
معالجة آنية	on-line processing, real-time processing
معالجة الأولويات	priority processing
المعالجة بتخطيط	graphical processing
معالجة بالرصيصة	stack manipulation, stack processing
معالجة بالمجموعات	batch processing
معالجة البيانات	data processing
معالجة البيانات التجارية	commercial data processing
معالجة البيانات في الصناعة	industrial data processing
معالجة بيانات لا مركزية	decentralized data processing
معالجة البيانات المتكاملة	integrated data processing
معالجة البيانات مركزيا	centralized data processing
معالجة البيانات المقسمة	distributed data processing
المعالجة التالية	postprocessing
معالجة التساؤل	query processing
معالجة تصويرية	image processing
معالجة تعاقبية	sequential processing
المعالجة الجدولية	list processing
معالجة الخطأ بدون توقف	on-the-fly error recovery
المعالجة الخلفية	background processing
معالجة الرسالة عن بعد	remote message processing
معالجة الرموز	symbol manipulation
معالجة الصف	string manipulation
معالجة الصورة	picture processing
معالجة الطلبات	demand processing
معالجة عشوائية	random processing
معالجة على التوازي	parallel processing
المعالجة على التوالي	serial processing
المعالجة عن بعد	teleprocessing
معالجة المتجه	vector processing
معالجة متعددة	pipeline processing
معالجة متعددة المداخل	MAC

م

معالجة محدودة للدخل	input-limited process
معالجة المصفوفة لتصبح قطرية	diagonalization
معالجة المعاملات	transaction processing
معالجة المعلومات	information processing
معالجة الملف	file processing
معالجة النصوص	text processing, word processing
معالجة الوثائق	document processing
معامل ارتباط الرتب	rank correlation coefficient
معامل الازدواج	duplication factor
المعامل الذي تجرى عليه العملية الحسابية	operand
معامل الزيادة	excess factor
معامل التضاؤل	damping coefficient
معامل تيار ألفا	alpha current factor
معامل الحصر	blocking factor
معامل كبس برنامج المصدر	source compression factor
معاملة	transaction
المعاملة الآلية للمعلومات	ADP
معاملة عن بعد	TP
معاملة الكلمات بالكمبيوتر	CWP
معاملة المعلومات	DP
معاملة المعلومات آليا	EDP
الممانعة نقطية التغذية للهوائي	aerial feed-point impedance
معاودة عامة	general recursiveness
معاوقة طرفية	terminal impedance
معايرة	calibration
معايير تخطيط برامج	programming standards
معايير الترميز	coding standards
مُعجل	accelerator
معجم	lexicon
معجم آلي	automatic dictionary
معجم البيانات	data dictionary
معدات إرسال الاشارات التلغرافية	keying equipment

معدات إرسال طرفية	terminal transmission equipment
معدات إنهاء دائرة البيانات	data circuit terminating equipment
معدات بث الاشارات	signalling equipment
معدات تحكم المشغل	operator's control equipment
معدات تحويل الاشارة	signal conversion equipment
معدات تحويل اوتوماتيكية	automatic switching equipment
معدات ترجمة المجموعة المتفوقة	supergroup translating equipment
معدات التغذية الكهربية	power feeding equipment
معدات تنظيم الجداول	tab equipment
معدات خاصة للمشترك	special subscriber equipment
معدات خدمة	service equipment
معدات داخل المصنع	in-plant equipment
معدات رقابة وتوليد دليلي	pilot generating and monitoring equipment
معدات طرفية	terminal equipment
معدات عالية الأداء	high performance equipment
معدات قنوات المتكلم	speaker channels equipment
معدات الكمبيوتر	hardware
معدات كمبيوتر مزدوجة الدقة	double-precision hardware
معدات للتأجير	rental equipment
معدات متوسطة	middleware
معدات مجهزة للعميل	customer provided equipment
معدات مراقبة المعيد	repeater monitoring equipment
معدات مزدوجة جزئياً متعددة التقابل	partially duplicated multiplex equipment
معدات معالجة البيانات	data handling equipment
معدات معاونة	auxiliary equipment
معدات النهاية الطرفية للبيانات	data terminal equipment

م

معدل	rate
معدل أخذ العينات	sampling rate
معدل الأخطاء الخام	raw error rate
معدل الارسال	transmission rate
معدل إرسال إشارات بيانات المستعمل	user data signalling rate
معدل انتقال الارقام الثنائية	bit rate
معدل انتقال اشارات البيانات	data signalling rate
معدل انتقال البيانات	data rate, data transfer rate
معدل إنزلاق الورق	paper slipping rate
معدل البتات المكافىء	equivalent bit rate
معدل بث الاشارات	signalling rate
معدل بود	baud rate
معدل بيانات الذروة العليا	high peak data rate
معدل تجاوب الاشارة	slew rate
معدل التدلي	droop rate
معدل التضمين	modulation rate
معدل تكرار النبضة	pulse repetition rate
معدل حدوث العيب	fault rate
معدل الحروف	character modifier
معدل الخطأ	error rate
معدل خطأ أرقام ثنائية	bit error rate
معدل الخطأ بالحروف	character error rate
معدل خطأ العنصر	element error rate
معدل خطأ الكتلة	block error rate
معدِّل ديناميكي	dynamic equalizer
معدل الضرب	hit rate
معدل العطل	failure rate
معدَل فيض المعلومات	information rate
معدل قابل للتشغيل المغمور	submersible equaliser
معدل الكبل	cable equaliser
معدل المحاسبة	accounting rate
معدل المكالمات المحلية	local call rate
معدل نبضات التوقيت	clock rate
معدل نجاح التحميل التلقائي	autoload success rate
معدل النداء	calling rate
معدل النقل	transfer rate
معدل ورود المكالمة	incoming call rate
معدل يومي	daily rate
معرف بالمستعمل.	user-defined
المعزز	augmenter
معسكر	camp
معطى	datum
معلق	suspended
معلومات	information
معلومات ارسال وثائق الدفع	billing information
معلومات بنائية	textural information
معلومات تخطيطية	graphic information
معلومات توجيه	control information
معلومات ثنائية الترميز	binary-coded information
معلومات العرض	display information
معلومات عن التحكم في التدفق	flow control information
معلومات العنوان	address information
معلومات مبهمة	babble
معلومة إضافية	additional record
معلومة ألف بائية	alphabetic string
معلومة ألف بائية رقمية	alphameric
المعنى	meaning
معهد الأمريكي القومي للقياسات	ANSI
معيار	criterion, norm
معيب	defective
معيد	repeater
معيد أرضي	land based repeater
معيد رقمي	digital repeater
معيد قابل للتشغيل المغمور	submersible repeater
معيد نبضات نسبية	analog repeater
معين	server
مُعَيِّن الخط المنادي	line finder

م

معين الهوية	identifier
معين هوية الجزء من الصف	substring identifier
مغذي البطاقات	card feed
مغلق	closed
مفاتيح تثقيب	keypunch
مفاتيح توصيل تصالبية	crossbar switches
مفتاح	key
مفتاح إرسال	keysender
مفتاح الاعادة	repeat key
مفتاح إعادة التشكيل	reconfiguration switch
مفتاح الكتروني	electronic switch
مفتاح آلن	Allen Key
مفتاح بداية البرنامج	program start key
مفتاح بياني بديل	alternate key
مفتاح تحويل	alteration switch, changeover switch
مفتاح تداول القراءة	read access key
مفتاح التداول الكتابي	write access key
مفتاح تعديل التردد	frequency shift key
مفتاح تقسيم الفراغ	space-division switch
مفتاح حاس	sense switch
مفتاح حامل السماعة	cradle switch
مفتاح زمني	time switch
مفتاح ضئيل السعة	anticapacitance switch
مفتاح غير ارسالي ـ غير استقبالي	anti-transmit/receive switch
مفتاح الفرز	sortkey
مفتاح للتقسيم الزمني	time division switch
مفتاح المجموع الجزئي	subtotal key
مفتاح منشط في الفراغ	vacuum actuated switch
مفتاح وحدة اتصال الكمبيوتر	console switch
مفتاح الوظيفة	function key
مفتوح	open
مفتوح الطرف	open-ended
مفتول	wry
مفرد	simplex
مفروزة بشكل إبري	needle sorted
المفسر المرسل	posting interpreter
مفسر لغة التوجيه	control language interpreter
مفسر للنقل	transfer interpreter
مفكوك	jointing off
مفهرس	indexed
مقارن	comparator
مقارنة منطقية	logical comparison
مقاس الدرجة	stepsize
مقاس الكلمة	word size
مقاس مهذب	trimmed size
مقاول	contractor
مقاول سفينة فضاء	spacecraft contractor
مقاوم	resistor
مقاوم ضبط يدوي	trim-pot
مقاوم ضوئي	photoresistor
مقاوم للضوء	photoresist
مقاومة الاجهاد	piezoresistivity
المقاومة الاشعاعية ـ للهوائي	aerial radiation resistance
مقاومة بادئة	pull-up resistor
مقاومة البلى	wear resistance
مقاومات طفيلية	parasitic resistances
مقاييس التغير	measures of variation
مقاييس الموضع	measures of location
مقبس	socket
مقبض	handle
مقبض زنق	locking knob
مقدار	magnitude
مقدم عطاء	tenderer
مقدم عطاء ناجح	successful tenderer
مقدمة	header
مقدمة الارسال	transmission header
مقدمة الشريط	leader, tape header
مقدمة مجموعة	batch header
مقدمة الوصلة ـ نهاية الوصلة	link header and link trailer

م

مقر القيادة الاقليمي	regional headquarters
مقرن لفائف المغنطة	yoke
مقسم الجهد الحثي	inductive potential divider
المقسوم	dividend
المقسوم عليه	divisor
مقصد المعلومات	information destination
مقطع لفظي	syllable
مقوم	rectifier
مقياس التعقيد	complexity measure
مقياس التغير	variation scale
مقياس جريه	Gray scale
مقياس الزمن السريع	fast time scale
مقيم	resident
مقيم بالذاكرة الرئيسية	core memory resident
المكافيء	equivalence
مكالمات متعددة الوصلات	multilink calls
مكالمات من واحد إلى عدة اتجاهات	one-to-many calls
مكالمة أحادية	one-to-one call
مكالمة تليفونية في إتجاهين	two-way call
مكالمة جماعية تحت تحكم المشغل	operator controlled conference
مكالمة خارجة	outgoing call
مكالمة خاصة	private call
مكالمة سنترال ذاتية	own exchange call
مكالمة على التوالي	series call
مكالمة مجمدة	blocked call
مكالمة مداولة	conference call
مكالمة مفقودة	lost call
مكالمة من خلال عدة سنترالات	multi-exchange call
مكالمة واردة	incoming call
مكان الرقم	digit place
مكان العنوان	address space
مكان مفتوح	open shop
مكبر	amplifier
مكبر إرسال إدماجي	transmit combining amplifier
مكبر الأشعة دون الحمراء	IF amplifier
مكبر تبايني	differential amplifier
مكبر تصحيح الانحراف	drift-corrected amplifier
مكبر تيار مستمر	DC amplifier
مكبر ذو أربعة قنوات	4-channel amplifier
مكبر الصوت	loudspeaker
مكبر صوت جمهوري	public address system
مكبر عالي القدرة	high power amplifier
مكبر قطاع مستقر	chopper-stabilized amplifier
مكبر كمبيوتر	computer amplifier
مكبر متصل مباشرة	directly coupled amplifier
مكبر منخفض الضوضاء	low-noise amplifier
مكتب	office
مكتب تلغراف دولي	international telegraph office
مكتبة	library
مكتبة برامج	program library
مكتبة الدخل/الخرج	input/output library
مكتبة الشرائط	tape library
مكتبة شرائط اوتوماتيكة	automatic tape library
مكتبة شرائط التحميل التلقائي	automated tape library
مكتبة النظام	system library
مكتبة النظام المحلي	local system library
مكتبة وصف البيانات	data description library
مكتوب بالطرق	stroke written
مكثف	capacitor
مكثف هوائي	air capacitor
المكمِّلة	integrator
مكنة حاسبة	accounting machine
مكنة ذات وسط مباشر	direct machine environment
مكننة المعلومات	datamation

مكود لوحة المفاتيح	keyboard encoder
مكوك فضاء	space shuttle
مكونات التلوين	chrominance components
مكونات الحديث التداخلي المحتمل	possible crosstalk components
مكونات خارج النطاق	out-of-band components
مكونات فوريبه	Fourier components
مكيفة لاستخدام الحروف	character oriented
الملء بالأصفار	zero fill
ملائم	matching
ملاءمة	compatibility, match
ملاءمة البرنامج	program compatibility
ملاءمة متصاعدة	upward compatibility
ملتقى فجائي	abrupt junction
ملحق الشبكة	network attachment
ملخص	compendium
ملف	coil, file
الملف الابن	son file
ملف اتصالات المشغل	operator communication file
الملف الأساسي	father file
ملف إفتراضي	virtual file
ملف إقامة	residence file
الملف الأولي	primary file
ملف بالأسطوانة الممغنطة	disk file
ملف بدائي	primitive file
ملف برنامج	program file
ملف بيانات	data file
ملف تتابعي مفهرس	indexed sequential file
ملف التخزين الشامل	global filestore
ملف تخزين عالي المستوى	high-level filestore
ملف تشغيل	work file
ملف تعاقبي	sequential file
ملف تعاقبي النظام	sequential file organization
ملف التعديلات	amendment file
ملف التغيير	change file
ملف التنقية	recovery file
ملف التوجيه	drive winding
ملف ثانوي	secondary file
ملف الجد	grandfather file
ملف حث	inductor
ملف الحذف	deletion file
ملف الحركات	movement file
الملف الحقيقي	physical file
ملف حقيقي	real file
ملف الدخل/الخرج	I/O file
ملف الدخل الرئيسي	master input file
ملف ذو الوضع الثابت	fixed-placement file
الملف الرئيسي	master file
ملف رئيسي جديد	new master file
ملف رئيسي قديم	old master file
ملف صوتي	voice coil file
ملف عشوائي	random file
ملف عشوائي التنظيم بطريقة الضم	hashed random file organisation
ملف على شريط	tape file
ملف العمل	job file
ملف الفائض	spill file
ملف فارغ	scratch file
ملف قابل للحساب	accountable file
ملف لولبي	solenoid
ملف متسلسل	chained file
ملف متحكم	controlling file
ملف متعدد البكرات	multireel file
الملف المحاسبي	accounting file
ملف محفوظ	archived file
ملف المرجع	reference file
ملف مرحَّل للأمام	carried forward file
ملف مسلسل مرتب	ordered serial file
ملف المعاملات	transaction file
ملف معكوس	inverted file
ملف مغلف	enveloped file
ملف مفهرس	indexed file
ملف مقسم اختيارياً	arbitrarily sectioned file

م

الملف المقصود	destination file
ملف منظم تعاقبياً	sequentially organized file
ملف الميكروفيش	micro-fiche file
ملف النص	text file
ملفات الانحراف المغناطيسي	magnetic deflection coils
مللي	milli-
مللي ثانية	millisecond
مليون أمر في الثانية	mips
مليون تيار	megastream
ممارس	exerciser
المانعة للمغناطيسية الحديدية	antiferromagnetism
ممر	gateway
ممر دولي	international gateway
ممر السنترال	gateway exchange
ممر العودة	return path
مميز الشريط	tape marker
مميز نهاية البيانات	end-of-data marker
مميز نهاية الحقل	end-of-field marker
مميز نهاية الشريط	end-of-tape marker
مميز نهاية الملف	end-of-file marker
من بطاقة إلى بطاقة	card-to-card
من بطاقة إلى شريط	card-to-tape
من الحروف إلى الأسطوانة	key to disk
من الحروف إلى الشريط	key to tape
مناظر	emulator
مناعة من الضوضاء	noise immunity
مناورات الهوائي	aerial manoeuvres
منبع	source
منبع منفصل	discrete source
منتج ميكانيكياً	mechanically produced
منتقي	selector
منحنى الفقد / التردد	loss/frequency response
منحنى مناسب	curve fitting
منسوب	ancestor
منسوب دخل الاستجابة	trigger level
المنسوب اللحظي لحركة المرور	instantaneous traffic level
منشأ	source
منشط	energizer
منصة الرص	stacking platform
منطق	logic
المنطق البولياني	Boolean logic
منطق توافقي	combinatory logic
منطق ثلاثي	ternary logic
منطق الحقن المتكامل	integrated injection logic
منطق خطي	linear logic
منطق رباعي	quaternary logic
المنطق الرسمي	formal logic
المنطق الرقمي	digital logic
منطق رمزي	symbolic logic
منطق رياضي	mathematical logic
منطق سالب	negative logic
منطق عشرياً	zoned decimal
منطق عشوائي	random logic
منطق العملية	operation logic
منطق غير ثنائي	nonbinary logic
منطق غير ملتزم	uncommitted logic
منطق الكمبيوتر	computer logic
منطق مائع	fluid logic
منطق مبرمج	programmed logic
منطق متعدد القيم	multivalued logic
منطق متعدد القيمة	multiple-valued logic
منطق مختلط	mixed logic
منطق موجب	positive logic
منطق هوائي	pneumatic logic
منطقة	zone, area
منطقة البيانات	data area
منطقة التخزين المشترك	common storage area
منطقة تراكم الأعمال	job pack area
منطقة تشغيل	work area
منطقة التوهج الأنودي	anode glow
منطقة حرجة	critical region
المنطقة السالبة	minus zone

موضع رقم ثنائي	bit location
موضع رقم ثنائي في كلمة	bit position
موضع الرمز	code position
موضع محمي	protected location
موضع وحدة التشغيل	processor allocation
موقع المعالجة	processing site
موقع المنادي	called location
موقع النداء	calling location
موقت النداء الدولي	international call timer
مؤكد	predicate
مولِّد	generator
مولد أوامر مكبرة	macro-generator
مولد برنامج فرز	sort generator
مولد بيانات الاختبار	test-data generator
مولد التتابع	sequence generator
مولد التقارير	report generator, RPG
مولد الحروف	character generator
مُوَلِّد الدخل/الخرج	input/output generator
مولد دوال اختيارية	arbitrary function generator
مولد الدوال التحليلية	analytical function generator
مولد الدوال الطبيعية	natural-function generator
مولد دوال متعدد الأغراض	general-purpose function generator
مولد ذبذبة سمعي	audio oscillator
مولد نبضات	pulse generator
مولد الوظائف	function generator
موهوب إلى	dedicated
موهن	attenuator
ميجا	mega-
ميجاهرتز	megahertz
ميكانيكية فقد الألياف	fibre loss mechanism
ميكرو أمر أفقي	horizontal microinstruction
ميكروبروسيسور	microprocessor
ميكروبروسيسور بشرائح أرقام ثنائية	bit-slice microprocessor
ميكروفون	microphone
ميكروكمبيوتر	microcomputer
ميل	slant
ميني كمبيوتر	minicomputer

م

ن

ناتج الطباعة	printout
ناتج لحاصل الضرب القياسي	standard sum of products
ناثر الفراغ	gap scatter
ناسخ ذكي	intelligent copier
نافخ هوائي	air blower
نافذة	window
نافذة إبصار	viewing window
نافذة التصادم	collision window
نافذة شريطية	strip window
نافي	negator
ناقل أمامي التغذية	front feed carriage
ناقل الوثائق	document carriage
نانو	nano-
نبائط اتصال	communication devices
نبائط الجاليوم أرسنيد	gallium arsenide devices
نبضات توقيت	clock pulses
نبضات المزامنة	synchronization pulses
نبضة	pulse
نبضة إخلاء	blanking pulse
نبضة البدء	start pulse
نبضة تمكين	enable pulse
نبضة توجيه	drive pulse
نبضة التوقف	stop pulse
نبضة الرقم	digit pulse
نبضة العجلة المسننة	sprocket pulse
نبضة على شاشة الرادار	blip
نبضة الكتابة التامة	full write pulse
نبضة المبدل	commutator pulse
نبيطة	device
نبيطة ارسال رموز	code sender device
نبيطة استقبال رموز	code receiver device
نبيطة البرمجة الغير قابلة للمسح	nonerasable programmable device
نبيطة بين الانسان والآلة	person/machine interface
نبيطة بينية	interface
نبيطة بينية بمدار توزيع	bused interface
نبيطة بينية قياسية	standard interface
نبيطة بينية لاسلكية	radio interface
نبيطة بينية للاتصال	communication interface
نبيطة بينية لأنظمة البرامج	software interface
نبيطة بينية لتحويل المشترك	subscriber switch interface
نبيطة بينية لجهاز توالي	serial device interface
نبيطة بينية لخط المشترك	subscriber line interface
نبيطة بينية للطرفيات والاتصالات الخارجية	RS232C interface
النبيطة البينية للنظم المفتوحة	open systems interface
نبيطة بينية متتالية	serial interface
نبيطة بينية هجينية	hybrid interface
نبيطة تأخير الأرقام	digit delay device
النبيطة التابعة	ancillary device
نبيطة تحديد المقاطع المستقلة	independent sector designating device
نبيطة تخزين كهروستاتيكي	electrostatic storage device

نبيطة تعامل مع وحدة السجل	unit-record device
نبيطة خدمة معاونة	auxiliary service device
نبيطة خرج	output device
نبيطة الدخل/الخرج	I/O device
نبيطة ضبط التتابع	sequencer
نبيطة لتخزين البيانات بالتناول المباشر	direct-access storage device
نبيطة ماسكة	clamping device
نبيطة متصلة بالشحنة	charge-coupled device
نبيطة مزج	alloy device
نبيطة مسح بصرية	visual scanner
نبيطة منضدة مكنة علوية	above platen device
نبيطة منطقية	logic device
نبيطة واقية	protector
نبيطة وسيطة بين الانسان والآلة	man-machine interface
نتائج جزئية	partial results
نتوج	parent
نتيجة متوسطة	intermediate result
نبيطة ممزوجة	alloyed device
النتيجة النهائية	final result
نجم نشط	active star
نجمة غير نشطة	passive star
نجمة « كلين »	Kleene star
نداء	call
النداء	calling
نداء عكسي	callback
نداء فعال	effective call
نداء مباشر	direct call
نداء متعدد العنوان	multiaddress calling
نداءات محتجزة	calls barred
نزف الحبر	ink bleed
نسالة	lint
نسبة الاتاحية	availability ratio
نسبة الاشارة إلى تكمية الضوضاء	signal-to-quantizing noise ratio
نسبة الاشارة إلى الضوضاء	signal-to-noise ratio

النسبة « إم »	modulo m
نسبة التكلفة السنوية	annual charge ratio
نسبة توفر معدات الكمبيوتر	hardware availability ratio
نسبة صدى الاشارة إلى المستمع	signal-to-listener echo ratio
نسبة الطول إلى العرض	aspect ratio
نسبة العلامة إلى الفراغ	mark-space ratio
نسبة الفاعلية	activity ratio
النسبة المئوية للفائض	percentage overflow
نسبة نشاط الملف	file activity ratio
نسبي	analog
نسخة	copy
نسخة أساس	base version
نسخة تقويم	calendar version
نسخة توثيق كاملة	complete set of documentation
نسخة حقيقية من الملف	physical file copy
نسخة دائمة	permanent copy
نسخة كتلة	block copy
نسخة لينة	soft copy
نسخة مؤقتة	transient copy
نسخة مخفضة نسبياً	scaled down version
نسخة من الشريط	tape copy
نسخة ورقية	hard copy
نسل	offspring
نشط	active
نص	text
نصف جامع	half adder
نصف جامع ثنائي	binary half adder
نصف حلقة تبادلية	commutative semiring
نصف حلقة مغلقة	closed semiring
نصف طارح	half subtractor
نصف طارح متتالي	serial half-subtractor
نصف كلمة	half word
نصف مزدوج	half duplex
نصوع	luminance
نط	hop
نطاق	zone

ن

نطاق أساسي ترددي متطابق	facsimile baseband
نطاق التردد	frequency band, frequency spectrum
نطاق التردد الجانبي العلوي	upper sideband
نطاق التردد الجانبي المنخفض	lower sideband
نطاق تردد سمعي	audio frequency band
نطاق ترددات الصوت	voiceband frequency
نطاق ترددات الضوء المرئي	visible light spectrum
نطاق الترددات اللاسلكية	radio frequency spectrum
نطاق ترددي ضيق	narrowband
نطاق ترددي عريض	wideband
نطاق جانبي للتردد	sideband
نطاق الحماية	guard band
نطاق ذبذبات	band
نطاق الصوت	voiceband
نطاق العمل	jobspace
نطاق المرور	passband
النطاق المسموح به	allowed band
نطاق نقي	clear band
نظام	system
نظام آي . بي . إم ٣٦٠	IBM system 360
نظام آي . بي . إم ٣٧٠	IBM system 370
نظام ـ L	L-system
نظام اتصال	communication system
نظام الاتصال	switching system
نظام الاتصال بالحزم	datagram
نظام اتصال البيانات	data communication system
نظام الاتصال المتحول	switched telecommunication system
نظام إتصالات متسلسل	hierarchical communication system
نظام أحادي الحد	uniterm system
نظام إحتياطي	standby system
نظام الاخراج الأول للادخال الأول	FIFO, first in first out
نظام إدارة بيانات	data management system
نظام إدارة قواعد البيانات	database management system
نظام إدارة قواعد البيانات المتكاملة	integrated database management system
نظام إدارة المعلومات	information management system
نظام الارسال بالخيوط الضوئية	fibre optics transmission system
نظام ارسال بيانات	byte-order of transmission
نظام الارسال المعلوماتي	videotex system
نظام الارسال المعلوماتي الخاص	private videotex system
نظام الارسال المعلوماتي العمومي	public videotex system
نظام الارسال المفرد	simplex transmission
نظام الارسال والتحويل الرقمي المتكامل	integrated digital transmission and switching system
النظام الأرضي للتغذية الكهربية	power feed earth system
نظام الأرقام المتتامة	complement number system
نظام الأساس الثابت	fixed-radix system
نظام الأساس المختلط	mixed-radix system
النظام الأساسي المستثنى	exception principle system
نظام إستعلام	enquiry system
نظام اشارات بالتيار المتناوب	alternating current signalling system
نظام إعادة الكتابة	rewriting system
نظام إعادة الكتابة على التوازي	parallel rewriting system
نظام اكتشاف الخطأ	error detecting system
نظام اكتشاف الخطأ والتغذية العكسية	error detecting and feedback system
نظام الانتاج التالي	post-production system
نظام آني	on-line system, real-time system
نظام أول خرج لآخر دخل	last in first out

ن

نظام بث اشارات بالتيار المستمر	direct current signalling system
نظام بث الاشارات رقم ٦	signalling system No. 6
نظام البدء ـ الايقاف المتدرج	stepped start-stop system
نظام بدائرة وصل وقطع	circuit switched system
نظام البيانات في صورة عينات	sampled-data system
نظام التجميع	assembly system
نظام تجميع رمزي	symbolic assembly system
نظام التحدث بالسفينة	shiptalk system
نظام التحكم في تجميع البيانات	data acquisition control system
نظام التحكم المهايىء	adaptive-control system
نظام تخطيط برامج	programming system
نظام ترجمة برامج	compiling system
نظام ترميز (زائد ـ ٣)	excess-3 code
نظام التشغيل	operating system
نظام تشغيل و إدارة بنك المعلومات	DBMS
نظام التصميم بمساعدة الكمبيوتر	computer-aided design system
نظام التطبيق	application system
نظام تطوير البرامج	program development system
نظام تعدد البرمجة	multiprogramming system
نظام تعدد التداول	multiaccess system
نظام تعدد المستخدمين	multiuser system
نظام تعريفة ثنائية	binary tariff system
نظام التغذية المرتدة للقرارات	decision feedback system
نظام التغذية المرتدة للمعلومات	information feedback system
النظام التلغرافي	telegraph system
نظام التليفونات الفرعي المتنقل	mobile telephone subsystem
نظام تليفوني	telephone system
نظام توزيع الحروف على الآلات الكاتبة ولوحات مفاتيح أجهزة الكمبيوتر	QWERTY
نظام ثنائي	binary system
نظام جزئي للتحميل	charging subsystem
نظام حامل	carrier system
نظام حساب ثنائي بالعلامة الثابتة	fixed-point binary
نظام حساس للرموز	code-sensitive system
نظام خط الانهاء للموجات النسبية	analog line terminating system
نظام داخل المصنع	in-plant system
نظام الدليل الموجي المليمتري	millimetric waveguide system
نظام ذات سماح للعيب	fault-tolerant system
نظام ذاتي الترتيب	self-organizing system
نظام « الرئيس والتابع »	master-slave system
نظام الرسائل المحولة	message switched system
نظام رقمي	digital system
النظام الرقمي الأثنى عشري	duodecimal number system
نظام رقمي متزامن	synchronous digital system
نظام سرية البيانات	privacy of data
نظام سرية المفتاح	privacy key
نظام الصيانة الفرعي	maintenance subsystem
نظام الطابور	queue discipline
نظام عددي	number system
نظام غير محدد	indeterminate system
نظام الفاكسميل لارسال الوثائق	document facsimile system
نظام فرعي بالشريط المغناطيسي	magnetic tape subsystem
نظام فرعي لتسيير حركة المرور والتحكم فيها	traffic routing and control subsystem
النظام الفرعي لتحويل المجموعات	group switching subsystem
نظام فرعي لتحويل المشتركين	subscriber switching subsystem
نظام فرعي للترانك و إرسال الاشارات	trunk and signalling subsystem
نظام فرعي للمعالج الاقليمي	regional processor subsystem

النظام الفرعي لموضع المشغل	operator's position subsystem
نظام قاعدة الانتاج	production-rule system
نظام القاعدة الثابتة	fixed-base system
نظام القاعدة المختلطة	mixed-base system
نظام القمر الصناعي	satellite system
نظام القمر الصناعي ذات الطبق الصغير	small dish satellite system
نظام قواعد بيانات	database system
نظام قاعدة بيانات الشبكة	network database system
نظام قواعد البيانات المتسلسل	hierarchical database system
نظام قياس نبضات	pulse metering system
نظام الكبل البحري	submarine cable system
نظام كبل التلفزيون	TV cable system
نظام كتابة المترجم	translator writing system
نظام كمبيوتر	computer system
نظام كمبيوتر مزدوج	duplex computer system
نظام الكمبيوتر المطمور	embedded computer system
نظام لا تزامني	asynchronous system
نظام لا يعتمد على الرموز	code independent system
نظام للاتصال البيانات باستخدام جهاز متعدد تقابل عام	dataplex
نظام لتصحيح الخطأ	error-correcting system
نظام لغة التجميع التنفيذي	executive system assembly language
نظام « ليندنماير »	Lindenmeyer system
نظام متساوي الزمن	isochronous system
نظام متعدد المعالجة	multiprocessing system
نظام محاسبة نداء	call accounting system
نظام محاولات البرنامج	program trials system
نظام مزدحم	congested system
نظام مساند لاتخاذ القرار	decision support system
نظام معالجة بالمجموعات	batch system
نظام معالجة بيانات	data processing system

نظام معالجة النداء	call processing system
نظام المعلومات	information system
نظام المعلومات الاداري	management information system
نظام معلومات تنظيمي	organizational information system
نظام المفتاح العمومي	public key system
نظام مفتوح	open system
نظام مقسم	distributed system
نظام الملفات	file system
نظام الملفات الموزعة	distributed file system
نظام منطقي تساهمي	shared logic system
نظام منفصل	discrete system
نظام الموجات المتناهية الصغر الأرضي	terrestrial microwave system
نظام موضعي	positional system
نظام نطاق أساسي متحد المحور	baseband co-axial system
نظام نقطة البيع	point-of-sale system
نظام نقل الأموال الكترونيا	EFTS
نظام نقل فضائي	space transportation system
نظام هوائي مانع للتداخل	anti-interference aerial system
نظام الوقت المشترك	time-shared system
نظام يعتمد على الرموز	code dependent system
نظريات الترميز	coding theorems
نظريات عدم التمام	incompleteness theorems
نظرية الاتصال	communication theory, switching theory
نظرية الاسراع	speedup theorem
نظرية الاصطفاف	queuing theory
نظرية الألعاب	game theory
نظرية أمبير للدوائر	Ampere's circuital theorem
نظرية الأنواع	theory of types
نظرية الباقي الصيني	Chinese remainder theorem
نظرية تخطيط برامج	programming theory
نظرية الترميز	coding theory
نظرية ترميز القنوات	channel coding theorem

ن

نظرية تشفير برنامج المصدر	source coding theorem
نظرية التقريب	approximation theory
نظرية التكرار	recursion theorem
نظرية حركة المرور	traffic theory
نظرية الرسم البياني	graph theory
نظرية العلامة الثابتة	fixed-point theorem
نظرية غامضة	fuzzy theory
نظرية « كلين »	Kleene's theorem
نظرية اللغة الرسمية	formal language theory
نظرية المعلومات	information theory
نظرية النظم	systems theory
نظم البطاقات	card systems
نظم العنونة	addressing schemes
نظم متحدة المحور واسعة لنطاق الترددي	broadband coaxial systems
النظم المنفصلة والمستمرة	discrete and continuous systems
نظير القطب السلبي	anticathode
نغمة الاختبار	test tone
النغمة الدالة على إنشغال الخط	engaged tone
نغمة الرنين	ringing tone
نغمة لا يمكن الحصول على الرقم	unobtainable tone
نفخة	blow
نفي	negation
نفي الخدمة	denial of service
نفي مزدوج	double negation
نقاء	recovery
نقصان	decrement
نقط تناول الدائرة	circuit access points
نقط فوسفورية	phosphor dots
نقطة إتصال	tip node
نقطة اتصال مفصلي	articulation point
نقطة إدارة الشبكة	network management point
نقطة الادخال	entry point
نقطة الأساسن	radix point
قطة الاستدعاء	point of invocation
نقطة الانصهار	melting point
نقطة انكسار	breakpoint
نقطة البيع	point of sale, POS
نقطة التبليغ عن العيب	fault report point
نقطة التجمع	summing point
نقطة تحميل الشريط	tape loadpoint
نقطة تداول المعلومات	access point
نقطة ترادفية	tandem point
نقطة تفرع	branchpoint
نقطة التفريغ	dump point
نقطة التقاطع	crosspoint
نقطة تقاطع	nexus
نقطة تقاطع الكترونية	electronic crosspoint
نقطة تقاطع رقمية الكترونية	electronic digital crosspoint
نقطة تقاطع قنوات رقيقة	leafleaf node
نقطة التوزيع	distribution point
نقطة ثنائية	binary point
نقطة حسابية	arithmetical point
نقطة الخروج	exit point
نقطة طرفية	terminal node
نقطة عبور رقمية مشتركة في الوقت	time shared digital crosspoint
نقطة قابض	clutch point
نقطة قطع مشروطة	conditional breakpoint
نقطة المراجعة	checkpoint
نقطة مراجعة إجبارية	forced checkpoint
نقل	carry
نقل	transport, transfer, translation
نقل اشارة جهاز محيطي	peripheral transfer
نقل الكتروني للاعتمادات	electronic funds transfer
نقل باعتبار الحد التالي	carry lookahead
نقل بيانات عالي السرعة	high speed data transfer
نقل بيانات على التوازي	parallel data transmission
نقل البيانات في داخل شركة	intra-company data transfer

ن

نقل بيانات متزامن	synchronous data transmission
نقل التردد	frequency shifting
نقل تعاقبي	cascaded carry
نقل تعاقبي للمعلومات	sequential access
نقل ذاتي	automatic carriage
نقل الرسالة	message transfer
نقل الشرائط	tape transport
نقل الشريط المنساب	streaming tape transport
نقل الصفحات	paging
نقل على التوازي	parallel transfer
نقل كامل	complete carry
نقل متتالي	serial transfer
نقل المتجه	vector transfer
نقل المعلومات	information transfer
نقل المكالمات التليفونية	transfer of calls
نقي	clear
نمط	pattern
نمط أرضي	land pattern
نمط ثنائي	bit pattern
نمط حركة المرور	traffic pattern
نمط ضوئي	optical font
نمو بللوري	crystal growing
نموذج	model, pattern
نموذج إجرائي	procedural model
نموذج إسناد من سبع طبقات	seven-layer reference model
نموذج إقليدي	Euclidean norm
نموذج بيانات	data model
نموذج تجريبي لاختبار التصميمات الالكترونية	breadboard
نموذج التراجع الخطي	linear regression model
نموذج تراجع غير خطي	nonlinear regression model
نموذج التقطع	pattern of intermittency
نموذج « شانون »	Shannon's model
نموذج قياسي التحويل	extension module
نموذج للرسم البياني	charting template
نموذج مبدئي لانظمة البرامج	software prototyping
نموذج متعدد التراجع	multiple regression model
نهايات خفيفة الوزن	lightweight terminations
نهاية	terminal
نهاية الاختيار	end of selection
نهاية الارسال	end of transmission
نهاية الأمر العرضي	endorder traversal
نهاية البكرة	end of reel
نهاية التحويل	end of conversion
نهاية تسيير البرنامج	end of run
نهاية تشغيل طرفية ذكية	smart terminal
نهاية الرسالة	end of message
نهاية الطباعة	end of printing
نهاية طرفية بأشكال الحروف	character-mode terminal
نهاية طرفية صماء	dumb terminal
نهاية طرفية غبية	idiot terminal
نهاية طرفية لا تزامنية	asynchronous terminal
نهاية طرفية لاتصال البيانات	data communication terminal
نهاية طرفية لادخال البيانات	data entry terminal
نهاية طرفية للارسال المعلوماتي	videotex terminal
نهاية طرفية للآلة الكاتبة	typewriter terminal
نهاية طرفية للتحرير	editing terminal
نهاية طرفية لتحرير نص مرسل عن بعد	teletext editing terminal
نهاية طرفية لمعالجة البيانات	data processing terminal
نهاية طرفية للنداء	calling terminal
نهاية طرفية لنقطة البيع	POS terminal
نهاية طرفية مرئية	VDT
نهاية طرفية مركزية	central terminal
النهاية الطرفية المقصودة	destination terminal
نهاية طرفية مقيمة	residential terminal
نهاية طرفية مناداة	called terminal

ن

نهاية الكرة المرتدة	bouncing ball terminal
نهاية المؤخرة	trailer end
نهاية مدار توزيع	bus terminator
نهاية النص	end of text
نهاية وحدة التحكم	control unit end
نهاية الوسط	end of medium
نهاية متواصل الترقيم	linked numbering scheme
نواة	nucleus
نوع	class
نوع بطاقة بدون إطار	frameless card type
نوع البيانات	data type
نوع البيانات المنطقي	logical data type
نوع الخدمة	class of service
نوع مصغر من شكل حروف	reduced type font
نوعية طبع خطابات	letter quality

ن

هـ

هارب	runaway
هامش دليلي	guide margin
هبوط	landing
هجرة	migration
هجين أجهزة الكمبيوتر	computer hybrid
هدف الاعتمادية	reliability target
هرتز	hertz
هرم الأولولية	precedence hierarchy
هرم بروتوكولي	protocol hierarchy
هروب	escape
الهندسة	engineering
هندسة الادراك	knowledge engineering
هندسة أنظمة البرامج	software engineering
هندسة البناء	architecture
هندسة بناء شبكة النظم	systems network architecture
هندسة بناء شرائح أرقام ثنائية	bit-slice architecture
هندسة الخدمات	service engineering
هنري	Henry (H)
هوائي	aerial, antenna
هوائي اتجاهي	directional antenna
هوائي الارسال	transmitting aerial
هوائي إستقبال	receiving aerial
هوائي صفي	aerial array
هوائي غير إتجاهي	nondirectional antenna
هوية	identification
هوية للقناة	channel identification
هوائي المستعمل	user ID
هوائي مستعمل الشبكة	network user identity
هيئات البريد والهاتف والبرق	PTT
هيئة الاتصالات البريطانية	British Telecom
هيئة الادارة	staff
هيئة الاذاعة	broadcasting organization
هيكل	chassis, structure
هيكل البرنامج	program structure
هيكل بيانات إستاتيكي	static data structure
هيكل التخزين	storage hierarchy
هيكل التعريفة	tariff structure
هيكل ثانوي التكرارية	subrecursive hierarchy
هيكل جبري	algebraic structure
هيكل ديكارتي	Cartesian structure
هيكل الذاكرة	memory hierarchy
هيكل الرصيصة	stack frame
هيكل السنترال	exchange hierarchy
هيكل شجري كامل	full tree
الهيكل الشجري المكافىء	equivalent tree
هيكل متسلسل البيانات	data structure
هيكل مرتب كلية	totally ordered structure

هـ

و

وات	watt
واجهة الكتلة	block header
واحد على مليون من الثانية	microsecond
وازن	balance
واسعة النطاق الترددي	broadband
واصف العمليات	process descriptor
واصف المورد	resource descriptor
واضع برامج تجارية	commercial programmer
وبر بثقوب البطاقة	card fluff
وثائق الاعداد للدورة التالية	turnaround documents
وثائق برنامج المصدر	source documents
الوثائق الشاملة	global documents
وثيقة	document
وجه	face
وجه البطاقة	card face
وجود	entity
وحدات إحتياطية	spare units
وحدات أساسية جماعية	ganged master units
وحدة الاتصال بشبكة رقمية رئيسي	digital main network switching unit
وحدة الاتصال بالكمبيوتر	console
وحدة اتصال رئيسية بالكمبيوتر	master console
وحدة اتصال كاتبة بالكمبيوتر	console typewriter
وحدة إتصال المشغل بالكمبيوتر	operator's console
وحدة الاجابة العكسية	answer back unit
وحدة اختبار وحدة التشغيل	processor test unit
وحدة إدارة الشريط المغناطيسي	magnetic tape drive
وحدة ارسال / استقبال غير متزامنة	ASR
وحدة أساسية	basic module
وحدة الاستجابة للطلب	request-response unit
وحدة استجابة سمعية	audio response unit
وحدة إستعلام	inquiry unit
وحدة أسطوانات ممغنطة	disk unit
وحدة الاشارة	signal unit
وحدة الاشارة الأولية	initial signal unit
وحدة إشارة التزامن	synchronization signal unit
وحدة إشارة التحكم في النظام	system control signal unit
وحدة إشارة القبول	acknowledgement signal unit
وحدة إشارة لاحقة	subsequent signal unit
وحدة الاشارة الوحيدة	lone signal unit
وحدة إمرار جانبي PDX	PDX bypass unit
وحدة انذار	alarm unit
وحدة إنهاء الخط	line termination unit
وحدة إنهاء الشبكة	network terminating unit
وحدة برنامج	program unit
وحدة البيانات	data unit
وحدة تابعة	slave unit
وحدة تابعة للبيرسكوب	periscope slave unit

و

وحدة تابعة لجنيح	fin slave unit
وحدة التجديد	regeneration unit
وحدة تجزىء برنامج المصدر	source module
وحدة تجميع	assembly unit
وحدة التحكم	control unit, invigilator
وحدة التحكم في الارسال	transmission control unit
وحدة التحكم في تشغيل محطة البيانات	data station console
وحدة التحكم في الجهاز	device control unit
وحدة تحكم في الصيغة الرأسية	vertical format control unit
وحدة التحكم المركزية	central control unit
وحدة تحكم وتشغيل مزدوجة	duplex console
وحدة تحميل من بعد	TLU
وحدة التحويل	endorsing unit
وحدة التحويل الرئيسية	main switching unit
وحدة تحويل الوصلات	junction switching unit
وحدة تخصيص الطلبات والاتصال	demand assignment and switching unit
وحدة ترميز الشريط المغناطيسي	magnetic tape encoder
وحدة التسيير	run unit
وحدة تشغيل الاتصالات	communications processor
وحدة التشغيل الخلفية	back-end processor
وحدة تشغيل شاشة العرض	display processor
وحدة تشغيل شبكة اتصالات	communication network processor
وحدة تشغيل صفية	array processor
وحدة تشغيل المجموعات المقسمة	distributed array processor
وحدة التشغيل المركزية	central processing unit, CPU, central processor
وحدة تشغيل مزدوجة	dual processor
وحدة التطابق	identity unit
وحدة تلفنة اوتوماتيكية	automatic calling unit, automatic dialler
وحدة تنفيذ عملية الجمع والطرح	adder-subtractor
وحدة التوقيت	clock module
وحدة توليد الطاقة	power plant
وحدة جزئية لتحويل الوقت	time switching module
وحدة جهاز بيني أرضي	terrestrial interface unit
وحدة حراسة تابعة	sentry slave unit
وحدة حركة المرور	traffic unit
وحدة الحساب والمنطق	arithmetic logic unit
وحدة حسابية	arithmetic unit
وحدة خدمة البيانات	data service unit
وحدة دائرة وسيطة للشبكة	network interface unit
وحدة رئيسية	master unit
وحدة سونار تابعة	sonar slave unit
وحدة الشرائط	tape unit
وحدة الشريط المغناطيسي	magnetic tape unit
وحدة الصيانة	maintenance unit
وحدة الصياغة الرأسية	vertical format unit
وحدة الطاقة	power unit
وحدة طرفية إفتراضية	virtual terminal
وحدة طرفية بمخزن وسيط	buffered terminal
وحدة طرفية بنظام التضمين بترميز النبضة	PCM terminal
وحدة طرفية خاصة بالأعمال التجارية	business terminal
وحدة طرفية خاصة بالتطبيق	application terminal
وحدة طرفية لتشغيل البيانات عن بعد	remote data terminal
وحدة طرفية لتشغيل دفعات عن بعد	remote batch terminal
وحدة طرفية للتشغيل عن بعد	remote terminal
وحدة طرفية مرسلة ـ مستقبلة	sender-receiver terminal
وحدة عرض	VDU

و

وحدة عرض البيانات	data display unit
وحدة عرض تحلل البيانات	data analysis display unit
وحدة العرض المرئي	video display, visual display unit
وحدة عنصر الاشارة	unit signal element
وحدة العرض المرئي بأنبوبة أشعة الكاثودية	cathode ray tube visual display unit
وحدة الفاصل	unit separator
وحدة قياس	metering unit
وحدة القياس	unit of measure
وحدة قياس تحويل الفراغ	space switching module
وحدة قياس محول الخط	line switch module
وحدة الكلام الصغرى	phoneme
وحدة للتشغيل المغمور	submersible plant
وحدة لكل مجموعة تركيب	per set-up unit
وحدة لكل مكالمة	per call unit
وحدة متعددة المعالجة	multiprocessor
وحدة مخطط برامج	programmer unit
وحدة مراقبة	monitor
وحدة المساواة	equality unit
وحدة مستقلة	stand-alone unit
وحدة المصفوفة	unit matrix
وحدة مطلقة	absolute unit
وحدة معالجة مكبرة	macro-processor
وحدة المفاتيح المركزية	central switching unit
وحدة مكبر الصوت	loudspeaker unit
وحدة منطقية حسابية	ALU
وحدة مهايىء البيانات	data adapter unit
وحدة نطاق ميت	dead zone unit
وحدة وظيفية	functional unit
وديعة	deposit
ورشة مغلقة	closed shop
ورق طابعة عن بعد	teletype paper
ورق كربون موضعي	spot carbon
ورق مظهر بالكربون	carbon backed paper
ورقة الاجابة العيارية	master answer sheet
ورقة المواصفات	specification sheet
وزن « هامينج »	Hamming weight
وسائل التدقيق	sifting technique
وسائل متصلة	related facilities
وسائل الهبوط	sinking technique
وسط	medium
وسط إتصال تخاطبي	interactive communication medium
وسط إذاعة غير عامل	passive broadcast medium
وسط الارسال	transmission medium
وسط إرسال محدد	bounded transmission medium
الوسط الأصلي	virgin medium
وسط باعث	emitter medium
وسط خارجي	external medium
وسط خالي	empty medium
وسط محدد	bounded medium
وسط غير محدود	unbounded medium
وسط لتمثيل البيانات وتخزينها	data medium
وسطي	median
وسيلة اتصال	communication facility
وسيلة الأولوية	priority facility
وسيلة تدوير الشريط	tape drive
وسيلة حجب قابلة للبرمجة	mask-programmable device
وسيلة عرض للاستعلام والمشترك	inquiry and subscriber display
وسيلة مساعدة لأنظمة البرامج	software tool
وسيلة المسك	hold facility
وصف البيانات	data description
وصف المشكلة	problem description
وصل	attach
وصل	conjunction, connection, coupling
وصل بالتبادل	cross-connect
الوصل بين الشبكات	network interconnection
الوصل بين المقاطع	intersegment linking

و

الوصل بين الوحدات المعالجة	interprocessor connection
وصل تبادلي	cross coupling
وصل الدوائر على التوالي	line-up
وصل رقمي	digital connection
وصل العدد إدارة القرص المدرج	dial-up connection
وصل ـ قطع الرصيصة	stack switching
وصل النظام المفتوح	open system interconnection
وصل وقطع دائرة	circuit switching
وصلات قصيرة الأجل	short-term links
وصلات نقل	transmission links
وصلة	connector, junction
وصلة إحتياطية	reserve link
وصلة إرسال البيانات	data transmission link
وصلة إفتراضية	virtual connection
وصلة إلتقاء في أكثر من نقطة	multipoint connection
وصلة تلغرافية	telegraph connection
وصلة جَدْل أولية	initial splice
وصلة الخط	line link
وصلة ذات أربعة أسلاك	four-wire link
وصلة رئيسية	trunk link
الوصلة الصفرية	null link
وصلة الضفة	beach joint
وصلة عاملة	up-link
وصلة عبور	jumper
وصلة للحواف	edge connector
وصلة متحولة	switched connection
وصلة المجموعة	group link
وصلة المجموعة المتفوقة	supergroup link
وصلة مشتركة في الوقت	time sharing link
وصلة ممزوجة	alloyed junction
وصلة نازلة	down link
وصلة ناقلة ذراعية	arm joint and transition

الوصول للأنسب موضعياً	local optimization
الوصول للوضع الأنسب	optimization
الوصول للوضع الأنسب الشامل	global optimization
وضع	status
الوضع X	X position
وضع الأيدي على.	hands on
وضع التحويل	extension status
وضع السماعة	on-hook
وضع الشيء في غير موضعه	misplacement
وضع منخفض الدرجة	low order position
وضع منطقي	logic state
وضع مواصفات قياسية للاشارة	signal standardisation
وضع ميزانية	budgeting
وضع ودفن	laying and burying
وظائف السجلات	register functions
وظائف مستوى إطاري	frame level functions
وظيفة	function, job
وظيفة أحادية	one-to-one function
وظيفة احتوائية	into function
وظيفة تعاقبية	sequential function
وظيفة الضم	hash function
وظيفة لاحقة	successor function
وظيفة مدّ	projection function
وفرة	redundancy
وقاية ديناميكية	dynamic protection
وقت	time
وقت الاستعمال	usage time
وقت الانتاج	productive time
وقت الانتشار للموجات	propagation time
وقت الانتظار	latency
وقت تأخير الانتشار للموجات	propagation delay
وقت التجاوب بين القنوات	channel time response
وقت التخاطب	conversation time

وقت التدريب	training time
وقت ترجمة برنامج	compilation time
وقت التطوير	development time
وقت تعطيل الوحدة	unit down time
وقت التوقف	downtime
وقت جدول البيانات	datable time
وقت الحضور	attendance time, attended time
الوقت العاطل	idle time
وقت العمل المسلوب	machine spoilt work time
وقت غير فعّال	ineffective time
وقت غير متاح	unavailable time
وقت غير مدفوع الثمن	uncharged time
الوقت المنقضي	elapsed time
وقت ميت	dead time
وقت النقل	carry time
وقف البرنامج ديناميكيا	dynamic stop
وقفة ساكنة ساقطة	drop dead halt
وقفة نقطة انكسار	breakpoint halt
ولد	child
وليدة	daughter
وميض	blink
وميض متبق	afterglow
وهّن	attenuate

و

ي

يبدأ العمل	sign on
يتتابع	scroll
يتحرك ببطء	slow moving
يتدحرج للوراء	roll back
يتردد للداخل والخارج	shuttle in and out
يترك	quit
يتضمن كل الوقت	include all time
يتوقف عن العمل	sign off, sign out
يجهز للعميل	customizing
يحتفظ بمسافة مع	keep pace with
يحمل	load
يختار	select
يخزن	store
يزيل	suppress
يستخرج	extract
يستعلم ويجيب	handshake
يستوقف	abort
يسلسل	catenate
يسير عبر	walk through
يشغل عن بعد	teleprocess
يشكل	configure
يعترض الرأس	traverse the head
يعثر على	find
يعزز	enhance, to
يعلق	hang-up
يعلق الحواشي	annotate
يعيد إقامة	resite
يعيد الصياغة	reformat
يفحص	vet
يفحص صحة البيانات	validate
يفرز	sort
يفصل الموجات المجمعة	demutliplex
يقاوم	resist
يقرأ من الذاكرة	poke
يقطع خلال	cut through
يقفل	latch-up
يكتب	write
يكتب بالتجميع	gather write
يكتب لغة بحروف لغة أخرى	transliterate
يلغي من الذاكرة	unsave
يلف حول	wrap around
يمسك	hold
يمكن	enable
يمكن للحاسب ان يحس بها	machine sensible
يمكن مروره بالحاسب	machine pass
ينتقي	select
ينظر إلى الأمام	lookahead
ينفذ	execute
ينهي	abort
يولد	generate
يوم من التقويم اليوليوسي	Julian day
يومية المحاسبة	accounting journal
يومية النظام	system journal
يونيكس : نظام تشغيل عام للكمبيوترات لا يعتمد على نوع الكمبيوتر	UNIX